Done: The Secret Deals that are Changing Our World

改變未來的秘密交易

DONE

英國 BBC 調查記者揭露！
他們怎麼創造了問題，
然後把答案賣給我們

最敢揭露真相的
英國 BBC 調查記者
傑克斯・帕雷帝—著
Jacques Peretti

目錄

目錄

推薦序一

《白蛇傳》的英國現代版：下你毒、再賣你解藥

醫師、台灣菲斯特公司顧問／楊斯棓

家喻戶曉的《白蛇傳》有一段情節如下：「許仙開了一家藥鋪，白蛇為了幫助他，便由青蛇到各水源放毒，讓村民生病，白蛇再提供解藥給許仙販賣，藥鋪也因此生意興隆。」

曾受邀至TEDxBrighton演講的英國記者傑克斯．帕雷帝的這本大作《改變未來的祕密交易》，讓人想起《販賣懷疑的人》這本書。陽明大學科技與社會研究所所長林宜平的推薦序，曾這麼拆解：「當代社會，卻有人存心販賣懷疑，並且因此獲得重大利益。《販賣懷疑的人》說的就是這樣的故事。」

這樣的人並不罕見。譬如某甲在一個有社會聲望的媒體上，懇切的直陳發電方式A、B、C……M等的不好，但只要搜尋他的大名，就可以得知原來他是另一種發電方式相關設施的承包商。他要聽眾懷疑種種發電方式有各式各樣的缺點，但你可能不知道，他要你支持的那種發電方式，會讓他獲利甚豐。但是大多數人不會去搜尋、釐清他的背景，質疑或拆解他發言的脈絡。

信然，「解決問題」至少有兩種商業模式，一種是解決現成問題、滿足眼前需求。例如我家附近的排骨酥麵店，他想解決附近勞工朋友的宵夜問題，而不是催眠很飽的人其實你還很餓。

理髮店剪頭髮、麵包店賣麵包，凡此種種，都是解決現成問題的商業模式。

另一種商業模式，是某群人眼看現成的問題所剩不多，縱使有、也無力解決。但他們也要生活、也想飛黃騰達，於是他們就先製造出一個新問題，再來賣手上早已準備好的解方，這像不像許仙、青蛇、白蛇集團的套路？本書作者也一語驚人的提醒眾人：「商業交易，就是發明一個問題，然後銷售解答。」

這本書的每一個篇章，就是拆解分析每一個「他們」。他們可能是燈泡製造商、蘋果電腦或智庫說客。

我之所以沒有納入藥商，是因為臺灣與英國國情不同，臺灣的藥物問題和英國又不太一樣。根據我新陳代謝科醫師朋友的專業意見，糖尿病病患規則服藥的比率約莫三成，不規則服藥的病人將衍生出更大的問題（如視網膜、神經、腎臟病變），在二十年後將耗費更多醫療資源；這代表需要更多的稅收，也就是說，中小企業將有更沉重的負擔（如果你了解大企業用盡種種手段避稅的話）。

回過頭來談放毒的「毒」。如果毒是早已設計好一年半載就不堪使用的燈泡，解方就是要你不斷購買新燈泡。

書中被抨擊對象之一的飛利浦，其實近年不斷尋求進步。負責飛利浦永續發展策略的總監勞柏爵（Markus Laubscher）曾說：「如果我們能與『產品』保持更長久的關係，不只能延長產品生命週期，還能給客戶更多加值服務！近年飛利浦發展出『租借燈具』的服務，賣流明（按：Lumen，光通量的單位）、賣服務，就是不賣燈具。」

如果「毒」是一顆越來越沒力的電池，那請問什麼是商人的解方？是一顆新電池？還是下一隻新手機？

縱使大多數的消費者不會花時間去質疑蘋果產品的電池壽命問題，二〇〇三年有個學生凱西・奈斯塔（Casey Neistat），因為 iPod 電池壞掉，打了蘋果專線求助，客服對他說修理費要兩百五十美元，還建議他乾脆買新的。盛怒之下，他拍了一支三分鐘的影片，叫做「iPod 的骯髒祕密」，內容就是他與蘋果客服的對話，和他拿著「iPod 的電池不能換，還只能撐一年半」的字卡跑遍全市，到處在 iPod 廣告上噴漆，六天內點閱率達百萬，喚起許多人關注。

回顧去年（二〇一七年）蘋果回應消費者對 iPhone 速度變慢的質疑，最後蘋果公告更換電池的費用從兩千五百九十元降為八百九十元，降價了一千七百元。凱西・奈斯塔儼然先知，十四年前就隻身對抗蘋果。

然而，如果「毒」是一股入腦的熱流，你我就更難招架，這時問題已經與電池耐用與否無關。這股毒直接讓你認為，你的舊 iPhone 很遜、很 low、很不潮，唯一的解方就是換一隻最新版的 iPhone；而一年後，這解方也將失效，每一年你都需要新解方。

這本《改變未來的祕密交易》，儼然是郝廣才《今天：366 天，每天打開一道門》的暗黑版，每一則紀實，都拆解出背後是哪隻看不見的手宰制我們的生活。我們需要這本書，用更冷峻的眼、冷靜的腦，理解這個世界。

推薦序二

更新老舊思維，在祕密交易衍生的新規則下生存

先行智庫／為你而讀執行長／蘇書平

當我第一次拿到這本《改變未來的祕密交易》，就深深被書中非常有深度的內容所吸引，剛好我最近迷上看 Netflix 的紀錄片，紀錄片中談到許多我們現在以為的真相和遊戲規則，其實只是由少數掌握資源的人所制定的規矩；而這些遊戲規則卻深深影響我們的商業、政治和生活方式，這和書裡很多的真實報導不謀而合。因為作者傑克斯・帕雷帝本身就是英國 BBC 的調查記者，所以他希望讀者透過不一樣的思考角度重新明白，原來我們長久以來了解世界的方式，都是錯的。

而書中第十一章談到的「新聞沒有事實，只剩宣傳」，更可以貫穿整本書的思考脈絡。有些讀者或許不知道，美國華府有所謂的政治說客，其中又有高達五〇％以上，是由前美國國會議員組成。這些政治說客利用某些大藥廠、華爾街金融大亨、科技巨獸以及媒體的政治獻金，開始制定有利於這些大型公司發展的商業和社會遊戲規則；人民以為他們選出來的政治人物是在幫民眾做事，其實真相是，這些少數掌握資源和權力的人，只是為了自己和少數既得利益者的好處在推動改革，並不斷把法令、法規和各種遊戲規則，設計得更符合他們自身的利益。

這種所謂的集體迷思，造成了現在為什麼社會M型化的斷層不斷加劇，中產階級與中型企業也慢慢的消失；而網路、虛擬貨幣、人工智慧等新興科技，也慢慢的讓全世界的新興國家，如非洲或阿拉伯中東國家的經濟，開始受已開發國家的投資客或資訊駭客操弄。書中就提到，例如阿拉伯之春的政治革命，只是因為某個食品大廠正在做空小麥期貨。另外，現在開始有不少人的薪水是用時下最流行的比特幣來發放，一些犯罪集團和特殊國家也開始利用虛擬貨幣來洗錢，但前陣子發生不少虛擬貨幣交易或比特幣公司，遭駭客入侵的新聞事件，也造成一些人因而破產和股市動盪。

當科技和媒體這兩個新的變數，開始可以慢慢控制這些股債市和就業市場的變化，這也代表如果我們還是以過去傳統工業時代的老舊思維，來看待現在的工作和生活，就會慢慢被這個市場所淘汰。因此本書的最後一章也提到，我們現在光是努力工作已經不夠了，因為這個社會漸漸開始失去了規則，也許街頭藝人展現在社會叢林的街頭智慧生存法則，更符合我們現代人的求生與工作方式。未來企業的生命會越來越短，我們換工作的速度也會越來越快，如何學習和網路一樣的產品共存、快速更新創業思維，已經慢慢成為未來新的生活方式。希望這本書能夠讓你用不一樣的角度，去思考你的未來。

前言
商業交易，就是發明一個問題，然後銷售解答

如果我們了解世界的方式是錯的？如果讓我們日常生活產生根本性轉變的，不是政治人物與世界大事，而是商業交易？這些交易是祕密談成的：一群高人在會議室、高爾夫球場，或在酒吧裡邊喝邊談。

這些交易改變了一切：金錢、工作，以及我們購買的東西。他們改變了我們對財富與貧富不均的態度，甚至替我們定義疾病的方式。這些交易教我們要擁抱財務風險，以及一個持續升級的世界。他們也改變了企業與政府間的權力平衡，還重寫了構成真相的事實。

而且這些祕密交易通常都產生了主事者無法預見的深遠結果：在華爾街做空小麥價格，結果觸發「阿拉伯之春」（Arab Spring）與第四波聖戰主義；駕馭食品科學，讓地球人變得更胖，接著再利用從中創造的商機，讓人們瘦下來。

而且這些祕密交易改變我們的集體心態，重啟社會用不同的角度思考我們的生活。每樁交易都出自於一個出色的點子，核心都有著深刻的心理洞見。在商品中種下疑慮的種子，以便「計畫我們的不滿」（engineer dissatisfaction）；將藥物從治療疾病，轉變成治療現代生活本身；稅

賦本來是責任，卻有人催生出避稅產業；透過科技販售自由，卻又在生活被自動化轉型之際，將人類行為給自動化。

這些交易並非偶然發生，它們都是鋒芒畢露的商業決策，來自有計畫重組我們日常生活的人；而他們心裡都有同樣的自負：**發明一個問題，然後銷售它的解答。**

DONE

第1章

手機支付，現金垂死——

蘋果與摩根銀行祕密交易，臉書覬覦非洲，救活現金的又是黑道？

二〇一四年，我們默默走進全新的世界。沒人大肆張揚、電視沒提到、華爾街沒有創新高，甚至連推特（Twitter）都沒有動靜。但這是**有史以來第一次，卡片與非接觸式付款完全取代了現金交易。**

到二〇二五年，甚至連毒販都不收現金了。南韓政府希望在二〇二〇年就讓現金消失。瑞典是歐洲第一個無現金國家，連街頭藝人都使用非接觸式機器；而全新的App「BuSK」，讓倫敦人也能如法炮製。荷蘭有人替流浪漢打造一件大衣，你只要拿卡片在他們的袖子刷一下，就能施捨錢財給他們。

你手上的實體貨幣——這個付款系統在耶穌降生前六百年就在用了——即將畫下句點。蘋果（Apple）的執行長提姆．庫克（Tim Cook）說，下個世代的人「可能根本不知道『錢』是什麼東西。」

錢幣是從西元前六世紀，開始在三個大陸流通。而這項科技革新，各方面都跟iPhone一樣影響深遠。用小小的金屬圓片就能換到想要的貨品。換句話說，錢幣是「信任」的實體具現，用簡單的方法，做複雜到嚇死人的事情：在兩位陌生人之間，創造合意的價值。維京人與南印度的紡織工人，可以靠錢幣交易一整船的絲綢。早在兩千年前，現金就創造了「全球化」，而如今這三個字，早已被各式標語用到爛了。

到了一八六〇年代，光是美國就有八千種以上不同的貨幣在運作。不同的銀行、鐵路與零售商，都有自己的貨幣形式：債券、交易系統與各種借貸形式。而一八六三年的《國家銀行法案》（*The National Bank Act*），終結了這種支離破碎的混亂景象，並將美國貨幣統一成一種：美元。

現金消失之後，那個八千種貨幣的世界又回歸了。行動貨幣、比特幣、數位票券、Apple Pay、iTunes以及可轉換商店信用……來自海外貨幣的一切，全都轉換成上億美元的交易案，而且是透過「數位握手」談成的。這一切都是錢。

但現金之死，不只是付款方式的自然進化（亦即更無縫接軌，對消費者更友善）。現金之死是刻意計畫的結果：讓錢擺脫銀行、甚至政府的掌控，再將它交到新玩家的手中：科技公司。

而且這項計畫起先只是一項實驗的結果，想證明某件對每個使用過現金的人來說，再明顯不過的事，同時也是非常顯眼的神經流程：**付錢會造成真正的痛苦**。

付現金搞得消費者很痛苦，刷卡才能快樂揮霍

當我們支付現金時，神經管路就會像聖誕樹一樣被點亮。當我們的手被迫和錢分開，就會體驗到一種退縮感。那一瞬間，大腦告訴我們別放手。我們既想買下想要的東西，卻又想避免神經疼痛，所以產生了退縮動作。

有現金在手，並不代表我們可以隨便花（雖然我們可能會這麼假設）。事實上剛好相反，它會讓我們捨不得花。**所以只要創造一種根除現金的付款系統，我們就能免除神經疼痛（也就是退縮的那一刻），讓大腦毫無顧忌的揮霍**。一九九八年就有兩位仁兄，決定來試試看。

馬克斯．列夫琴（Max Levchin）與彼得．提爾（Peter Thiel）這兩位素未謀面的年輕人，在史丹佛大學空蕩蕩的講堂碰頭了。不過這次碰面並非湊巧，「本來我去那裡，是有個叫做彼得．

提爾的傢伙，要免費講一堂關於貨幣市場的課。我原本以為會座無虛席，結果只有六個人在聽。因此，我很輕鬆的就跟他搭上話。我走到他面前說：『嘿！我就是那個叫馬克斯的。過去五天我都泡在矽谷，想成立一家新公司，那你呢？』」

列夫琴渾身是勁，但狂野不羈、漫無目的。他曾經成立過幾家新創公司，但根據他的說法：「每次都像大災難般搞砸了。成立公司，就像在拉斯維加斯的拉霸機旁第一次認識某人，然後就立刻跟他結婚一樣。你或許會中大獎，但也可能搞砸。」

提爾則完全相反。他現在是矽谷的霸主之一，也是美國總統川普（**Donald Trump**）的親信，甚至有人謠傳他注射了十八歲少女的血液，讓他保持年輕的外貌（這當然是鬼扯的）。不過早在一九九八年，他早已因其他緣故而成為矽谷的傳奇人物。提爾相信自己可以開創未來，但他不知道怎麼做。而列夫琴想跟他談個交易，因為提爾是地球上少數能懂他無窮野心的人，而且還能見到面。

提爾在南非長大，被送到嚴格的寄宿學校，只要犯點小錯就會被懲罰。等到青少年時期，提爾就自認是自由主義者，只要他認定為盲從者，一律痛恨之。

一九九八年，當提爾與列夫琴會面的時候，有一件事情他了然於胸：他想改變世界。提爾遵奉法國哲學家勒內．吉拉爾（**René Girard**）的模仿理論（譯註：人的欲望是模仿而來，因此大家的欲望都一致，就會造成衝突與混亂），並相信模仿會毀滅真正的創新。只有踏出「想跟別人一樣」的模仿窠臼，你才能真正成功。不管別人覺得你有多奇怪，都要做自己。

二〇〇七年次貸危機爆發後，提爾向《華盛頓郵報》（***The Washington Post***）表示：「我們的社會太過信任科學與科技，因此大失所望。但因為人云亦云，我們的信心錯置了。技術統治論（譯註：主張由具備知識與技術的科學家、工程師，取代傳統政體中的政治家、商人、經濟學家）那一派的菁英，告訴我們要相信逐漸增加的財富創造，但事實是只有矽谷那票人才有未來可言。在危機爆發之前，我們自己早該全部察覺的。就這點來看，這次危機算是我們自找的。」

當列夫琴在一九九八年的空蕩講堂遇到提爾時，提爾已經抱著反模仿的心態，準備要接管這個世界了，但他沒有「便車」可以搭。他已經搞砸了幾次創投，沒什麼前途可言。他想不出好點子。

一九九八年，網路才剛問世沒多久，沒人知道要怎麼靠它獲利。矽谷則把安全的線上付款系統當成未來的聖杯，誰打造了這只聖杯，誰就是下個世紀的霸主。這也是提爾與列夫琴努力想辦到的事。

列夫琴雖然是加密天才，但提爾才是懂財務的那一個。列夫琴若想確保自己試圖替線上付款系統加密的點子，不會跟其他點子一樣「爆掉」，就需要提爾幫忙，所以他才會出現在那個空蕩的講堂。提爾與列夫琴只談了幾分鐘，但已經足夠。他們談成一樁交易，準備創立新事業「Confinity」。

「馬克斯與我花了很多時間，針對不同類型的市場，腦力激盪出各種不同的點子，」提爾解釋：「最後我們決定用 Palm Pilot（譯註：PDA 品牌之一）的加密貨幣嘗試看看，我們認為它應該是這個世界的未來。」

縱有雄心壯志，但現實很殘酷，提爾與列夫琴就跟其他上千個科技創業家一樣，還是得在加州的咖啡館乖乖排隊。這群「採礦者」正在這股網路淘金熱中奮力的篩金子。兩人沒有任何搶先成功的理由，但有一件事例外。在 Palm Pilot 中，他們看到別人沒有看到的東西：它可說是 **iPhone 的原始版，而且可以用來買賣。**

而在三千英里（按：約四千八百公里）之外，塞爾維亞籍的神經心理學家——卓拉森．普利雷克（Drazen Prelec），正在麻省理工學院（MIT）做一項實驗，想研究不同的付款方式對人類大腦的影響。人類對於金錢所展現出來的非理性行為，讓普利雷克深深著迷：我們為何會既買樂透彩，又買保險？因為我們的開銷方式不是固定的。普利雷克表示，我們一生當中，會累積許多和金錢相關的規矩與概念，而且亂無章法的同時存在於我們腦中。例如我們在超市會買最便宜的品牌，卻堅持搭計程車回家，因為我們不想搭公車；或者用最便宜的化妝品，但每個月一定要去 SPA 按摩一次。

普利雷克想知道，當我們使用現金時，這種對金錢的非理性會如何表現出來，於是決定把付現的大腦反應，和用信用卡付款的大腦比較一下。

普利雷克邀請五百位麻省理工學院的學生，對某場籃球比賽門票（已經售罄）的無聲拍賣，進行密封競標（譯註：出價是保密的）。有一半的學生被要求付現，另一半則刷卡。普利雷克雖然早有直覺，認為信用卡的出價會比較高，但實際上高出來的程度，卻把他給嚇傻了。**信用卡的平均出價是現金的兩倍，有些甚至高出六倍**。現金出價者就是不想把金錢脫手；但刷卡的出價者，就毫無顧忌的刷下去。

普利雷克目瞪口呆的說：「這超狂的，不是嗎？用信用卡花一美元（按：約新臺幣三十元，全書匯率以一比三十計算）的心理成本，只有五十美分（按：約新臺幣十五元）！」這是因為信用卡帶來購物的愉悅，卻毫無痛苦，「道德面的負擔變得很模糊，當你在消費時，根本不會想到付款的事，而當你在付款時，也不知道自己付了什麼！」

普利雷克說，這種騙自己「信用卡是白吃的午餐」的心理作用，實在太過強烈，所以幾乎所有簽帳卡都要掛上信用卡的商標。「光是商標本身，就是強大的花錢誘因。消費者光是看到信用卡就會興奮。這就像拿一個漢堡，在飢餓的人面前晃一樣。」

所以信用卡的吸引力顯而易見，但普利雷克還想知道，為什麼我們付現時會遇到這種問題。對於付現的抗拒是自動反應嗎？普利雷克針對付現競標的學生，做了核磁共振掃描，結果他發現一件事，改變了金錢的未來發展。

普利雷克了解到，當我們付現的時候，會點亮一條特定的神經管路。普利雷克發現了「退縮時刻」，亦即當大腦指示雙手把錢放開的那一瞬間，我們會感受到明顯的神經痛苦。那一刻我們真的感受到損失。

至於實驗中刷卡競標的人，就沒有感受到這股痛苦，只感受到血拚的愉悅。普利雷克的發現有著更深遠的啟示。他總結：「現金不會幫助花費，反而是阻礙花費。只要移除現金，讓付款能即時發生，大腦就沒時間表達痛苦。**我們之所以解除花錢的限制，就是因為交易發生得太快，而大腦來不及反應。**」

此時，彼得·提爾與馬克斯·列夫琴正努力想破解矽谷那只聖杯：加密付款系統。但**普利雷克卻發現了真正的聖杯：讓消費者「無痛血拚」。只要辦到這點，你就稱霸網路了。**

鋼鐵人加持，Paypal只要「點一下」即可付款

二〇〇〇年，Confinity 成立一年後，列夫琴與提爾遇到一位創業家，他很了解普利雷克的「付現神經痛」研究有多重要。此人就是伊隆．馬斯克（Elon Musk）。馬斯克跟提爾一樣，是讓人眼界洞開的遠見者。這二十年來，大家都知道他竭盡所能的想在火星建造殖民地，透過將人類移居到另一顆星球，以避免地球暖化之害。而且，他也一樣是玩真的。**《鋼鐵人》（*Iron Man*）電影的主角東尼．史塔克（Tony Stark），就是以馬斯克為靈感**。

馬斯克跟提爾一樣，都是在南非長大，而且也是從童年創傷中，淬鍊出野心勃勃的反權威靈魂。馬斯克在學生時代被霸凌得很嚴重，有一次甚至還被毒打到失去意識、住院治療。

回顧二〇〇〇年，馬斯克用他第一個事業「Zip2」賺到的錢，向提爾與列夫琴提出併購 Confinity。他了解他們的願景。馬斯克說，假如 Confinity 可以破解安全加密付款的奧祕，那等於握有「無限消費王國」的鑰匙。但想將這種移除神經痛的概念賣給消費者——換言之，就是將一項聰明但小規模的矽谷科技創新，在被其他聰明但小規模的矽谷科技公司盜用之前，蛻變為全球知名品牌來征服世界——他們必須做一件非常重要的事。**那就是向消費者保證，付款是即時的，只要「點一下」就好。**

提爾從華爾街找來一位超聰明的有錢人：傑克．謝爾比（Jack Selby）。我曾拜訪他們位在舊金山的大辦公室，就在喬治．盧卡斯（譯註：George Lucas，電影《星際大戰》的導演）隔壁。裡頭裝飾著二十世紀中期的斯堪地那維亞家具，以及好幾排書架，上頭擺滿哲學書：齊克果

（Kirkegaard）、安．蘭德（Ayn Rand）、馬克思（Marx）的作品，以及唐納．川普的文集。傑克不疾不徐的晃進來，外表看起來像《大亨小傳》（*The Great Gatsby*）的主角蓋茨比，頭髮往後梳得油亮，腳穿破破爛爛的帆布鞋，好像才剛停好帆船上岸似的（事實上，他剛停好飛機）。

「聽起來可能會覺得一切都水到渠成，像既定事實一樣，」傑克說道：「但這些故事都是杜撰的。真相是，我們的生死繫於一線，風險高到破表。但彼得很出色，他了解我們得在『dot com』泡沫破滅之前就趕緊上軌道。彼得很清楚**當泡沫破滅，雜碎全部被清乾淨的時候，在原地屹立不搖的漢子，絕對是很大尾的人物**。而我們就想成為這種漢子。」

他們替自己的新公司取名叫「**PayPal**」，而「點一下就好」就是其承諾。現在這四個人，已經握有解鎖網路的鑰匙了。一年後，也就是二〇〇二年，PayPal 與 eBay 談成一個十五億美元（按：約新臺幣四百五十億元）的交易。換句話說，現在網路上有市集可透過 PayPal 交易，而且 eBay 拍賣有七〇%以上都接受 PayPal 付款。Paypal 的創辦人們，如今成了矽谷的傳奇。他們被人稱為「PayPal 黑手黨」。謝爾比提到這件事時，露出了宛如蓋茨比的微笑。「是啊，他們就是這樣叫我們！」

回到麻省理工學院，卓拉森．普利雷克對於「付現神經痛」的研究，應該算是種警告——我們正踏入一個華麗璀璨、卻又深不可測的新世界，線上花費不受任何限制。不過他的研究，卻在無意間替現金判了死刑。他說現金確實會限制我們隨心所欲的花費。「你想知道我們花錢有多亂來嗎？」在訪談他的時候，他跟我說：「只用現金消費一週看看吧！用現金來付房貸，看著數千美元的鈔票山堆在你眼前。這樣你用錢的方法，就絕對不會像以前一樣了！」

信用卡讓你「感覺」變有錢，負債也無所謂

普利雷克並非第一個警告「信用付款很方便，所以該捨棄現金」很危險的人。一九五〇年代，信用卡跳脫商業領域的限制，開始向一般大眾行銷。它們的賣點是交易速度與效率都比現金快。不過它們真正的吸引力，是**讓你有變有錢的錯覺，彷彿它們能變出任何你想要的東西**：新沙發、毛皮大衣、汽車……但你不需要找神燈精靈，只要簽個名就好。

美國運通（American Express）早期有幾支廣告：溫文儒雅的商場人士，酷酷的從口袋裡拿出一張閃閃動人、宛如貴賓證的卡片，秀給臉紅心跳的空姐看。信用卡可以讓失意的中階經理，變成詹姆斯．龐德。這件事美好到不像真的，而且，它的確不是真的。

政府高層很快就表露出疑慮。詹森（譯註：Lyndon B. Johnson，美國第三十六位總統）的消費者事務局特助貝蒂．佛尼斯（Betty Furness），就深信信用卡給予大家的富貴美夢，只不過是海市蜃樓。一九六七年，她表示向「強迫性負債」的社會大眾推銷信用卡，就跟拿糖給糖尿病患者吃一樣，都該負起責任。

但大眾真的有強迫性負債嗎？人們對大眾（尤其是窮人）有個嚴重的迷思，就是他們無法管理錢財或預算，因此需要新科技，讓他們不穩定的生活更好管理。真相剛好相反：窮人比任何人都還省錢。每個革新付款方式問世之後，從一九五〇年的**信用卡，到現在的行動貨幣，做的事情都與當初聲稱的相反**，它們沒有幫大眾管錢，反而讓他們負債更嚴重。

二〇一六年，美國家庭的平均卡債是一萬六千零六十一美元（按：約新臺幣四十八萬元）。

七〇%的美國人至少有一張信用卡，但有兩張的占五〇%，有三張的占一〇%。而美國家庭的平均負債是四萬美元（按：約新臺幣一百二十萬元）。英國的負債情形也一樣嚴重，而且還不斷增加中。二〇一六年第四季，英國家庭的前三年累積下來的平均負債，比歷史上任何時期都還多。

一九五〇年代經濟大幅成長的時候，雖然鼓勵人們負債，但只負債到自己能償還的程度。到了一九八〇年代中期，信用卡取代了租購（譯註：一種信貸購物的形式，買方可以用分期付款的方式先取得貨品，待付清貨款後便可正式擁有貨品），而到一九九〇年代，只要能簽名的人都可以申請信用卡（狗主人甚至還可以拿狗的名字來辦卡，反正也沒人想檢查這張卡是誰在用）。**任何「負債該還清」的概念，全都消失了。負債成為一種生活方式**。每當借貸變得更簡單、更快的時候，我們對負債的「正常水準」也會跟著提高。而且每段經濟蕭條的時期（一九八〇年代初期、一九九〇年代初期、二〇〇七年之後），信用卡都會扮演另一個角色：讓人活下去。

信用卡現已成為生存工具：暖氣費、伙食費、每月的房貸都靠它。負債也是政府用來宣稱經濟成長的手段，他們會把消費者的借貸消費，全都計入國內生產毛額（GDP）之中。負債變成應急用的政治工具，它可以透過假造健全的資產負債表，粉飾停滯不前的經濟。

eBay 什麼都能賣，包括你的人生意義

PayPal 與 eBay 在二〇〇〇年談成交易的時候，目標其實很單純：定義網路的存在目的。直到當時，Web 1.0 都只是學校、政府與軍方，用來交流想法的靜態頁面論壇而已。轉型成 Web 2.0

之後，網路才活了起來，地球上每個連線的人類，都可以餵養、培植它，使它成長茁壯。

這種全新的活性網路，將能帶來「賦權」、「分權化」、「連通性」，甚至新形態的「民主」。不過，在這些巨大的承諾背後藏著鐵一般的現實：**PayPal 將會把 Web 2.0 轉變成巨大的銷售機器**。

這樁與 eBay（Web 2.0 史上第一隻貨真價實的巨獸）的交易談成之後，網路終於被喚醒了。離群索居的 eBay 創辦人皮埃爾·歐米迪亞（Pierre Omidyar），現正在檀香山的海灘上消磨時間，創辦線上調查期刊《Honolulu Civil Beat》。一九九八年，三十一歲的歐米迪亞創辦了 eBay。有個杜撰的故事，說他這麼做，是想販售貝思（Pez）糖果玩具，投機賭看看能否賺一筆。但事實是，他很清楚自己在幹嘛。

歐米迪亞刻意靠 eBay，重建了這個兩千年前首次使用錢幣交易的紛亂市場。在這個空間，任何東西都可以拿出來交易，價值的流動性是無限的，並且由市場驅動。現在每個科技平臺都是一個市集：Google（谷歌）賣資訊、Uber 賣計程車服務、Airbnb 賣住宿空間、Deliveroo 賣食物。但這些大型數位商城中，最先崛起的就是 eBay。它是一個塞滿地球上各式雜物的空間：鞋子、家具、演唱會門票、吸塵器、假期、性愛、舊相機、多餘的人類器官，甚至還有想休掉的老公。

eBay 是最純粹的資本主義形式：一個規模龐大的點對點交易，由買家（而非賣家）控制市場，而價值完全由願意付費的人決定。一片外型像教宗絨帽的多力多滋（Doritos），有人出價一千兩百零九美元（按：約新臺幣三萬六千元）（他還買了長得像聖母瑪利亞面孔的烤起司三明治）；科特·柯本（譯註：Kurt Cobain，美國搖滾歌手）坐過的椅子；小甜甜布蘭妮嚼過的口香糖；賣五萬五千美元（按：約新臺幣一百六十五萬元）的罐裝鬼魂；某人額頭上的廣告空間。**而最辛酸的是，有人拍賣「人生的意義」，結果只值三．二六美元**（按：約新臺幣九十八元）。

除了個人，還可以用整個國家的名義來註冊。例如澳洲有六〇%的線上購物者都會用eBay，但「澳洲」也是揚馬延（Jan Mayen）在 eBay 上的最大交易對象，這個位於北極圈內、人口只有十八人的挪威小島，二〇一四年從澳洲的 eBay 賣家買下二十六件商品，所以平均每個人，都有超過一個從澳洲進口的商品。

eBay 提供了現金無法提供的事物：**線上拍賣的刺激感，以及像賭博一般的奔騰腦內啡**（譯註：此物質會讓人產生愉悅感）。相比之下，現金超無趣的。二〇〇〇年代初期，線上購物與線上賭博同時出現爆炸性成長，而它們的共同點，就是毫無節制的狂熱癮頭，而且還能躲在螢幕後面，私底下好好放縱一番。

根據社會人類學家班傑明．巴柏（Benjamin Barber）的說法，線上購物等於開了一家「即時滿足的糖果店」。它把成人消費者當小孩看待，讓他們返老還童。「當小朋友說：『我要那個！我現在就要啦！』總是會有個大人在旁邊說：『不可以。』但當大人自己上網購物的時候，如果做出類似要求，他們都能得到自己想要的。」

我們在現金脫手時體驗到的神經痛，已經消失無蹤，再也沒有任何事物能阻止我們毫無節制的血拚了。就像本來管教我們的父母，突然不見人影似的。

科技巨頭想成為新銀行，而你是全新的貨幣

假如我給你十英鎊（按：約新臺幣四百元，本書匯率以一比四十計算）或一美元（按：約新臺幣三十元）的鈔票，那這次交易沒有人賺錢，就只是一個人把現金拿給另一個人而已。但假如我用數位方式付款，就要有第三者促成這次付款。因此你我之間的空間，就是能賺錢的地方。

這個空間，所有科技巨頭——臉書（Facebook）、蘋果、Google、亞馬遜、微軟——全都搶著要。這是一場將錢據為己有的競賽，也重新定義了何謂金錢。**他們將你變成貨幣**。

這個空間的價值，甚至不是出自交易費，因為服務現在都免費了。**真正能挖掘的價值，是你身上的資料**。資料是一切交易的隱性價格標籤，代表某個我們願意支付的價格，因為我們不會交出現金，而是**交出日常生活中的細節**：你現在的心情，是想聽開心的歌，還是悲傷的歌？你比較喜歡中國菜，還是印度菜？你是異性戀、同性戀還是摩門教徒？你的興趣是衝浪還是編織？你有注意力缺失症嗎？你度假會去加勒比海還是肯維島（譯註：Canvey Island，位於英國泰晤士河口的人造島）？

二〇一六年，資料被用來勾勒潛在搖擺選民（包括英國脫歐公投與美國總統大選）的概況，而且事後證實非常準確。二〇一七年，英國的隱私權捍衛者發起一項調查，想了解個人資料對於政治活動的影響。例如支援脫歐活動的公司「Cambridge Analytica」，就採用了比以往更尖銳的方法，刺探投票者的意向。假如不這麼做，任何政治活動，尤其是經費拮据的活動，都會以失敗

告終。

評論家認為這種由企業進行的資料探勘（譯註：在大型資料集之中發現模式的計算過程），牽涉到隱私權的問題。但大眾的警覺性就比較低。正如《哈佛商業評論》（*Harvard Business Review*）在二〇一五年所指出的：「我們的研究顯示，消費者有警覺到自己被監控，但消費者也領悟到，資料共享可以產生讓生活更方便、更具娛樂性的產品與服務，這些產品與服務會指導他們，並替他們省錢。」我們只是不在乎自己交出了什麼而已，反而比較擔心的是資料探勘深入我們的健康領域，而這個空間，剛好也是科技巨頭們最感興趣的地方。

二〇〇七年正是此事具現的重大時刻，新世界從此開啟。銀行體系開始崩潰，同時iPhone上市了。次級貸款在銀行底下埋了炸彈。好幾世紀以來，這些銀行都掌控著金錢的興衰消長，如今卻像荒廢的摩天大樓，從內部崩塌倒下。

這些金融機構整整一個世紀，都被激烈的景氣消長搞得團團轉。他們度過華爾街股災、《格拉斯－斯蒂格爾法案》（譯註：*Glass-Steagall Act*，一部對美國銀行系統進行改革的法律，目的在於對投機採取一些控制措施）、雷根（譯註：Ronald Reagan，美國第四十位總統）的解除管制、一九九〇年代的蕭條、史上最長的牛市，以及次級貸款那顆隱藏的定時炸彈。在它們變得脆弱的短暫瞬間，有人正準備要採取行動：他們就是科技巨頭。

這些巨頭**自稱「科技」公司，但科技只是墊腳石，他們其實想成為新形態的銀行**。老字號銀行的崩毀，正好給他們踏出第一步的機會。

二〇〇八年，iPhone促使人們不再用電腦購物，改用手機，而這正是把錢移出舊機構，並提升科技公司權力的第一階段。一開始他們只經營購物這一塊，接著就會延伸至財務管理與金融服務，最終成為新世代的銀行。但最基本的還是購物，對此他們握有全新的武器：App。

一開始，史帝夫・賈伯斯（Steve Jobs）根本狀況外。是因為風險資本家約翰・杜爾（John Dooer）的提點，還有一群擅長「越獄」（譯註：簡單來說，就是取得廠商沒開放的權限）的駭客入侵了iPhone，賈伯斯才終於重視第三方App，並思考該怎麼做，才能真正發揮iPhone的潛力。

iPhone發售後沒幾天，這些越獄者就開發出精緻的「複製貼上」系統，遠勝過蘋果自己家的。「越獄教父」傑・費里曼（Jay Freeman），打造了App市集「Cydia」；在此處，手機可以「被越獄」，以自由使用強大的軟體，藉此在蘋果的嚴格管控之外，量身打造自己的手機。

蘋果不敢相信這件事，它必須趕緊行動。幾週內，蘋果就決定打造App Store，把手機的主導權要回來。以商業觀點來說，這算是蘋果最高明的舉措，但它不是公司內部的程式設計師促成的，而是一群駭客的功勞。

我和傑約在舊金山某個公園的長椅見面。一位人高馬大、長髮及肩的男士，頭帶寬邊帽，身穿皮大衣，從樹林後面出現，踏著堅毅的步伐走過來。傑對於自己的成就還滿樂觀的：他在無意間，把iPhone變成世界上最成功的銷售平臺，也讓蘋果成了典範。

「有時候我還真希望自己沒做過這些事，因為這樣的話，蘋果說不定能發明別的東西。某種程度上，它開啟了新事物，但也關閉了某些可能性。」我問：「那蘋果有開職缺給你嗎？」他說：「他們有找上我，但我沒注意！所以我算是回絕他們，你千萬不能學我喔！其他駭客倒是被他們挖角了，真是典型的『做賊變抓賊』。」

這一切都在幕後發生。史帝夫．賈伯斯宣布 App Store 開張時，它是第三方 App 平臺：一個銷售平臺，不但有讓付費系統轉型的潛力，最後甚至會替代銀行。

第三方 App 證實了賈伯斯的主張：有時候科技進步會突然發生，並改變一切。iPhone 本來只是成功掀起熱潮，如今卻變成當代最具決定性的發明，這些 App 的關鍵程度已無庸置疑。

蘋果是第一個在新領域——也就是交易之間的空間，現在一切都在這裡發生——插上自己旗子的公司。假如你把這個空間撬開，就能步上無限廣闊的資訊平原：某次特定購買的資料，與你自己、你的家人、你認識的每個人所進行的上百萬次購買，會透過數位線全部聯結在一起。而除了這些「已經發生的購買」之外，你還會在演算法的建議之下，進行「正在發生的購買」：也就是你自己、你的家人與你認識（或甚至不認識，但該認識）的每個人，在三十秒內會買下的東西。

占領這個空間的競賽就此展開。為了讓大家知道這場空間之戰打得有多激烈，在此介紹一下**二〇一四年，蘋果與大通銀行（Chase Bank）進行 Apple Pay 的交易**時，發生了什麼事。

起初這項計畫是最高機密。一位內幕人士形容它是「代號狂潮」：信用卡公司給蘋果取代號，蘋果也給信用卡公司取代號。例如，Visa 公司給蘋果取的代號，是另一家消費性電子公司的名字，為的是避免沒涉入的員工注意到。

二〇一三年夏天，蘋果分別與五家大銀行（也就是舊時代的掌櫃們）接觸，希望他們能參與這個計畫，美國最大的發卡銀行——摩根（JPMorgan），將舊金山一間沒窗戶的會議室設置成「戰情室」。參與這項計畫的三百位摩根員工中，只有一百位左右知道他們正與蘋果合作。

九月九日，摩根大通的財務長瑪麗安娜．雷克（Marianne Lake），在紐約站上講臺，等待暗號。此時在兩千英里（按：約三千兩百公里）之外，蘋果的執行長提姆．庫克，也在加州站上講臺，朝他的助理點點頭。蘋果與摩根都相信，**如果想讓競爭者與市場措手不及，替自己創造舞臺的話，那「時機」即為一切**。

上午十一點三十五分，庫克投下震撼彈：蘋果要發行一種付款系統，不是賣給大眾，但世界上所有商店與線上購物事業全都會買單。這種新貨幣就叫「Apple Pay」。而在紐約，**雷克的某位助理，從她包包裡拿出一顆青蘋果。這是在給雷克打暗號：「時候到了！」**她向這位助理點了點頭。她開口向臺下說道：「對此，我們都深感興奮。」

在倫敦，我與某位促成這樁交易的關鍵人物會面，問他到底是怎麼談成的。「你要讓所有船隻在同一時間跨過地平線，這非常困難。」然後我向他提到那個助理拿蘋果的故事，他笑道：「哈！我根本不曉得耶！」原來沒人告訴他。

這已經不只是「破壞」（disruption）而已，而是大地震，徹底撼動管錢管了一世紀的事業。萬事達卡（Mastercard）的副總裁詹姆斯．安德森（James Anderson），就批評大通與蘋果的交易「對付款網絡並不抱尊重」；他的意思是，Apple Pay 不尊重大銀行與信用卡公司的收益流。蘋果與大通等於是把自家的坦克，停在美國最古老金融機構的地盤上。

最重要的是，蘋果還想免費提供服務。交易之間的空間本來是商機所在，但現在商機沒了。蘋果刻意把它給清空，藉此比競爭者搶先一步。為什麼？因為蘋果從促進便利交易中發現了價值，想藉此成為金錢大玩家。但對蘋果的競爭者（如 Google 與臉書）來說，這個空間的價值，不只是成為金錢玩家，而是一種**完全不是錢的新錢：資料，全新的貨幣**。

最大的貨幣革命不在矽谷，在非洲

二〇一六年十二月，臉書的執行長馬克・祖克伯（Mark Zuckerberg），也想踏進這個「資料是金」的新世界。他的飛機降落在肯亞。祖克伯跟蘋果一樣，知道資訊才是未來，但促進交易所收取的費用不是；而且勝利的關鍵不在矽谷或華爾街，而在中非的平原上。

二〇〇七年，行動貨幣系統「M-Pesa」在肯亞全國上市，**讓肯亞人能將錢從一隻手機直接轉進另一隻，它沒有透過App或複雜的加密付款系統，而是靠簡訊**。

M-Pesa是代表金錢民主化的革新之舉，而整個國家成了實驗室。它**不只省掉轉帳費，連銀行與現金都消失**。它不需要iPhone或銀行帳戶，只要一隻二十年的諾基亞（Nokia）手機就好。

上市一年內，**M-Pesa**在肯亞已有一千七百萬名用戶，占總人口四〇%。到了二〇一〇年，使用**M-Pesa**的人比使用銀行帳戶的還多，證明肯亞人根本不需要銀行帳戶。

我造訪了「Twiga Foods」，這是一間位於奈洛比（譯註：Nairobi，肯亞首都）的香蕉倉庫，祖克伯幾個月前也來過。**Twiga**藉由**M-Pesa**成為肯亞成長最快的公司，而祖克伯想了解箇中原因。他拜訪了人資主管艾德娜・齊雲嘉（**Edna Kwinga**），以及營運長齊坎德・米瓦特維拉（**Kikonde Mwatwela**）。

「在祖克伯走進公司之前十分鐘，我們才知道要和他會面，」艾德娜告訴我：「別人跟我們說是臉書的地區主管，結果走進來的是馬克．祖克伯。」那他想知道什麼？「他對我們如何用M-Pesa讓公司成長，感到非常有興趣。他人很親切。前一天他還在西非，而造訪我們之後，晚上就到南非去了。」

米瓦特維拉非常清楚，科技大廠正在搶奪M-Pesa的革新利益，並且感受到驚人的機會。「矽谷通常都抬頭望向金字塔頂端，看看哪裡有錢賺，但祖克伯更是絕頂聰明。**他面朝其他方向，看到經濟金字塔底部有更多商機。**」簡言之，就是拉攏較為貧困的國家，並在過程中讓他們離不開臉書。

Twiga透過M-Pesa付款給所有人。肯亞山（Mount Kenya）附近有一座香蕉園，農夫不是用現金付員工薪水，而是用手機。至於沒手機的人，則會被老闆教訓要去買一隻。我問這位老闆，他之前曾預料到自己不會再用現金嗎？「你在說啥？我們現在不用現金，其他人也不用了。它很重，難以搬運，非常不安全，你很容易被搶劫或勒索。現在這些事都不會發生了。現金我拿來買杯茶就好。」

M-Pesa讓肯亞直接跳過二十世紀的標準發展階段：基礎建設與銀行。以前你需要銀行帳戶才能創業，現在不用了。M-Pesa會提供貸款，所以銀行也無關緊要了。M-Pesa簡直把「金錢」兩字給破壞殆盡，而且還是用最基本的科技辦到的。但祖克伯能夠透過臉書，將它引導至更高的層次，將金錢革命開放給全球半數的貧窮之人。假如它在肯亞有用，就有可能套用到全世界。

M-Pesa提供了通往數位消費主義（**譯註：消費主義指相信持續及增加消費活動有助於經濟的意識形態**）的門路；賣的是金錢轉帳、發薪日貸款、信用、食品、汽車、假期，甚至酒類與線上賭博。

但這些運用簡訊的金錢轉帳，能從中獲得的個人資訊，與人們在線上購物留下的足跡一樣多。二〇一六年，有一群肯亞的警察，因為使用 M-Pesa 大筆轉帳而遭到逮捕。他們不像販毒集團一樣使用比特幣，或是透過銀行洗錢，而是使用簡訊。祖克伯了解到，M-Pesa 跟臉書一樣，可以監控交易的微資料，但它還有讓數十億人使用的潛力，臉書卻沒有。

數位貨幣在二〇〇〇年到來之際，最有可能的「劇本」，似乎是**全球貧富不均的情形更為鞏固**。世界上富有的那一半，會使用數位與行動貨幣，而窮人會繼續用現金。但M-Pesa證明事實完全相反。**M-Pesa賦權給窮人，並網羅他們，就跟負債一樣**。

政府抹消現金，地下經濟卻讓現金不減反增

現金消失的潛在意義（其實在許多情況下是主要意義），**就是地下經濟會被消滅**。國際貨幣基金組織（IMF）的前首席經濟學家肯尼斯．羅格夫（Kenneth Rogoff）表示，全球現金消失是不可避免的，而且是好事。

我與肯尼斯約在哈佛大學的辦公室會面，他請我看一張超大範圍的圖表，詳述了近兩百年來，西方資本主義的景氣消長。稅收產生，以及地下經濟（由現金所刺激）毀滅，使得無現金的世界成為固定匯率廢除之後，財務管理上的大躍進。他還表示，這也提供了更有效的非法移民監管，比蓋高牆或用護照管制阻止他們入境好多了。

但肯尼斯又說，還有一件更令人費解的事正在發生：「**政府試圖增加取得現金的難度管制（巨額現金提款），藉此逐漸停用它，結果流通的現金竟然達到史上新高**。人們還是繼續用現金，而且沒有誰特別愛用，也沒有特定理由。」對想消滅現金的政府來說，現金就像九頭蛇（Hydra），砍掉牠一顆頭，馬上就長出另一顆。

地下經濟（又稱現金經濟或黑市經濟）這個詞，等於是「窮人生計」的委婉說法。《蘋果橘子經濟學》（*Freakanomics*）一書中的經濟學家：賽漢．艾爾金（Ceyhun Elgin）與奧古茲．奧茲圖那利（Oguz Oztunali），利用一九五〇～二〇〇九年間，一百六十一個國家的資料集，估計出地下經濟占了全世界GDP的二一%以上。

換句話說，全球總財富有近四分之一是握在手中的現金。現金提供了讓全球數十億人得以生存的重要機制。罪犯會利用地下經濟，但辦公室清潔工、建築工人，以及想撐住事業、發出薪水的老闆，也需要地下經濟。**在繳稅的刀口上，現金代表存活與沉沒的分水嶺。要是乖乖繳稅，他們就真的完了**。

因為收不到這四分之一窮人的稅，而強迫他們以數位貨幣取代現金，來把他們全部挖出來。這就是各國政府擁抱世界的策略，尤其是當他們從財富光譜另一端——企業與有錢人撈不到好處的時候。

我問羅格夫：「難不成你只想把現金當成特洛伊木馬，從窮人身上獲取利益，只因為你無法對富人下手？」他聳聳肩：「就算有人很想讓現金消失，它也不可能這麼快消失。而且我沒說它應該消失喔！它帶有一種『確定』的作用。」

二〇一六年，印度政府突然毫無預警，從流通的鈔票中回收面額五百盧比與一千盧比（價值各約七美元與十五美元）（按：約新臺幣兩百一十元與四百五十元）的鈔票。他們的目標，就是要讓龐大的印度地下經濟無法運作。結果卻慘不忍睹。

現金短缺了好幾週，有二十五人因為在銀行外頭排隊好幾小時，而虛脫身亡。合法經濟也遭遇了股市重挫、農業危機以及陸運停擺。反倒是**原本設定為目標的地下經濟，連一根汗毛都沒動到**。

金融風暴，誰來救銀行？毒品黑錢！

現今印度依舊是重要的現金經濟體，而西方經濟仍然需仰賴現金，尤其是發生危機的時候。二〇〇七年八月，世界最大的跨國公司之一：法國巴黎銀行（BNP Paribas），做了一件該公司史無前例的事。他們終止提領三支「完全喪失流動性」的避險基金，而美國、歐洲、亞洲與南美洲的大銀行也都跟進。在幾小時之內，一個完全建構在流動性之上的銀行體系——一家銀行可以基於體系中的現金，向另一家銀行借錢——就這樣凍結住。沒有人準備要借錢給別人，資本主義就快停擺了。這就像電影《霸道橫行》（*Reservoir Dogs*）中的場景，每個人都拿槍指著對方，等待某人先行動。

不過還有個地方，銀行可以從中借到錢。**有一個全球現金網絡，是與銀行並行運作的，那就是販毒集團**。當時，聯合國毒品和犯罪問題辦公室（UN Office on Drugs and Crime）的首長是安東尼奧・馬利亞・柯斯塔（Antonio Maria Costa）。他說金融崩盤後一年，開始有證據浮上檯面：當合法銀行體系的流動性停擺，銀行會轉而尋找毒品經濟中的現金，讓西方銀行體系能撐下去。

「對某些倒閉邊緣的銀行來說，犯罪組織是唯一可取得流動性投資資本的地方。」柯斯塔如此解釋。現金停止流動，但毒品黑錢可以拯救我們。這些錢或許是透過販賣海洛因與古柯鹼，從洛杉磯或雷克雅維克（譯註：冰島首都）街角掙得的，但銀行現在就是需要這筆錢活下去。

所以西方銀行透過有效的洗毒品黑錢，來維持現金流動。金融崩盤後那幾天，政府對銀行紓困，讓流動性重回體系，服務也恢復正常了。但在最關鍵的時期，也就是**資本主義正在垮臺邊緣搖擺的那幾個小時，你之所以還能從提款機領到現金，是因為全世界的銀行體系，被販毒集團的黑錢給硬撐住了**。

根據IMF的估計，歐美各大銀行在二〇〇七年一月到二〇〇九年九月期間，因為有毒資產（譯註：在市場情況良好的時候，資產面臨的多方面不良影響，都被暫時掩蓋起來，而當危機降臨的時候，所有潛在因素就會一起爆發）與呆帳而損失超過一兆美元（按：約新臺幣三十兆元），並且有超過兩百間抵押貸款銀行破產。而根據聯合國表示，同時期黑幫的毒品交易利潤，價值三千五百二十億美元（按：約新臺幣十兆五千六百億元）。這些販毒集團，傳統上會維持現金交易，或將交易移到海外，逃過監管機構的法眼。所以神不知鬼不覺的把錢搬回來，幫助銀行重啟流動性，並不是大問題。

柯斯塔表示，毒品黑錢流進銀行的證據，是直接從英國、瑞士、義大利與美國的銀行官員得來的。他主張：「那時正好就是整個體系癱瘓的時候。」我們或許會覺得這樣違反道德，但假如你跟我一樣都在使用銀行（我猜你有用到），那我們都是共犯。**正因為毒品黑錢投入體系，我們才能持續付得出房貸**。

不過根據柯斯塔的說法，接下來發生的事才是最惱人的。「這個體系逐漸增加的流動性，慢慢改變某些銀行的共享價值觀，代表銀行對黑錢問題不再像以前那麼嚴正看待了。」

二〇〇八年後，銀行對洗黑錢更願意睜一隻眼閉一隻眼，因為銀行發現自己欠了罪犯很大的人情。銀行與罪犯之間的交換條件，在歷史上已存在很長一段時間——把錢偷偷移到海外，並幫助罪犯投資合法事業來洗錢——所以當銀行需要向販毒集團借錢的時候，毒梟是很樂意施恩的。

資安專家心中最安全的系統，照樣被駭好玩的

二〇一四年四月，廣為全球數百萬企業所採用的安全通訊協定（SSL），原本應該提供滴水不漏的安全，給每秒湧現的上百萬筆線上交易，卻被駭客駭了。SSL在當時，可是被資安專家一致認定為最安全的付款系統。

它到底是怎麼運作的呢？SSL是一種新世代的「區塊鏈」付款系統。區塊鏈原本是研發給大企業，用來確保安全進行上億美元的交易。不過它現在也用在你我的日常交易上，並以核彈鑰匙的管理原則為基礎。

核子潛艇內裝的核彈，足以摧毀一整個大陸，所以控制權不只落在一個人手上，而是一群人，每個人手上都有一把不同的鑰匙。這些鑰匙必須依照正確的秩序、在正確的時機下插進控制

面板，核彈才能發射。船員不知道誰有鑰匙，所以理論上，沒人有辦法獨立控制這個系統。

當金融交易用區塊鏈進行的時候，電腦扮演的角色就像艦組員。每個演算法都準備好在正確時機輸入一道密碼。因此理當沒有任何一個團體能夠控制這個系統。它是一個連鎖的流程，再覆上一層層的安全性，看起來就難以攻破。因此區塊鏈備受信賴，連五角大廈都在研究，如何用它來替核武加密。

但在二〇一四年，SSL還是被駭了。全世界數百萬人被告知要修改密碼——也就是第一支核彈鑰匙。數百個密碼被改掉之後，美國的沃爾瑪（**Walmart**）商店，以及中式連鎖餐廳「華館」（**PF Chang**），都爆出更多安全漏洞。改變密碼之舉，不但未讓系統更難駭入，反而還變簡單了。

二〇一五年，也就是一年後，**Talk Talk** 公司的行動網路整個當掉，因為有個北愛爾蘭青少年，在自己房間裡破解了這間公司的金鑰密碼。這次駭入行動摧毀了 **Talk Talk** 的可信度，結果流失數千名顧客，公司股價暴跌。當年 **PayPal** 以安全線上付款為號召而上市，似乎確保了交易的安全性，但二十年下來，這種安全性的脆弱面本來是內在固有的，如今卻變成外在給予的。

當錢幣在兩千年前第一次創造出來的時候，它們的價值是基於交易兩方，亦即買家與賣家的相互信任。如今現金消失，信任就變成單方面的。我們別無選擇，只能相信科技公司，自己手上卻完全沒籌碼。不過我們認為「他們能守好我們的錢」的信任感，已經開始「漏氣」了。現今有四〇%的銀行詐騙沒被調查到，因為銀行把它勾銷了。

警方沒有資源或專家去應付詐騙，或是估算某個罪犯捲走了多少錢。鬆懈的安全檢查，一大票容易取得的現金帳戶，加上越來越快的付款系統，使詐欺犯能在犯下詐騙後，瞬間把錢搬走。

這就是線上安全性的真相。你也可以拿它與恐怖主義類比：每一件你聽過的大規模攻擊事件，背後都有上百個被擋下來的企圖，但你沒聽過。就這個基礎來說，向詐騙開戰會被質疑或反對，因此勾銷是無可避免的。

銀行搶匪失業，因為金庫沒半毛錢

瑞典政府計畫在接下來五年內，讓國內的現金全部消失。這引起極大的爭議，因為政府好像沒先停下來思考有什麼危險，就準備接受現金的消失。這個爭議還沒在其他國家公開發生過。

二〇一六年，現金只占瑞典所有付款的二%以下。信用卡是最主要的付款方式：每人平均每年刷兩百零七次，這是其他歐洲國家的三倍多。行動電話App（最主要是「Swish」）則由該國國內四間最大的銀行開發，正在快速替代信用卡的位置；它們也是把瑞典現金蓋進棺材的最後一根釘子。

瑞典一千六百家銀行中，有九百家甚至連現金都沒放，或不收現金存款。二〇一三年四月，有個銀行搶匪就學到了這個教訓。

星期一上午十點三十二分，閉路電視拍到一個男性罪犯，拿著像槍一樣的武器，闖進斯德哥爾摩市中心奧斯特馬爾斯塔哥（Östermalmstorg）的一間銀行。

在要求行員打開保險箱之後，螢幕後方有一位女性，告訴搶匪這間銀行沒現金，金庫是空的。根據閉路電視拍到的影像，搶匪在闖進銀行後兩分鐘內就離開了，而且沒搶到半毛錢。

二〇一二年，瑞典只有二十一件銀行搶案。這只有二〇一一年的一半，也創下新低。不過當實體銀行搶案即將消失之際，瑞典的線上詐騙案件卻創下新高。

前國際刑警組織（Interpol）主席波瓊．艾瑞克森（Bjorn Eriksson），目前正在營運「Cash Uprising」，這是一個壓力團體（譯註：指對政府決策施加壓力，使其有利於己的團體），目的是遊說議員，維持現金流動並阻止詐騙。艾瑞克森表示，現金消失會使窮人邊緣化，並且把經濟權力拱手讓給新的科技巨頭，他們不能、也不知道如何處理詐騙。

不管銀行的詐騙情況有多糟，艾瑞克森宣稱他們會站在科技巨頭身旁，成為警戒詐騙的典範。艾瑞克森並沒有反對資本主義，但他曾經調度過全歐洲規模最大的反詐騙警力。

現金是用世代劃分的。較老的世代相信現金，較年輕的則相信數位貨幣。遍布瑞典的無現金事業（例如咖啡館），是由一群年輕創業家營運的，他們都只用一個名叫「iZettle」的交易App。

造成瑞典老一代與年輕人看法不同的分水嶺，是二〇〇八年的銀行崩盤。老一代還記得銀行崩盤前尚能信任的時期，年輕人則相信銀行危機在銀行的根基上，開了一個致命的大洞。他們寧願相信新的科技巨頭，而這群巨頭正想取代銀行。

二〇〇七年iPhone問世了，這個裝置就是用來把人們的信任，從銀行轉給這些科技巨頭，因此他們成了新的掌櫃。但他們比銀行安全嗎？諸如波瓊．艾瑞克森這些批評數位貨幣的人，**都說「數位崩盤」是遲早的事，而且會比二〇〇八年那次更嚴重。**

二〇〇七年的銀行管理風險是分散的，但現在，**光是一條有漏洞的區塊鏈，已足夠讓駭客**

只要按顆按鈕，就把全球的數位貨幣銷毀殆盡。我們沒有雷曼兄弟（譯註：Lehman Brothers，一家金融機構及投資銀行。受次貸風暴波及而破產，被視為二〇〇七～二〇〇八年金融危機的指標）也能活，但少了Google與臉書就死定了，因為它們都是基礎建設。

科技面的缺陷，使得「安全付款系統」從來沒安全過。**銀行因儲備不足而讓民間產生大量資金的現象，更是容易造成崩盤**。刺激經濟成長的關鍵因素，就是消費者的開銷。但要提高開銷，就要讓消費者價格維持低點。當價格泡沫最後破裂，商品價格上漲，緊接著是通貨膨脹，這整間「紙牌屋」就準備要垮了。

現金是下等人用的東西？

我們現正走在完全數位資本主義的鋼索上，而體系裡頭藏著另一次崩盤的可能性，也就是「臭蟲」（glitch）。表面上，消費者可以享受到更快的速度與效率，但真相是**地下經濟被消滅，金錢全被五家科技公司給掌控著**。

十年前，數位革命正在進行，為了要創造出高速的網路連線，人們鑿穿了一座山；之後華爾街的交易速率每秒多加了一千次。這多出來的一千次，就讓華爾街每小時轉手的金額多出十億美元。但當速度成為「新金錢上帝」之際，**完全數位化的經濟，也有更大的可能，因為演算法的惡搞，例如把「買進」改成「賣出」，或是網路攻擊，而被徹底摧毀**。

二〇一七年五月，一次空前的「勒索軟體」攻擊，在同一天於全球各地同步發動。這是前所未見的網路攻擊。惡意軟體「Wannacry」的目標是從受害者手上勒索贖金，並且同時在四大洲造成大浩劫。英國的國民保健署（簡稱NHS）慘遭癱瘓，被迫停止營運。聯邦快遞（Fedex）與西班牙電信（Telefonica）也無助的看著自己的作業系統遭到破壞。這個勒索軟體像野火一般燒遍亞洲、美國、南美洲、歐洲與俄羅斯，共有一百五十個國家受害。起因在於達倫·胡斯（Darien Huss）這位二十八歲男士，註冊了一個荒謬的網域名，結果無意間觸動了這個惡意軟體內的「緊急開關」（kill switch），一切都因此而停擺了。

因為勒索的贖金不算大筆，所以有幾個「嫌疑犯」被點名：北韓？俄羅斯（攻擊自己也攻擊別國）？伊斯蘭基本教義派——電腦版的哈里發（Caliphate）？還是某個暗網的犯罪集團，因為絲路被封鎖而尋仇？

攻擊發生的前一天，我在一間大型信用卡公司的實驗室，他們向我展示幾個驚人的付款系統原型，例如，直接用手與身體「刷卡」，以及擴增實境購物。我向他們請教電腦犯罪的問題：「這些系統都很棒，但會不會因為一次攻擊就癱瘓了？」對方回答：「喔，你別擔心，我們現在可是領先喔！」他們說自己即將戰勝電腦犯罪與惡意軟體，因為**他們找了罪犯來測試新的防禦機制**，跟電影《神鬼交鋒》一樣。（譯註：*Catch Me If You Can*，片中的詐欺犯主角，最後替FBI偵破許多支票偽造案件。）

這是一場戰爭，兩方的武裝速度都很快，但二〇一七年五月十二日的這起事件，**顯示出網路攻擊的規模，每次都比之前更大、更可能釀成大災難**。

有一天我去「Pret A Manger」餐廳買三明治。讀卡機不知怎的故障了，所以他們只收現金。

店員很有禮貌，**請顧客到隔壁門的ATM領錢，但沒人照做。因為這麼做會浪費他們一分鐘，太久了**。他們寧可排隊，等到讀卡機恢復連線為止。店員說這要花半小時，但他們還是甘願等，因為他們早已習慣這種新付款方式。

這次經驗，完全展現出我們的非理性付款行為；就跟卓拉森．普利雷克在麻省理工發現的一樣。幾天後，阿斯達（Asda）連鎖超市讓顧客等了一小時才能付款，而這六十分鐘的延遲，讓公司損失了一千萬英鎊（按：約新臺幣四億元）。

當系統故障，現金就變成較快、較合邏輯的付款方式。但我們總覺得現金很髒。Visa就曾經做過研究，想知道鈔票上有多少細菌。而採用非接觸式付款的公司，則刻意挑起我們對現金感到骯髒的恐懼，藉此將現金妖魔化。

不過現金所附帶的「心理傳染病」，其實是害怕貧窮。這也是拜數位革命成功所賜，讓人**們把現金與社會低階層畫上等號，所以使用它、甚至只是碰到它，感覺就像會染上失敗似的**。根據Visa的研究，瑞典年輕人偏好數位貨幣勝過現金的原因之一，就是現金充滿了病菌。若以社會對成功的定義來看，**數位等於乾淨，而乾淨等於成功**。

現金的時代結束了，但我們要認真質疑：為什麼？誰因為現金消失而真正受益呢？二〇一七年，警察在麻薩諸塞州某張木床的床墊下，發現了兩千萬美元（按：約新臺幣六億元）的現金。某個名叫克雷伯．瑞尼．李傑里歐．羅查（Cleber Rene Rizerio Rocha）的巴西人，被控代表一間倒閉的網路電話公司，從香港洗錢到巴西。羅查辯稱，要比洗錢量，他洗的錢，跟別人在網路銀行洗過的數億金額相比，根本微不足道。現金只是小蝦米。這個辯詞挺有道理的，但他還是被判刑了。

一九八九年，英國也發生過類似的事。喜劇演員肯．杜德（Ken Dodd）被控逃稅；有人發現他的銀行帳戶是空的，但他家床下與閣樓卻藏了好幾箱現金，總值三十三萬六千英鎊（按：約新臺幣一千三百四十萬元）。法官問他：「把十萬英鎊（按：約新臺幣四百萬元）塞在一個皮箱裡，感覺如何？」杜德回答：「啟稟大人，鈔票其實滿輕的。」

杜德被判無罪，不過還是繼續接受審訊，因為他把錢藏在床底下，感覺就像要做壞事。這是因為**現金天生就有罪，因此它永遠不會被原諒**。

當現金終於消失時，「擺脫現金是好主意嗎？」將會變成純理論的問題。現金終將消失，而這一切，**都是因為兩位仁兄，在空蕩的講堂碰面所造成的——他們都想消除付款的痛苦，結果成功了**。

DONE

第2章

風險（包括人命）繼續證券化——

糧食做空點燃阿拉伯之春、移民灌爆歐洲，中國和「水」交易接著登場

二〇一〇年十二月十六日，突尼西亞有一位二十六歲的街頭攤販，名叫穆罕默德．布瓦吉吉（Mohamed Bouazizi），做了一件他自知風險極高的事——向別人借錢。布瓦吉吉需要買進蔬果，隔天再到市場把它們賣出。**幾千英里之外的某個決策，讓食物漲到天價**，所以布瓦吉吉就和北非其他街頭攤販一樣，別無選擇。

隔天，布瓦吉吉起了個大早。他正在存錢買一輛五十鈴（Isuzu）的皮卡車，來搬運他的商品，不過他還沒存夠錢。上午八點，他來到西迪布濟德（譯註：Sidi Bouzid，突尼西亞中部的城市）市場，在自己平常的位置上擺攤，但到上午十點三十分，根據目擊者的說法，當地警察開始騷擾他、要他搬走，表面上的理由是他沒有攤販執照。

一場爭執因為錢而爆發。以前官員會向穆罕默德勒索收賄，但這次他悍然拒絕。當他堅守原位時，一位名叫菲達．哈姆迪（Faida Hamdi）的四十五歲市政官員，竟然甩了他巴掌。接著她朝布瓦吉吉吐口水，並沒收他的電子秤。最後，兩個跟在哈姆迪身旁的不知名人士，把布瓦吉吉的手推車翻倒在小巷。

幾個月後，哈姆迪在法庭上否認所有指控。不過當布瓦吉吉想把手推車翻回來時，官員對他拳腳相向，這是不爭的事實。他的商品也被沒收，所以現在他完全無法討生活了。

布瓦吉吉本來是很安靜的人，還會替其他攤販記帳，但這次他被惹火了。他與叔叔打算從市政府取回手推車，所以要求見市長（也就是哈姆迪的長官）一面，但沒人理他們。

布瓦吉吉憤而離去，帶了一大桶稀釋液（譯註：常用於稀釋油畫顏料的化學品。高易燃性且容易取得，所以成了縱火犯常用的工具）回來。他站在西迪布濟德市長辦公室外頭走道，把稀釋液倒在自己身上。旁觀者聚集過來，並拿出手機。**據稱布瓦吉吉大叫：「你給不給人活啊！」接著他用火柴自焚，一場革命就此爆發。**

四大糧商做空小麥不成，竟引來伊斯蘭國崛起

距此事件四十二年前，捷克一個名叫揚．帕拉赫（Jan Palach）的學生，也在布拉格的溫塞斯拉斯廣場（Wenceslas Square）自焚，抗議蘇聯入侵捷克斯洛伐克。帕拉赫自焚後一個月，另一位學生揚．薩吉克（Jan Zajic），竟也在同一地點自焚。接著又有七位學生跟進，藉由燒死自己，讓抗議持續下去。

布瓦吉吉自焚之後隔天，有支人數一千名以上的送葬隊伍，在經過他去世的地方時，被突尼西亞警方給攔下了，因為他們害怕這次自焚會激起仿效。**但為時已晚，「阿拉伯之春」開始了。**群眾高歌：「永別了，穆罕默德。我們會替你報仇！」人們開始在社群媒體上動員。

阿拉伯之春常被形容成一次「推特革命」。但在布瓦吉吉自焚那天，全突尼西亞只有兩百個有效的推特帳號。不過臉書帳號有兩百萬個，所以推特的貼文雖少，但還是能轉貼給北非數百萬名臉書用戶，讓大家全都站出來。有一張照片尤其被瘋傳，但不是布瓦吉吉，而是一位戴頭紗的女性，從高空用黑莓機拍攝越演越烈的暴動。**布瓦吉吉的自焚能夠透過網路傳播——這件事實的重要性，不亞於自焚行動本身。**

幾天之內，阿拉伯之春在全北非爆發，各國政府就像骨牌一樣被推倒：首先是突尼西亞的

班・阿里（Ben Ali）政府，再來是埃及的總統穆巴拉克（Mubarak）、利比亞的總理格達費（Gaddafi），以及葉門的總統沙雷（Saleh）。敘利亞總統阿薩德（Assad），也被泛民主派的反抗軍挑戰，結果爆發了錯綜複雜的內戰，連俄羅斯與歐美都被捲入。

在奇妙的命運轉折下，菲達・哈姆迪（起初沒收了布瓦吉吉的商品，之後將阿拉伯之春歸咎於己）自己也因為「民事罪」而被逮捕入獄。她被當成政府的代罪羔羊，也成了事件演變的受害者。

北非的政治空缺，被伊斯蘭國（Islamic State，即ＩＳ）給補上。跟他們的「前輩」蓋達組織（al-Qaeda）不同，他們認為在政權動搖之際奪取領土，正是大好機會，可以創建規模涵蓋整個大洲的哈里發國：也就是一個無疆界的伊斯蘭國，從大西洋一直延伸到紅海，全都被黑旗給涵蓋。當伊斯蘭國占領城鎮後，為了要贏得民心，**第一件事就是降低小麥的價格**。

穆罕默德・布瓦吉吉之死，引發了中東自一九一六年來最戲劇性的政權重組——一九一六年的賽克斯—皮科協定（Sykes-Picot Agreement），將北非地圖瓜分成法國、英國與俄羅斯的勢力範圍。為了想換取第一次世界大戰的援助，**賽克斯—皮科協定同時承諾猶太人與阿拉伯人能建立家園，這等於在促使宗教衝突**。

一個世紀後，中東竟被一個慘遭羞辱、被食物價格暴漲逼到走投無路的街頭攤販，給徹底重塑了。賽克斯—皮科協定激發了基本教義派，而二〇一〇年的小麥價格暴漲，則促成伊斯蘭國以及第四波聖戰主義的崛起。

阿拉伯之春在西方，常被描寫成自發性的宣洩憤怒，以追求自由與民主。但它一開始才沒那麼崇高。**阿拉伯之春最直接的起因，是因為有四家大型食品公司做了一個決定：在國際市場競賭小麥價格**。

布瓦吉吉之所以自焚，是因為西迪布濟德市場的一連串事件，讓他自認無法過活；但這股絕望從何而來？因為連地球上最基本的**糧食，都成了金融的一部分。全球的小麥，如今化做賭場的籌碼，被扔在賭桌上。一旦賭錯，數百萬人就得餓肚子**。

高風險的麵包賭局，就跟ABCD一樣簡單

ADM（阿徹丹尼爾斯米德蘭）、Bunge（美國邦吉）、Cargill（美國嘉吉）與Louis Dreyfus（法國路易達孚）是四家全球最大的食品公司，它們常因名字的首個字母，被合稱為「ABCD」。他們總共掌控了全世界九〇%的小麥。講白一點，**地球是ABCD在餵養的，而且全世界該付他們多少「餵食費」，也是他們說了算**。一九七〇年代初期，尼克森（譯註：Richard Nixon，美國第三十七位總統）為了想在冷戰中取勝，於是建議這幾家食品大廠哄抬蘇聯的玉米價格，讓共產主義者餓到投降。結果他們拒絕，尼克森也只好放棄。他們的權力就是這麼大。

倫敦大學亞非學院（SOAS）的教授珍・哈利根（Jane Harrigan），曾廣泛研究這些公司對食物價格的控制力，以及對於阿拉伯之春的影響。結果她有了驚人的發現。撒哈拉以南的非洲，是全球糧食供需最不安定的地區：餵飽所有人口所需的數量，跟真正進口數量之間的差距，位居全球之冠。糧食有五〇%仰賴進口，而且有三五%是小麥。**簡言之，整個地區都以麵包維生，而**

只要價格稍有變動，人民就會挨餓。

但在二〇〇五年，ＡＢＣＤ自己面臨了危機。因為收穫量是無法預測的，所以小麥價格也飄忽不定，使二〇〇五年的利潤下滑。結果ＡＢＣＤ做了命運般的決定：他們開始在國際市場賭自己的小麥價格。**小麥歉收的話，他們反而會賺錢；假如沒歉收，就代表他們賭錯，此時就會開始哄抬價格**。對他們來說這簡直就是雙贏。就這樣，他們做空了全球小麥。

這對撒哈拉以南非洲來說，是非常大的打擊。埃及人稱麵包為「aish」，意思是「生命」。葉門就有二十種以上的麵包。貝魯特美國大學（American University of Beirut）農業與食品科學教授拉米．祖雷克（Rami Zurayk）指出：「這塊肥沃的新月形土地，從尼羅河一直延伸到底格里斯河與幼發拉底河河口，正是農業的發源地；小麥、扁豆、鷹嘴豆、橄欖、綿羊、山羊，都是在這裡首次種植、畜養。」

儘管這個地區土壤肥沃，但也是地球上最貧窮的地區。埃及與葉門有四〇％的人口過著窮困的生活。為什麼？照理來說，土壤如此肥沃，他們是最能自給自足的地區吧？但是，自從一九八〇年代，**ＩＭＦ與世界銀行**（譯註：為開發中國家資本項目提供貸款的聯合國系統國際金融機構）就實施政策，減少農業補助，並鼓勵他們出口水果到西方國家，而非投資本地的穀類生產。於是**這個地區就日漸依賴食品巨頭ＡＢＣＤ的小麥進口**。而因為價格大幅波動，數百萬只能勉強買片麵包來餬口的人，現在真的是活在刀口上了。

二〇〇六～二〇〇七年有一陣大豐收，邏輯上小麥價格應該會下跌，ＡＢＣＤ卻反其道而行，哄抬了全球小麥價格。非洲與中東光是價格稍漲就會造成大災難，而現在，糧食危機更是在整個大陸引爆。

「麵包暴動」（bread riots）並不是新鮮事，但這次真的不一樣。「在突尼西亞發生的第一波阿拉伯之春抗爭，很快就被當成一陣尋常的麵包暴動打發掉，」祖雷克說道：「阿拉伯政權的回應方式，是調整食物價格，並提供更多補助。增加補助有稍微舒緩人民的壓力，但也增加了進口商與製造商的利潤。不過這一次，只靠幾卡車的麵粉是沒用的。」

二〇一〇年，布瓦吉吉自焚前幾週，歐巴馬（按：Barack Obama，美國第四十四位總統）向ＡＢＣＤ開戰。在世界衛生組織、聯合國兒童基金會（ＵＮＩＣＥＦ）、英國首相戈登．布朗（Gordon Brown）與法國總統尼古拉．薩科吉（Nicholas Sarkozy）的施壓下，歐巴馬試圖通過法規，削弱食品集團對最貧困地區穀類價格的做空能力。歐巴馬說ＡＢＣＤ的行為不道德，而且讓政局不穩定。但連他也不敵這些巨頭。

撒哈拉以南非洲的小麥價格飆破天際（包括布瓦吉吉討生活的市場），使阿拉伯之春爆發；伊斯蘭國的第四波聖戰主義，延燒過一道又一道的邊境。古羅馬詩人尤維納利斯（Juvenal），曾經描述過一種「麵包與馬戲團」策略（譯註：馬戲團起源於羅馬的圓形競技場，古代有個說法認為，只有麵包與馬戲團能讓羅馬人快樂），政客會透過它讓大眾心悅誠服。伊斯蘭國進軍時，非常了解「麵包與馬戲團」，對於收買占領地的民心有多重要。但西方國家沒學到這個教訓。

ＡＢＣＤ開了一個高風險的賭局，但輸家卻是不知道自己身在賭局中的人：也就是北非人。這些人現在從西方殖民中「解放」，而哈里發的黑旗大軍，對於他們解放的人民，則握有食物價格的籌碼。

當北非國家垮臺，難民船就開始橫越地中海，並在歐洲大陸引爆危機。當地人因此湧現出對移民入侵的恐懼，也促使反移民團體在歐洲各地崛起。**這一切，都只是因為有幾間食品公司，認為自己能在華爾街賭贏**。

這場食品公司的賭局，核心概念是「風險是做生意的不二法門」。以前曾經有一個人，將風險視為「包羅萬象的商業哲學」，再把它賣給華爾街。

證券化這顆炸彈是我發明的，但不是我扔的！

紐約有一棟不起眼的住宅大樓，面朝中央公園。羅伯特．道爾（Robert Dall）住在十五樓，被護士從房間抱進印花棉布風格的客廳。道爾要靠氧氣罐才能在公寓裡行走，但在我前去拜訪時，道爾打招呼的方式，竟然是用力拍我的背。回顧一九八〇年代，**羅伯特．道爾教導世人要擁抱風險，還發明了做空機制，世界因此被他改變**。在《老千騙局》（*Liar's Poker*）一書中，麥可．路易斯（Michael Lewis）表示，道爾塑造了世界的未來，因為他當時已經有未來數年後的思維。

道爾靈光乍現，想出了「證券化」（譯註：指金融業務中證券業務的比重不斷增大，信貸流動的銀行貸款變身成了可買賣的債務工具）。證券化是交易概念的大轉變。道爾告訴大家，**別用實體資產與其現值來交易，而是交易在未來會有價值的東西，但你現在就必須用現存事物來確保它**，例如抵押保單。

道爾把資本主義變成一場賭局，也就是在名為「交易大廳」的賭場，對某顆骰子押注數兆美元。通往次級貸款、ABCD做空小麥，以及阿拉伯之春的道路，第一塊磚就是道爾在無意間鋪下的。

道爾的身影，籠罩著所羅門兄弟銀行（Salomon Brothers）的交易大廳。他人高馬大，身穿細條紋西裝。他承認自己做什麼事都很「用力」，不管是工作還是開趴。「我是個容易跟人起衝突的討厭鬼。不過我在華爾街這份工作，倒是好一陣子都風平浪靜的。」但當道爾邂逅了**費雪·布萊克（Fischer Black）**與**麥倫·休斯（Myron Scholes）**，一切都改變了。**這兩位哈佛的經濟學家，握有能憑空變出錢的公式**。

布萊克與休斯的地位，等同於股票領域的哥白尼。早在一九七〇年代初期，他們就徹底扭轉了經濟面的智慧。你所知道的市場運作模式，在他們眼中都是錯的。**讓一切事物都冒風險，是有益無害的；所以不要迴避風險，擁抱它吧！**他們把風險濃縮成一個等式，被稱為「布萊克—休斯公式」（Black-Scholes formula）：

$$\frac{\partial V}{\partial t}+\frac{1}{2}\sigma^2 S^2\frac{\partial^2 V}{\partial S^2}+rS\frac{\partial V}{\partial S}-rV=0$$

這個等式成為選擇權與衍生性金融商品的基礎，如今價值一千兆美元（按：約新臺幣三萬兆元），是全世界所有商品總價值的十倍。二〇一〇年，ABCD之所以冒險押寶北非的小麥價格，就是因為在一九七〇年代晚期，羅伯特·道爾讀過布萊克—休斯公式之後，告訴華爾街如何將風險納入實務。到了一九八〇年代，華爾街真的就付諸實踐。

這道公式對市場造成巨大衝擊的原因之一，是因為市場近期從現實世界學到一個大教訓，才知道這公式怎麼用；有一場「至尊級」的資本主義賭局，在北非沙漠展開，其中蘊含著巧妙的因果循環。

一九七三年十月三日，由埃及、敘利亞與伊拉克組成的阿拉伯聯軍，在贖罪日（譯註：**猶太人每年最神聖的日子，當天會全日禁食和恆常祈禱**）當天入侵以色列。中東的石油生產者石油輸出國家組織（OPEC），就抓住這個機會，讓油價一夕之間暴漲。這是一場豪賭，全憑美國可能因為以色列被入侵而方寸大亂。

OPEC這手牌賭很大。當全世界的目光，望向在沙漠奔馳的阿拉伯坦克，油價也同時衝破天際，而且更重要的是，再也跌不下來。

贖罪日戰爭（**Yom Kippur War**）被OPEC視為商機，他們正確的將全球政治兵荒馬亂之際，當成出擊的大好時機。所以他們不只是適度漲價而已，而是大膽的漲到極限，然後突破極限。一九七三年，伊朗國王就向《紐約時報》（*New York Times*）表示：「油價當然會漲，這還用問嗎！但是要漲多少？大概十倍多吧！」

OPEC哄抬油價之舉，正是在實踐布萊克—休斯公式。這大概是你看過最高風險的賭局，卻獲得豐碩的回報。以往我們學到的商業決策概念，皆為基於風險極小化（而非極大化）所做出的精確判斷。但OPEC的賭局卻反其道而行。他們把雞蛋都丟在同一個籃子裡，也就是賭大把的，結果賭贏了。

2 風險（包括人命）繼續證券化——糧食做空點燃阿拉伯之春、移民灌爆歐洲，中國和「水」交易接著登場

這下華爾街與西方政府全都醒了。OPEC完美呈現了布萊克－休斯公式的觀點：未來世界是變幻無常、難以控制的，而企業必須駕馭這種變幻無常，就像熟練的水手駕馭暴風雨一樣。風險不只是讓你賺錢而已，如果你不賭大把一點，就無法在你死我活的商場態勢中存活。從現在起，**放棄冒險的公司，就像一條放棄游泳的鯊魚，保證死在大海裡**。

布萊克－休斯公式像野火一般燒遍華爾街。而這兩位老兄也被捧成「經濟先知」，與亞當．斯密（Adam Smith）、大衛．李嘉圖（David Ricardo）齊名。但有一個人更特別，把他們的公式轉化為銀行業的現實；此人就是羅伯特．道爾。

道爾特別注重一個標的：抵押。利用一系列複雜的金融工具，將「抵押」這種安全的資產，轉變為有風險的「流動資產」，這樣房屋就能當成證券買賣了。說它是「證券」還滿諷刺的，因為它什麼都「保證」不了。

華爾街再也不交易實物了，他們交易的是「保證」，通常採用證券的形式，或是由某人擁有的實物來背書。**「證券化」是道爾的創舉，但實際上，等同於布萊克與休斯親自在交易大廳操盤**。我跟道爾說：「如果他們是上帝，那你就是耶穌。因為你在人間履行上帝的旨意！」他發出刺耳的大笑表示同意。

一九八〇年代初期，只要道爾一走進市中心的餐廳，股票仲介就會走過來跟他握手，或開一瓶香檳請他。「我把他們變成百萬富翁，他們當然感謝我囉！」

證券化就像一顆扔進金融市場的炸彈。連房屋都能證券化，那銀行為什麼不行？超市、全球性企業也可以吧？乾脆整個國家都證券化如何？二〇〇〇年，歐盟硬是把希臘塞進歐元區，

拿整個國家的資產負債表當賭注，而且這個國家好像插著一根死旗，上頭寫著「把我當資產會很危險」。因為這個舉措，歐洲中央銀行等於把全歐洲的經濟穩定都押在桌上。

世人並不知道，**高盛集團（Goldman Sachs）曾負責粉飾希臘的會計帳目，讓它們「有資格」加入歐元區**。於是一整個國家就變成流動資產，再附上未來信用評等會變好的保證。雖然高盛有提出警告，說這樣做風險很高，但畢竟我們身處「後布萊克－休斯時代」，風險可是好事。

我很好奇當羅伯特．道爾在二〇〇七年十月九日這天早上醒來時，聽到西方銀行體系崩盤的感受是什麼？畢竟這個體系，有大部分是建立在他提出的風險系統上。

護士對他嘮叨了幾句，於是他先把姿勢調整好，再從氧氣面罩吸了一口氣。「其實我一直都知道它會失控。因為他們一定會讓它失控。」我問他：「但你不覺得自己難辭其咎嗎？是你創造它的！」道爾稍微想了想，自己會不會就是差點把整個銀行體系搞垮的元凶？「我比較像羅伯特．歐本海默（Robert Oppenheimer），」他最後回答：「**我發明了原子彈，但我沒有投下它。**」

二〇一〇年，這顆原子彈落在北非，食物價格莫名暴漲，卻不是當地人造成的。ABCD做空小麥價格的決定，造成的災難性後果與投彈無異。**阿拉伯之春爆發後七年內，被迫離鄉背井的人比整個二戰期間還多**。而地緣政治面的衝擊——ISIS崛起、敘利亞內戰、非洲數百萬難民被迫遷移至歐洲——也正在發生中。但對這些食品大廠來說，做空小麥價格，只不過是一次值回票價的冒險。

病患死越快，我就賺越多——愛滋病啟發次級貸款誕生

二〇〇七年，以布萊克–休斯公式接受風險的概念，而層層疊起的次級房貸金字塔，被逼到了邊緣。但在這場金融大災難爆發前好幾年，華爾街早已知道，將高風險的貸款組合起來，可以賺進非常誘人的巨款。不過當時的對象不是房市，而是愛滋病患。

一九八二年，羅伯特·道爾的證券化革命席捲華爾街之際，有一位處於低潮的保險公司老闆，坐在佛羅里達家中門廊，讀著當地的報紙。上頭有一則報導激起他的興趣：舊金山的同性戀男性，死於神祕的疾病。

彼得·倫巴底（Peter Lombardi）在佛羅里達經營一家小型保險公司，名叫MBC。一九八二年，公司情況看來並不樂觀。不過當他讀到這則報導，突然有了點子。這個點子之後點燃了另一股熱潮，雖然有別於證券化，但它們最終都成為次級貸款的引爆點。

倫巴底發現，死於愛滋病的同性戀男性，在還活著的時候，無法領到他們需要的壽險金。這筆錢可以幫他們買到更好的醫療、替伴侶付清房貸，或是在度假時盡情揮霍。這筆錢可以大幅改善他們的餘生，但他們就是無法拿到手。

所以倫巴底想跟他們談個交易：「我給你錢……呃，其實也不是給你錢啦。應該說**我把你現在需要的錢借給你。交換條件是你去世之後，你的壽險金要給我**。所以你現在占便宜，但我未來能賺一筆。」倫巴底替他這個古怪的貸款取名為**「保單貼現」**（viatical）。他創造出一個「瀕死者市場」。

這點子實在太妙了。愛滋病的瀕死患者，各自持有的保單都微不足道，但只要將好幾千張組合成保單貼現，你眼前就突然蹦出了好幾億美元。這筆錢就能當作槓桿，催生更大筆的借貸與交易，而倫巴底也真的這麼做。第一批跟倫巴底簽約的愛滋病瀕死男同志，並不知道自己會讓倫巴底成為華爾街的大人物。

但保單貼現必須仰賴一個關鍵因素才能運作：**就是病患要死得快。他們死越快，倫巴底就能越快回收保險金，再償還給他的債主**。倫巴底之所以能在一開始就借出一大筆錢，只有一個原因：他自己先用高到爆的利率借來這筆錢。這等於是拿貸款來玩傳禮物遊戲，以後次級貸款也是這樣玩。

假如病患死得快，他就能快速回收保險金，接著付清自己的貸款，再把差額賺進口袋裡。換句話說，病患死越快，他就能賺越多錢。倫巴底的保單貼現金字塔，冒著奇高無比的風險，但倫巴底可以搞定。這怎麼可能會有麻煩呢？

結果到了一九八五年，麻煩真的來了：**有人發現可以治療愛滋病的藥物**。伯勒斯·惠康公司（譯註：Burroughs-Wellcome，英國製藥業巨頭葛蘭素史克的前身）的病毒學家馬蒂·聖克萊爾（Marty St Clair），率領團隊在杜克大學（Duke University）進行HIV抑制劑「AZT」的臨床試驗。

對於世界上其他人來說，從撒哈拉以南非洲數百萬計的HIV陽性患者，到舊金山的患者與其家人，這個發現真是奇蹟。但對彼得·倫巴底，以及他在MBC的事業夥伴喬爾·史騰格（Joel Steinger）與史帝芬·史騰格（Steven Steinger）兄弟來說，它根本就是災難。MBC借了數億美元給病患，但這些病患現在只要活著，就會讓交易遲遲無法結案。

於是資金周轉開始變慢，讓倫巴底急到抓狂。MBC回收保險金的速度，已經來不及償還債務。他們付超過一億美元（按：約新臺幣三十億元）給兩萬八千名愛滋病末期患者，但這些患者現在已經不是末期了，所以他們需要新策略：**把腦筋動到其他疾病末期患者的身上**。

倫巴底與同事灑下更大的網子，尋找其他疾病末期患者。這些人急需現金，就和倫巴底現在一樣。

到一九九〇年代初期，愛滋病患者身上已無利可圖，但MBC已經找到更多新財源，可以盡情開拓。一九九四～二〇〇四年間，這間公司從全球三萬名新「投資人」手中，募集到十二億英鎊（按：約新臺幣四百八十億元）。

他們重回正軌，但災難又再度降臨。先是美國國家稅務局（IRS）找上門，再來是二〇〇三年，美國證券交易委員會發動突襲，指控MBC是美國史上最大的醫療詐騙行為。

倫巴底的辯詞還滿樂觀的。他的行為或許能被解讀成公共服務，借錢給沒有其他管道的人，就像現金版的《藥命俱樂部》（譯註：*Dallas Buyers Club*，美國電影，主角是愛滋病患者，因為接受AZT治療後病情反而惡化，於是開始研究未經美國政府批准的抗愛滋藥品，並將其販售給求助無門的患者）。但法院可不這麼想。「MBC三人組」每個人都得吃上二十年的牢飯。

倫巴底的故事，以及被他誘進這個超大「龐氏騙局」（譯註：參與者要先付一筆錢作為入會代價，但所賺的錢是來自其他新加入的參加者，而非公司本身透過業務所賺的錢，即所謂的「拆東牆補西牆」）的數千病患，本來只會是歷史上一個古怪的註腳，但事情還沒結束。

被倫巴底當成目標的同性戀男性，算是高風險的客戶，沒人敢借錢給他們。但假如他們的保單全綁在一起，就價值連城了。

二〇〇四年，也就是倫巴底入獄的那一年，雷曼兄弟、ACC資本控股（ACC Capital Holdings）、美林證券（Merrill Lynch）、富國銀行（Wells Fargo）、美國國家金融服務公司（Countrywide Financial）、匯豐銀行（HSBC）、Loan Star、摩根大通，以及美國其他二十五間最大的貸款銀行，都在尋找新的高風險貸款組合模式，所以保單貼現就意外復活了。

只要用想像的就好：**你能不能把保單貼現跟住宅市場綁在一起，然後稱它為「次級房貸」**？雖然將風險深植於華爾街靈魂的人是羅伯特．道爾，但**多虧了倫巴底，華爾街才會想透過次貸，**將風險提升到更高的層次，賭注則是全球經濟。

OPEC把雞蛋全放一個籃子，賭贏了；而銀行也這樣賭，卻慘輸。華爾街因銀行崩盤而失足（或該說是學到教訓），但到了**二〇一六年，次級貸款又捲土重來**。富國銀行、美國銀行（Bank of America），以及其他該為前一次崩盤負責的銀行，又開始提供頭期款三%的房貸。你只要向銀行「說明」自己的收入即可申請，完全不用證明收入是從哪來的。

富國銀行與消費者談了一樁新交易。就算你沒存款，也還是可以申請低利率貸款——你只要報名政府贊助的「個人理財課」就好——其實這根本就是教你負更多債的輔導課。美國銀行則提供一種特殊的低利率貸款，你必須向他們證明自己的收入低於全國平均值，才可以申請。

二〇一六年，全球最大的經濟體也投入風險的領域。中國的銀行開始使用複雜的金融工具，把高風險貸款偽裝成「投資」。中國的貸款銀行，開始使用「影子銀行」，也就是透過與非銀行機構（如信託公司、證券業者）合作，讓資產負債表上沒有貸款——來掩飾一項事實：他們跟其他人一樣，加入這個把一切都押上桌的賭局。

中國人民銀行行長周小川，在二〇一六年曾提出警告，全世界不該低估中國創造的「有毒負債」程度。這件事之所以嚴重，是因為中國（除了影子銀行）正在承擔全世界的負債。二〇〇八年，美國為了紓困，向中國銷售了七千億美元（按：約新臺幣二十一兆元）的債券。中國接受這次交易，算是有效同意透支範圍大幅擴張。

二〇一六年，達拉斯州的賣空交易人凱爾·巴斯（隸屬於海曼資產管理公司〔Hayman Capital Management〕），粗估中國的負債高達十兆美元（按：約新臺幣三百兆元），遠超過西方銀行管理過的一切事務。假如這筆**「有毒負債」破產了，誰能替它紓困？答案是「明日銀行」，也就是「負更多債」**。

隸屬於《金融時報》（*Financial Times*）的楊元（Yuan Yang）與加百列·威爾道（Gabriel Wildau），曾經調查過中國的債務有多難以洞悉、量化。**貸款銀行會運用某種資產，實際上就是貸款，但他們將它加工，讓它看起來像第三方發行的投資商品**。這招「金融煉金術」，讓銀行得以規避限制風險的法規。

二〇一六年六月，設計來抑制銀行風險的法規，反而被視為鼓勵多冒風險的禍首。巴塞爾銀行監理委員會（Basel Committee on Banking Supervision）被放款人批評，說他們替銀行擬定了安全法規，想讓銀行更難逾矩。但這些新法規，反而讓銀行借出更多錢給最虛弱的放款人。

就像電影《魔法師的學徒》（*Sorcerer's Apprentice*）一樣，拿起斧頭把施了魔法的掃帚砍碎的人，只會看到碎片又化為上百支掃帚。任何試圖抑制負債的舉措，都只不過是把大債務分成無數的小債務。

風險是銀行體系的核心，但連我們也被鼓勵做個風險愛好者。一九八〇～一九九〇年代，正當證券化吸引了華爾街，「持股民主化」也吸引了商業街上的平凡人；他們受到鼓勵，把自己當成股市玩家。

謹慎保守、努力工作的儲蓄者，急急忙忙的奔向理財顧問，因為這些顧問的方案很珍視他們的存款。當然顧問會說：總是會有一點風險，但先生（小姐），你必須冒一點險才有賺頭。如果儲蓄者需要有說服力的證據，只要看看自己的銀行帳戶餘額就好——低到不行的利率，根本擠不出任何辦法，讓自己的財富累積既「有感覺」，又能不斷增值。

如今，風險被我們常態化的程度，已經到達風險本身即為金融體系的境界。但最大的風險，是這樣一大筆債，正被西方世界的每個家庭給吸收。這筆急遽增長的債務，就像我們日常生活表面之下的冰山，每分每秒都在累積重量。

炒房落伍了，水才是市場玩家的新寵

風險似乎是聰明絕頂的商人才敢玩的大膽之舉，但真正冒風險的，是現實生活當中那些有房有工作的正常人；拿我們的利益來押注的市場，只要有個三長兩短，這些人就會失去一切。

我們接受「風險是好事」的概念，甚至連最致命的風險：地球滅絕，都照單全收。根據聯合國糧食及農業組織（FAO）的瑪麗亞·海蓮娜·席美多（Maria-Helena Semedo）表示，**這個世界只能再耕種六十年**。

集約農業榨乾了土壤，迅速將整個地球化作塵暴中心（譯註：Dust Bowl，原指一九三〇～一九三六年間，發生在北美的一系列沙塵暴侵襲事件。起因為草地被大面積翻耕，裸露的表層土壤被大風揚起，最終形成了巨型沙塵）。到二〇八〇年，當食物停止生長時，我們等於將自己逼上滅絕之路。

根據聯合國估計，想要跟上全球糧食需求，每年就需要多出六百萬公頃的農地。但我們也**因為土壤退化，每年損失一千兩百萬公頃的農地**。二〇一四年，科學家分析法國某一座湖（從十一世紀以來都未受侵擾）底部的沉澱物。透過測量沉澱物的硝酸鹽質量，他們斷定上個世紀農耕密集度的急速增高，讓土壤侵蝕率增加了六十倍。

換句話說，我們玩完了（除非我們發明出土壤的替代品，並採用垂直耕作）。但往好的方面想，**人類滅亡是空前的商機，提供了歷史上從未出現過的投資機會**。

伊隆·馬斯克的Space X計畫，打算要在二〇一九年，讓兩位超有錢的太空旅行家繞月球軌道航行，但馬斯克的長期計畫，是在新的生物圈中，找到地球的出路與生機：所以動畫《瓦力》（*WALL-E*）的逃生船會成真，一座巨大的商城在太空中漂流，上頭住著全世界最有錢的〇·〇一%人口。

當六十年的收穫量耗盡之後，交易終局就開始了。而這股新的「做空淘金熱」，不只是耗盡食物而已，還會抽乾地球上最基本的資源：水。

「把水當成可交易資產，其實算滿直覺且誘人的概念。」花旗集團（Citigroup）的分析師狄恩．德雷（Deane Dray）說道。他帶領團隊研究全球的水資源產業（water-sector）。石油、小麥與黃金都會在未來的市場交易，但德雷說：「假如你放眼未來二十五年的演變，你會發現全球水資源的供需不均，會越來越嚴重。世界有大半的人口，都生活在缺水的地區。」

當水資源逐漸消失，其作為商品的價值也逐漸攀升。丹麥奧胡斯大學（Aarhus University）的研究人員估計，到了**二〇三〇年，全世界會有四〇%的水資源需求無法被滿足**。

因為全球暖化與生產能源的需求漸增所導致的缺水，被人化為政治面的武器。在中東，幼發拉底河已成為土耳其與敘利亞資源衝突的焦點。二〇一四年，土耳其停止供給水資源，影響了敘利亞與伊拉克上百萬人民的生活。

我們現正走入《唐人街》（*Chinatown*）的情節中。這部一九七五年的電影，由羅曼．波蘭斯基（Roman Polanski）導演，羅伯特．唐恩（Robert Towne）編劇，劇情描述乾旱肆虐的洛杉磯，政府對水資源供給的管控，以及它在企業與政府官員之間形成的貪腐勾結。這部片拿了一座奧斯卡，而我們現正身處的年代，全球各地也上演著上千個類似這樣的故事。只要供給縮減到涓滴細流的地步，就會有人操作缺水來哄抬價格。

二〇一五年，洛杉磯真的領教到《唐人街》的情境。聖貝納迪諾（譯註：San Bernardino，位於加州的城市）《沙漠烈日報》（*Desert Sun*）的調查，就發現伊雲（Evian）礦泉水的母公司雀巢（Nestlé），曾經憑著過期三十年的許可，從加州最乾旱的地區抽乾水資源，以生產高價水產品（類似 Arrow Head 與 Crystal Geyser 等品牌的礦泉水），再販售到全球各地。

二〇一五年三月，抗議者湧進雀巢北美水公司（Nestlé Waters North America）位於沙加緬度的瓶裝水廠，迫使它停工了一整天。他們把伊雲的塑膠瓶當成短棍揮舞，甚至還把瓶子製作成塑膠乾草叉。美國是全球第二大瓶裝水消費國（僅次於中國），而雀巢就像可口可樂與百事一樣，**與偏遠的鄉間社區敲定交易，取走當地水資源供給的一部分，並以壓低當地的水費為交換，所以居民欣然同意**。

當水資源耗盡，全球性企業就能透過這種地方性的協商交易，買下水資源供給，就像二十世紀的石油公司買下土地所有權一樣。幾年前我採訪過一位律師，她的工作就是走訪世界各地，說服原住民簽約，把自己的土地所有權賣給全球性的石油公司（也就是她所代表的公司）。

現在這項工作，連水公司也在做。北非、澳洲、南美洲、中國與印度的市級政府，不問社區的意見就敲定交易，而當地居民將突然發現，他們竟然無法使用自家的水資源。二〇〇六年，可口可樂被人控告它「把印度的水抽到乾掉」，因為它在拉賈斯坦邦（譯註：Rajasthan，位於印度西部）蓋了一間瓶裝水廠，導致當地農夫無法灌溉農田。

但在歷史上缺水程度一直很嚴重的澳洲，人們找出了解決之道。墨累—大令盆地（Murray-Darling Basin）是新南威爾斯州（New South Wales）的命脈，兩條河流綿延數千英里，提供的水資源不只讓坎培拉、墨累橋（Murray Bridge）等城市的數百萬居民受惠；與河流相鄰的數百間農場，也需要這些水才能生存。

到了一九九〇年代中期，墨累河的年平均流量有七七％都被人消費掉。結果流量減少，再加上泥沙淤塞，以及農耕翻攪造成的鹽化土壤上日益增加的逕流（譯註：土壤無法再吸收水分，使水流到周邊地區。太嚴重會造成水土流失），都正在扼殺這條河。所以到了一九九五年，州政府與聯邦政府就開始限制抽水量；這代表你想多用一點水，就要多付一點錢。這項計畫的執行主任朗妲·狄克森（Rhondda Dickson）解釋道：「我們在澳洲做過最重要的改革之一，就是**將水的財產權與土地所有權分開，並限制水資源的使用量**，這樣水資源就能在市場上交易。」

澳洲辦到了一件看似不可能的事情：搞定需求與價格。水資源使用者，可以賣掉自己的水資源配額，或是緊握它不放。**供給與需求，一目瞭然**。但他們還沒解決最大的問題——全球各地的水源都正在乾涸，以及水資源需求暴漲。一九九二年，各國政府匯聚於愛爾蘭，擬定出「都柏林準則」（Dublin Principles）：**將水視為經濟商品**。但對於全球缺水危機，卻沒人想得出一個統整策略來因應。

《沙漠烈日報》在加州的調查，挖出了微觀層面發生的事態：資源不足的機關，例如美國國家森林局（Forest Service）與地方社區團體之間，因為水資源而使關係產生裂痕，政府卻疏忽了這一點。雀巢在聖貝納迪諾國家森林（位於洛杉磯以東六十英里）的草莓溪（Strawberry Creek）恣意抽水，就是看準這個地點自從一九八七年起，就不需要許可證了。

企業可以濫用「水是自然現象」這個事實，它是「公共池塘資源」（譯註：common pool resource，同時具有非排他性和競爭性的物品，是一種人們共同使用整個資源系統，但分別享用資源單位的公共資源），人們常為了所有權起衝突，也因此方便這些企業，照自己的方式來協商。簡言之，水資源是很容易到手的橫財。

企業如果真這麼做，就能賺到驚人的財富。**家庭的平均水費是每一千公升一·五美元（約**

新臺幣四十五元），而一瓶一公升礦泉水要價三到四美元（約新臺幣九十～一百二十元），價格大概暴漲了兩千八百倍。但你不用喝瓶裝水，就能感受到「缺水」被商品化之後的價格飆漲。二○一五年，信用評等公司惠譽（Finch）調查了加州四十六家零售水公司的其中七八%，結果預估下一波家庭水費的漲幅高達三一%。

水的麻煩之處在於重量驚人，而且難以搬運，就跟石油一樣。根據約翰·雷利教授（John Reilly，麻省理工能源與環境政策研究中心「聯合計畫」〔Joint Program〕的共同總監，計畫主題為全球變化下的科學與政策）表示：「說到水資源的大規模國際交易，其實瓶裝水已經在世界各地流通了。我認為我們會先經歷海水淡化與其他措施之後（如水資源的清潔與回收），才可能進行『大量』水資源的大規模交易。」

世界乾旱地區（也是最貧窮的地區）缺水的結果，是糧食生產會移到較肥沃、溼潤的地區。**比起把水拿到別的地方去賣，嚴重缺水才是加重全球貧富不均的催化劑**。最乾旱地區中最貧困的人，不但必須支付最多溢價，來購買可使用與飲用的水，他們還是糧食價格嚴重波動的最大受害者，因為他們的家鄉沒水種食物，只好靠進口。

錢不是靠運輸水資源賺到的，而是靠賭價格——也就是賭未來的水資源。這就是在冒風險。麥可·貝瑞（Michael Burry）這位獨眼、但目光比常人還遠大的交易商（他做空次級貸款的事蹟，因為電影《大賣空》〔*The Big Short*〕而廣為人知），腦筋很快就從賭房貸崩盤，改動到全球水價交易上。這傢伙總是領先時代。

哥賭的是世界末日，只要救地球能賺錢！

如今正是「人類世」（譯註：Anthropocene，指地球的最近代歷史）的黎明期。在這個新時代，人類決定了地球的命運。人類世從一九五〇年代開始，當時穆魯羅阿環礁（Mururoa Atoll）等地進行了核彈試爆，而放射性元素的散布，等於為「全新世」（Holocene）——亦即最近一次冰河時期後，持續一萬兩千年的穩定氣候——畫下句點。

人類世的特徵不只是全球暖化，還有地球森林砍伐、污染與毒化；物種大量滅絕，而我們操縱生殺大權，看哪一種能夠留下來，屆時層架式雞籠裡的雞，大概是全世界最普遍的鳥類吧！就算從演化的角度來看，也不該是如此。

人類世更加鞏固了人定勝天的概念，但即使到現在，我們還是離不開風險，因為沒有風險，我們也不會進展到這個地步。

倫敦大學學院（University College London）氣候科學家克里斯·拉普雷（Chris Rapley）教授，堅信**若要拯救地球，我們就該拋棄對於經濟風險的癮頭**：「人類世這個新時期的特色，就是我們的集體活動，主宰了地球的運作機制。因為地球是我們的生命維持系統。其實我們就像一艘超大太空船的乘員，我們對它的功能，進行這種層次與規模的介入，將會造成非常深遠的影響。假如你我都是某艘小太空船的乘員，你應該不會笨到去亂動供應空氣、水、糧食與控制氣候的系統吧？但時代轉移到人類世，就代表我們確實在玩火。」

我們之所以這麼做，是因為我們用風險經濟模型建設了地球，而它現在正迅速邁向毀滅。

但我們現在該冒的風險，應該是要拯救我們，而非將地球破壞得更嚴重。**當企業發現，比起破壞地球、或以未來市場押注於迫近的末日，救地球反而更有賺頭，那麼人類命運的轉折點就來了**。

二〇一五年，豐田（Toyota）生產了一輛氫動力汽車，排放的副產品是水。但早在一九四六年，也就是六十幾年前，科學家文森．謝弗爾（Vincent Schaefer）就首次發現了人工降雨的方法——用最基本的化學藥劑製作人造雲。到目前為止，沒有人想到在雲朵側邊打上「依雲」或「可口可樂」的商標，但當他們真的這樣做，或許我們就會認為，這是個值得追求的好點子。

與其追隨布萊克—休斯公式，我們更該善用「$2H_2 + O_2 = 2H_2O$ + 能量」這條化學式，也就是製造水的化學式。老實說，它簡單太多了。

DONE

第3章

納稅是小人物的事——

創造性會計，吸引全球企業來此開公司，光一間小房子就塞了兩萬家

二〇一二年一月二日，在英國曼徹斯特的「法洛菲爾德購物中心」（Fallowfield Shopping Centre），有一家百視達（Blockbuster）影音出租店的收銀機被搶了。竊賊花了六個月，在停車場下方挖了一條一百英尺（按：約三十公尺）長的隧道，裡頭甚至還有燈光與頂層支架。挖好隧道後，竊賊還得突破十五英吋（按：約三十八公分）的強化混凝土，才能抵達收銀機——一天正常營業下來會放有兩萬英鎊（按：約新臺幣八十萬元）。但那天才剛過完年，不算「正常」，所以裡頭只有六千英鎊（按：約新臺幣二十四萬元）。

四位竊賊一週工作七天，花了六個月挖出一條隧道，結果搶到一部沒人在用的收銀機。根據我的計算，他們一天的勞力所得是八．三三英鎊（按：約新臺幣三百三十三元）。

老兄，賺錢其實不必這麼辛苦。你可以成立一家全球企業，靠海外的避稅勝地獲利。根據兩位美國總統：歐巴馬與川普的說法，這是納稅人持續不斷的犯罪中最大宗的。

不過政府助長這件犯罪倒是不遺餘力。到了二十一世紀，「成為租稅減免最優厚的國家」競賽，已取代二十世紀的「成為最具生產力的製造業經濟體」。

二〇一七年，英國首相德蕾莎．梅伊（Theresa May）建議，若是將英國轉型為避稅勝地，就能建立英國在脫歐之後的地位。美國總統川普也在動同樣的腦筋，想吸引美國企業回流。如果你想證明經濟成長不再是政府的目標，只要看看這些巨頭爭搶「低稅皇冠」的模樣就很清楚了。

不過也有政治人物強烈譴責避稅。在電影《北非諜影》（Casablanca）中，當警察局長雷諾（Captain Renault）在銳克美式咖啡（Rick's Café Américain）賭博，卻不慎被人撞見，他感到非常屈辱，只好大聲嚷嚷：「嚇死我！我被這裡的賭局嚇壞啦！」他一邊說，荷官一邊從賭桌下把他贏得的錢塞給他。「喔，還真是謝謝你。」他道過謝，接著回頭朝其他賭桌大喊：「全部給我滾！」

政治人物談避稅，態度大概就像這位局長一樣。但稅本身為什麼從繳納的義務變成逃避的義務，理由其實還滿可笑的。事實上，這個被政治人物強烈譴責、卻普遍存在的商業策略，就是政府自己創造出來，並大力推廣的。

所以那幾位在法洛菲爾德購物中心底下挖隧道的倒楣竊賊，應該要學到以下教訓：省點力氣，下次搞個合法的犯罪吧！究竟發生了什麼事？為什麼企業會被訓練成認為「避稅不只是正當的策略，也是企業家必定要做的事」？

沒人知道海外到底藏了多少間公司。二〇一二年有一項根據IMF資料進行的研究，估計其總值介於**二十一兆～三十一兆美元**（按：約新臺幣六百三十兆～九百三十兆元，相當於臺灣四百五十年的政府歲入）之間。**請注意，單位不是百萬或十億，是兆**。

據估計，最頂尖的十間私人銀行，包括瑞銀集團（UBS）、瑞士信貸集團（Credit Suisse）與高盛，光是在二〇一〇年這一年移入避稅勝地的金額，就高達六．二兆美元（按：約新臺幣一百八十六兆元）。這個數字在二〇一一～二〇一五年間漲了四倍，也就是說，**這幾間銀行的避稅操作曝光之後，其他銀行也跟進，將避稅給產業化了**。

美國參議院國土安全小組委員會（The US Senate Homeland Security sub-committee），聲稱滙豐銀行「監督不周」，必須負起讓三十八兆英鎊（按：約新臺幣一千五百兆元）流到海外的責任。不過他們對其他銀行睜一隻眼閉一隻眼，就跟雷諾局長一樣。

不只是Google、臉書與亞馬遜重設利潤路線而已。從漢堡王（Burger King）、森寶利超市（Sainsbury）到曼聯足球俱樂部（Manchester United），每一間公司都這麼做，甚至連客運公司都不例外。這筆利潤會先通過一個錯綜複雜的全球子公司體系，最後抵達開曼群島（Cayman Islands）、百慕達（Bermuda）、盧森堡、倫敦或德拉瓦州（Delaware）。其中德拉瓦州被人稱為「小奇觀」（the small wonder），因為這裡登記了五千家全球性企業，比開曼群島還多。在成為避稅勝地之前，德拉瓦州的主要收入來源是家禽與黃豆。

企業避稅讓物價便宜？

避稅是全世界為商之道中不可或缺的一環。它完全合法，但也對現實世界產生了嚴重影響。據估計，自從一九九〇年代之後，有七千億美元（按：約新臺幣二十一兆元）流出俄羅斯、三千零五十億美元（按：約新臺幣九兆一千五百億元）流出沙烏地阿拉伯、三千億美元（按：約新臺幣九兆元）流出奈及利亞。這筆從開發中國家搬走的錢，其實足以一口氣償還他們所有負債。在英國，利益索賠申請有三分之一是詐騙，每年白花了十三億英鎊（按：約新臺幣五百二十億元）。但**避稅產生的稅收缺口，是利益詐欺案件的三十五倍**。

這套在律師與會計師粉飾之下順暢運作的系統，不只是利用了日漸無國界、零摩擦的全球經濟，還改寫了規則，讓它打從一開始就是合法的。

如果這沒有直接影響一般納稅人，那倒也罷了，然而，英國與美國的每個成人都要收拾企業留的爛攤子，也就是**因為大公司沒繳稅，老百姓就要繳更多**。避稅是反資本主義的概念：政府壓榨試圖成長的中小型企業，藉此彌補赤字，等於扼殺了剛萌芽的新事業。

不過避稅的公司卻覺得自己被世人誹謗了，因為世人不了解，公司這樣做對經濟有什麼貢獻，所以這些公司辯護自己利用避稅勝地時還挺樂觀的，他們把自己的招牌換成「金融中心」。

二〇一六年，我受邀到日內瓦某場稅務會議演講，而出席的避險基金經理人與企業代表，對於世人將他們視為惡棍，似乎真的大惑不解。他們辯稱，**因為避稅避得一乾二淨，消費者才能在亞馬遜訂到較便宜的商品，或是在超市買到較低價的番茄，所以受益的是我們老百姓**。

他們說的不無道理。消費者確實會因為避稅勝地而不經意受惠，**但只有一點點**。一本亞馬遜賣比較便宜的書，跟數十億稅收損失相比（這筆錢可以資助英國國民保健署、兒童教育或重大服務，也可以再投資英國的基礎建設），我寧願讓書貴個兩英鎊（按：約新臺幣八十元）。

政府高官帶頭逃稅，會計師努力讓避稅除罪化

但是避稅如何成為現代全球化世界下的商業機制？誰將它重塑成商業常識，把稅從你該繳的錢，變成只有小人物（little people）在繳？（這永垂不朽的說法，出自美國房地產和酒店業億萬富翁雷歐娜．漢斯利〔Leona Helmsley〕。）

很久很久以前，避稅其實是人人喊打的。一九七五年，艾弗瑞．厄尼斯特．馬波斯男爵（Alfred Ernest Marples）擔任英國保守黨政府的郵政署長，監督英國當時幾項最大的改革——開放 M1

高速公路第一個區段、發行溢價債券，以及採用郵遞區號系統。後來他做了一件非常奇怪的事。

他在該會計年度即將結束之前，搭上夜班渡輪。根據《每日鏡報》（*Daily Mirror*）當時的報導，他只帶了一只茶葉箱，裡頭塞滿他的行李，然後他位於貝爾格萊維亞（Belgravia）的住家，地板散落了衣服與物品。他聲稱自己被要求繳納過期三十年的稅。接下來十年，財政部凍結他在英國的資產，不過當時他的資產，大部分都安放在摩納哥（Monaco）與列支敦斯登（譯註：Liechtenstein，歐洲中部的內陸小國，夾在瑞士與奧地利兩國間）。

馬波斯男爵被描述成典型的上流階級惡棍、背叛國家的無賴。他欺騙自己的國家，但這次夜逃，就像在對政府當局比中指一樣，而且瞞人耳目的功力出神入化。馬波斯登上夜班渡輪的那一刻，倫敦有兩位會計師，正在設法改變英國對避稅的心態：從犯罪，變成聰明的會計技巧。

約翰・藍儂的稅單，上面寫著「零英鎊」

他們的故事從倫敦開始。一九六九年，約翰・藍儂（譯註：John Lennon，披頭四樂團創始成員）參加梅費爾區（譯註：Mayfair，位於倫敦市中心）一個飲酒派對。他被介紹給兩位西裝筆挺的男士：羅伊・塔克（Roy Tucker）與伊恩・帕瑪（Ian Plummer），派對上其他人都是搖滾歌手或追星族，所以這兩位仁兄格外突兀，不過他們有個很吸引藍儂的提議。

塔克與帕瑪在安達信會計師事務所（Arthur Andersen）工作，但現在想獨立出來創業，而且相信自己有吸引企業的新方法：**在會計上發揮創意，把稅變不見**。而當哈羅德・威爾遜（Harold

Wilson）的工黨政府，開始課徵空前的九〇％富人稅時，塔克與帕瑪覺得機會來了。

事實上，他們在飲酒派對找上約翰．藍儂，也不是巧合，因為提高稅率的政策把披頭四給惹毛了。喬治．哈里遜（譯註：George Harrison，披頭四主音吉他手）寫了一首歌叫〈稅務員〉（*Taxman*），甚至直接點名哈羅德．威爾遜，剝削他們這支努力演唱並享譽國際的搖滾天團：

我告訴你怎麼辦，
一分歸你，十九歸我，
因為我是稅務員，對，我就是稅務員。
你拿五％嫌太少？
感恩才對，我沒全拿。
因為我是稅務員，對，我就是稅務員。

塔克與帕瑪跟藍儂閒聊之後，發現有利可圖。他們正在梅費爾樸素的辦公室成立一間「銀行」，叫做羅斯敏斯特（Rossminster）。但這間銀行與「小老百姓」用的銀行截然不同。它只有一個不起眼的入口，掛上小小的金色名牌。交易對象僅限於超有錢的客戶。假如拉到藍儂，他們就有機會再招攬演員羅傑．摩爾（Roger Moore）、齊柏林飛船樂團（Led Zeppelin），甚至連搖滾樂手米克．傑格（Mick Jagger）與歌手布萊恩．費里（Bryan Ferry）都有望。他們給藍儂的回報，則是寫著零英鎊的稅單。事實上，他們還對藍儂說：「稅務局反而會付你錢！」

藍儂簽約成為羅斯敏斯特的第一號大咖客戶。兩位會計師想改變英國對稅的態度，光是在一九七〇年代就創造出首次的精巧避稅操作，他們真的該心滿意足了。但是後來塔克與帕瑪找出所有狡兔窟，例如慈善捐款，或明顯沒真正經營、也沒董事會的空殼公司，拐走客戶的大筆錢財。喬治．哈里遜對沒落的英國電影產業抱著一片赤誠（想當然耳，這是個大錢坑），在這段期間製作了許多強片，例如《雜碎》（*Scum*）、《威福尼爾與我》（*Withnail & I*）等等。

接著塔克與帕瑪犯下第一個錯誤──他們開始變得狂妄。正當他們的名聲在富人圈傳開，他們無視稅務局的行為，也開始變得挑釁。一九七四年某天早上，稅務海關總署（HMRC）終於快意復仇。二十位警官與七十八位稅務稽查員，聯手抄了塔克與帕瑪的辦公室。

塔克與帕瑪的事業關門大吉，但在此之前，**他們已經替新的會計技巧：創造性會計（creative accountancy）樹立了範本**。你不會因直接逃稅而犯法，而是**遊走在犯罪邊緣，在離牢獄一步之處操弄法規，藉此避稅**。感謝羅斯敏斯特開了先例，現在你可以花錢請會計師幫你做這些事。

塔克與帕瑪被起訴了，但不是因為他們犯法，而是因為他們代表**對系統漏洞的刻意剝削**。就這方面來說，他們等於是一九八〇年代倫敦內線交易的先驅。假如馬波斯男爵別溜到摩納哥，而是繼續在英國撐著，塔克與帕瑪搞不好還能把他積欠的稅款一筆勾銷。

他們傳達的訊息，對於二次大戰後注重「各盡本分」的社會，是極具顛覆性的。他們把財富創造者的責任，從「該繳的就繳」顛倒成「盡可能別繳」。他們說，法規不再是讓人遵守的，而是讓人打破的。塔克與帕瑪被逮捕時，會計師生涯或許結束了，但他們早已改變了英國的道德觀。

養蚊子的沙洲，變成價值一兆英鎊之島

避稅操作現在只差合法化而已，而英國政府剛好有個好時機。一九六〇年代晚期，大英帝國分崩離析，殖民地面臨抉擇。有些就像牙買加一樣獨立建國，但剩下的，白廳（譯註：Whitehall，英國政府中樞的所在地）自有盤算。

一九六九年，有個名叫約翰·康柏（John Cumber）的公務員被叫進外交部。眼前是一張加勒比海地區的地圖，上頭有個布滿蚊子的沙洲被圈出來，名叫開曼群島。康柏接到命令：「收拾行李吧，下週你就是這裡的總督了！」

之前被稱為金銀島的瑞士與摩納哥等地，長期以來都是富人的避稅勝地，但英國政府現在看到機會，藉由一座四面環海的「真正」島嶼來硬分一杯羹。他們心裡盤算：何不將開曼這種前殖民地改組成避稅勝地？他們還在英國的統治下，政局保證穩定，但法令是獨立的，所以他們可以自訂法規。

開曼之所以能重訂法規的理由，簡單來說就是四個字：英美法系（common law）。二〇一六年，經濟學家揚·菲德內爾（Jan Fichtner）在阿姆斯特丹大學（University of Amsterdam）進行的一項報告裡，就分析了英美法系對開曼成功轉型成避稅勝地的重要性：

> 英美法系與歐陸法系（civil law）的關鍵差異，在於英美法系只規定禁止事項；但日本、德國與法國等地實施的歐陸法系，會規定哪些事情是允許的。結果就是在英美法系下，新的金融變

革，如避險基金與債務擔保證券（CDO），能夠較輕易創造出來，因為嚴格的法規只會用在明顯的不當行為，或是受到他國政府的強烈壓力下才會制定。

換句話說，**他們可以為所欲為，除非有人阻止他們**。而且也沒人（尤其是英國政府）想阻止他們。在開曼被重組成避稅勝地之前，瑞士與摩納哥還算是全球金融體系的異數，不能當成範本看待。但白廳有一個人，認為開曼能夠為避稅勝地樹立基準：也就是所有事業的經營之地。

喬治．波爾頓（George Bolton）是英格蘭銀行（譯註：即英國央行）的主管，在一九五八年二月二十八日，他注意到一件奇怪的事。米特蘭銀行（Midland Bank）當時正在交易大廳處理一宗八十萬美元（按：約新臺幣兩千四百萬元）的轉帳，而且沒有事前告知。這筆錢其實完全不是美元，而是「歐洲美元」（譯註：eurodollar，流通於美國境外的美元，不受美政府限制，跟「歐元」〔euro〕不一樣），一般是讓全球各地值得信賴的銀行持有，以便在美國境外確保美國的大筆資金。

歐洲美元的交易，一般來說都是檯面上可追蹤的，而且金額相對來說不大。但這筆轉帳不一樣，非常大筆，好像在洗錢——只不過是光天化日下，在英國其中一間最大的銀行洗的。當喬治．波爾頓看到米特蘭銀行的存款，心中浮現兩個選項：介入，或裝作沒看見。最後他選了後者。

在那一刻，波爾頓看到歐洲美元的全新潛力：它是自給自足、與現行體系並行的交易系統，而不只是保護資產的方式。此法可讓各家公司彼此敲定交易，以及在不受政府與貨幣管制之下，讓大筆現金在全球流動。**如果犯罪可以合法，那你何必觸法？**關鍵在於這些交易是在海外發生的。**早在海外銀行存在之前，歐洲美元就已經成為海外市場了**。

想讓海外成真的計畫——成為實際地點，並非只是概念——就是創造一個巨輪。巨輪的中心是倫敦，這裡可讓交易合法進行；但輪幅延伸到數千英里外的海外勝地，比較「見光死」的交易就在這些地方進行，還能洗黑錢。如此一來，就不會有人仔細審查這些交易了，因為倫敦可以睜一隻眼閉一隻眼。

一九六九年，公務員約翰．康柏抵達開曼，成為該地首位總督。此地人煙稀少，只有漁夫與其家人、開曼鱷魚（島嶼即以其命名）以及養蚊子的沼澤。有個巨大的計畫正在進行，用殺蟲劑噴灑潟湖，為這座島的新用途做準備：避稅。

不過開曼的第一批客戶，並非英國政府期望的大企業，而是毒販。海外概念興起的時候，倫敦的工黨與華盛頓的民主黨政府，剛好都大幅提高公司稅，並且透過維持資本流動的限制，阻止公司將他們的利潤移到海外。在這個背景下，開曼等於被廢了武功。

但開曼還是有生意可做：從邁阿密、古巴、哥倫比亞與薩爾瓦多來的。賽斯納（譯註：Cessna，飛機製造商，以小型飛機為主）製造的飛機會飛越海灘，投下裝滿現金的皮箱。這些錢都是中美洲新興大毒梟拿來開曼存或洗的——他們靠古柯鹼日進斗金，卻找不到地方可以放錢。**接下來幾年，巴布羅．艾斯科巴（譯註：Pablo Escobar，哥倫比亞大毒梟）成了開曼最忠實的顧客之一**。

接下來上天又賜給開曼一陣好運。巴哈馬（Bahamas）是開曼的鄰居，也是它的頭號海外敵手，突然深陷政治動亂，並於一九七三年獨立。巴哈馬的會計師不約而同，帶著自己的事業逃到開曼去。

布列敦森林協定（Bretton Woods agreement）是一個貨幣管理體系，由全世界各大經濟體所簽定。一九七一年這個體系崩盤，讓巴哈馬受益良多。布列敦森林協定持續了四十年，嚴格管控匯率與資本流動。但既然它破局了，管控也在一夕之間消失。貨幣突然可以在未受審查之下，自由流動於全球各地，就跟喬治．波爾頓在一九五〇年代想像的一樣。而現在，所有會計師都從巴哈馬搬到開曼，所以這次「大爆炸」，真正的受益者其實是開曼。

開曼將一切準備就緒，向全世界的企業敞開大門。不過除了塔克與帕瑪在一九六〇年代晚期搞出的驚天會計，避稅操作並未被大眾接受為最佳實務，更別說政府政策了。然而，這一切即將改變。

一九七九年，自由世界兩位權力最大的領袖：柴契爾夫人（Mrs Thatcher）與雷根，領導了一場革命。他們都不相信政府能好好管錢（尤其是納稅人的錢），所以想把套在大企業身上的枷鎖解開。從今以後，提振經濟的最佳方式，就由市場決定，而不是政府。而這場革命的核心，就是**減稅**。

在集體主義（譯註：主張個人從屬於社會，個人利益應當服從集團、民族、階級和國家利益）盛行的那四十年，徵稅似乎是必要的。人民與企業必須付出代價，換取功能健全的社會。道路、醫院、戰艦全都有我們一小部分的心血。但假如企業擺脫這個重擔，那現在即可主張：我們長期都能受益。低稅率代表更大的生產力與利潤，而企業的經濟利益，會透過「涓滴效應」（譯註：由優先發展起來的群體或地區，透過消費、就業等方面惠及貧困階層或地區，帶動其發展和富裕）分享給老百姓。

資本主義要轉換跑道了。四十年來大家普遍認為徵稅是必要的，但現在它已成為大企業的絆腳石；有位老兄只用筆在餐巾上畫了一下，就證明了這件事。

餐巾上畫一條線，稅務政策被他改寫

經濟學家阿瑟．拉弗（Arthur Laffer），在甘迺迪（譯註：John F. Kennedy，美國第三十五位總統）時代並不受重用。他長期主張低稅（或是無稅）可以創造出「揚起所有船隻的漲潮」。一九八〇年，他與美國前總統雷根麾下兩位既年輕又聰明的參議員共進午餐：唐納德．倫斯斐（Donald Rumsfeld）與迪克．錢尼（Dick Cheney）。

午餐吃到一半，拉弗拿出一枝筆，在餐巾上畫出一條曲線。這個塗鴉在經濟學上被稱為「拉弗曲線」（Laffer Curve）。這一刻，西方世界的發展路線被他改變，拉弗曲線也成為低稅革命的「聖物」：大概就像新自由主義版的「杜林裹屍布」（譯註：Shroud of Turin，一塊印有男人臉部面容及全身正反兩面痕跡的麻布，據說包裹過耶穌的屍體）。

拉弗用餐巾上的曲線向倫斯斐與錢尼解釋：稅徵的越少，長期經濟成長就越大。他斷言，徵稅替企業創造了惡性循環，但降低稅率卻有相反的效果：創造良性循環，**成長與稅賦遞減同步發生**，如此一來，政府、企業與大眾都能受惠，每個人都是贏家。

倫斯斐與錢尼深感佩服，於是他們與拉弗做了一項交易。拉弗成了雷根的御用經濟學家，他的低稅學說也被採納為政府政策。**避稅勝地不再是見光死的海外祕密，而是閃耀的明燈，告訴**

大家如何聰明理財。避稅是必須參與的責任，而非必須掩蓋的犯罪。

三十多年後，我在一間酒吧與阿瑟．拉弗會面，離他與錢尼、倫斯斐見面的那間餐廳，只隔了一個街區。他抵達的時候露出大大的微笑，講話跟機關槍一樣，而且精力過人，在酒吧裡四處走動。**他假如沒成為經濟學家，說不定可以去當脫口秀主持人**，怪不得倫斯斐與錢尼對他印象深刻。

拉弗實在很好聊，所以我們兩個一見如故，灌了一大堆酒，四十年前他在那間餐廳八成也是這樣喝吧？拉弗還滿享受他人對自己理論的批評，他可是大筆一揮就拯救了經濟呢！酒酣耳熱之際，他拿出一張餐巾，又開始畫他那條曲線。我打斷他：「阿瑟，你畫得很漂亮，但我想知道的是，你怎麼都沒被罵？」

「你說啥？我怎麼會被罵？它是對的，當然不會被罵啊！」

「可是並不對啊。低稅主義不是把企業都移到海外去了？所以美國的製造業崩盤，半數人口的工作權都被奪走了！」

「錯錯錯！錯很大！錯得太離譜啦！事實證明我們是對的！**有錢人和其他人不一樣**。降低有錢人的稅率，會讓你受益更多。向富人徵稅，只會讓社會更窮。假如你向富人徵稅，再拿這筆錢救濟窮人，那窮人只會越來越多，然後有錢人剩沒半個！我們的夢想，應該一直都是讓窮人變有錢，而不是讓有錢人變窮吧？」

拉弗相信自己的曲線，也讓政府所有官員都相信它。這對大企業來說確實奏效，但其他人就不然了。避稅勝地只有付得起「入場費」的企業才能用，新創事業與跑單幫的交易商根本不得其門而入，這也表示，政府扭曲了市場，而不是讓市場正常運作。但拉弗抱持相反的主張。

在歐洲與美國，將避稅改頭換面成「企業家的進取心」，代表政府默許企業漠視老百姓遵守的法規。一九八〇年代，當英國保守黨財政大臣尼格爾·勞森（Nigel Lawson）被問道，為什麼政府這麼想把公司稅降到趨近於零的程度？他回答：「這樣大公司就沒理由避稅了。既然沒繳多少錢，那何必勞師動眾避稅？」**不過他沒想到，政府慷慨到可以把稅變成負的**。

「低稅率能促進企業發展」的想法，已經深植我們的腦袋。當企業都很弱小，需要起飛的時候，這想法是對的。但當全球性企業找遍世界各地，尋找「稅務效率」最好的地點登記的時候，他們會透過許多空殼公司來「迂迴」資金，這樣低稅率對企業就沒什麼幫助了。事實上，**這反而摧毀了創業精神，因為它迫使正在成長的小企業，扛下大企業逃掉的爛帳**。

到了一九八〇年代中期，低稅政策的正統性處於支配地位，所以任何增稅的想法，都被視為極左派的瘋狂之舉。德國與瑞士的中右翼政府，雖然都維持高稅率來創造企業責任，但想把賦稅打成社會主義（而非新自由主義）教條的人，都刻意忽視這件事實。德國與瑞士將本國公司，例如BMW、西門子（Siemens）的公司稅，維持在合理的水準（他們繳稅繳得心甘情願），所以他們的製造業基地保住了。而英國與美國，卻因為把賦稅與工作機會移到海外，使製造業直接完蛋。

美國的汽車產業瓦解崩潰；有些地區曾讓美國成為世界第一強權，如今卻淪落為「鏽帶」（譯註：rust belt，指衰退的工業地區，因工廠大門生鏽而得名）。英國也上演同樣的故事，傳統產業的工人被認為毫無競爭力。現實就是，他們的立足之地被撕裂後移到海外去了。所以當日產汽車（Nissan）在英國東北部開了一間工廠，那裡的工人都突然「有競爭力」了，因為他們很便宜。

金融服務成為未來趨勢（而非製造業），倫敦也興起了龐大的創造性會計產業，專為避稅大戶服務，而在稅務海關總署與大型會計師事務所之間，也存在著旋轉門現象（譯註：政府官員退休或離職之後，進入私營企業、遊說團體等機構任職，或商界人士轉任政府官員）。理查．布魯克斯（Richard Brooks）是稅務局的資深稽查員，親眼目睹稽查員與企業間發展出的「和諧」關係，之後就跳出來爆料。「就我所見，**只要稅務員盡本分收稅，就會被降職或忽視。但假如你跟企業打好關係，並在稅務效率策略上給予建議，你反而會升官。**」

布魯克斯認為，當時稅務局有個雙層系統。在基層，認真的稽查員會盡全力追查逃稅者。但在這群堅守崗位的過勞稽查員之上，有一群資深官員與一流的會計師事務所共進午餐、互通有無，這些事務所代表的是Google、臉書之類的公司。

布魯克斯相信，稅務海關總署的高層不得不妥協於這種關係。他們很「敬畏」這些本該調查的公司，所以比起調查他們，反而更努力想討好他們。況且，這群官員也在盤算下一份工作的著落。即便有人想查一筆大的，組織文化也不允許。

對這些大公司放水，代表稅收會出現赤字，這赤字就必須靠壓榨中小企業來彌補。這群目標比較好下手，只要褐色信封一放在他們桌上，很快就會繳錢了。

稽查員與四間大型會計師事務所之間的「旋轉門」，代表制定稅法的官員，六個月後可能就會為某家事務所效命；所以他會特別「照顧」某間大公司的帳務，並建議他們如何逃避自己剛訂下的法規。當開曼群島金融管理局（Cayman Islands Monetary Authority，簡稱CIMA）在一九九七年成立，準備鏟奸鋤惡，並調查會計師與律師的犯罪行為時，為它草擬權限的，不是白廳或英格蘭銀行，而是邁普達（Maples and Calder）這個開曼最大的律師事務所。換句話說，**他們制定法規來監管自己**。

島上的全球級客戶，如Google、臉書、星巴克、亞馬遜，都可以自己決定要繳多少稅，這不讓人意外吧？但其他人想都不敢想。自從約翰·康柏被叫進外交部，看見地圖上那個圈圈之後，開曼群島等待了二十年才成為大企業的助力。然而，一旦達成這個目標，大企業就再也離不開它們了。

開曼：歡迎來觀光，但我不告訴你錢藏在哪裡

當我抵達大開曼（譯註：Grand Cayman，開曼群島三大島嶼之最大者）的時候，它已經和半世紀前約翰·康柏登陸時截然不同。如今此地宛如佛羅里達的富裕郊區。低矮建築物沿著主要幹道排列，等於是這座島的骨幹，兩側則分別是白色沙灘與藍綠色的海洋。每天都會有來自邁阿密的大型遊輪停泊於此，數千名遊客下船，購買T恤或寫著「我愛開曼」的海螺貝殼，再回到船上享用雞尾酒。

看著這個地方，你不會覺得它是全球金融中心。這裡沒有倫敦或華爾街那種閃爍的玻璃窗大樓，但這就是重點所在。財富被藏起來了。開曼坐擁一兆美元（按：約新臺幣三十兆元）的資

本資產，超過開曼國內經濟的一千五百倍。這條五英里（按：約八公里）長的海上沙洲，擁有比日本、加拿大或義大利還多的國外資產。它是避險基金產業最理想的合法立足點（全世界有六〇%的避險基金經理人，都在這條沙洲上操盤），也是全球資產抵押債券與債務擔保證券的首選之地。

換句話說，開曼坐擁所有的利潤與債務，全都存放在不起眼的低矮銀行與辦公室，裡頭則是穿著百慕達短褲與人字拖鞋的會計師，他們不開高調的法拉利，比較喜歡開豐田的Prius。在開曼登記的數千家企業，例如宜家家居（IKEA）、匯豐銀行、星巴克、沃達豐、百事、迪士尼，都避開了眾人的目光，所以我什麼都看不到。

我心裡有數，因此一開始只是隨便看看。**不過有一棟房子，藏在海灘的盡頭，登記了兩萬家以上的公司**。二〇〇八年，美國前總統歐巴馬點名烏格蘭屋（Ugland House）：「它如果不是全世界最『大』的建築物，就是全世界最大的稅務詐騙集團。」

沒有大門，也沒有警衛。烏格蘭屋就這麼隱藏在尋常的風景中。我走近玻璃門，往裡頭瞧了瞧。終於有一位態度輕鬆的門衛，晃出來看看我是哪位。我問：「請問可以進去看看嗎？」他很禮貌的請我離開，但我還是來得及往昏暗窗戶的裡頭看一眼。有許多辦公桌，但沒有半個來自這兩萬家公司的員工。**開曼委婉的自稱為金融中心，但它實際上就是個長滿棕櫚樹的超大保險箱**。這裡藏著無法想像的巨款，遠離世人的窺探目光。

其實他們光是願意讓我進門，就已經活見鬼了！他們保密數十年，還訂了一條法規，禁止記者提問，更別說調查。突然間，他們敞開大門，展示出他們沒什麼好藏的。為什麼？答案很簡單，而且全都跟經商有關。因為**西方政府現正展開「最低公司稅」的競賽，所以開曼面臨嚴酷的挑戰**。每個人都想提供更聰明、更複雜的「財務規畫」以爭取企業的關愛；況且讓自己在全球性企業眼中更偏僻、陰暗，也不再管用了。所以開曼想藉由敞開大門，向世界展示自己是合法的，以保持這場賽局的領先地位。事實上，它就是在漂白自己的名聲。

若以財務保密指數來看，開曼在「最不透明的避稅勝地」中排名第五。藉由財務結構不透明來進行保密的方法，讓安隆公司（Enron）與帕瑪拉特公司（Parmalat）這類詐欺得以成真。**不過開曼還只排第五名而已**。第一名是瑞士，第二名是新加坡。開曼希望藉由搶先對手敞開大門，來爭取自己的生意。二〇〇九年，根據IMF的說法，開曼作為避稅勝地，在未來最大的危機不是政府介入，也不是外部調查，而是「聲名狼藉」——它看起來還是很髒。

但假如你問開曼人，為什麼他們的島嶼如此聲名狼藉？其實不是產業避稅或巴布羅．艾斯科巴害的，罪魁禍首是**一九九三年某部由湯姆．克魯斯（Tom Cruise）主演的電影**。本來我以為這只是在說笑，但跟我提到這部電影的人多到數不清，所以不得不信。

《黑色豪門企業》（*The Firm*）的故事，描述一位在律師事務所效命的精明律師，驚覺自己的上司透過某個地方替黑手黨洗錢，你應該猜得到那個地方是哪裡吧？《黑色豪門企業》給了開曼擺脫不掉的臭名，讓當地人覺得打從一開始就先輸人一半。如今他們想洗刷汙名，所以把我邀來。可惜的是，那一週才剛開始，公關部門就已經焦頭爛額了。先是Google被逮到，他們的利潤有八〇％是透過避稅勝地搾取的；再來是蘋果，坦承自己把七百四十億美元（按：約新臺幣兩兆兩千兩百億元）移到海外，然後只繳二％的稅。於是，**我決定咳嗽裝傻，絕口不提這些頭條**。

我被誠摯的介紹給開曼總督，她是一位穿著粉紅色衣服、彬彬有禮的女士，住在殖民時期的大宅院裡，我和她一起喝茶。接著我又被介紹給民選的總理，他雖然很有禮貌，但也很直率，清楚表明不想跟我多談；然後是企業界的傑出人士，包括約翰·康柏的孫子，他們都非常有魅力。訊息很清楚：他們是一本敞開的書，而且深知我沒辦法在裡頭翻到什麼料，所以自信滿滿。

此地在一九五〇年代是加勒比海諸島與英國的橋樑，所以我可以自由閒晃，向任何人問任何事，**只要不問到在這裡登記利潤的企業就好**。有位警官告訴我，從鄰居花園偷一顆椰子，就有可能被判坐牢。不過他為什麼不去市中心，逮捕那些替國際足總（FIFA）官員洗了上億美元的會計師？他沒解釋，所以我也不方便問。

島民每年舉辦一次女王誕辰遊行，他們會穿上儀式裝束，伴隨銅管樂隊的演奏與贈禮活動。感覺就像索美塞特郡（譯註：Somerset，英格蘭西南部的郡）的鄉村慶典。會計師出席總督的花園派對，在華氏一百度（譯註：約攝氏三十八度）的高溫下大嚼黃瓜三明治。

我向其中一位出席的會計師請教國際足總洗錢的內幕。他笑道：「這招不是挺老套的嗎？」他說得對。如今開曼就只是一種做生意的方式，**如果藏錢的合法選項無限多，就不需要採取犯罪途徑了**。不過犯罪還是不時發生，世人也只能聳聳肩，不置可否。

二〇〇〇~二〇一〇年間，美國、荷蘭與英國的公司都在利用開曼，因為政府允許他們將開曼當成直接投資的管道；不過，現在巴西與中國也如法炮製。二〇〇〇年，普華永道（PricewaterhouseCoopers）會計師事務所就替中國企業發明了一套合法的「新制」，可以公開在海外掛牌，藉此取得國外資本，並迴避中國對外資的限制。這叫做「可變利益實體」（Variable

Interest Entity，簡稱ＶＩＥ），一種變相持有公司的方式。他們的首要目標，就是美國。

二〇一四年，中國電商巨頭阿里巴巴，在美國首次公開發行（ＩＰＯ）就募集到兩百五十億美元（按：約新臺幣七千五百億元），創下新紀錄；它就是採用普華永道的「新制」。國際調查記者同盟（ＩＣＩＪ）也曾透露，中國共產黨高官的富裕親戚也利用ＶＩＥ，在避稅勝地成立空殼公司。

開曼以避稅聞名於世，但它真正的功能隱藏在層層精明會計作業的背後，而且來頭不小。開曼最大的祕密，是提供外國公司一個機制，讓他們**併購美國的公司與產業基礎建設，但看不出來是外資**。這招美其名曰：「資產組合投資」（portfolio investment）。

二〇一五年，開曼向ＩＭＦ申報的資產組合投資是六百一十億美元（按：約新臺幣一兆八千三百億元）。阿姆斯特丹大學的揚．菲德內爾鑽研各項數據後，指出「真正」的資產其實高達兩兆五千七百四十億美元（按：約新臺幣七十七兆兩千兩百億元），比申報的高出四十二倍。其間的差額若用一句話說明，就是申報的資產不含避險基金，但衍生負債卻又將它包含在內（所以這個數字才是真的）。**避險基金，正是避人耳目的開曼最絕對的核心所在**。怪不得全世界有六〇%的避險基金都在這裡操作。它們扮演的主要角色，是在美國沒察覺的情況下，買下整個美國。表面上，任何資產組合投資都無法建立真正的「國籍」，因為投資工具的管轄權是彼此交錯的，有時候涉及十幾個國家。想知道他們到底在玩什麼把戲，**你只能觀察兩個最基本的數字：流進的錢，與流出的錢**。

這兩筆錢，分別叫做「對內投資」與「對外投資」。以開曼來說，兩個數字間最大的差額出現在日本：二〇一五年有五百一十億美元（按：約新臺幣一兆五千三百億元）流入，五千五百八十億美元（按：約新臺幣十六兆七千四百億元）流出。神祕之處在於，**日本的資產組合投資超過五千億美元（按：約新臺幣十五兆元），卻只有不到一〇%流回日本**。

為什麼？因為剩下的錢，都被拿去美國做些檯面下的交易。香港與日本的投資人都把開曼當成管道，讓資產組合投資流入巨大的美國股權市場。開曼就像個巨大的避險區，護航日本投資人進軍美國而不被發現。

不過這些資產組合投資也被用在新興市場，以及政治敏感的中國吸取商機。開曼是全球買賣的樞紐。菲德內爾表示：「開曼直接『橫斷』美利堅治世（譯註：Pax Americana，西方國家由美國主導，並且相對和平的態勢。自二戰後延續至今）、盎格魯同盟（譯註：Anglo alliance，泛指英國與他國簽定的同盟關係），與大中華區子網絡，這三者間的聯結關係。」其中有五個國家就獨攬了開曼九〇%的資產組合投資：美國（一兆兩千零六十億美元。按：約新臺幣三十六兆一千億元）、日本（五千五百八十億美元。按：約新臺幣十六兆七千四百億元）、香港（三千四百三十億美元。按：約新臺幣十兆零兩千九百億元）、英國（九百一十億美元。按：約新臺幣兩兆七千三百億元）與盧森堡（八百三十億美元。按：約新臺幣兩兆四千九百億元）。但被別這些數字騙了。看似在這些國家營運的公司，其實並沒有真的營運。開曼這類的管轄權都只是暫時的「便車」，只要有人拿出更好康的提議，這些公司就會「換車」。

此時有兩輛車開了過來，**一輛叫「脫歐」，另一輛叫「川普」**。英國政府早就放棄不想管了。二〇一七年二月，前財政大臣喬治．奧斯本（George Osborne）表示，經濟本身已不再是政府的優先事項。他的意思是，低稅率是「後脫歐世界」唯一的經濟生存支柱。以前英國是製造業經濟，接著轉型為服務經濟，不過現在，她成了避稅勝地。

至於美國，川普有兩條路可以選。創下歷史新低的利率，等於提供本世代僅此一次的機會，讓美國能重建基礎建設，就跟小羅斯福（譯註：Franklin D. Roosevelt，美國第三十二位總統）的新政（New Deal）一樣。但在川普任內提供全球最低稅率給企業，讓美國「比開曼更開曼」，或許是更難抗拒的誘惑。況且美國的基礎建設確實在重建中，只不過是由中國人代勞。

二〇一六年，福耀集團在俄亥俄州的夢蓮市（Moraine）創造了兩千個工作機會。八年前的十二月二十三日，夢蓮市的通用汽車（GM）工廠生產線，組裝出它的最後一輛卡車。當這輛卡車在聖誕節前兩天出廠，夢蓮市就宛如被宣判死刑。通用汽車工廠關門，象徵著美國製造業的終點。「鏽帶」不只是形容美國心臟地帶的沒落，也代表美國不再是全球強權。

不過事隔八年，工作機會又回來了。雖然夢蓮市是川普的票倉，但對於中國的玻璃大廠帶來新就業機會，這群投票者還是歡欣鼓舞。反正兩邊都站，心裡也不會有矛盾。

假如開曼成為中國與日本公司偷偷買下美國的工具，但過程中創造了製造業的工作機會，那「避稅勝地」這個角色的道德立場，就會被過度簡化，而與創造就業機會相關的「愛國心」，將會更難以維持。

對海外避稅勝地叫罵，就像對海水叫罵一樣；它就設在那裡，你改變不了它。蔚藍的海洋之下，有黑暗的身影蠢動著——各家企業正準備要進場。一開始只是在沙洲上操作的單純避稅機制，現已變形成無比複雜的金融機制，而且牽涉到複雜的道德面。

海外避稅正是世界的運作方式，這整個全球體系的運作，不是任何一個政府能掌控的。

「開曼要怎麼讓英國的老百姓受惠呢？」在開曼的最後一天，我如此請教總督。「抱歉……我沒辦法……」她不知道該說什麼：「我得想想……。」總督詢問她的新聞官，努力想找出正確答案。顯然，她從來沒聽過如此天真單純的問題。

這問題還真難回答。開曼要怎麼讓英國受惠？從政府口袋拿走數十億英鎊的稅收，再將這筆錢直接投入資金匱乏的基本服務？想太多了吧！

就算她沒答案，我也答得出來。開曼向我們展現了未來的走向。假如你不課所得稅，那你就要課別的稅。屆時，一包魚柳條要價五英鎊（按：約新臺幣兩百元），鐵皮屋的月租會比倫敦的三層樓房子還貴。你省下直接稅，就得繳間接稅。而繳得起暴漲間接稅的，就只有最富裕的人而已，因為日常開銷對他們而言不痛不癢。至於其他人的日子會更難過，物價也會更不公平。

我再問總督說：「開曼可能被勒令停業嗎？」她一臉震驚的回答：「你這話是什麼意思？」「我的意思是，英國政府可能勒令你們停業嗎？」「天啊，怎麼可能！**開曼是獨立國家耶！**」我拿同樣的問題問總理，他告訴我：「最高主權位在倫敦，由英國政府掌握。」

所以沒人要負責。開曼在非常便利的無人之境中運作，沒人管得住它。**它是名副其實的「海外」，因為整個銀行體系都在海外**：在茫茫大海中央操盤營運，表面下則流竄著黑暗的行跡。

DONE

第4章

那一份花旗報告——

洞悉貧富不均……的天大商機。

中產階級？繼續過超出能力範圍的生活

找一輛能載八個人的高爾夫球車，然後讓全球最有錢的八個人坐上去。坐最前面的是墨西哥電信大亨卡洛斯・史林（Carlos Slim，身價五百億美元），他旁邊是比爾・蓋茲（Bill Gates，身價七百五十億美元）；坐中間的有三個人：颯拉（Zara）服裝公司的創辦人阿曼西奧・奧蒂嘉（Amancio Ortega，身價六百七十億美元）、華倫・巴菲特（Warren Buffet，身價六百零八億美元）、亞馬遜的傑夫・貝佐斯（Jeff Bezos，身價四百五十二億美元）；後排座位坐的是臉書的馬克・祖克伯（身價四百四十六億美元），與甲骨文軟體公司（Oracle）的勞倫斯・艾利森（Larry Ellison，身價四百三十六億美元）；麥克・彭博（Michael Bloomberg）坐在最尾端那個小椅子，因為他的身價「只有」四百億美元。

這八個人身價加起來是四千兩百六十億美元（按：約新臺幣十二兆七千八百億元），**等於全球財富總值的一半**。八個人的財富等於其他三十七・五億人的加總，而這三十七・五億人，剛好就是全球人口最窮的那五〇％。

全球財富兩極化，等於是全球暖化的人類版，它是一個影響甚大且不可逆的過程，既廣泛又深邃，就像地殼上的裂縫。那我們該在意嗎？經濟事務學會（Institute of Economic Affairs）主張，全球的絕對貧困率其實在下降中，而日漸擴大的貧富差距，是為了讓全球整體更富裕所付出的代價。不管你認為這重不重要，事實就是貧富不均正在擴大中，套句阿諾・史瓦辛格（Arnold Schwarzenegger）的臺詞：「誰管你信不信！」

但在二〇〇六年三月，也就是貧富不均還沒浮上檯面、並被人視為災難的時候，有一群分析師早已預測到這整個事態即將發生，於是他們做了一件大開眼界的事：**他們決定將全球貧富不**

均視為商機，不但要利用它，還要擴大它。

這群人想從人類史上最大的分歧中大賺一筆，因此貧富差距加速擴大，還變成自證預言（譯註：人們先入為主的判斷，無論其正確與否，都將或多或少影響到人們的行為，以至於這個判斷最後真的實現）。假如貧富之間的鴻溝是巨幅擴大的問題，那也代表它是前所未有的大好禮。在「九九％與一％」成為「占領華爾街行動」（譯註：於二〇一一年九月十七日開始，當日近一千名示威者湧入華爾街示威）的口號之前，他們就已經在會議室發明了這個詞。

貧富差距像沙漏，中產階級最沒搞頭

托拜斯．萊夫科維奇（Tobias Levkovitch）聰明絕頂，他在巨大的辦公室跟我會面。這間辦公室從全球第四大銀行花旗——集團的四十九樓，遙望哈德遜河（Hudson River），而他就在這裡操盤「全球策略」。他跟我談到自己很喜愛的一本書：湯瑪斯．霍布斯（Thomas Hobbes）的《利維坦》（*The Leviathan*）。這是一本政治專論，假設基礎是「只要能夠僥倖成功的事情，人類都會去做，除非有規範阻止他們。」

托拜斯沒在讀十七世紀政治哲學的時候，喜歡用深刻且截然不同的角度來思考世界，而且想很多。二〇〇六年，托拜斯口袋裡早已放著未來預想圖，假如他分享給客戶就能大賺一筆。而他之後也確實賺了一大筆。

托拜斯是全世界最重要的銀行家之一：他負責辨認全球經濟的「板塊飄移」，並建議花旗與華爾街，不管他認為接下來會發生什麼事，都要大量投資，不只是百萬、十億，而是數兆美元。

二○○六年，托拜斯瞧見一尾大魚。三位花旗的同事：艾傑．卡普爾（Ajay Kapur）、尼爾．麥克勞德（Niall Macleod）、納倫德拉．辛格（Narendra Singh），寫了一篇內部的股權策略報告，叫做：「重訪『金權經濟學』（譯註：Plutonomy，花旗分析師創的詞，形容經濟成長是由少數富人大量消費所帶動的）：富者更富。」這篇報告主張全球財富正趨於兩極化，而且不只是嚴不嚴重的問題，這個難以理解的現象，將讓所有歷史事件相形失色。

「我們常講『那一%有錢人』，但技術上來說，我們其實是講『那○．一%有錢人』。」托拜斯告訴我：「以前我們把人分成有錢的和沒錢的，**但現在，我們把人分成有錢的、沒錢的，以及有遊艇的。**」

二○○五年時，托拜斯預測（雖然他同事不相信），到了二○一五年，也就是十年後，全世界最有錢的一百個人，財富總值將與全球半數人口的總財富相同。**結果他預測錯誤，八個人就夠了**：就是坐在球車上那幾位。

二○○六年，托拜斯在我倆見面的這間會議室，當著一大群穿著正式服裝且面無表情的男女面前，投下了震撼彈。這些人代表全球最大的幾間公司：石油、鋼鐵、營建與避險基金巨頭，食品與化工跨國公司，超市、飛機製造商、藥廠與汽車製造廠，和各大洲的行動與網路服務供應商。

「接下來十年的態勢，是財富兩極化與社會動盪，」托拜斯說：「這是貧富差距逐漸擴大所造成的直接結果。」客戶們尷尬的咳了幾聲，低頭看著自己的筆電。「應該會有很多人擔心這件事，但我們銀行業倒沒這麼擔心。」

我很納悶托拜斯為什麼說：「我們銀行業倒沒這麼擔心。」

「你總不能坐在那裡說：『這沒辦法滿足每個人的社會幸福準則』吧？我必須拿出成果，要不然他們就會把錢領走，另請高明！這不是尖酸刻薄，而是就事論事。畢竟這就是我們的工作，我們本來就要幫他們賺錢。」

托拜斯在那次會議中準確預測，接下來幾年，**不同國家間的貧富不均，會隨著各國內部的貧富不均擴大而縮小**；他替客戶做了一個超簡單的比喻：沙漏。

他說每個國家都會隨著時間經過，越來越像沙漏。頂部是超有錢的全球菁英，你可以賣里爾噴射機（LearJets）或賓利汽車（Bentley）給他們。底部則是全球的窮人，他們提供難以想像的新機會，讓你可以販售「貧窮產品」：發薪日貸款、零時契約（譯註：沒有固定的工作時間或薪資保證，有需要才雇用員工）、高利貸。當窮人的壓力變大，賭場與酒廠就會再度成為當紅產業。「一英鎊商店」與折扣會越來越多，因為人們沒錢滿足需求。

這景象令人摒息，但我好奇的是，沙漏中間那段較細的部位代表什麼？「喔，那是中產階級啊！他們的存在會被排擠掉。因為**他們不再有任何購買力，所以一點投資機會都沒有！**」托拜斯興高采烈的告訴我。

事實上，**中產階級**終究會落入貧困的那一群。他們會沉到沙漏底部，但繼續過著超出他們能力範圍外的生活，絕望的死守中產階級這個身分（例如：出國度假，或買一部新車）。簡言之，**這身分是自己妄想出來的**。

我再解釋清楚一點：一輛藍寶堅尼跑車（Lamborghini）的平均售價是十八萬英鎊（按：約

新臺幣七百二十萬元），跟英國的平均房價一樣。假如你是花旗的客戶，看到中產階級正在消失，你會向那有錢的一％推銷藍寶堅尼（對他們來說，十八萬英鎊只是零頭）？還是當個超級大地主，坐擁上萬棟貧民窟房產？**我猜你會雙管齊下，但完全不鳥中產階級**。

在托拜斯的長期觀點中，沙漏的下半部將代表一個巨大的新全球階級：也就是所有老百姓，包括消失的中產階級。這群人就是現在我們所知的那九九％，他們離破產只有一次發薪日之遙，被稱為「殆危階級」（**precariat**）。

當托拜斯在花旗的客戶前，描繪嶄新世界的樣貌時，他發現會議室怪怪的，**鴉雀無聲**。「針掉在地上你都聽得見。」一開始托拜斯覺得他預測的「末日風」未來，可能真的太嚇人。「連花旗都這麼說，那應該是真的吧？」但接著他恍然大悟，其實是另一回事：**他們明白自己在未來會賺進多少錢後，全都大驚失色**。

花旗這場會議與二〇〇八年金融風暴相隔的兩年間，參加會議的公司都遵照花旗的建議來配置投資組合，將事業集中於沙漏的兩端：賣給富人的高端奢侈品，與賣給窮人的貧窮產品。但直到金融風暴發生，花旗客戶的事業才算真正起飛。托拜斯預測成真的速度，遠比任何人想的都還快。

飢餓遊戲，這次跟你玩真的

球車上那八位世界首富，一致認為貧富不均很糟糕。他們一天到晚都這麼說，而且ＩＭＦ、世界銀行、英格蘭銀行、聯準會與其他金融機構的領導人，也是這麼說。但就是因為這些機構在過去三十年建立起來的機制，才讓貧富之間的鴻溝如此之深。

二〇一五年，我訪問了法國經濟學家湯瑪斯．皮凱提（Thomas Pikkety），也就是《二十一世紀資本論》（*Capital in the Twenty-First Century*）的作者。他相信銷售商品給沙漏的貧富兩端，只是貧富不均的副產物而已；驅動這種永久差距的幕後流程，其實就是**把窮人的財富搾出來獻給富人**。

皮凱提主張，這對整體社會來說非常危險，因為它在考驗社會存在的理由。它把約定俗成的規範逼到懸崖邊，使社會開始崩盤。那我們有什麼能做的？皮凱提聳聳肩：「或許只能重組IMF，讓它有跨國管轄權，避免跨國公司逃避法律義務。」這感覺像是《雷鳥神機隊》（譯註：*Thunderbirds*，英國科幻人偶影集）之類的國際特遣隊，有辦法出奇不意掃蕩企業，再用避稅罰款賞他們一巴掌。簡言之，就像寄望一群小木偶拯救世界。

貧富不均持續存在，所以我們現在也只能認命，每天活在這極端的環境下。在倫敦，你可以在騎士橋（譯註：Knightsbridge，倫敦市中心西部的一條街道）一間漂亮的美容院，用拋棄式的液態金色面膜敷臉，再做個魚子醬按摩。這是沙漏頂層的產品，要價三萬英鎊（按：約新臺幣一百二十萬元）。有些客戶一個月甚至會光顧三到四次。至於提供金色面膜與魚子醬按摩的工作人員，有時候只能領到最低工資（或稍高一點）而已。假如他們需要發薪日貸款來支應開銷，那他們就是在使用沙漏底層的產品。

在東倫敦的紐漢自治市（Newham），有一群單親媽媽本來住在安穩的住宅區裡，卻在二〇一五年被市議會驅逐——為了讓出位置興建豪宅。她們去找市長理論，結果市長回答：「既然你們無法在紐澳生活，那就是沒辦法嘛！你們要我怎麼辦？」她們拒絕遷離，警察就被叫來，但警察實在不忍心強制驅離這些女性與孩子，畢竟他們沒犯罪。僵持之下，單親媽媽們開始占據一間廢棄的社區中心。

距離這個中心僅咫尺之遙，豪華的玻璃窗公寓蓋了起來，但大部分都是空屋，因外國投資人以預售屋形式買下它們，用來綁住自己的大筆過剩資金。這些投資人甚至不把它們當成公寓，而是當成保險箱。**這群媽媽眼睜睜看著有錢人的空蕩樓房蓋起來，而自己的房子卻被斷水斷電，人還被迫搬走**。從她們占據的建築物往外看，可以直接看到豪華公寓，但從那棟豪華公寓往外看，你只能看到倫敦的粗略全景，而底下窮人掙扎求生的景象，只不過是粗野主義（譯註：建築流派的一種，特色是不修邊幅的鋼筋混凝土）風貌的一小角、都市惡漢小說（譯註：主角多為下層階級，並批判社會）的一小篇。

沙漏兩端的人比鄰而居，其實也不算新鮮事。一八四五年，弗里德里希・恩格斯（Frederick Engels）在《英格蘭勞動階級現況》（*Condition of the Working Class in England*）一書中，就提到維多利亞時代的曼徹斯特：「那些有錢的上流人士，可以抄捷徑穿過勞動區域，但渾然不知自己處在髒亂與窮苦之中。」麥克・戴維斯（Mike Davis）的著作《貧民窟星球》（*Planet of Slums*）中也提到，將窮人逐出城市風景之外的暴行，在全球各地都早有記錄，例如拉哥斯（譯註：Lagos，位於奈及利亞的城市）拆除貧民窟，以及上海強制遷移了一百五十萬人，只為了將這座城市改頭換面，供光彩奪目的富人們居住。

極度分歧在世界各地都快速發生中，但在倫敦，這景象是血淋淋的映在眼前。假如倫敦是獨立國家，她應該是全世界第七富有的國家。不過倫敦市民有二八%的生活水準，都被官方認定為貧困，另外有三分之二則是「勉強度日」。自從二〇〇八年金融風暴之後，政府緊縮了八百億英鎊（按：約新臺幣三兆七千億元）的開支，超巧的是，這數字與銀行家領到的紅利相同。

大多數英國民眾的薪資，都停滯了十年，依舊處於金融風暴前的水準。平均家庭收入是每週四百二十九英鎊（按：約新臺幣一萬七千元），跟二〇〇六年一樣。但最有錢的一千人加起來的薪資，在同一段期間內翻了一倍，從兩千億英鎊（按：約新臺幣八兆元）漲到五千億英鎊（按：約新臺幣十五兆元）。

二〇〇八年銀行危機之後，全世界的首富湧入倫敦，沾光「量化寬鬆」（政府印鈔票救銀行，事實上其中有九五%，會直接變成一%首富的泡沫）的時候，倫敦最該害怕的是，窮人將被社會給「清洗」掉。

倫敦會分裂成兩座城市。都市蔓延（譯註：指都市大幅向外發展，侵占都市邊緣的鄉郊地區）的景象，大概就像墨西哥城、開普敦、上海、拉哥斯、洛杉磯，與小說《飢餓遊戲》（*The Hunger Games*）中的「都城」（Capitol）：**中心是住滿有錢人的聖地**，他們生活奢華，去燈光昏暗的高級餐廳吃飯，週末搭著超級遊艇去摩納哥玩、去格施塔德（譯註：Gstaad，瑞士西南方的小鎮）滑雪，或是去杜拜買十萬美元（按：約新臺幣三百萬元）的包包，以及永久的私人專機過境權。這種將平民隔離在外的富人國（Richistan），就像一大片香檳色的雲，浮在群眾頭上；**但不管你身在世界何處，都可以藉由同樣的品牌、同樣的行程，來認出這種地方**。

城市的另一半，則是由**大量窮人組成的外圍蔓延**，他們會搭公車去市中心，服侍裡頭的新主子。這些人靠薪水勉強支撐，才不致於一貧如洗；生活如此不穩定所產生的壓力，讓他們比富人少活了十歲。拿《飢餓遊戲》來比喻，一點都不誇張。二〇一四年，NASA的戈達德中心（Goddard Center）資助一項研究全球貧富不均的報告，裡頭的結論是：「**照現今的趨勢發展下去，《飢餓遊戲》貧富不均的情節，會在二〇三〇年成真。**」

倫敦的每個角落，都在進行社會清洗。我住在市中心，當地的小超市就是貧富不均的縮影。這裡有七五%的顧客，都是才二十幾或三十歲出頭，事業就飛黃騰達的歐美新貴；他們都在大企業工作，例如Google、倫敦的銀行或是「矽環道」（譯註：Silicon Roundabout，位於倫敦老街與城市路交界處的環形交叉路口，因科技公司雲集而得名）周圍林立的數位公司。他們穿著帽T搭配寬鬆的運動褲，在慢跑完之後走進超市，買一些牛奶或藜麥沙拉，接著就離開。

超市有八位店員，受零時契約雇用，每十二小時輪班一次。他們的年紀和顧客相仿，但生活截然不同。其中有三位要通勤九十分鐘才能到達這裡工作，另一位住在艾塞克斯郡（Essex），還有一位住在魯頓（Luton），離超市三十英里（按：約四十八公里）遠。他們付不起倫敦市中心的房租，卻又沒本錢放棄這個工作。他們來回這麼長一段距離，只為了做這份幾乎賺不到錢的差事。

但這間小超市其實已經算奇葩了。二〇一五年，新政策學會（New Policy Institute）的漢娜．艾德里吉（Hannah Aldridge）與湯姆．麥金尼斯（Tom MacInnes），分析政府縮減住宅福利之後，倫敦人口遷移的狀況，結果發現了意想不到的現象。

《飢餓遊戲》的「雙城」情節竟然還低估了現況。現實是城市只有一座，富人與窮人共同存在於同一個空間，但彼此都看不見對方。窮人不會激怒富人，而是順從他們，不管是在公共場所，還是在任何他們交錯的地方（例如那間小超市）。**窮人被當空氣，富人不跟他們互動，藉此避免尷尬**。感覺就像《飢餓遊戲》裡來自其他區域的工人，如鬼魂一般穿梭於富人之間。

那為什麼窮人住不起倫敦，卻又不搬走？因為搬家就代表一切全毀了。他們之所以能靠不穩定工作的低薪存活，關鍵在於**家人與朋友組成的人際網絡，亦即讓他們能隨意換工作的靠山**。這網絡並不容易在其他地方重建。除此之外，急就章的安親班、得來不易的學校名額，以及地方上的許多低薪零工（靠它們累積起來的收入，才能勉強餬口），也都很難再找新的。總之，這群「窮忙族」（working poor）沒本錢搬家。

高薪人士在公司用「熱桌」（譯註：hot desk，不固定的辦公桌座位，開放給任何人使用），**窮忙族在家卻睡「熱床」——共用一個房間，排時間輪流睡同一張床**。我就認識一位安親班老師，與另一位上夜班的女士輪流睡一張床。他們各自使用自己的床單，然後以八小時為單位「換班」。安親班老師睡晚上十點到早上六點，夜班女士睡早上六點到下午兩點。不過稍微算一下，你可能會覺得這張床還沒發揮到極限，因為下午兩點到晚上十點的時段沒人租。搞不好有第三位女士，只是他們沒講而已。

那間小超市的店員為何是奇葩？因為他們搬出倫敦了。大部分在倫敦生活的窮忙族，都要節省伙食費與暖氣費才付得起房租。他們被困住了，在開銷水漲船高的情況下苦撐，卻又無法搬家，怕搬了會更慘。窮忙族負擔不起倫敦市中心的生活，但居住於此的人數，卻呈現指數型成長。

正如艾德里吉與麥金尼斯的結論：**窮人被吸引到此處，替貪得無厭的「生財機器」效力；這是一種共生關係**。

你應該注意到了，我在使用「富人」與「窮人」這兩個詞的時候，感覺很自由、不害臊。三十年前，這兩個詞是有貶義的，但現在沒人在意。當有錢人有什麼好丟臉的？「富人」不再是左派用來罵人的詞，它現在是世人共同的願望。當家庭債務高漲、薪水又低的時候，那種貧窮隨時會來敲門的恐懼感，是非常真切的。

正當「絕對全球財富」提升之際（超窮的國家變成「稍微沒這麼窮」，所以它們被視為比以前富裕），每個國家內部的貧富差距卻在暴漲中，這兩者是糾結在一起的。

哈佛大學的理查．鮑德溫（Richard Baldwin）在《大融合》（*The Great Convergence*）一書中，主張自由流動的資訊科技，若是結合全球化的低勞動成本，就能減少國家之間的貧富差距：貧窮的國家會成長，富有的國家會停滯，到最後全世界的財富會變一致。一八二〇～一九九〇年間，全球收入流進富裕國家的比例，從二〇％飆漲到將近七〇％，但在最近二十五年，這個比例竟然暴跌到一九〇〇年的水準。

世界各地的國家，儘管在起跑點時的財富不同，但全都在趨於一致的跑道上前進：不管是馬拉威、西班牙、美國、英國，還是烏茲別克。我們全都不可避免的變成同一種國家，有著同樣壁壘分明的社會階層。換句話說，**我們貧富不均的程度會變得很「公平」**。

政府印鈔票紓困，卻成為富人手上的泡沫

二〇〇八年，各大銀行崩盤之際，政府的紓困金卻流到一個意想不到的地方。設計來確保房貸繳清，並幫助小企業度過難關的量化寬鬆政策（政府印鈔票），竟然像空氣一樣。這是怎麼回事？筆者請教了托拜斯．萊夫科維奇。「因為量化寬鬆政策的經濟紓困金，有九五％都流到沙漏頂層去了。」這筆錢直接湧向銀行與富人——**也正是這群人，創造出紓困的需求，再把紓困金放進口袋裡**。

量化寬鬆政策，讓最有錢的一％得以投資沙漏中的貧窮產品，藉此擴大貧富不均。而把所有貧窮產品（車子、家具、假期、房產的長期貸款，以及支付暖氣費與伙食費的過渡性貸款）給綁在一起的，就是負債。

根據倫敦政治經濟學院（LSE）的經濟學家大衛．葛萊伯（David Graeber）表示：「負債是這一切事物的真正關鍵。**金融產業其實就是負債產業**。在很大程度上，『金融』就只是『別人欠的債』。他們只是拿我們的負債來交易而已。」

花旗的那些客戶公司，早在金融風暴之前，就將品牌多角化經營，如此就能從沙漏造成的貧富不均中牟利。量化寬鬆政策很快就「上道」了，而且還被當成解決方案賣給我們。金融風暴「深刻」的影響了最有錢的一％，就跟它影響我們一樣，只是深刻的地方不同。**最有錢的一％是口袋變深了**。

新經濟思考學會（Institute for New Economic Thinking）的經濟學家艾納托爾．凱雷斯基

（Anatole Kaletsky）表示，量化寬鬆政策道路上的岔口通往另一個現實。**假如量化寬鬆的紓困金不是流入銀行，而是一次付清給其他所有人，那英國與美國所有家庭，都會收到一張兩萬五千英鎊（按：約新臺幣一百萬元）的支票**。這筆錢可能會花在度假、買冰箱或買車上頭，進而重振消費主義（譯註：相信持續及增加消費活動有助於經濟），興起「凱因斯式」（譯註：Keynesian，此學派主張藉由增加總需求來促進經濟成長）的繁榮。但這件事並未成真，因為量化寬鬆的紓困金流進沙漏頂部，更加促進貧富不均。

雖然政治光譜上的經濟學家，從新自由主義的思想家如黛德雷·麥克洛斯基（Deidre McClosky），到凱因斯學派如凱雷斯基，全都贊同用現金「轟炸」這個危機，但從來沒實踐過。畢竟直接送現金給人民的舉動，被視為大膽妄為，沒人相信這是個明智的主意，即便它真的可行。不過倒是有個政治上的權宜之計，每個人都會接受，那就是**負更多債**。大衛·葛萊伯表示，他們自始至終都採用這個計畫。「我們的負債，以及我們對負債的癮頭與沉溺，促使倫敦與紐約在銀行崩盤之後成為金融中心。他們位在金融復甦的中心，而我們的負債就是其動力。所以金融風暴後，你會看到**有幾個非常刻意的政府政策，是設計來確保大多數民眾負債的**。」英國的家庭負債總額，目前是三千五百億英鎊（按：約新臺幣十四兆元），創下史上新高。

托拜斯·萊夫科維奇在二〇〇五年做出的沙漏預測如今成真了。但全球貧富不均的程度，未來還會再提高幾分。托拜斯承認，就算他也無法預測到沙漏兩端的某些機會，例如：加拿大的純氧被運至上海豪宅享用，或是新堡（譯註：Newcastle，英格蘭東北部的城市）的收債人可以延長你的還債期限，條件是你要提供鄰居犯下利益詐欺的消息。

花旗那份報告，將貧富不均的預言化為現實。除了花旗四十九樓會議室裡那群人之外，沒人知道貧富不均即將到來，但它促成的各項交易，卻改變地面上數百萬行人的生活。

別讓中產階級太窮，他們會搞革命

花旗報告的註腳有提到幾份研究論文，其中有一份就是湯瑪斯．皮凱提寫的。當時他只是倫敦政治經濟學院一名沒沒無聞的研究生，論文主題是貧富不均，十年後，這份論文就變成《二十一世紀資本論》。

我曾請教皮凱提（如今他已是全球最負盛名的經濟學家）關於沙漏的事情，以及沙漏當中正在快速消失的部分——中產階級。既然它都快消失了，為什麼還是很重要？「中產階級對經濟很重要，因為他們可能發展出大量消費，以及對於建設的大量投資。」一九五〇～一九六〇年代期間出現了晉升中產階級的機會，促使貧富差距縮小，財富平均分配給社會，並於一九七六年到達最高水準。根據意見調查，那年是英國人最快樂的一年。

「但過去二十年來，中產階級開始縮水，」皮凱提說道：「**假如接下來幾十年再這樣縮下去，對民主制度將是一大威脅。**」

皮凱提認為中產階級之死，會讓整體社會毫無退路。在一九四五～一九七八年間，財富平均分配給社會的程度，遠勝歷史上任一段時期。這段「異常」公平的三十年，夾在兩個貧富差距極大的時期之間：一九三〇年代以及現在。箇中原因在於，**中產階級有辦法保有私人財產**。自一九三〇年代起（雖被戰爭中斷過，但到一九五〇年代時大幅擴張），由英國工黨與保守黨政府接力完成的巨大建築計畫，讓數百萬人生平第一次買房。這就是我爺爺追求的夢想，他從貧窮的肯蒂什鎮（譯註：Kentish Town，倫敦西北部一個地區）搬到郊區去，那裡有新鮮的空氣與整齊的樹籬。

不過自從一九九六年之後，房屋所有權整個翻轉，夢想也隨之消散。薪資停滯，導致年輕人買不起房子，貧富不均也因此擴大。**假如我祖父母現年二十五歲，想要買棟房子，他們大概會困在貧民窟，能付得出月租就該偷笑了**。

「中產階級會繼續縮水下去嗎？」皮凱提自問自答：「你很難知道這會演變到什麼地步。但我們能確定的是，近幾年來，我們觀察英國與其他國家的億萬富翁，他們手中握有的財產，成長速度遠比平均財富與經濟規模還快。你可以預見，再這樣繼續幾十年，中產階級能分到的財富會減少。」

接下來幾年，租房會取代買房成為常態。租房子的家庭終其一生，會比買房子的家庭還「窮」五十六萬一千英鎊（按：約新臺幣兩百二十四萬元）（如果在倫敦，就是一百三十六萬英鎊。按：約新臺幣五千四百萬元）二〇一三年，房租的漲幅是薪資的五倍。這也讓貧富不均幾乎無法扭轉，**因為中產階級（以及想成為中產階級的人）已經失去累積財富的最主要手段**。至於社會無法回頭的理由，是因為沙漏的結構已經固定住了。

「我們的貧富不均會變得多嚴重？」皮凱提又自問自答：「照這個趨勢下去，看起來真是嚇死人。」但你剝奪中產階級權力的同時，也在招惹一股激情的力量。滿足現狀的中產階級不會怎樣，但**假如他們害怕自己沒有未來，或是在揚起的經濟浪潮中越變越貪婪，就會發動革命**。

一九一七年的俄羅斯，一群沒耐心、而且膽量剛被養大的資產階級，建立了取代沙皇的臨時政府，不過這個政府之後又被布爾什維克（譯註：Bolsheviks，俄國社會民主工黨中的一個派別）給推翻。一九六八年的巴黎，中產階級智囊與組織嚴密的勞動階級攜手合作，差點把總統戴高樂（Charles de Gaulle）轟下臺（但他保住位置，因此聞名於世）。這兩個案例中，心懷不滿、甚至矛盾的中產階級，正是革命動員的核心。

尼克．哈紐爾（Nick Hanuer）住在西雅圖，他是亞馬遜其中一位最早期的投資人。他現在身價六十億美元（按：約新臺幣一千八百億元），認為中產階級消失，與社會的全新沙漏形態，對資本主義都是威脅。「資本主義是史上最大的經濟體系，它確實需要一點貧富不均，就跟植物需要澆點水一樣。但澆太多水會淹死植物，依此類推，貧富不均太嚴重也會淹死中產階級，扼殺資本主義。」

哈紐爾站在一間不起眼的辦公室，望向窗外普吉特海灣（譯註：Puget Sound，位於西雅圖西岸的峽灣）的壯麗景致，看著船隻在水上穿梭。「在中世紀，貧富不均並不是問題。你在成長過程中就預期世界是不公平的，這位是佃農，那位是國王，這就是社會的運作模式。但當你生活在現代資本主義文化之中，這個文化鼓勵每個人都要多賺一點，而且相信自己可以多賺，那貧富差距就會成為更大的問題。別人有的，你沒有，就會產生不滿。**資本主義讓怨恨滋生，而且它承諾的公平機會，從來沒實際發生過**。」

哈紐爾有個人利益考量。他擔心當革命發生，沙漏底部的大批人馬就會衝著他而來。「乾草叉會攻過來嗎？或許不是明天，但總有一天會到來。他們的想法是：**你把社會搞成這麼不公平是吧？那我就來搞革命，或是建立一黨專政國家！**」

好心是不夠的，你還得有錢才能行善

二〇〇七年，英國國防部憂心忡忡，請克里斯·派瑞（Chris Parry）少將寫一篇九十頁的報告，討論當「公民不服從」（譯註：處於少數地位的公民表達異議的方式，雖可能涉及違法的行為，卻是基於公共利益而不得已採用的手段）的事態嚴重時，軍隊要怎麼回應？國防部已經意識到貧富不均擴大，將會讓星火燎原。二〇一一年，英國幾個大城市還真的爆發暴動，而且是自一九八〇年代以來最嚴重的程度。國防部像窺看了水晶球，而且預測正確，就跟花旗銀行一樣。

後來我在北倫敦的哈林蓋自治市（Haringey）與派瑞少將見面，這裡發生過一些殘暴的暴動。我問他那份報告預測到了什麼？「我們發現暴動只是遲早的事。當說出『我對社會已毫無牽掛』的人夠多，就會爆發。他們會反對資本主義與市場，並親自採取行動。」可惜派瑞與國防部的發現，被白廳當成耳邊風，因為他們沒興趣理這些講話像憤怒社工的軍人。結果軍方被晾在一旁，等到暴動真正發生，政府才召喚他們。

托拜斯·萊夫科維奇與花旗的客戶，在二〇〇六年做出的交易，或許**促成**了貧富不均；而英國國防部的報告，預測這樣會引發公民不服從。但**貧富不均不是花旗創造出來的。我們今日面臨的貧富鴻溝，是在一場四十六分鐘的訪談中、某個兩分鐘區間內奠定的**。當時是一九八〇年一月六日中午十二點。

英國民眾選了柴契爾當首相，他們很快就會知道這代表什麼意義了。這位剛當選的首相，坐下來接受她上任以來首次訪談，主持人是政論節目《週末世界》（*Weekend World*）的布萊恩．瓦爾登（Brian Walden），他是當時最犀利的政治記者，事後證明，他也是預測最準的記者。

柴契爾政府堅信，經濟蕭條的解決之道，就是大幅降低那一％富人的賦稅。這項策略，完全仰賴財富透過涓滴效應分配給社會其他人，正如阿瑟．拉弗用餐巾上的曲線預測的一樣。但代價是什麼？瓦爾登提問了。

瓦爾登：請問首相，我國經濟復甦與繁榮的代價，是擴大貧富差距嗎？

柴契爾：當人民將才華發揮到極限，你的社會就會更繁榮，藉由他們創造的財富，我們都會過得更好。

瓦爾登：所以你覺得貧富差距更大的社會，事實上對英國比較好？

柴契爾：機會較多的社會，能讓你賺更多錢。

瓦爾登：但這就表示貧富差距擴大囉？

柴契爾：沒錯。如果才華與機會分配不均，那麼讓人民發揮才華，就代表更大的貧富差距，但也代表你拉了窮人一把。好撒瑪利亞人如果只是心存善念，沒人會記得他。別忘了他也很有錢。（譯註：好撒馬利亞人源自耶穌說的比喻，一個猶太人被強盜打劫，受了重傷躺在路邊。有一個撒馬利亞人路過，不顧身分隔閡照顧他，還出錢讓猶太人入住旅店。後世以此比喻好心人與見義勇為者。）

就在這一刻，二十一世紀的貧富不均被概念化，這道社會裂痕也不再是副產物，而是政府計畫的關鍵。柴契爾夫人是英國最有遠見的首相，她的願景極為精準、嚴格，就像一道光束直搗核心。

所以涓滴效應，也就是阿瑟．拉弗賣給英美政府的理論，真的奏效嗎？尼克．哈紐爾應該比一般人更清楚，畢竟他是直接受益於「好撒瑪利亞人」政策的億萬富翁。「涓滴效應經濟的歷史跟人類文明一樣悠久，**只是以前我們稱它為『君權神授』**。概念很簡單：我很重要，但你不重要。我做的事情是必要的，但你做的是多餘的。這就是我們管理你們的方式。美國與英國面臨的最大問題，就是我們以雷根與柴契爾的概念建立了經濟政策。也就是假如你讓富人更富，那大家都可以過得更好。**其實這根本就錯了，經濟才不是這樣運作的**。」

「拿我自己當例子，我的年收入是美國平均薪資的一千倍左右。但我買的東西並沒有因此就變成一千倍。我有三、四件牛仔褲，還有幾雙鞋。我有一間又大又漂亮的房子，但沒有一千棟房子。所以無論我有多少錢，都無法獨自撐起國家的經濟。**只有穩健的中產階級才有辦法**。」

劍橋大學的經濟學家張夏準（Ha-Joon Chang），曾針對全球貧富不均進行一項研究。我們約在某間圖書館見面。在這間圖書館裡，凱因斯第一次講授他的「一般理論」（General Theory）；威廉．菲利普斯（William Phillips）也打造了一部知名的「水機器」，利用幫浦、活塞與染色的水，向學生展示錢是怎麼在經濟體中流動的。「理論上，涓滴效應並非壞主意。但現實上它並不可行。追隨英美政策的國家，投資（國家收入的一部分）減少了，經濟成長也衰退了。所以你說給富人更多錢，他們就會替其他人創造更多工作與收入，**證據在哪裡？從來就沒發生**

過！」張夏準說。

前有柴契爾夫人的「好撒馬利亞人」發言，後有花旗的托拜斯·萊夫科維奇，將耳朵貼在地上，聽見地球分裂成兩半的聲音，再請客戶從中圖利。貧富不均就這樣成形了。

或許乾草叉要過很久才會找上尼克·哈紐爾與其他億萬富翁；甚至根本就不會有事。**但已屆就業年齡的大批千禧世代，現已成為被掏空的中產階級，毫無權利可言**。他們是抱有烏托邦幻想的憤世嫉俗者，努力工作卻沒有半點報酬，結果成為這個世代最容易被煽動的力量。況且，他們還有臉書可以組織成軍。

英國國防部在二〇〇七年的報告中預測：「中產階級將成為革命階級，並扮演馬克思無產階級的角色。」貧富不均代表中產階級會「團結一致，利用知識、資源、技能，塑造自己的跨國階級利益。」

根據英國國防部表示，因貧富不均所產生的全球殆危階級，具有深不可測的潛在力量。也就是「**失去權利的人＋臉書＝後果不堪設想**」。正如埃德蒙·伯克（Edmund Burke）在一七七七年所言：「那些抱持許多希望、而且放手一搏的人，永遠都比一無所有的人還危險。」因為一無所有的人一開始就在沙漏底部。真正有潛力動搖整體的，是位在沙漏中間細部的那群人。

DONE

第5章

誰決定BMI多高算胖——

連奧運短跑金牌都算胖，再讓脂肪替糖背黑鍋，造就大生意

當你在逛超市的時候，會看到什麼？一牆牆高熱量、大幅加工過的食品，用化學香料調味，讓「口感」與「涮嘴」程度（這兩個詞對食品科學家來說，跟上癮沒兩樣）達到最高點。大多數人都吃這些東西；簡言之，就是讓我們發胖、帶有濃濃「科學味」的食品。

擺在隔壁的呢？一排又一排的低脂、脫脂、低糖、無糖、低卡、零卡、低碳水化合物食品，也就是比較「健康」的選項。這些是賣給隔壁走道食品吃太多，結果變太胖，現正拚命減肥的人。

在超市，你一眼就能看盡三百六十度的肥胖全景圖；先讓你胖，再讓你瘦，始作俑者是分析過所有賺錢機會與角度的公司。他們讓社會變得更胖——我們的新陳代謝沒有跟上這些食品，而現在，他們也從肥胖流行病之中賺錢。

節食與肥胖之間，有著深深的共生關係。一九七八年，亨氏食品（Heinz）買下慧優體公司（Weight Watchers）；並於一九九九年，以七億三千五百萬美元（按：約新臺幣兩百二十億元）的價碼，將它賣給投資公司「Artal」。坐擁班傑利冰淇淋（Ben & Jerry's）與沃氏香腸（Wall's sausages）的聯合利華公司（Unilever），在二〇〇〇年買下「Slimfast」公司。至於「Jenny Craig」公司，則被瑞士跨國公司雀巢併購，雀巢也有賣巧克力與冰淇淋。二〇一一年，雀巢名列《財星》（*Fortune*）全球五百大企業，是全世界獲利最高的公司。

胖與瘦是怎麼為了賺錢而糾纏在一起的？這段故事曲折離奇，令人拍案叫絕：它是由敵對陣營間的激烈廝殺、古怪的實驗、扭曲過的資料，以及骯髒的招數所構成。在這一片混亂之中，科學家與商人正在改變我們的飲食習慣。這段過程做出不少交易，徹底改變了人類的「樣貌」。

連百米世界冠軍都算胖子！

早在很久以前，肥胖連流行病都稱不上的時候，體重問題就已經被憑空創造出來了。一九四五年，任職於大都會人壽保險（Metropolitan Life）紐約總部的統計學家路易斯．都柏林（Louis Dublin）正在午休。他埋首於數字中，而且必須讓上司印象深刻。都柏林觀察顧客繳納的健保費，發現顧客體重對健保費影響甚大，於是他靈機一動。

都柏林發現，只要降低「肥胖」的體重門檻，那原本超重（overweight）的投保人，就有一些可改列為肥胖（這對健康的影響更大），藉此創造出數萬名顧客。然後正常的顧客中，也會有數萬名可改列為超重。

這些變肥胖與變超重的顧客，將會支付較高的保費，因為他們與體重相關的健康風險，會被視為增大。都柏林需要一個科學尺度才能讓此事成真，所以**他發明了BMI**（即「身高體重指數」），結合了身高與體重。這指數看似比以前科學得多，但**它把肌肉密度與脂肪混在一起了**。所以根據BMI的讀數，全世界跑最快的男人尤塞恩．波特（Usain Bolt），居然也算肥胖。

一夕之間，美國人口有半數都被重新定義為超重或肥胖，他們現在都得付較高的保費。「這半點科學根據都沒有！」調查記者喬爾．桂林（Joel Guerin）分析過路易斯．都柏林的方法，如此說道：「都柏林只不過是觀察他的資料，然後自己隨便決定，把二十五歲人士的理想體重，套在所有人身上而已。」

在肥胖流行病實際存在的四十年前，都柏林就在午休時間虛構出肥胖。大都會人壽與美國各地的雜貨店、外科醫師與超市做了一項交易：安裝附有大都會人壽商標的體重計。憂心忡忡的家庭主婦與商人去看醫生，發現沒錯！根據新的BMI值計算，他們的身體確實已成為危機。簡言之，美國人的體內有一顆名為「肥胖」的定時炸彈，必須立即處理。報紙開始報導這個全國性的肥胖危機。BMI特別高的人，會被告知自己有心臟病或中風的潛在風險。但援手就在不遠處。

一九六〇年，《紐約時報》報導了一個橫掃全美的奇特現象。**媽媽們調配嬰兒配方奶粉，然後自己喝**。她們發現這種液態飲食可以讓自己減重。化工大廠美強生（Mead Johnson & Co.）瞧見市場的供需缺口，於是推出**「Metrecal」，史上第一罐沖泡減肥飲品**。

美強生的行銷負責人C．約瑟夫．甘斯特（C. Joseph Genster），將量尺（metre）與卡路里（calorie）組合成「Metrecal」這個字，接著與知名的電視營養師希薇亞．舒爾（Sylvia Schur）敲定交易，來推薦這個產品。

Metrecal跟BMI一樣，聽起來很科學，但還是必須讓大眾相信它真的很科學，所以得找希薇亞．舒爾這類可靠的名人來背書。但這間嬰兒食品大廠，其實袖子裡早就藏著如假包換的科學錦囊，只是它不想分享給大眾而已。

挨餓實驗證明，節食對減肥會造成溜溜球效應

明尼蘇達金地鼠足球場（Minnesota Golden Gophers Football Stadium），中央圓形場地的六

英尺（按：約一百八十二公分）之下，有一個由地下艙室與隧道組成的網絡。一九四四年，歐洲正被營養不良所苦，美國政府想要搞清楚：假如美國面臨同類型的長期缺糧，會發生什麼事？**於是他們決定測試人體挨餓時，會出現什麼狀況**。

備受尊崇的營養師安瑟爾．凱斯博士（Ancel Keys）接下這個任務，對三十六位拒服兵役者進行實驗，按照計畫剝奪他們的食物，並監控這樣做會有什麼影響。

二戰期間，凱斯負責替士兵創造「K—口糧」（K-ration）：一種外型像巧克力棒的高熱量口糧；事實上，它就是史上第一根能量點心。一九六〇年代，他就因為推廣「地中海飲食」（譯註：源自一九四〇～一九五〇年代環地中海地區及國家，以大量橄欖油、豆科植物、天然穀物、水果和蔬菜，適量魚、乳製品及紅酒，少量肉製品為重要特色）而享譽國際。他上了《時代》（*Time*）雜誌封面，被捧為新一代的營養大師。但在一九四四年的時候，他是祕密替美國政府服務的。

整整一年，凱斯將他的「白老鼠」關在足球場的地下艙室，限制他們一天只能攝取一千五百卡的熱量；這比今日美國節食婦女攝取的平均熱量，還高出三百卡。他們被運動計畫表不停操練，被扔進冷水槽裡，還被迫盯著食物，藉此觀察他們會有什麼反應。

結果這群人被搞瘋了。從他們的日記中可看出，他們滿腦子都是食物，幻想實驗結束後可以吃到什麼佳餚。他們被允許回到地上草地球場的時候，有些人開始想吃草；一位仁兄咬了在場的科學家，而另一位竟然拿斧頭，剁掉自己的三根手指。

但最讓凱斯驚奇的是，當他開始讓他們進食的時候，他們不但變胖，而且還胖很快。幾週之內，他們不只恢復原本的體重，甚至超過、並且持續增胖中。他恍然大悟，原來**節食反而會讓他們變胖，並且改變他們的新陳代謝，給他們前所未有的肥胖傾向**。

而替NASA效力的崔西．曼（Traci Mann）博士，他則是在在明尼蘇達大學（University of Minnesota）研究節食對身體的生理影響，這裡離挨餓實驗的場地很近。「當我讀過越多凱斯的發現，就越覺得這些發現很了不起。」曼說，凱斯提供了無法反駁的證據，證明節食完全無效。但他也發現，**每次我們經歷「溜溜球效應」**（譯註：減肥者採取過度節食的方法，而導致身體出現快速減重與迅速反彈的變化）**後，都會穩定胖個幾磅，所以會隨著時間越來越胖**。但我們沒意識到這種體重遞增的狀況，所以還是一直把節食當作速成解法。

照道理說，這個科學發現，應該在節食產業尚未萌芽之際，就替它畫下句點；**結果剛好相反，它提供了完美的商業模式**。戰爭開打之前，節食是一種風尚，但從來就不是價值數億美元的組織性事業。不過凱斯改變了這件事：他給節食產業上了一堂必修科學課，他們也因此知道，這是一門賺錢生意。

曼說，如果你買了一輛車但不能開，會把它退給仲介，再換一輛新的；但當你節食失敗，你會告訴自己：「這是我的錯」，然後持續節食下去。簡言之，顧客不會抱怨這些產品。

節食是一棵搖錢樹。一九六〇年，希薇亞．舒爾與美強生敲定交易，準備推薦Metrecal的時候，這罐神奇的肥胖解藥，就是以凱斯的科學發現為基礎。**正因為節食沒有用，他們反而能將它變成一門生意**。

我手上只有兩個字，卻賺進二十一億美元

在紐澤西化學家丹尼．亞伯拉罕（Danny Abrahams）的助威之下，Metrecal 演變成更巨大的事物。丹尼從小在爸爸的藥房長大，防腐劑的味道是他最早期的記憶之一。之後丹尼自己也成為化學家。有一天早上，一切都改變了。他腦海裡浮現了瘦（slim）與快（fast）兩個字，立刻從床上彈起來。**這兩個字，最後替丹尼賺了二十一億美元**（按：約新臺幣六百三十億元），**因為他把 SlimFast 公司賣給聯合利華**。

我跟丹尼約在他位於佛羅里達的城堡住宅——帶有威廉．藍道夫．赫茲（譯註：William Randolph Hearst，美國報業大王、企業家）的風格。他有艘巨大的超級遊艇，就停在潟湖上。「小時候我一直想要一條船，現在真的實現了。」他說。

丹尼是怎麼想到 SlimFast 的？「我手上只有兩個字，沒有產品。但我認為，任何東西只要掛上 SlimFast 這個名字，就會很暢銷。」在開發階段，丹尼實驗過類似 Metrecal 的飲品，但最後喝起來總是粉粉的，還有藥味。因此他改走「奶昔路線」，也就是**喝起來像美國人平常愛喝的飲品，但少了卡路里**，就像用魔法來瘦身一樣。

丹尼現在年過八十，但身體健壯如牛。他帶我去健身房，親自秀給我看他能做多少個仰臥推舉。接著他就像在表演一樣，從冰箱中拿出一瓶 SlimFast 奶昔，痛快暢飲起來。「有夠讚！就跟我發明它的時候一樣好喝！」

我跟丹尼說，不只是他，整個節食產業都因為兜售了這個謊言，而大發橫財。就這麼一瓶

奇蹟般的解藥。「不不不，」他一邊說一邊朝我揮手：「小傑老弟，我問你一個問題：誰該為你負責？嗯？就是你啊！還會有誰！如果有人要怪減肥失敗，那他們怪錯人了。你可以量個體重，上個健身房，一切都是你決定的，不是別人。」

當我駕車離去時，丹尼揮手跟我道別，還大喊：「記住啊小傑！只有你才能為自己負責！」

可是節食真的是這樣？你真的能「為自己負責」？節食產業是個刻意的商業決策，利用了當時的虛假健康恐慌。如今肥胖真的成為健康危機，節食產業卻無法解決它。這可不是試圖減肥的人缺乏動力而已，少數人成功了，不過多數人都失敗，而且一直失敗。節食者有九五%是「回鍋」的。這些人是真的意志薄弱，還是事有蹊蹺？

杜克大學桑福德公共政策學院（Sanford School of Public Policy at Duke University）院長凱利．布洛尼爾（Kelly Brownell），是肥胖領域的世界首席流行病學家。我把丹尼的話說給他聽，他回我：「我們當然是要為自己負責，但講到減肥，才沒那麼簡單！」節食就像玩撲克牌，我們出生時，每個人手上都有一副不同的「基因牌」。假如你一開始的牌就很爛，當然會很難玩。依此類推，你開始節食的時候體重越重，手上的牌就越爛。

這件事我們都知道。有些人減肥很輕鬆，有些人很辛苦。但**當你在肥胖的情況下節食，你那副基因牌的破爛程度，就會呈現指數型的擴大**，減肥變得像天方夜譚。

布洛尼爾說還不只如此。身體有自己專屬的控制器。當我們體重超過一定程度，控制器就會重設。一旦跨過那個臨界點，減肥就加倍困難，因為體內的控制器會更強烈抵抗節食。

身體認為這是在挨餓，於是想讓自己胖回控制器新設的體重。有句老話說：「每個胖女人體內，都有一個瘦女人想逃出來。」其實以生物學來說剛好相反：每個剛瘦下來的女人，體內都有個胖女人，努力想讓自己胖回來。

對於變胖速度創下新高的地球人來說，傳統的節食產品並非解決方案。但**自立自強的訊息**——就跟丹尼·亞伯拉罕喊的一樣：「你可以的！」——**正是節食產業不被批評的關鍵**。節食失敗了？再試一次吧，因為你上一次不夠認真！

顧客註定瘦身一再失敗，減肥公司確保一賺再賺

我在紐約安排與理查·森巴（Richard Samba）見面，他是慧優體的前財務經理。森巴是個六十多歲的快活老頭，有點川普的風格，頂著華麗的髮型，踏著大搖大擺的輕鬆步伐，晃過來跟我握手。森巴在一九六八～一九八三任職於慧優體期間，將這間每年獲利八百萬美元（按：約新臺幣兩億四千萬元）的加盟連鎖公司，轉型成每年獲利三億美元（按：約新臺幣九十億元）的全球品牌。

慧優體是在一九六三年，由琴·奈蒂奇（Jean Nidetch）在紐澤西某間廚房創立的。她是家庭主婦，有一天看到紐約衛生署（New York Health Department）營運的地方診所牆上，釘著一張海報，上頭寫了一些簡單的常識型建議：不吃碳水化合物、運動一下、建立支援團體來激勵自己。她照著去做，結果真的瘦了下來。

奈蒂奇成立了自己的支援團體，接著很快就變成光鮮亮麗、振奮人心的演說家。當地的企

業家吉姆·錢伯斯（Jim Chambers）聽完琴的激勵演講後，發現其中有潛在商機。於是奈蒂奇與錢伯斯作了交易，準備攜手踏入商界。琴負責演講與擔任幕前的女性形象，錢伯斯在幕後管錢。

錢伯斯想出一個絕妙的點子，可以將琴的才華徹底應用到全國，**就是把她的激勵訊息，授權給美國各地上千個「琴分身」，然後向這些獲得代言權的分身收費**。簡言之，就是將這些加盟者與節食者簽給一個品牌，這品牌叫做慧優體。

理查·森巴登場的時候，這間公司已經是全美第一減肥品牌，不只提供節食而已，而是改變整個生活風格。森巴稱之為「與慧優體之間的終身承諾」，**其實根本就是與溜溜球節食法的終身承諾**。

但這個數億美元的事業，如今是中國、印度、歐洲的第一節食品牌，怎麼能在失敗的統計數字之上（正如安瑟爾·凱斯幾年前在明尼蘇達發現的）建構「終身承諾」？

森巴笑了一下，然後不可置信的搖搖頭：「這個嘛……你也知道的。有時我們也會問自己同樣的問題：我們到底是怎麼不被抓包的？」理查說，他們看著媽媽帶女兒來，等到這些女兒變成媽媽，就換她們帶自己的女兒來。這些終其一生都在進行溜溜球節食的媽媽，會將慧優體代代相傳下去，簡直就是遺傳性疾病。

慧優體把顧客的長壽當作成功的證據，但事實並非如此。根據牛津大學統計研究單位表示，顧客加入慧優體五年之後，能減到目標體重的不到一六％，這就表示有八四％是失敗的。但他們還是會回來，投入更多減肥計畫。為什麼？「他們當然會回來，因為有八四％失敗了，只好再接再厲啊！這就是你的商機所在！」

安瑟爾．凱斯是對的，節食沒有用。但節食產業也只需靠這個簡單的事實，就能轉型成數億美元的事業。而回鍋的顧客就是事業的重心。當慧優體在一九六七年登陸英國時，英國分公司的營運主管柏妮絲．魏斯頓（Bernice Weston）告訴 BBC：「說到吃東西，胖子最大的問題是他們笨到有剩。」正如理查．森巴所言，節食產業完全不敢相信自己會這麼好運。

菸草產業有前車之鑑，讓食品產業死不認錯

一九四〇年代，路易斯．都柏林將美國半數人口重新定義為肥胖。但五十年後，這個杜撰的情況竟然成真了，食品產業只好改玩新把戲：**死不認錯**。

在一九六〇～一九七〇年代，菸草產業花了數百萬美元，反駁「抽菸會導致肺癌」的新興科學證據，而現在，食品產業也要對肥胖如法炮製。然而，香菸跟食品的不同，在於你不抽菸也能活，但食品不只是生活風格的選擇，也是必需品：我們都要吃東西。

至於要怎麼證明其中的因果關係，則完全取決於飽足感：吃飽的感覺。假如科學能證實，食品產業不只透過高熱量加工食品改變人體代謝，而且是故意這麼做來避免飽足感，那我們的戰場就改變了。

肥胖帶有的罪責，將從吃太多、無法自制的**個人**身上，轉移到利用易胖體質（亦即天生一手爛牌）獲利的**公司**。抱怨聲浪會直接衝著食品產業而來。據杜克大學的凱利．布洛尼爾表示，繼之而起的全球性集體訴訟，會讓菸草產業付給數千肺癌受害者的賠款，變得像零頭一樣。因為

這次對方可是有數百萬人之多。

聯合國已將肥胖認定為「二十一世紀成長最快速的世界健康威脅」。英國有六〇%的民眾超重，美國則是七五%。就連在一九八〇年代慘遭飢荒肆虐的衣索比亞，現在都面臨肥胖危機。這個自作自受的疾病，不管是富人或窮人都深受其害，在阿拉伯聯合大公國，最富有的五%人口也是最肥胖的人。而在巴西與中國，隨著中產階級越來越富裕，肥胖也接踵而至；在這些地區，麥當勞被視為昂貴的奢侈品，只有大都會的菁英吃得起。

節食產業的誕生，是一個特定商業決策的結果——**在某個健康問題實際存在之前，就提供解決方案**。但真正的流行病出現後，卻又替這些罪魁禍首創造了新機會。

肥胖元凶是糖，為何要脂肪背黑鍋？

英格蘭萊斯特市（Leicester）的紐瓦克屋博物館（Newarke Houses Museum），有一個搖晃的樓梯，走上去會看到丹尼爾．蘭伯特（Daniel Lambert）的肖像，這是在一八〇六年畫的。**蘭伯特重達五十三英石（三百三十五公斤）**，被視為醫學界的一大奇案。蘭伯特胖到無法工作，卻想到一個絕妙的主意：跟別人收一先令，讓人來「參觀」他。蘭伯特是英國史上第一個有文獻記載的肥胖哥，而且靠著在全國各地展示自己的身體而大發橫財。光看肖像就知道他晚年生活如何：富裕又受人尊敬。他是遠近馳名的萊斯特子弟。

兩百年後，有一種特殊設計的載具，叫做「肥胖救護車」（bariatric ambulance），每週都會從萊斯特接走十幾個蘭伯特。五十三英石對救護員來說根本沒啥了不起，因為這還算輕的，**要超過八十英石（五百零五公斤），他們才會在換班的時候吹噓一下**。

這種特殊設計的救護車，載有齊全的「肥胖專用器材」，其中有一種「刮勺」，可以幫助不慎摔下床的患者。有一次採訪某個救護隊時，我看到一個胖哥卡在自家門廊的兩面牆中間，他們就是用這種刮勺把他救出來。

救護車旁邊還有一組輔助載具同行，其中有一種絞盤，用來將患者搬到強化過的擔架上。在極困難的情形下，將患者送醫的費用是十萬英鎊（按：約新臺幣四百萬元）。有一位重達六十英石（三百七十九公斤）的少女，救護員竟然要拆掉她家的一部分，才能將她送醫。

但這種病態肥胖，並非肥胖危機的核心。英國人現在的平均體重，不分男女老幼，都比一九六〇年代中期還重三英石（將近十九公斤）。我們沒注意到這件事，但從車輛座椅、游泳池更衣室變大，以及原本的XL號褲子變成L號（L號變成M號），就能看出這種「溫水煮青蛙」的轉變。整個國家就像一條鬆緊帶，因為大家對正常體重的標準持續放寬，而不斷被撐開。

為什麼我們這麼胖？我們沒有比古人貪吃，也沒有比古人動得少（跟普遍的迷思相反）。普利茅斯醫院（Plymouth Hospital）的泰瑞·威爾金教授（Terry Wilkin）曾經做過一項縱貫性研究（譯註：對一群研究對象進行長時間觀察或蒐集資料的研究方式，主要為探討研究對象在不同時期的演變），測量過去十二年間孩童的身體活動，結果發現活動量其實與五十年前的小孩一樣。但有一件事改變了：**食品的含糖量變多**。

一九四〇年代，科學證實節食沒有效果。到了一九七〇年代，科學界開始調查糖攝取量的空前增加，對肥胖會有什麼影響。不同之處在於，前者奠定了節食產業的基礎，後者卻被刻意忽視。

低脂食物＝含糖食物＝肥胖

一九七一年，美國前總統尼克森正在競選連任。越戰讓他的聲望大跌，但還有個議題和越戰同樣重要，就是食品價格暴漲。民眾站在超市門外舉牌抗議。如果尼克森還想選下去，就要降低食品價格，而這必須強力遊說農夫才能辦到。於是尼克森指派厄爾．巴茨（Earl Butz）這位出身印第安納州農業重鎮的學者，去喬出一個折衷方案。巴茨有個極端的計畫，將會改變我們的食品，最終甚至改變人類的形貌。

巴茨鼓勵農夫轉型成新的產業規模，尤其要多種一些玉米。美國的牲畜就這樣被大量生產的玉米養肥，漢堡肉變大塊了。用玉米油炸的薯條，脂肪也比之前還多。**玉米現在已經讓美國超市低價食品的數量暴增**，每一種食品：麥片、餅乾、麵粉，以及大量新產品都使用玉米。在巴茨的自由市場改革下，美國農夫幾乎在一夕之間，就從小蝦米變成全球市場的百萬富翁。

尼克森本來想把小麥出口量當成冷戰的武器，讓蘇聯吃不到玉米；但美國的農夫與食品大廠並不想放棄共產陣營中有利可圖的出口市場。權力在他們手上，不在總統手上。

到了一九七〇年代中期，玉米產量過剩。巴茨搭機飛到日本，想見識一下某個奇特的科技創新：**高果糖漿**（簡稱ＨＦＣＳ）**。這玩意兒是從玉米加工後的廢料，提煉出來的超甜黏稠糖漿，而且便宜到不行**。高果糖漿早在一九五〇年代就被發現了，但直到一九七〇年代，人們才發現能大量生產它的流程。

沒多久，高果糖漿就被注入所有你能想到的食品：比薩、涼拌捲心菜，甚至肉類。它能替麵包與蛋糕增添「剛出爐」的光輝，讓所有食品變甜，而且食品的庫存壽命，也從數日延長為數年。這場寧靜革命，開始發生在我們攝取的糖分上。

在英國也一樣，家庭餐桌上的食物成了科學實驗——每一毫克的成分都經過調整、變甜，讓可口程度極大化。民眾對於他們吃進嘴裡的食物被人改變，也不以為意。

不過有一項產品，被高果糖漿改變的程度最為深刻，之後也成了肥胖元凶：**軟性飲料**。

漢克．卡德洛（Hank Cardello）身形高大，態度吞吞吐吐的。我跟他約在曼哈頓市中心某間餐廳，他握手問候我的感覺，就像在談生意。一九八四年，漢克是可口可樂的全球行銷總監，正要做出一項重大的決定：**進行一項交易，把糖換成高果糖漿**。身為市場領導品牌，可口可樂替玉米糖漿背書，對整個產業傳遞出明確的訊息，其他廠商很快就群起效尤。這就像教廷選出教宗之際，施放出的白煙。

漢克說，當時這樣做似乎毫無壞處。高果糖漿的價格只有糖的三分之二，就算有搞砸味道的高潛在風險（他們的第一批測試產品，吃起來有點金屬味），但當你看到利潤的時候，就會覺得冒這個風險很值得。這有什麼可挑剔的？漢克說：「一九八四年的時候，肥胖問題根本還沒浮上檯面。」

但當時有個健康問題已經浮現，就是**心臟病**。自從一九七〇年中期後，醫學專家正關起門來，為這種病的成因展開激辯。倫敦大學學院（UCL）教授約翰．尤肯（John Yudkin），認為罪魁禍首就是糖。但有另一位權威認為脂肪才是元凶，此人就是明尼蘇達挨餓實驗的策畫人安瑟爾．凱斯。

經過幾次公開與私下的激烈交鋒之後，尤肯開始受到孤立。凱斯當時是國際知名的營養師，該領域的翹楚，而尤肯只是個圈外人，學術界認為他的觀點不夠正統，也不討喜：**糖不只有害，還有可能致命**。

舊金山醫院（San Francisco Hospital）的內分泌科醫師羅伯特．勒斯提格（Robert Lustig），堅信有一個陣營專門在汙衊尤肯，因為他的想法觸犯到糖業的底線。至於凱斯的研究，則遠比尤肯更符合食品產業未來想採取的方向：**將脂肪汙名化，心臟病就不會怪罪於糖**。

尤肯當時的同事理查．布魯克多福博士（Richard Bruckdorfer）回憶道：「當時許多產業強力遊說他閉上金口，尤其是糖業。尤肯語帶辛酸的抱怨說，這群人正在推翻他的概念。」勒斯提格則講得更白：「尤肯被扔下車了。」

尤肯將自己的想法寫成一本書出版：《致命的純白》（*Pure, White and Deadly*），後來成為暢銷書，在一九七〇年代健康食品運動興盛之際，本書也被奉為圭臬。但對於學術界與尤肯的同事來說，這本書根本就是垃圾。

尤肯最後變成受人排擠、遺忘的邊緣人。但根據勒斯提格所言，尤肯正確預測到了未來：他辨認出糖的潛在危險，而且不只是與心臟病有關而已，還跟肥胖流行病有關。勒斯提格表示，尤肯被人封口，如果大家聽見他的聲音，就會有太多人因此而承擔太多的風險。

安瑟爾．凱斯，這位帶頭抨擊尤肯的人士，和三十年前，讓拒服兵役者在明尼蘇達足球場底下挨餓，並發現節食會讓你更胖的那位人士，是同一個安瑟爾．凱斯。凱斯不只用自己的醫學權威，幫助食品產業替糖辯護；**他有很多研究都是食品產業贊助的。簡言之，他是利害關係人。**

而且這不只是單純替含糖商品辯護而已，新事物正在醞釀著，這是個嶄新的機會。民眾開始變胖之後，渴望有新產品能夠對抗肥胖流行病——此病尤肯早就預測到了。而食品產業已經有了答案。他們的實驗室裡，有一項產品正準備要上架。**此乃食品界的全新概念，名為「低脂」**。

糖吃越多你就越餓，不信請看我養的老鼠

低脂產品是產業界的夢想：這種新食品本來是基於心臟病引起的恐慌而誕生，但現在也能用來對抗肥胖災難。但這樣做有個問題。「當你把配方裡的脂肪移除，食品吃起來就像厚紙板一樣，所以**你必須用其他東西代替，這東西就是糖**。」勒斯提格說道。

一夕之間，奇蹟般的新產品上架了，好到不像是真的。低脂優格、奶油，甚至連黑森林蛋糕之類的甜點都有。其中有一款餅乾的名字很奇怪，叫做「Ayds」，上市時間跟愛滋病爆發流行的時期一致；它比其他全脂餅乾更甜得多——因為諸如此類「魚與熊掌兼得」（好吃又不會胖）的食品，**都去除了脂肪，以糖代替之**。

一九八〇年代的營養知識，開始奉行「低脂教義」（出自食品歷史學家蓋瑞．陶布斯〔Gary Taubs〕的說法），而這種超神奇食物的銷量，在全球各地都飆破天際。

當低脂成為主流，肥胖也就接踵而至，它就像冰河一樣，逐漸淹沒西方世界。到了一九八

○年代中期，醫生發現來看診的病人比之前的都還胖，但無論是醫生或病人，都不知道為什麼。食品產業開始把壓力丟給顧客，說他們必須對自己的卡路里攝取量負責，但就算平常會運動、而且吃低脂產品的人，也都變胖了。所有人都越來越胖，卻沒有解決之道。

一九六六年，BMI超過三十（被視為肥胖）的男性占全體一．二％，女性占一．八％。到了一九八九年，男女的這項數據分別提高到一○．六％與一四％，而且沒人察覺到糖攝取量大幅增加與肥胖大爆發之間的關聯。而且還不只如此，**我們如果吃越多糖，在這段過程中就會越餓、越想吃糖**。糖似乎變成新的癮頭了。

紐約大學（New York University）教授安東尼．史克拉法尼（Anthony Sclafani）決定要查個水落石出。史克拉法尼對胃口與變胖之間的關聯特別感興趣，而且他發現自己實驗室的老鼠非常奇怪：如果吃老鼠飼料，牠們的體重會正常增加，但**只要吃超市的加工食品（含糖麥片或點心），牠們幾天內就會像吹氣球一般暴肥**。牠們對糖的胃口從來沒滿足過，於是繼續狂吃，就算肚皮快撐破了也停不下來。

史克拉法尼找到了「肥胖的矛盾」：你吃越多就越餓。隨著時間經過，**節食時攝取的糖越多，身體就越營養不良；因為對於糖分的無止境渴望，反而讓身體逐漸缺乏必需的營養。簡言之，就是吃不飽**。

史克拉法尼相信，這種營養不良對身體的打擊是前所未見的，它嚴重衝擊我們的新陳代謝，久而久之新陳代謝就被徹底改變了。史克拉法尼觀察到他的老鼠不只狂吃糖，也猛吞低脂產品。而且假如他讓牠們節食，節食結束後反而會變胖。這與安瑟爾．凱斯從足球場底下的拒服兵役者觀察到的一樣。

史克拉法尼斷定，這種肥胖已經跨過無可挽回的界線。這些人體內的控制器被重設，減肥成為幾乎無法克服的挑戰。這就像你看著手上的基因牌，發現有一張「梅花二」一樣。（譯註：大多數的撲克遊戲，梅花二都是最小的牌。）

你的腸道被業者調整成愛糖

在舊金山醫院的病房裡（此處曾治療過一九八〇年代早期的首批愛滋病患者），尚馬克·施瓦茲教授（Jean-Marc Schwarz）正想弄懂肥胖之軀裡頭發生什麼事。施瓦茲研究主要器官到底是怎麼代謝糖分的，接著他表示：「糖在身體裡，就像海嘯一樣摧枯拉朽。」

這種發生在主要器官的影響，到現在才被搞懂。糖跟脂肪一樣，會在肝臟周圍聚集，導致第二型糖尿病。糖甚至還會包覆在精液上，降低肥胖男性的生育能力。但最有趣的器官是腸子，根據施瓦茲表示，**腸子是非常複雜的神經系統，被視為人體的「第二大腦」。它會被調整成更想攝取糖分**，再傳遞訊息給頭上那顆大腦，而且後者根本無法抗拒。

越來越多科學證據顯示，果糖也會觸發一些體內流程，導致肝毒性與其他諸多慢性疾病。最常喝甜味飲料的人，罹患心臟病的機率比最不常喝的人還高出二〇%。施瓦茲說，這對身體產生全面性的侵害，堪比神經系統受損。

既然食品產業該負責，那他們是怎麼逃過法眼的？世界衛生組織又是怎麼看待這個二十一世紀最嚴重的全球健康危機？我在舊金山拜訪了大衛・凱斯勒（David Kessler），他是美國食藥署（FDA，美國政府權力最高的食品管理機構）的前署長。一九九〇年代早期，推行在香菸盒上加註警語的就是他。

凱斯勒既然有辦法在香菸盒上加註警語，為何不順便替食品包裝加一下？凱斯勒啜了一口茶後說道：「因為當時科學界已證實香菸與癌症之間的關聯性，而且無可駁斥；但最重要的是，我們獲得眾人大力支持。當時菸草產業已經放棄美國與歐洲了。他們的新市場在中國、印度與南美洲，事業也都在那裡經營，所以他們當然肯放任我們這麼做。」

凱斯勒相信，假如科學界能證明食品產業該為肥胖流行病負責，而且無可駁斥，那就會發生同樣的情況。但不同之處在於，菸草產業跟食品產業相比還算弱勢。食品產業牽扯到非常複雜的利益網絡：藥品、化學品、節食產品，以及菸草。一整套周邊產業都靠肥胖賺錢，代表肥胖與食品產業的淨利息息相關。

華盛頓K街（K Street）有一位說客就告訴我，食品產業就和石油、武器產業一樣，有門路進出白宮。「如果你可以跟美國總統講上五分鐘的電話，還要我這種說客幹嘛？」食品產業就是握有這種實權。

她開了一個在一九九〇年代晚期流傳於華盛頓的玩笑，形容食品產業的門路：「**李文斯基在幫前總統柯林頓『吹』的時候，你要怎麼打斷他們？很簡單，跟總統說孟山都（Monsanto）打電話找他！**」（譯註：李文斯基任白宮實習生期間，與柯林頓發生不倫戀，最後柯林頓承認李文斯基有替自己口交。孟山都則是美國的生技公司，基改種子的領先生產商。）

食品產業權力如此大的理由很簡單。食品本來是必需品，現在卻成為一種罪惡，因為糖分讓腸子與大腦產生牢不可破的聯結，讓食物變得如同香菸、酒精一樣令人上癮。但和香菸、酒精不同的是，你每走十公尺就會撞見這種誘惑，它不受管制，也不會衰退：販賣機、咖啡館、速食店、超市、電影院、健身房、圖書館、游泳池、火車站，**到處都是**。

「糖是快感的來源，」凱斯勒說道：「吃下它你就會變得非常愉悅。它給你短暫的極樂，竊據你的大腦。」當「易胖環境」從四面八方湧向我們的那一刻，我們的大腦早已不由自主。

汽水就像大白鯊，只有倒楣才會被它咬？

倫敦漢默史密斯醫院（Hammersmith Hospital）的東尼．葛史東醫師（Tony Goldstone）對大腦的概論並不感興趣，反而比較想找出大腦與神經路線中，有哪些部位容易受糖分刺激。

他這樣做，說不定還真找到糖分有罪的鐵證。根據葛史東表示，當你變肥胖時，有一種名叫「瘦蛋白」的賀爾蒙會無法正常運作。正常情況下，身體會製造瘦蛋白，告訴你已經吃飽了。但肥胖的人嚴重缺乏瘦蛋白，關鍵原因在於糖攝取量過高。當瘦蛋白失靈，你就不知道嘴巴什麼時候該停，就像史克拉法尼的老鼠，狂吃甜點、停不下來。

瘦蛋白引發了一個大問題：**食品產業是否刻意製造讓我們上癮、並抑制瘦蛋白的食物？**我拿這個問題問舊金山那兩位人士。凱斯勒回答得很謹慎：「他們懂神經科學？不可能吧！頂多透過經驗略知一二而已。」勒斯提格也同意：「食品產業有告密者出來爆料過嗎？目前沒有。

那到底有沒有告密者？起碼我是沒遇過啦！」

假如之後有人證明，食品產業確實刻意抑制瘦蛋白，也就是你吃完巧克力棒或大麥克之後還是很餓，而且是有科學根據的，那麼食品產業就會步上菸草產業的後塵，被無數官司告到抬不起頭來。

杜克大學的凱利．布洛尼爾相信這是遲早的事，而且再等幾年，我們就會看到食品產業首次敗訴。以現在的肥胖相關數據來看，全世界有一半的人，都可以控告食品產業「操控身體對瘦蛋白的反應，讓我們吃更多」。**亂搞食品成分還算小事，但亂搞身體可就大條了**。

食品產業的辯詞，跟菸草產業一樣，總是那句：「沒有科學根據。」美國飲料協會（American Beverage Association，簡稱ＡＢＡ）的會長蘇珊．尼利（Susan Neely），是一位精力充沛、面帶微笑的女性，她身穿整齊搭配的褲裝，抵達我們約好的地點：ＡＢＡ紐約辦公室，接著很輕快的坐好身子，好像是來看電影，不是來受訪的。她說：「欸，你不覺得這裡很熱嗎？」

ＡＢＡ是由軟性飲料產業創辦的遊說團體，而尼利的工作，就是例常性的替百事、可口可樂、七喜（7-Up）等諸多與ＡＢＡ簽約的品牌辯護。這些品牌被指控為肥胖的元凶，而且至今還持續製造肥胖。

「想建立因果關係，你必須花上不少功夫，」尼利說道：「但我從來沒看過任何報告這麼做到。」那她是否認為，軟性飲料至少該為肥胖流行病負一點點責任？蘇珊對我笑了笑：「**你在海裡游泳的時候，不一定會遇到大白鯊吧？那你喝飲料，也不一定會變胖啊！**」

這答案很古怪，但意外中肯。尼利知道科學界是可以挑戰的，就算他們真的建構出證據，食品產業也還是會抵抗到底：以前他們就對抗過各種「糖稅」的提案，管他是紐約市長彭博、歐巴馬政府，還是莎莉．戴維斯（Sally Davies）教授——二〇一五年時任英國首席醫療官。

食品產業絕對能挺過去，就算最後官司打輸，損失也不會太大。就跟香菸一樣，歐美市場與世界其他地區相比，根本就只是小菜一碟。**當全世界都等著你來征服，一點點小挫折算什麼？**

都市進步就代表民眾變胖？法國人說沒這回事！

亞馬遜流域天剛破曉，霧氣浮現在靜水上。河流某個彎處，一艘船駛入眼簾，上頭載滿五顏六色的巧克力棒與奶昔。這艘船鳴了幾聲汽笛，人們從叢林中現身。

這艘船叫做「雀巢帶你上船」（Nestlé Até Você a Bordo），雀巢的官網形容它是「漂浮超市」。它的任務是沿著亞馬遜河航行，停靠在偏遠的村莊與營地，接觸八十萬名左右的低收入部落居民。船員拿出免費的「新手包」，裡頭裝了冰淇淋、嬰兒牛奶、奶昔與巧克力棒，送給這些從來沒看過或吃過加工食品的人。

而在巴西，自從他們接納西方高熱量加工食品後，傳統的亞馬遜飲食逐漸式微，民眾也越來越胖。於此同時，都市化的巴西中產階級，反而開始採用亞馬遜飲食來減肥、變健康。這就是二十一世紀的進步過程，就跟印度一樣：**都市化，你就越變越胖**。高熱量加工食品，是新形態的殖民主義？抑或是一種真正的歧視，否認全世界居民都有同樣的機會，和西方人一樣胖？

在墨西哥（全世界第四大可口可樂消費國）的聖胡安洽姆拉鎮（San Juan Chamula），教堂的牆壁點綴著可樂瓶。早在一九六〇年代，可樂初次引進此鎮的時候，就已經被神格化了。它既被當神來拜，也被斥為健康風險。墨西哥就跟巴西、印度與中國一樣，經濟快速起飛，而肥胖就是必然結果。中國不只是全世界經濟成長最快的國家，現在也是慧優體最大的市場。

肥胖真的是經濟成長無可避免的代價？**法國的肥胖率是西方國家最低的**，並且維持他們當地的飲食文化：他們堅持家常菜，而且對自己國家的名菜抱有榮譽感，這也是都市化的巴西人試圖辦到的。但法國一百五十年前也經歷過工業化階段，所以他們並沒有將經濟成長、社會流動（譯註：個人在階層裡向上或向下的流動情形），與更方便、更科學化製造的食品畫上等號。**這個國家遍尋不著加工食品**，難怪人民現在沒有變胖，因為根本沒機會變胖。而巴西、印度、中國與墨西哥的現代化，就沒那麼幸運了，因為他們畫上了等號。

肥胖要成為流行病，藥廠才能賣藥賺大錢

儘管經濟繁榮與肥胖似乎有明顯的關聯，但食品加工與人們變胖之間的科學因果關係，卻把醫療專家難倒了。為什麼？倒不是科學本身的問題，**而是因為研究「食品產業在製造肥胖中扮演什麼角色」的科學家，是受食品產業贊助的**。

獨立研究的經費已經夠少了，而且還被刪減，於是食品產業就成為不可或缺的收入來源。這不僅代表他們建立因果關係的速度很慢，而且**本來用來對抗肥胖的科學，反而被拿來精製讓我們肥胖的產品**。我訪談過的科學家，有許多都不敢公開表態，因為他們怕一出來爆料，食品產業

就會砍掉資金。

所以這兩方為何變得如此糾纏不清？

讓我來說說兩套不同的劇本吧。劇本一：一九七〇年代晚期，食品公司做出好吃的食品，人們開始變胖。到了一九九〇年代，肥胖相關的醫療費用暴漲，於是政府、健康專家與食品產業（真令人意外！）齊聚一堂，討論該怎麼辦。最後他們一致同意，錯不在他們，而是在我們消費者身上，所以我們要為自己負責，要節食、做運動。但這個計畫失敗了，所以到了二十一世紀，大家都比之前來得胖。

好，現在來看看劇本二。食品公司做出好吃的食品，人們開始變胖。到了一九九〇年代，**食品公司與藥廠（重點來了！）眼見肥胖危機節節升高，了解到這可以大賺一筆**。於是一棵數億英鎊的搖錢樹就誕生了，不只包含低脂食品，還有減肥藥、家庭健身、跟風節食（fad diet）、快速減肥節食（crash diet）、節食App與食譜App等，並且由剛瘦下來的名人掛保證：這樣吃，三週內你就能「煥然一新」。

如果純看獲利的話，最大的市場不是那些臨床上肥胖的人（BMI超過三十），而是世界各地的數十億正常人，他們只有一點超重，也不認為自己的體重是嚴重的健康問題。所以**想要從他們身上賺錢，就要讓這群人相信，他們的體重有問題**。

為了讓此事成真，科學界就要表態說這群人有風險；而這一切，都是在某一天的一樁交易上敲定的。一九九七年六月三日，世界衛生組織（WHO）在日內瓦召開專家會議，之後成為某份報告的基礎。根據這份報告的定義，**肥胖不只是即將到來的社會災難而已，而是「流行病」**。

想靠肥胖賺錢，流行病這個詞就一定不能少。因為只要肥胖是流行病，它就是醫療災難。**既然是醫療，那就有人可以賣「解藥」**。

這份報告的作者，是世界首席肥胖專家之一：菲力普．詹姆斯教授（Philip James），他在一九八〇年代擔任醫師的時候，成為首批發現肥胖趨勢正在增長的人。一九九五年，詹姆斯成立一個團體，名叫「國際肥胖專案小組」（International Obesity Task Force，簡稱ＩＯＴＦ），負責針對全球各地逐漸嚴重的肥胖程度，以及解決此問題的健康政策提案，提出各項報告。

詹姆斯首次讓肥胖問題浮上檯面，被大家廣為接受，因此一九九〇年代晚期，ＷＨＯ請ＩＯＴＦ寫一份定義全球肥胖的報告，也算是合適的安排。這份報告描繪出一張宛如末世的景象：全世界的肥胖情況，都超出正常範圍了。

正所謂魔鬼就在細節裡，此處的細節就是「正常」與「超重」之間的界線。有幾位同業就質疑**ＩＯＴＦ把「超重」的門檻降低：從ＢＭＩ二十七降到二十五**。一夕之間，全球數百萬人就從正常變成超重，這跟一九四〇年代，路易斯．都柏林第一次降低門檻時如出一轍。

美國肥胖協會（American Obesity Association）副總裁茱蒂絲．史騰教授（Judith Stern），就對此抱持批評與懷疑：「肥胖的風險確實不少，但ＢＭＩ二十五～二十七之間是低風險的。超過二十七的話風險就會提高。所以你為什麼要讓二十五～二十七之間這群人扯上風險？明明就沒這回事！」

對啊，為什麼？為什麼以前被認定為正常的數百萬人，現在變成超重？而且，他們面臨的危險，為什麼被視為與真正肥胖的人相同？

我前往詹姆斯醫師位於倫敦的公寓，想問清楚**把門檻降到BMI二十五，有什麼科學根據？**他說：「不管是美國還是英國的死亡率，過了BMI二十五這個數值之後就大幅上升，所以不管怎麼看，BMI二十五對世界各地來說，都是合理、實際的門檻。所以我們改變了肥胖相關的全球政策。」

詹姆斯又重新定義了誰是胖子、誰不是。這項決定，影響了數億人的健康報告結果，也影響了全球對於肥胖以及其解決之道的認知。而且詹姆斯告訴我，這一切都是**以「大都會人壽的戰前資料」為基礎，這份資料就是路易斯．都柏林在一九四〇年代編出來的**。

那誰會因為這份WHO的報告而獲利？我問詹姆斯這份報告是誰資助的。「喔，你問到重點了！**資助IOTF的是製藥公司**。」他們付了多少錢？「他們之前一次寄二十萬美元（按：約新臺幣六百萬元）給我，加一加大概有一百萬美元（按：約新臺幣三千萬元）以上吧？」那他們有沒有請他推動一些特定的議程？「完全沒有。」

詹姆斯說自己沒有被資助他的藥廠給影響，但毫無疑問，他的報告在一夕之間，就將數百萬人重新歸類為超重，使製藥業的顧客群大幅拓展——他們對減肥市場早就虎視眈眈。別忘了，詹姆斯的支票是這群人開的。

一九四〇年代，路易斯．都柏林憑空創造出「假的」肥胖流行病，五十年後，菲力普．詹姆斯用了同一份資料，擴大了「真正」肥胖流行病的範圍。

批評詹姆斯的人說他危言聳聽，只是為了圖利藥廠，但他也說了句公道話：他需要藥廠的助力，才能堅持到底，讓大家知道檯面上的肥胖危機有多迫切。不過這些公司顯然沒抱著這種利他主義。**一旦WHO將肥胖界定為「流行病」，藥廠就可以名正言順的提供「解藥」**。簡言之，要把肥胖搞到全球人心惶惶的地步，他們才師出有名。

減肥藥出人命，醫生爆料竟被威脅

問題在於，解藥沒這麼好生出來。自一九五〇年代起，藥廠提供的減肥藥竟然是安非他命，醫生把它們開給數百萬名想減肥的家庭主婦。到了一九七〇年代，這些藥就被禁止了，因為它們的成癮度太高，而且會引發心臟病與中風。

但如今，藥廠又打算把藥品捧成解藥，而且有賺大錢的潛力。藥廠聚焦於某個特定領域：名為「氟苯丙胺」（fenfluramine）的食欲抑制藥。在歐洲試驗過之後，美國大藥廠惠氏（Wyeth）就研發出「Redux」。儘管有證據顯示，有些女性在服用它之後，會引發肺高壓（譯註：肺循環內的壓力升高的情形），但FDA還是核准了這種新藥。

芝加哥的心臟科醫師法蘭克．李奇（Frank Rich），發現自己的病患服用Redux之後，出現一些令人擔憂的症狀。在奧克拉荷馬市有一位女性衰竭死亡後，李奇決定公開表態，於是他聯絡上美國的新聞節目《今日秀》（*Today*）。

我和李奇在他芝加哥家裡碰面，他告訴我接下來發生了什麼事：「早上錄完影之後，我就去上班，結果在一小時之內，我就接到惠氏某位資深主管的電話。他看了那段節目，感到非常頭痛。他警告我，**千萬別再對媒體爆料他的藥，如果我繼續下去，就會惹上大麻煩**。然後他就掛了電話。」

惠氏那位主管否認了李奇的說法。但當法律責任官司開打，就出現內部文件，證明惠氏知情的肺高壓個案，遠比他們對FDA與患者宣稱的還多。Redux 被迫下架，惠氏也支付了兩百一十一億美元（按：約新臺幣六千三百三十億元）的賠償金。不過這間公司始終不肯承認自己有責任。

儘管惠氏出局了，肥胖還是對其他藥廠敞開大門。「我就把話講白吧，」李奇說道：「只要你發明一種藥，既能減肥，又沒有會傷害你的副作用，那這種藥將會價值連城。」

這場仗，菸草產業輸過，但食、藥產業志在必得

我就彷彿站在「氪星」（譯註：Krypton，DC漫畫宇宙中超人〔Superman〕的故鄉）的地面，大理石天井直上天際，而未來風格的玻璃吊飾，垂在接待室上方。一位戴著耳機的接待員，稍微點了點頭，接著告訴我古斯塔夫準備好要見我了。古斯塔夫．安鐸（Gustav Ando）是IHS醫療集團（IHS Healthcare Group）的總監，也是製藥業首屈一指的藥物與肥胖專家。他位於倫敦市中心的辦公室，實在太讓人印象深刻了，但安鐸告訴我，這個價值數十億英鎊的帝國，並沒有靠肥胖賺到多少錢。

我想知道，藥廠資助相關人士將肥胖定義為流行病，真的值得嗎？WHO這個決定，對藥廠的財源有多重要？「它確實吸引了不少藥廠。把肥胖定義成流行病，對於改變市場觀點來說太

重要了。」安鐸說道。因為藥廠現在可以提供「魔彈」（按：比喻迅速、簡單的解決之道）了。

於是眾家競相生產這種魔彈。英國大藥廠葛蘭素史克（GlaxoSmithKline，簡稱GSK），發現**自家的抗憂鬱劑有個滿「方便」的副作用：降低體重**。於是公司指派一位名叫布萊爾．漢姆瑞克（Blair Hamrick）的美國業務代表，遊說醫師把這種治療憂鬱症的藥，也當成減肥藥來開。如此一來，此藥的市場與獲利能力都擴大了。這招叫做去標籤化（off-labelling）。

「醫師有權力決定該開什麼處方，但要我把這種藥去標籤化，再當成減肥藥賣給醫師，其實並不恰當，」漢姆瑞克說道：「說不恰當還太客氣，根本就不合法！這是拿人命在開玩笑！」

GSK花了一大筆錢賄賂醫師，把「威博雋」（Wellbutrin）當成減肥藥來開，但漢姆瑞克與其他人跳出來，揭發GSK對威博雋與其他兩種藥品的作為，結果這間公司在美國吃上官司，最後同意支付高達三十億美元（按：約新臺幣九百億元）的罰款，這是美國史上最大筆的醫療詐騙賠款。

製藥公司想製作魔彈，並利用肥胖來獲利，結果卻非常失敗。安鐸說：「如果魔彈真的存在，那當然最好，問題是我從來沒見過。」解藥也代表消費者會逐漸消失。只是「用藥控制」與「管理」肥胖危機，會遠比「治好」它還有利可圖。第二型糖尿病是肥胖的副作用，也是藥廠的金雞母，只要肥胖流行病持續存在，牠就會一直下金蛋。

而且，製藥業不只是唯一從管理健康危機中獲利的產業。只要**不局限於臨床肥胖，也替龐大的灰色地帶（略為超重且對此感到擔心的人）打造減肥產品線，連食品產業都可以拿到聚寶盆**。

所以現在存在著兩個明確區隔的市場。那些不斷節食、瘦了又胖、胖了又瘦的人，整個成人生涯就是食品、製藥、節食產業的滾滾財源。至於那些真正肥胖、被社會「放生」的人，則採納政府一個接一個的健康措施，卻每次都失敗。

正如凱利．布洛尼爾博士所言，這種情況和抽菸與肺癌之間的相似性，比你想得還深。「菸草產業已經先寫了一份很清楚的劇本，如果你把這份劇本，拿來對照食品產業正在做的事，會發現實在很類似：**扭曲科學，而且明知你的產品會傷人，卻對外說不會。**」

但肥胖的解決方案，也可以照著香菸的老路走。布洛尼爾說，唯有課重稅提高價格、嚴格的法規（禁止在公共場所吸菸），以及長期宣導活動（香菸盒上的警語、有效且持久的反菸廣告活動，但最重要的是學校教育）「三管齊下」，才有可能對抗菸草產業，讓香菸逐漸被社會唾棄。

而且隨著世代而轉移的態度，也是反菸成功的關鍵之一。布洛尼爾說，只有這種驚天動地的轉移，才有可能撼動肥胖。全球健康專家最難以啟齒的事，**就是在這種轉移出現之前，將會有一整個世代被放生，任其自生自滅**。雖然政府在公開場合，一再宣誓擬定健康政策來打擊肥胖，但現實是，他們都知道這徒勞無功。

這種相似性實在諷刺，因為舊金山大學的檔案庫有一個機密備忘錄，是菸草大廠菲利普莫里斯（Philip Morris）的主管，在一九九〇年代晚期寫的，當時正是WHO將肥胖定義為流行病的時期。這份備忘錄提供了一些策略建議，給某間開始被怪罪成肥胖元凶的食品大廠。

這份名為「菸草戰爭學到的教訓」的備忘錄，讀起來令人拍案叫絕。它解釋說，消費者現在把肺癌歸咎於香菸公司，以後他們也會用同樣的方式，將肥胖歸咎於食品公司，除非食品公司採行一套完整的防禦策略。這個策略就是照著同樣的劇本走：**否認科學、汙衊反論、採取攻勢、**

絕不讓步。遵行這個策略的話，就能爭取到寶貴的時間。

備忘錄中寫道：「這是一場戰爭，我們一定要贏。」這也是為什麼食品產業進軍減肥領域——**這並不是針對誰，純粹是做生意**。

DONE

第6章

藥不用來治病——

藥廠發明許多新病，我們則學會吃藥來修補人生裂痕

二〇〇八年十月十四日上午十點十五分，我在倫敦開會的時候，發生了怪事。腳下的地板開始上升，牆壁往身上靠過來，接著再退回去，彷彿是在一艘暴風雨中的船隻上。

我去洗手間用水沖了一下臉。手上的水珠在搖晃，鏡中倒影在扭曲。接著手指開始刺痛，痛楚經過雙手、手臂傳到肩膀。在前往醫院的路上，我感到好像有個巨人從天而降，要把我的身體壓碎在救護車的小角落。

我中風了，但運氣還算好，可以說話，也知道自己是誰。周圍的病床上，躺的都是看起來很健康的人，年齡介於二十五~四十歲之間。一位是收垃圾的先生，每天都跑一段迷你馬拉松；另一位是在大城市上班的交易員，每週上健身房三次；第三位是酒保，有空的時候會跳跳騷莎舞（Salsa）；第四位是線人，有兩位警察帶著葡萄來探望他；最後就是我。

我們全都中風了，而且都比預期患病的年齡還早好幾年。為什麼？因為壓力嗎？每個人都有壓力，但不是每個人都會中風。我失去一些知覺，不過幾分鐘就恢復了，並沒有像其他病患一樣瞎掉或是站不起來。隔壁床某位老兄就對我說：「中風就像槌子一樣直擊我們的腦袋，幸好你閃得快！」我出院時帶了一大袋藥。回家後我看了一下這些藥，有好幾瓶。藥丸顏色像是粉色陶瓷，每一顆上頭都寫了一個字：辛伐他汀（Simvastatin）。我丟了一顆到嘴裡。

降血脂藥，如今醫生拿來當糖果發

美國有三億兩千萬人口。根據美國政府國家健康統計中心（US government's National Center

for Health Statistics）估計，有**五〇%的成人，早上都要去浴室櫥櫃拿顆藥來吃**，就和我吃的差不多。**這是一種生活方式，而且我們對這種方式的依賴，正在節節升高。**二〇〇〇年，只有八%的成人一次吃五種以上的處方藥，不過不到二十年，這個比例就加倍了。

我們是史上最依賴藥物的社會。依照這個趨勢，到了二〇五〇年，每個美國人都起碼要吃一種處方藥。不吃的話看起來就像怪咖，甚至會被認為不負責任。

其實我們生的病，與五十年前相比，並沒有變多到哪裡去。整個社會確實更老更胖，但增加服用的處方藥卻遠遠超越必要的程度。不管是哪個社經團體都要吃藥：富人與非西班牙裔白人吃的處方藥量，大約是較窮困墨西哥裔美國人的兩倍——其實照理來說（假如藥物需求是依財富而定），那麼應該要剛好相反才對。流行病學家則稱呼這個現象為「西班牙裔悖論」（Hispanic Paradox）。

製藥產業的骨幹是由「3D」所構成：憂鬱症（depression）、糖尿病（diabetes）與失智症（dementia）。但**成長最快速的是降血脂藥**，這是用來降低膽固醇的。我出院時拿的就是這種藥。

想了解我們是怎麼變成藥物不離身的，降血脂藥就是關鍵。當我中風的時候，就落入了**位於「健康高地」以及「疾病深谷」間的灰色地帶，而這個灰色地帶，正是藥廠的商機所在**。

為了盡可能擴大灰色地帶，藥廠將疾病的潛能提升到最大，並在偶然之際開悟了。他們不該治療現存的疾病，而是要用藥物治療現代社會本身。**他們將模糊的焦慮症與精神官能症貼上「醫學症狀」的標籤，藉此重新塑造出新疾病**，這就是為什麼我們現在生的病，比五十年前暴增的原因。

因為中風，我讓自己處於灰色地帶中較低的丘陵上，此處吃藥是一種「合理的預防措施」。但全球各地有數百萬人，明明沒有中風也吃辛伐他汀。醫生為什麼會開降血脂藥給他們？

出院之後，我問了負責照顧我這個病的顧問醫師。「你想聽官方說法還是我的看法？」我說兩個都想聽。「好。官方說法是，即使你再中風的機率低到〇．〇五%左右，你還是要一輩子吃降血脂藥。」

那其他人呢？

「大約十年前，藥廠來找醫師，說醫師能全權決定降血脂藥的處方，而且不只是治中風，還可以治所有病。**所以任何人只要超過四十歲，我們都開這種藥當作預防措施，就像在發糖果。**這和幫車子除冰或是幫水壺除垢是類似的道理。」

「但我們不知道這種藥對哪些人真的有效，」他繼續說，「可能低於五%，因為有九五%的人，根本想都沒想就吞下這些藥。但有件事我很確定：製藥產業是大贏家。」

我不是一個反藥物的人，其實剛好相反。有些人的直覺概念就是「藥廠從沒做過好事」，這讓我不太高興。要不是處方藥，我祖父母早就過世了；我父親四十年沒得高血壓，也是拜藥物所賜。製藥產業延長了數億人的生命，並每天緩和他們的痛苦。

但我現在懷疑的是，我必須吃一種藥，而且保證能保我一條性命。我的問題是，**不只我一個人位於健康與疾病之間的灰色地帶，而是每個人都在這裡。**

把藥變成口香糖，讓健康的人每天吃

這個灰色地帶是怎麼創造出來的？答案是某位人士的決定。這位跨國藥廠的執行長坐困愁城，努力想拯救自己快垮掉的事業，於是心生一計，就這麼簡單的將疾病的定義，從「你得到什麼病」變成「你是什麼病」。換句話說，他把疾病從異常現象轉變成正常狀態，而他的目標很簡單：**把每個人都變成病患**。

一九八〇年，默克藥廠（Merck Pharmaceuticals）的執行長亨利．蓋德森（Henry Gadsen）接受《財星》雜誌的專訪。六間大藥廠成立一百五十年來，首次遭遇到麻煩。處方藥的戰後榮景，在一九六〇年代因「煩寧」（譯註：Valium，一種安眠藥）推出而達到高峰，如今卻遭到威脅。他們憑靠藥物的專利權，從十九世紀的街角藥房，轉型成二十世紀的跨國集團，但這些專利權即將全部到期。

想知道這場災難為什麼也能被視為大好機會，你可以參考二〇一六年三月時，英國阿特維斯藥廠（Actavis UK）做了什麼事。有兩位分別名叫約翰．拜頓（John Beighton）與蓋．克拉克（Guy Clark）的投資人，在倫敦華爾道夫飯店（Waldorf Hotel）的木裝會議室向其他投資人簡報。阿特維斯成功將一種氫化可體松片（hydrocortisone tablet）賣給英國國民保健署，但也即將失去此藥的專利，被去品牌化（off-brand）；也不再受到價格管制，而且任何藥廠都可以販售這種「學名藥」。

拜頓與克拉克的巧妙解法，是從價格管制解除想到的。有些藥太普通，競爭者可以輕易仿製，但他們說：「假如我們**開發一些製程複雜的『利基藥』**，就能限制住專利權到期後的競爭，並將藥品的真正獲利潛力最大化。**我們要把專利權換成獨家授權**，也就是跟學名藥走完全相反的道路。」

但最聰明的點在這裡：**取消價格管制後，專利權到期便可以漲價，反而成了飆高藥價的好機會**。於是拜頓與克拉克在阿特維斯與英國國民保健署之間，提出一項氫化可體松片的交易，把一包十毫克重的藥片，從七十便士（按：約新臺幣三十五元）漲到八十八英鎊（按：約新臺幣三千五百元）。至於一包二十毫克重的藥片，則漲了九十五倍之多。

回到一九八〇年，亨利．蓋德森對專利權到期的解法又是另一招，而且概念更大膽。「我們的問題，是把藥品的潛力局限在治癒病患，」他告訴《財星》雜誌：「**我們應該效法箭牌口香糖（Wrigley's Gum）……替健康的人製作藥品**，是我長期以來的夢想。這樣我就能銷售給所有的人。」

蓋德森的解法堪稱天才之舉。他想把預防性藥品變成一條口香糖，每天早上想都不想，就塞一條進嘴裡。蓋德森希望健康的人開始吃藥，而且一輩子都當成預防措施來吃。這個拓展客群的遠見還真是驚人：客群從一五%人口（真正罹病的人），暴漲成一〇〇%（某一天會生病的人）。不管風險有多小，都可以用藥物治療。至於其他沒風險的人，遲早也能從他們身上診斷出一大票新的、模糊的症狀與疾病。蓋德森的計畫，就是讓我們都變成病患。

為了要讓他的美夢成真，藥廠必須「發明」或「重新發現」一張全新的疾病清單，藉此大膽突破自己的舒適圈。**製藥公司的賽局，不再只是治療疾病，而是變出新疾病。**

你沒生病，是藥廠讓你相信你有病

而且他們有一位意外的盟友。一九六〇年，精神病學家R．D．連恩（R.D. Laing）出版《分裂的自我：對健全與瘋狂的生存論研究》（*The Divided Self: An Existential Study in Sanity and Madness*）。本書成為反文化（譯註：倡導的行為規範與價值觀，通常與主流文化所規範的習俗大相徑庭，有時甚至相反）的聖經，在歐美大學校園活動的嬉皮、披頭族詩人與反戰示威分子，每個人手上都有一本，他們會引用連恩的格言：「瘋狂，是對瘋狂世界的完美合理反應。」

連恩的名聲很快就傳開來。他成為反精神病學運動的頭號代表，提倡別再替精神健康貼標籤。連恩將瘋狂視為一種結構，他說在一個促成越戰與大學校園槍擊案的社會中，精神病並沒有比社會本身更擾亂人心。事實上，將反對聲音貼上「瘋狂」的標籤，是為了讓他們沉默。

在越戰與水門案（譯註：一九七二年，民主黨全國委員會位於華盛頓特區的水門綜合大廈發現被人侵入，然而時任總統理察．尼克森及內閣試圖掩蓋事件真相。直至竊聽陰謀被發現，尼克森仍阻撓國會調查，最終導致憲政危機。尼克森於一九七四年宣布辭去總統職務）之後，「瘋狂是屬於看清真相的少數人」這種莎士比亞式的概念，變成反獨裁主義左派的關鍵信條；而反烏托邦科幻作家菲利普．狄克（Philip K. Dick），又把它用更淺顯的方式表達出來，他將瘋狂總結為「對現實的合理反應」。

但連恩又賦予醫學面的可信度，把這個概念再延伸。連恩說，把精神病患關在精神病院，並強餵他們鎮定劑，是一種政治迫害；所以這些病人是政治犯。相反的，服用「LSD」（譯註：一種強烈的半人工迷幻劑）這種「拓展心智」的藥品，則能讓大眾看清現代生活的虛偽。

連恩的想法受到嚴正看待，他開始上一些嚴肅的談話性電視節目，並且被美國各地的大學捧為天才。連恩主張我們對現代社會疾病的整體了解，是有缺陷的。**不是你有病，而是資本主義社會讓大眾有病**，強迫我們遵從貶低自己的儀式，例如消費主義與辦公室工作。假如你想突破窠臼，就會被貼上「瘋狂」的標籤。但不是你瘋了，而是體制瘋了。

連恩的「LSD式馬克思主義」傳遍全美各地，但隨著越戰結束、水門案逐漸被人遺忘，以及一九七〇年代中期，反文化的式微與新右派（New Right）思想的崛起，他突然就退流行了。其概念消失的速度，跟出現的速度一樣快。

接著卻發生了驚天動地的大事。一九八〇年，亨利．蓋德森接受《財星》訪問。此時的美國已被雅痞、華爾街與商業大佬的「喬事情午餐」（power lunch）給奴役著。然而，藥廠端詳了連恩這個不太可信的理論後，竟瞧見一個之前沒人發現的重點。

若真如連恩所言，不是你有病，而是**資本主義讓你有病，藥廠就可以好好利用這一點**。疾病可能來自你的工作、家庭、朋友、小孩、清潔焦慮、鄰居、性愛、飲食、寵物、人群、購物、大空間、小空間、安靜的空間、吵鬧的空間、伴侶、車子、陽光、黑暗，以及各種恐懼症——從草坪到兒童派對上的小丑。而這些疾病的形式，可能是冒汗、心悸、非理性恐懼、暈眩、噁心、強迫行為，甚至是看電視時一直抖腳這種小事，**上述這些都可以被重新定義為「疾病」**。

連恩這位反資本主義的高人，居然無意間拯救了製藥產業。藥廠可以塑造出「現代生活讓你生病」的想法，但與連恩不同的是，他們有處方藥可以治療這些病。至於將這些藥引進市場的關鍵，就是要通過美國政府最高監管機構FDA的審核。

問題在於FDA要求證據，這表示藥廠必須借助大學科系的力量。一九八〇年代早期，這些科系都遇到了麻煩，當時剛當選的總統雷根，承諾要大幅刪減公共支出，而左傾的大學科系首當其衝，連恩就是這類科系的學生。

不過這些科系讓雷根政府興趣缺缺的理由，反而是藥廠可以利用的地方。為了要得到FDA的核准，**製藥產業就需要這些科系，來為各種症狀提供可信的學術研究**。因此他們需要擬出一個計畫。

大學科系以往都不接受外部資金。這種獨立性本來是希望他們不被美國民眾逮到證據，說他們接受藥廠資助，幫助販售無效、甚至可能有害的藥品給民眾。藥廠也不希望自己被逮到，但他們想出了方法解決這問題。

參議員鮑勃．杜爾（Bob Dole）不只是雷根的朋友，也是受人敬重的華府政治家，而且他還是曼哈頓律師事務所「Verner Liipfert Bernhard」的董事，這間事務所替輝瑞藥廠（Pfizer）辯護。杜爾支持一九八〇年的《拜杜法案》（*Bayh-Dole Act*）——有史以來，首次開放大學科系接受藥廠的直接金援。假如法案通過，將對美國的男女老幼產生重大的影響。

法案起草之後，各家藥廠競相找學術界背書，意圖賦予這個法案更高的可信度。哈佛大學教授、基層醫療的首席專家約翰．亞伯蘭森（John Abramson），就被藥廠找上，但他回絕了。

他表示：「五十年後，美國民眾會回顧此刻——政府拋棄他們，任憑藥廠宰割他們的這一刻。」

其實用不著五十年，如今大家都心知肚明了。亞伯蘭森儘管一開始反對，但事後還是替法案背書，因為他被告知，反對法案就拿不到金援。於是法案就在一九八〇年通過了，**全世界也即將被各種以前沒聽過的疾病，搞得人人都有病**。

彼得．羅斯特（Peter Rost）是法瑪西亞（Pharmacia）藥廠的前藥品行銷主管。羅斯特說，FDA用來攔下未測試藥品的防護措施，被藥廠與大學科系的「新夥伴關係」避開了。他們開始打乒乓球：藥廠把藥品拿給大學，大學捏造一些選擇性的研究，然後**打著「獨立」的招牌，以藥廠的利益為前提來測試**，並且將FDA會找的麻煩都告知藥廠。

藥廠追求的聖杯，是創造出全新的疾病，而且民眾甚至不知道自己得了這種病。文斯．派瑞（Vince Parry）曾擔任羅氏藥廠（Roche）的主管，他形容發現新疾病的過程，就跟採櫻桃一樣謹慎。

派瑞的工作還滿神奇的：「促進創造新疾病，重新包裝鮮為人知的疾病，並炒熱被人遺忘的疾病。」所以靠比薩「維生」的學生，是否能說他們維他命D攝取不足，因此有罹患佝僂病，或是季節性情緒失調（譯註：Seasonal Affective Disorder，在一年的大部分時間都有良好的健康狀態，但冬季或者夏季會感到憂鬱的徵狀）的風險？**派瑞將這份工作比做服裝設計師，把遺忘已久的疾病找回來，再賦予它一種藥**。

各位請看！一大票從未聽過的症狀降臨人間，它們更加普及、定義也更放寬，以涵蓋更大的日常生活範圍，影響數百萬計的人。有些疾病之前就存在過，但它們很少被診斷出來。不過這都是以前的事了。它們的名字現已家喻戶曉：注意力缺失症、肌痛性腦脊髓炎、躁鬱症、強迫症、遺傳性視網膜失養症、創傷後壓力症候群、腸躁症、代謝症候群、廣泛性發展障礙、經前綜合症、社交恐懼症、季節性情緒失調。除了這些疾病之外，還有一大堆曖昧的恐懼症與成癮症，從害怕閃亮的表面，到錯過特價品而產生的焦慮等。

對製藥產業來說，最重要的是任何模糊的感受與焦慮，現在都能透過大學研究加以證實，成為如假包換的醫學症狀。這項任務並不是要假造疾病。許多疾病都存在幾十年了，而且也有人真的罹病，所以對這些病患來說，診斷與藥物治療是很珍貴的，但藥廠必須把診斷普及、放寬到其他數百萬人，才會有商機。以前他們很難斬釘截鐵的診斷出來，但現在不同了，他們全都成了病患。所以這數百萬人全都落入灰色地帶了。

這樣做是有好處的。對於腸躁症與強迫症的核心患者來說，這個真切的問題終於受到大家認識並相信了。他們不再被孤立，可以成立支援團體，並從其他患者身上重拾信心，這些診斷改善了他們的人生。**不過有厚利可圖的市場，並不是這些真正的患者，而是位於診斷邊緣的數百萬人，因為醫師現在可以開藥、貼他們標籤了**。這個灰色地帶，才是真正的搖錢樹。

養生產業興起，保險業與健保署伺機發難

英美成人如今正落在這片灰色地帶。這不只對藥廠來說是個甜蜜點，就連某個被亨利．蓋德森的「口香糖論點」催生出來的新產業，也因此受益良多：**養生產業**（wellness industry）。這

頭價值一兆美元（按：約新臺幣三十兆元）的巨獸，包辦了預防性治療、健身、維他命補給、穿戴追蹤技術、清淨飲食（譯註：只吃健康食物，尤其是未加工的新鮮食物）、超級食物（譯註：各種宣稱有益健康的食物），以及琳瑯滿目的療法與節食法，讓我們能全副武裝對抗現代生活，以及它可能帶來的疾病。而且這還只是剛開始，接下來還有量身訂做的基因編輯計畫，可以「刪掉」遺傳性疾病，「增補」自己想要的特質，例如高顴骨或是智力。

養生產業的基礎是預防，而非治療，而且預防是很神奇的產品，因為它的功效是不可能測得出來的。誰知道它有沒有效？**沒生病，那就是有效；就算生病了，也會怪罪到其他地方去。**重要的是，你打從一開始，就接受了這種養生的意識形態。

所以誰能從照顧你的健康而受益？如果照顧有用的話，那當然是你自己受益。但養生背後的真相是，**那些「想」照顧自己健康的人會受益，但「應該」要照顧自己健康的人卻不會。**養生無法成為所有人適用的健康策略，因為信者恆信，不信者恆不信。

二〇一四年五月，蓋洛普公司（Gallup）公布了蘭德公司（Rand Corporation）對於美國職場健康計畫服務的研究。員工人數超過一千人的公司，有八五％以上都會提供一些健康計畫，但只有六〇％的員工得知這些計畫存在；而在這些知情者之中，只有四〇％會真正使用它，所以總共僅僅二四％的員工參與。而美國人口中，每週至少自發性運動一次的人，占了二〇％左右，所以這兩個比例是略為相關的。

政府與公司為員工推行健康計畫，主要是因為它能改善最低出席率與生產力，但背後還有個刺耳的真相，就是**我們大多數人都把多運動的呼籲當成耳邊風**，就算別人想主動幫忙也一樣。

你想讓養生創造出「傳染效應」：當員工開始拚命做捲腹（crunch）與平板支撐（plank）來邁向健康，風氣就會在同事間傳開；但結果通常是變成「說教效應」，人們抗拒養生，因為他們覺得自己被命令了。

二〇％的人實踐養生，其他八〇％則否；所以健康跟不健康的人之間，差距越拉越大。在英國與美國，量化生活（**Quantified Self**）與生活日誌（life-logging）的趨勢正在快速成長，這些人會記錄並「量化」生活中的每次行動與投入。所以這不只是養生，而是打造一個「最佳化」的自己。他們一絲不苟的計算每一卡消耗與燃燒的熱量，記錄體內的咖啡因、食物的毒素含量、壓力等級、工作量、睡眠量、呼吸量、做愛頻率，甚至連大小便的成分都不放過。量化生活的目標，是把身體打造成機器（最佳化的自己），隨時隨地都以最大效能運作。

和量化生活同時流行起來的，是益智藥（nootropic，又稱聰明藥〔smart drug〕）運動——**人們吃藥強化自己的認知能力與生產力**。嗑這種藥不是為了要high，而是為了專注腦力。學生很早以前就懂得用安非他命挑燈夜戰，但益智藥更精進這種功能，以腦內特定區域為目標，藉此達成特殊的任務：例如阿得拉（Adderall）能夠改善工作記憶；派醋甲酯（methylphenidate）可以改善精神表現；莫達非尼（modafinil）之類的覺醒促進劑，可以解決睡眠不足的問題。最熱愛服用益智藥的族群則是千禧世代，他們希望藉此舉獲得工作上的優勢。**據估計，英國的大學生，每四個就有一個服用益智藥**。

我在舊金山某個頂樓上，俯瞰這座城市。有個帶著頭帶（將他的腦波連上網路）的男士正在冥想中。「Alexa！」他呼喚自己的機器人助手——一個黑色小方塊。「播放我的『療癒雨聲』

（soothing rain soundtrack）。」假如艾瑞克．馬茲納（Eric Matzner）冥想夠了，Alexa就會自動迸出鳥叫聲，提醒他進行下一件事。

艾瑞克這棟房子氣勢不凡、兼具蒸氣龐克風與維多利亞科技風。他走下樓，在最先進的鞣皮風格健身房，做了三分鐘的快速訓練。接著他跳起來，跑向一整排的螢幕，站在平坦的橡膠平臺上，瘋狂的敲擊鍵盤。我問艾瑞克，這到底是在幹嘛？「我正在賽車，車速是由我每分鐘能打多少單字決定的。」艾瑞克的手指快如殘影，精準度也奇高無比。他打字的速度是一般人的八倍快，好像被「快轉」的人類一般。艾瑞克是益智藥的宣揚者，他尤其力推這兩種藥：Noopept，一九六〇年代由俄羅斯人研發出的記憶輔助藥；以及Phenylpiracetum，是太空人用來促進耐力的藥物。

艾瑞克每天早上都要吃七十～八十種補品，吃法是把它們一把抓在手裡，再配水吞下去（他對我說「水是好東西」）。他用玻璃罐分類整理這些補品，花樣可說琳瑯滿目，從蠶繭到深海藻類（乾燥後重組成亮綠色糊狀物）皆有。艾瑞克從銀色小袋子裡拿出一瓶藥水，請我聞聞看；這大概是我這輩子聞過最臭的東西，但他一口就喝乾了。益智藥是受羅馬尼亞科學家柯尼琉．朱吉亞（Corneliu Giurgia）啟發的，而他跟朱吉亞一樣，覺得自己既然能靠益智藥活到一百五十歲，為什麼不做呢？當「曾經死過」的科學天才，在近未來以冷凍技術復活時，他打算與他們好好交流一番。

聽來很嚇人，但艾瑞克是很認真的：「假如某人發明一種藥，改善全球一千萬名科學家大腦的一%，效果就跟創造出一萬名新科學家一樣。」其實艾瑞克是個超好相處的人，可惜他服用益智藥的習慣，產生了一種副作用：講話比所有我見過的人都還快。所以有一大段時間，他話講太快，我完全聽不懂他在說什麼。

艾瑞克自己販賣的認知強化藥叫做「Nootroo」，金色與銀色藥丸各一顆，很像電影《駭客任務》（*The Matrix*）裡的藥丸。他的主要競爭者是「Nootrobox」，背後有矽谷撐腰。這兩間公司的創辦人都告訴我，**數位領域已經開發殆盡，人體才是全新的平臺**。二十年前，科技本身就是目的，但現在，**最佳化的自我才是巨大的未開發市場**；科技與資料，都只是讓後人類（譯註：post-human，使用科學技術增強精神、體力、能力和資質，克服人類不必要的狀態）的「科技人」（technosapien）成真的跳板而已。

上述這些活動固然極端，但我們的所作所為，其實與他們相同。我們會利用 Fitbit 與 Jawbone（譯註：兩者都是智慧型手環品牌）之類的穿戴技術，監控並改善我們的身體表現。對於那些已經很健康的人來說，這只是在確認我們已知的資料而已：我們身體很好，運動量也夠。

但對於不健康的人來說，這是在掩飾其他居心：**監控身體並不是為了健康目的，而是替不健康的人貼上標籤，以便在未來取消對他們的醫療援助。透過穿戴技術記錄與匯集而成的資料，可能被保險公司與英國國民保健署利用**，拿來拒絕、取消醫療計畫或利益賠償。蒐集資料之舉，表面上是為了你的利益，但事實上這是用來對付你的武器。

假如你的手機說你今天樓梯爬得不夠，或你的手錶說你今天在健身房不夠努力，這些資料就會化作無可否認的事實。二〇一三年，Boots 藥局為吸菸者推出「呼吸分析」的服務，只要分析的結果是乾淨的，就送他們尼古丁貼片。而英國國民保健署也計畫對肥胖人士如法炮製，利用飲食與運動狀況的追蹤資料，來決定該提供或是取消醫療措施。

但告知某個又胖又不運動的人（聽好囉！）「根據資料，你確實又胖又不運動」，對他會有幫助嗎？**當某人被貼上「失敗」的標籤，再多資料都只是把標籤黏得更緊而已。**

二〇一六年，Admiral保險公司開始「爬」駕駛新手的臉書貼文，來評估他們對其他駕駛造成的風險。這不只是看他們的駕駛狀況，還看他們貼了多少開趴時喝醉的照片。臉書隨後就阻止Admiral用這些資料替車險定價。不過既然保險公司都可以蒐集模糊的照片，再把它們變成「資料」來決定保單，那當提供醫療保險的公司拿到「資料」，例如你上個月吃了幾次麥當勞之後，又會做出什麼事來？

資料影響的不只是個人健康而已，它是醫療技術革命的基礎，而且傳達一種概念：英國國民保健署在未來將會袖手旁觀，健康完全是個人的責任。對於位在「健康高地」的人來說，這沒啥大不了的，他們平常就在養生。但對於長期以來都不健康（一直無法實踐養生）的人來說，無法達到健康目標，就宛如自證預言一般。當英國國民保健署關上大門後，唯一的選項，就是尋求私人醫療服務商的協助，而他們的收費昂貴許多。

美國沒有醫療保險的民眾超過兩千八百萬人，每人平均保費是六千兩百二十三美元（按：約新臺幣十八萬六千元）。至於英國國民保健署目前承保的六千四百萬名英國人民，每人平均保費是兩千零八英鎊（按：約新臺幣八萬元），大概將近美國的一半；不過這個數據很快就會大幅改變了。「歐巴馬健保」（Obamacare）的失敗，以及尋找替代方案的難度，對於極度需要健保、卻付不起健保費的人來說，是極為慘痛的教訓。**最需要健保的人，卻完全無法負擔**，更別提購買其他保險了。

英國國民保健署依舊提供全面性的健康服務，但正在快速轉變成全新的模式：服務使用權主要由你的資料決定。醫生的診療時間，被切割成以十分鐘為一單位，而且每次看診都只能討論一種健康問題。**預防性產業光鮮亮麗的表面下，藏著冷酷的現實：全面性醫療服務的終結**，以及我們將因此落入何種境地。

抗憂鬱藥治的不是憂鬱，而是破碎的生活

黑潭區（Blackpool）是全英國抗憂鬱劑使用量最多的地區，而普通科醫師（譯註：General practitioner，全面、連續為病人和他的家人提供健康護理，類似家庭醫師）瑪莉．威廉斯（Marie Williams），就在此地執業。她說：「我不可能開藥讓你找到更好的工作、老公或房子。貧窮與健康狀況不佳，確實有直接的關聯，但我的工作並不是處理這些背後原因，這超出我的責任範圍。」那威廉斯是否認為，她的處方**與其說是在治療憂鬱症，倒不如說是讓窮人有生存能力？**「哇塞，你這問題也太複雜了吧！但我可以簡單回答你：沒錯！」

我花了幾天時間拜訪威廉斯的某些病人。約翰（化名）二〇一七年時二十四歲，曾試圖自殺過好幾次。但他從來沒有貫徹到底，因為他總是會想像自己沒成功時那種半死不活的樣子。「我不想感受到繩子嵌進我的脖子裡。」當他的「內心小劇場」開始上演，就需要抗憂鬱劑幫助他脫離苦海。不過有時候，藥效要過幾週才會發揮，所以這段期間，他必須仰賴談話治療。

我在黑潭拜訪了許多類似約翰、有臨床憂鬱症與自殺傾向的人。他們的說詞都一致：談話治療——與另一位有同理心的人士維持聯繫，才是讓他們活下去的功臣，而非抗憂鬱劑。英國國民保健署花在談話治療上的成本，跟越來越貴的抗憂鬱劑相比，根本就只是皮毛。而且根據精神科顧問醫師史帝夫（Steve，在英格蘭西北部執業，我去拜訪過他）的說法，若想讓患者回歸正常世界的機制，**談話治療才是唯一的長期解決之道**，絕對不是抗憂鬱劑。

約翰同意這個看法，還說抗憂鬱劑在黑潭被視為非法藥品，可是「吃起來沒有真正的毒品那麼爽」。有些人會拿街頭毒品交換抗憂鬱劑，把抗憂鬱劑當作另一種逃避現實的選擇，而且通常會結合替馬西泮（譯註：temazepam，一種安眠藥）與海洛因服用。

一旦創造出過度依賴藥物的社會，那身在其中的我們，就需要藥物治療——這算是自證預言的一部分。威廉斯醫師說有些病人來找她，是因為寵物死掉，所以他們需要抗憂鬱劑。「這不是憂鬱，是悲傷！悲傷是人之常情！」她說。但因為「不快樂」不符合現代生活的守則，所以我們需要藥物來消除它。「人們期望自己的快樂，能夠永遠維持在正常的程度。現實並非如此，但我們創造出這種不切實際的期待。」而想讓期望實現，就需要藥物。

文斯．派瑞也曾任職於美國的禮來藥廠（Eli Lilly），當時他們開發出百憂解（Prozac）；其實它本來是減肥藥，除了幫助減重之外，沒其他用途，但公司裡有人突然靈機一動，就把它變成抗憂鬱劑了。普林斯頓大學的精神病學家蘿倫．墨雪（Loren Mosher）就堅信他們的計畫，是把百憂解移出減肥市場，再投入憂鬱症市場。百憂解準備要啟動快樂產業了。

而發售全新抗憂鬱劑會遇到的問題，就是這個市場很擁擠。所以百憂解想脫穎而出、一鳴驚人的話，就需要獨特的賣點，而禮來想到一招：**讓憂鬱症變成一種嚮往。百憂解會除去憂鬱症的羞恥與汙名，使吃藥成為一種正向的生活風格選擇**。

墨雪說，憂鬱症的問題，在於它讓人有氣無力。所以假如禮來能想辦法，讓使用者樂意吹噓自己服用百憂解，並口耳相傳它的優點，那他們手上等於握有一張超級王牌。百憂解想成為**史上第一個「你會開心承認自己有吃」的抗憂鬱劑**，而且成功了。百憂解每年替禮來賺進六十億美元（按：約新臺幣一千八百億元）。

快樂是人們共同的願望，但威廉斯醫師說，**我們希望自己永遠快樂，卻反而讓我們更憂鬱**，這也讓患者有一種未達標準的感覺。只要我們不切實際，期望自己無時無刻都很快樂，那麼標準就會提高，任何未達標準的事物都無法容忍。**因此我們需要用藥物來維持快樂**。

假如有一絲一毫的情緒起伏，讓你無法維持表情符號般誇張的身心極樂，我們都能將這些起伏定義為各種症狀，再用藥物讓你置身雲端。處方藥成為對應任何狀況的正常化鎮定劑，包括欣快症（譯註：一種與外界環境或刺激不相稱的過分愉快感）、煩躁、無聊、憂鬱症、表現太好卻燃燒殆盡、貧窮，以及其他一切。正如亨利．蓋德森的夢想，藥品被人們用來應付現代生活，而且還有藥可以平息、麻木所有的情緒。這種先替患者貼標籤、再用藥物麻木他的做法，最普遍被用在「難搞」的小孩上——有數百萬個孩子，被診斷為注意力不足過動症（ADHD）。

美國共有六百萬名孩童被診斷為注意力不足過動症，占了四～十七歲人口的一一％。這數字跟十年前相比翻了一倍，而且每年逐漸遞增。你再仔細看看這個年齡層：四～十七歲；四歲還不是最年幼的患者。醫生經常開阿得拉與 Vyanse 給二～三歲的注意力不足過動症患者，而且對於**將小孩診斷為問題兒童、開藥給他吃、讓他恢復正常以適應學校與家庭生活，大人完全贊成**。

就跟抗憂鬱劑撐住窮人背後的經濟結構一樣，利他能（Ritalin）與阿得拉被用來治療「問題兒童」，也讓分崩離析的現代家庭結構，得以硬撐下去。花費大量時間從事多個低薪工作，以應付沉重生計的父母，可以把服過藥的五歲小孩放在 iPad 或 Xbox 面前；他們透過藥物撐住高壓的結構，這是為自己，也是為了小孩。

我在聖貝納迪諾，旁聽精神科醫師治療九歲的注意力不足過動症患者的療程。小男孩在五歲時第一次被診斷出有這種過動症，不過這位醫師也看過年僅三歲的病童。小男孩從頭到尾都很緊張、坐立不安，我問他為什麼來這裡？他囁嚅著說不知道。問他感覺如何？他拚命搓自己的雙手。我問父母，他為什麼會變成這樣？「他有吃藥。」那你們覺得這對他好嗎？「當然好，他在學校變得專注多了。」那他是怎麼被診斷的？「其實我們不覺得這有問題，但他開始上學後，老師認為他有注意力不足過動症，所以他就被診斷了。」你們不覺得以前有問題？「不覺得。」那班上有多少小孩像他這樣？「有這種過動症的，大概占三〇%吧！」

現代家庭的經濟壓力，有比一百年前高嗎？沒有。**但期待變高了**。針對注意力不足過動症病童的藥物治療，就像化學版的保姆、讓課堂安靜的利器，還能勉強撐住過度緊張的家庭。講得更廣泛一點，**藥品讓數百萬家庭能繼續承受壓力與低薪**。這已經不是在治病或推廣養生了。

父母總是很納悶，給孩子吃藥是正確的嗎？但不管怎樣，醫生還是開藥給他們。正如某個注意力不足過動症的支援聊天室中，一位家長說道：「或許我的小孩，只是想當個小孩而已。」——這種過動症的醫學根據，經常被負責診斷它的人質疑，而且這個症狀從不存在的事物，發展成鐵錚錚事實的過程，也是其他症狀的寫照；本來沒人注意它們，如今卻成了現代生活的必要之惡。**解答要解決的問題，我們本來不認為它是問題，但一旦我們被賦予了解答，它突然就變成問題了。**

DSM——我問你答填填看，打勾六項就算有病

通往現代藥療生活的旅程，在一九七〇年代早期有了決定性的轉折。當時精神病學的專業信譽陷入谷底；在蘇聯，精神病學用來讓異議人士閉嘴——把他們貼上「思覺失調」的標籤。至於西方國家的精神病學家，則開始審視他們的專業領域中，診斷實務的可靠程度。他們發現的事物與隨後的企圖，將會改變我們對於正常人的定義。

史丹佛大學的社會心理學家大衛．羅森漢（David Rosenhan），想測試看看精神病學診斷的敏銳度。羅森漢還是學生的時候，曾經在史丹佛聽過R．D．連恩的講座。在這些講座中，連恩主張「思覺失調純屬理論，絕非事實」，並開始建構這些主張來反對「精神病的醫療模式」。連恩就像個邪教的教主，在一群著魔的虔誠教徒面前振臂疾呼，而羅森漢就跟大夥兒一樣，聽得如癡如醉。

一九七三年，羅森漢為了要測試思覺失調診斷的醫學根據，就雇用了一群假病患，只要過去有精神病史的人一律剔除。接著羅森漢指示他們現身於當地的醫療機構，向醫生抱怨說，自己聽到腦海有「空的」（empty）、「碰！」（thud）之類的說話聲，但除此之外的行為，都必須維持正常。

接下來發生的事，讓羅森漢大為震驚。**所有假病患立刻被當成住院病人，並被診斷為精神病患者。**而且他們的病全被視為思覺失調——這個診斷完全單憑那一聲「碰！」連其他病患都識破了假病患，但醫生就是看不出來。由於沒有進一步展現更多精神病的跡象，大多數人最後都以「思覺失調症狀已緩解」為由，獲得允許出院回家。但有一位仁兄竟然不得出院，被監禁了數週之後，才被羅森漢救出來。

羅森漢的實驗之後過了兩年，肯．克西（Ken Kesey）的小說《飛越杜鵑窩》（*One Flew Over the Cuckoo's Nest*）出版了，還被改編成電影：傑克．尼克遜（Jack Nicholson）飾演一位被精神病院禁止出院的假病患。R．D．連恩與羅森漢的「反精神病學」，也因此博得滿堂彩，反精神病學傳達的反體制訊息，跟水門案之後，美國民眾對於政府的普遍不信任，全混合在一起了。**政治人物和精神病學家，在民眾眼中根本就是一丘之貉，同樣不值得信任，而且都是充滿謊言的制度文化一分子。**

美國精神醫學學會（American Psychiatric Association）的醫療主任梅爾文．薩伯辛（Melvin Sabshin），認為精神病學家需要反擊。一九七七年，他曾表示：「我們應該全力支持有志之士，使其傾力於重振精神病的醫療化（**譯註：把某種狀態列為疾病並給予醫療**）。」就這樣，薩伯辛與批評精神病學的人展開公關大戰。

為了重振聲譽，精神病學家找來哥倫比亞大學的羅伯特．斯皮策（Robert Spitzer），他想出一個計畫：發明一個適用於所有精神病的「可靠」科學準則。它將是一本堅若磐石的診斷聖經，所有精神病都會被列舉與定義。假如有人的腦袋發出「碰」聲，而跑到醫院求診，醫生就能立刻準確診斷這是什麼病。**斯皮策的計畫，使得所有美國民眾，未來都將被貼上疾病的標籤。**

不到三年，精神病就從一系列主觀認定的症狀，變成明確的疾病。一本精神病學的聖經就此誕生，**它叫做DSM，全名是《精神疾病診斷與統計手冊》（*The Diagnostic and Statistical Manual of Mental Disorders*）**。

為了要創造決定性的臨床診斷，由斯皮策領導的第三版DSM專案小組，採用「逐項打勾」的方式，決定患者屬於什麼症狀與精神病。例如：一張含有十個症狀的清單中，只要滿足六個，你瞧！這不正是思覺失調嗎？至於為什麼標準是六個？斯皮策之後解釋：「**六個症狀感覺比較對。**」

特別強調症狀可說好處多多。首先，它可以讓批評精神病學的人閉嘴，因為他們之前主張精神病無法用客觀方法定義；再來，臨床醫師可以藉此向保險公司索賠；但最重要的是，**藥廠知道有這些精神病之後，就可以針對它們提供藥品**。

一九八〇年之後又有兩版DSM問世。每次DSM出新版，都雄踞暢銷排行榜之首，而且都比舊版來得厚，因為新增了更多精神病。不過就連這些作者都承認，DSM讓精神病被誤診的情況更普遍。一九九四年，艾倫．法蘭西斯醫師（Allen Frances）曾領導第四版DSM的專案小組，事後出面道歉。他現在坦承，第四版DSM出版之後，自閉症、注意力不足過動症與憂鬱症等新診斷大部分都是「醫源病」（譯註：醫療行為本身帶來的疾病），這是他一連串善意的錯誤所造成的結果。

我去拜訪法蘭西斯位於聖地牙哥的老家。他是一位令人敬畏的人物，而且出奇的坦率。「你知道嗎？這一切的發生都是有理由的。」這樣做有錯嗎？「當然有錯！我們都有錯！每個參與的人都好後悔。你不可能終其一生，都不談自己做過的後悔事，這也是你來拜訪我的原因吧！我們現在可以改正它嗎？不知道。**我們用最薄弱的根據，迫使數億人服用藥物，但他們根本不需要。**」艾倫相信，許多涉及DSM過度診斷與過度治療的醫師，應該也同樣後悔。

第五版DSM於二〇一三年出版。法蘭西斯說：「第五版DSM做出的改變，大多是基於有限的資料，證據其實薄弱到不足以改變任何事物。第五版DSM讓數百萬本來被視為正常的人，可能被診斷出精神病，並且受到不必要的治療與恥辱。」

第三版DSM創造出既明確又標準化的精神病理學分類。這也讓藥廠有動機進行隨機、受控制的實驗，測試新開發的精神藥品，用來治療第三版DSM提到的新疾病。

第三版DSM對藥廠來說是天大的好消息。任何想通過FDA審核的藥品，都要先證實它能有效治療某特定疾病。而拜FDA官員與藥廠的勾結所賜，這不難辦到。

第三版DSM創造了一個巨大的新市場。它出版之後的那幾年，政府與藥廠開始斥資數億美元，進行精神藥理學的研究。經過一九八〇年代後，分配給美國國家心理衛生研究院（US National Institute of Mental Health）的聯邦研究預算，暴增到每年四億八千四百萬美元（按：約新臺幣一百四十五億兩千萬元），漲了八四%。

逐漸放寬的精神病定義，被每一本新版DSM奉為醫學事實，這代表需要吃藥的美國人每年都會多出好幾百萬個。但當DSM透過注意力缺失症（ADD）與注意力不足過動症，把「魔掌」伸到小孩身上，就已經越界並觸犯禁忌了。它不把小孩當小孩看，而是當成病人；不把童年時期的表現當成孩童的行為，而是當成疾病的症狀。就這樣，它促成了典範轉移（譯註：整體信念、價值、方法的根本性轉變）。

不過單憑藥廠與精神病學家，是不可能發生這種轉移的。不管現代生活是否真的比以前有壓力，成人都開始認為自己的生活壓力比前人更大，他們之所以願意接受孩子被診斷成精神病，是因為這種診斷，讓他們能名正言順的「鎮定」小孩。我們不必處理小孩在家裡與學校展現出的問題（尤其是我們把問題與小孩混為一談的時候），因為只要在上班之前塞幾顆藥到小孩嘴裡，就能撐過白天，到晚上再來享受家庭生活。**只要讓小孩吃藥，小孩就不再是「問題」**。醫療化讓現代生活得以運作——這就是蓋德森出色的洞見，他早在一九八〇年，就已經從一條口香糖看見了未來。

數千萬人一夕之間有病了，吃藥吧！

到了一九八七年，也就是蓋德森接受《財星》訪談的七年後，他的夢想還沒實現。雖然DSM正在將全美半數人口貼上精神病的標籤，但藥廠還沒找到沒人能免疫的新疾病。不過這一切即將改變，我的中風藥就是在此時華麗亮相的。**他們發現，有種病比癌症、心臟病更嚴重，而且每個人都有可能得到，叫做「風險」**。

當醫療專家治療真正生病的人，他們只治療到人口的一小部分。但只要治療有風險的人，吃藥的病患數量就會呈指數型成長。所以只要你把風險的範圍盡可能放寬，整個局面就改變了。

換句話說，我們都變成病人了。

風險曾經以神奇力量重塑華爾街，但將它應用在疾病上所得到的報酬更誇張，就連首次將它納入醫藥的先驅者都難以置信。風險成為過去二十年來的關鍵醫療概念。它在許多方面，都與斯皮瑟與DSM對待精神病的方式——讓診斷斬釘截鐵——背道而馳。

為了製造風險，就一定要背道而馳。可以明確診斷的疾病，必須化作定義模糊的潛在疾病風險，你有可能在未來染上。**「你有癌症？這裡有治療癌症的藥」，變成「跟癌症相關的風險有二十個，而這裡有二十種藥可以降低這些風險」**。風險是創造藥療社會的決定性要素，因為我們終究會有罹患某病的風險，而且沒人膽敢不聽警告、扛著風險過活。

一九八七年，正是風險大展鴻圖的時刻。默克藥廠推出美乏脂（Mevacor），一種用來控制膽固醇的降血脂藥。膽固醇一直都被視為心臟病的成因之一，但現在，它變成「最主要」的成因，而且是默克與輝瑞藥廠（輝瑞推出的是立普妥〔Lipitor〕），讓膽固醇成為眾矢之的。

接下來發生一件神奇的事情。一九九五年，美國有一千三百萬人（英國也有五百萬人），被認定有高膽固醇的「風險」。這數字是由國立衛生研究院（National Institute of Health，美國首席獨立健康機構，簡稱NIH）所測定。之所以導出這個數字，是因為整體的膽固醇指數過高。

為什麼會發生這種事？醫學期刊《*PLOS Medicine*》的記者雷蒙．莫尼漢（Raymond Moynihan）與其同事，對於二〇〇〇～二〇一三年間逐漸放寬的風險標準，以及專家與藥廠間的糾葛，進行橫斷面研究（譯註：研究同一時期的數據資料，探討社會經濟現象和自然狀況在特定時期的相關程度、關係與變化）。結果探討十四種常見疾病的十六份刊物中，有十份建議把定義標準放寬，卻只有一份建議縮小。而十四個公開的評估小組中，成員跟藥廠掛勾的平均比例是七五%。

我們可能覺得NIH、甚至FDA之類的小組，都是獨立的團體，但他們不是。「獨立」小組的成員，大多數都跟六大藥廠有直接的關聯，這是很稀鬆平常的。如果你以為這不可能，或一點必要都沒有，那就太天真了。大藥廠開發藥品，需要持續測試與重新評估，所以他們諮詢負責核准藥品的人士，是不可避免且合宜的。但問題在於，關係如此親密是否代表會越界？小組成員面臨極大的壓力，假如他們聚在一起做出決定，讓價值數億美元的藥品得不到核准，那他們就會立刻變成眼中釘。藥廠當然希望眼中釘越少越好。

二〇〇一年，NIH做出決定，使得有高膽固醇「風險」的美國人，在一夕之間，從一千三百萬人暴增到三千六百萬人，大約是原本的三倍。二〇〇四年，這數字再度上升到四千萬人。而在英國也有相同的神奇大躍進，從一千四百萬人暴增到兩千七百萬人。這可不是逐漸成長，而是前所未有的飛躍。而在同一段時期，被診斷為ADD（注意力缺失）的人也翻了八倍。

這些數字的漲幅實在嚇人，但這種高膽固醇的現象，可以用其他原因，例如同一段時期的肥胖人數也暴增，來解釋嗎？其實不然。**肥胖是高膽固醇的結果，不是原因**，所以肥胖人數早就算進原本的數字裡了。

真正原因其實很簡單：**數百萬名之前處於安全地帶的人，突然被一股腦兒的掃進名為「風險」的警戒區**；這一招叫做把網撒大（net widening），亦即在症狀較輕微的病患身上，綁一個更嚴重的疾病。正因如此，每個有風溼痛的人，都可以被說成骨質疏鬆症。

還有一招把網撒大的方法，就是診斷某人「位在光譜上」。例如憂鬱症可以放寬到任何有一點情緒低落的人，就像威廉斯醫師那些悲傷、並要求藥物治療的人。自閉症光譜（spectrum autism）則把任何不擅社交的人全部納入，將他們與「真的」很嚴重的自閉症患者並列。除此之外，還有另一種自閉症光譜，只要你是男性就逃不掉。二〇一四年，英國醫學期刊（*British Medical Journal*）估計，**男性有四〇%都落在自閉症光譜上**。男性占全體人口的五二%，你就知道這四〇%的網有多大張。

把網撒大的賣點在於「進步」：診斷越複雜，必定表示更理解疾病。不過也可能剛好相反：把之前清楚分明的醫學名詞搞模糊，藉此網羅更多潛在病患，就代表吃藥的人會變多。

一旦這些潛在顧客，被告知自己有罹病風險後，開始有所警覺，那廠商就能進一步提供有用的訊息，警告他們這些風險會導致什麼後果。彼得．羅斯特在輝瑞的工作，就是找出可以「加油添醋」的疾病：**憑空假造一個群眾運動，或是煽動民眾的意見，然後藥廠在背後默默資助**。

二〇〇四年，嬰兒潮聯盟（The Boomer）突然現身，他們是一個患者支援團體，特別強調嬰兒潮世代（當時五十幾歲左右）的醫療需求。打頭陣的是演過影集《歡樂時光》（*HAppy Days*）的亨利．溫克勒（Henry Winkler），與演過影集版《神力女超人》（*Wonder Woman*）的琳達．卡特（Lynda Carter）。他們鼓勵中產階級多做「開合跳」（譯註：雙手雙腳開合跳動）來保持身材，雖然看似無害，但背後有玄機：呼籲大家注意自己的膽固醇數字。

亨利．溫克勒穿著皮夾克做伏地挺身的影片爆紅，使得嬰兒潮運動占盡全球版面。不過他們的「嬰兒潮宣言」裡頭，其實有個不好聲張的訴求：**希望降血脂藥能開給每個超過四十歲的人。**

搞半天，根本就是立普妥的主子——輝瑞在操盤這整個群眾運動。

麻省理工的人類學與科技教授喬．杜米特（Joe Dumit），就曾研究過這種把網撒大的做法。他說方法有兩種：藥廠可以給輕症病人綁上重症，**也可以從高膽固醇或骨質疏鬆症這類耳熟能詳的疾病中，杜撰出輕微許多的版本，如此一樣能網羅到數百萬人。**「但杜撰的疾病與真實疾病，其實很難清楚分辨。」這種曖昧不明之處正是商機所在。一九九〇年代，波斯灣戰爭的退役軍人希望白宮接見他們，討論他們戰後返鄉遭遇到的各種可怕症狀（噁心、憂鬱症、暴力與自殺傾向），但吃了閉門羹。「波斯灣戰爭症候群」（Gulf War Syndrome）是軍方與白宮不願面對的真相。

但這些老兵得到藥廠奧援之後，爭議的性質就改變了。**波斯灣戰爭症候群與另一種備受爭議的社會疾病混在一起——創傷後壓力症候群，簡稱PTSD**；當時專家們還在爭論此病是否有醫學根據。「一九九九年，當樂復得（Zoloft）被核准治療創傷後壓力症候群時，幾乎每篇與其相關的文章，都不再質疑這種疾病是否存在，反而開始談論治療法了。」

只要把波斯灣戰爭症候群掛在這種疾病上，拜耳藥廠（Bayer）就可以推出樂復得當作解藥。創傷後壓力症候群現已被大家視為一種病，而且不只是半夜驚醒發抖的退役士兵，連從溜滑梯摔下來的小孩，以及被狗咬的老太太，都有可能得到。這種疾病的網子撒到所有人身上，**而任何發生在你身上的鳥事，都可以無限上綱成「創傷」**。

如今，我們用藥治療每一道人生裂痕

如今，我們用藥物治療生活的每一個面向、每一道裂痕；包括逛購物中心、塞車、洗碗或訓斥小孩時產生的各種精神官能症、焦慮與抽搐。一切都可以被貼上標籤、平息、麻木，讓我們寧靜祥和的飄浮在藥物雲端上。就連蓋德森本人都沒領悟到，自己多麼有遠見。

當他在一九八〇年接受《財星》訪問的時候，你在紐約應該只能找到幾間零星的古怪健康食品店，店主人面色泛黃，身穿手工針織毛衣，賣一些積滿灰塵的罐裝維他命。

如今，養生產業價值三千億美元（按：約新臺幣九兆元）。補品、維他命、超級食物、瑜珈、顱骨重建、正念、血清素療法、洗腸保健法、腸排毒、肝臟排毒，或乾脆去白色花崗岩裝潢的健康SPA館（氣派的大理石接待櫃檯上，刻意放著一朵蘭花），讓自己「洗心革面」一番，只是一次要花你五百美元（按：約新臺幣一萬五千元）。在白袍醫師悉心問候之下，你宛如搭上豪華的私人醫療客機。

蓋德森讓養生不只是一種預防疾病的方法，而是一種菁英身分。**養生是成功與富裕人士的潛規則**，也代表我們對於世間競爭認真看待的程度。我們將自己的身體貨幣化（譯註：將價值轉換為貨幣來計算），把它當成有市場價值的商品，再與其他肉體一較高下，由此可知，新自由主義的市場概念，對日常生活的影響有多深。如今健身用的衣物一件比一件緊身，和二十年前鬆垮垮的模樣大異其趣；因為緊身衣可以展現出你的「肉體股價」，而且這種價值還能轉化到職場上：**這是你勤跑健身房的證據，彷彿暗示別人，你在辦公室也會勤奮不懈**。

至於那些不夠努力的人，也總是有藥可以吃。但事情沒有表面上這麼美好。就拿降血脂藥來說吧，降血脂藥替製藥產業賺了三百五十億美元（按：約新臺幣一兆零五百元）。經緯創投（Matrix Partners）的藥品分析師納維德．馬利克醫師（Navid Malik）曾經跟我的顧問醫師一樣，分析過這些藥的效果，他說：「降血脂藥的利潤很高，所以假如降血脂藥，替公司創造二〇％左右的銷售額；那公司的利潤，大概就有三〇％是靠它賺的。」

但它們到底有沒有效？

「降血脂藥是這個產業的美好童話，」馬利克說道：「但心臟病依舊是西方國家的頭號殺手，所以你也可以主張，我們假如不吃這些藥，可以省下多少錢？」**這種奇蹟之藥看似能治百病（還是全世界成長最快的處方藥），卻動不了頭號殺手一根汗毛。**

基因編輯，讓某些人可以「自訂進化」方式

朱利安．薩夫列斯庫教授（Julian Savulescu）在他平常上課的教室，望向牛津大學修剪整齊的草坪，然後拉平他的粉紅襯衫。「我被指控是納粹。」其實他不是納粹，是一位輕聲細語的澳洲籍學者。「但我有些同事反而還比較像。」例如瑞典遺傳學家安德斯．山伯格（Anders Sandberg），就相信人類只要願意，是可以靠基因長出翅膀，當作附加裝飾的。

薩夫列斯庫是「基因編輯」的宣揚者之一，利用基因工程量身訂做的身體強化，讓某些基因在胚胎期就被隔離、刪除。此事之所以成真，歸功於二〇一二年研發出的極精準技術

「CRISPR-Cas9」，它能夠切割基因組，移除有問題的基因。而更具爭議性的是，**有些特質（更好的顴骨、智力、肉體強度）可以被「編進去」。薩夫列斯庫說，這是創造完美人類的好機會。**

二〇一五年四月，美國國立衛生研究院的院長法蘭西斯·柯林斯（Francis Collins），表示CRISPR-Cas9對人類是極為深刻的危機。他說：「這絕對是一條不可跨越的界線。」

「已經有證據證明，你可以透過基因編輯，讓猴子更努力工作，」薩夫列斯庫說道：「那我們要對人類這樣做嗎？我們希望把唐氏症與自閉症刪掉嗎？這問題交給社會回答吧，但技術已經有了。」

可是這不就是優生學嗎？「是優生學沒錯，但人類之前不也是如此？人類不是什麼完美平衡的上帝傑作，而是特定環境壓力下的天擇結果。人類出現過兩百五十種遺傳疾病，只有二〇至二五％的胚胎能夠發育成胎兒，六％的新生兒出現嚴重的先天缺陷。而DNA操作讓我們能修正這些基因異常……如此一來，**我們就能夠從進化的生物限制中解放，進而達到『自訂進化』的境界。」**

薩夫列斯庫說，自然界本質上就帶有諸多殘酷與異常，因此一味否定人類取代自然的力量，是個刻意作對的錯誤。薩夫列斯庫曾說過，**納粹主義讓優生學背負臭名**。基因編輯，讓人類能消除一切不想要的事物：從亨丁頓舞蹈症（譯註：病發時會無法控制四肢，就像手舞足蹈一樣，並伴隨著智能減退，最後因吞嚥、呼吸困難等原因而死亡）這類嚴重遺傳疾病，到一些外觀上不喜歡的小地方，讓自己臻於完美。

金髮藍眼的嬰兒？有何不可？薩夫列斯庫說，想不想讓自己的小孩變完美，是由你自己決定的，**這不是納粹主義，而是消費者的選擇，就跟整形手術一樣**。所以當一個胎兒可能患有唐氏症，你該留下他，還是終結他？這個選擇，和現在孕婦做絨毛穿刺檢查（譯註：通過抽取胎盤中的一些細胞樣本，並進行分析，檢測染色體異常和遺傳性疾病）的道理是一樣的。

根據薩夫列斯庫表示，基因編輯的嶄新世界早已到來。這是一場角力戰，而且西方國家目前處於劣勢。**中國正在以產業規模對胚胎進行實驗**，因為他們沒有被「猶太教與基督教的傳統」產生的道德限制給綁手綁腳。那輸掉這場基因角力戰會怎樣？「中國會把自己變成肉體最強健的種族嗎？倒是還差得遠啦，但以後可就說不準囉！說到要贏，以及要怎麼樣贏，他們可完全沒在怕的。」

為什麼不用DNA科技強化自己？

伊莉莎白．派瑞許（Elizabeth Parrish）是史上第一位基因被調整過的人。透過注射，她拉長了自己的端粒（染色體末端的DNA重複序列）；而端粒的功能，是保護DNA裡頭的基因物質免受老化所害。因此派瑞許透過改變端粒，有效停止了老化。

我和伊莉莎白約在倫敦會面，並且一直盯著她的臉看，實在很沒禮貌。派瑞許的基因編輯才剛完成沒幾年，所以很難從實體證據判斷是否有效。伊莉莎白目前仍持續接受測試，她認為自己的基因年齡比實際年齡年輕十歲，所以就生物學來看，她已經四十好幾，但基因上只有三十五歲。「但這還不是最終目標，目標是**逆轉老化，直到停在人生最顛峰的年紀為止，也就是二十五**

歲左右。」還好這不是電影《班傑明的奇幻旅程》（*The Curious Case of Benjamin Button*），她不會變成小嬰兒。

這樣做需要花多少錢？「目前的價錢貴到沒天理，超過一百萬英鎊（按：約新臺幣四千萬元）。」換言之，假如有錢人效法伊莉莎白，他們就能永保年輕，但其他人依舊變老。可是如此運用科技，真的好嗎？「目標不是讓有錢人變美麗，而是**消除與老化相關的疾病**。」伊莉莎白可不是因為好玩才做這個，她是西雅圖生技公司「BioVia」的執行長，把自己當成白老鼠，告訴世人：返老還童是有可能的，只是很貴。

她說：「你知道嗎？把人類和科技當成兩個極端，是一個很蠢的想法。**人類DNA只是一個編碼序列，像一輩子都在運作的程式。所以如果可以，為什麼我們不能善用科技強化自己？**我看到烏賊在海裡游泳，覺得牠是很美的科技結晶。或許有些人會想要動物身上的科技，例如鳥類的驚人視力，以及水母發出的光，而我們很快就能辦到了。」

人體版軍備競賽，有錢人才玩得起

我在東倫敦與一位非常熱情的仁兄欣賞五人制足球賽；他叫做艾迪．派瑞羅（Eddie Perello），是少數處於「新世界」當中的人。派瑞羅是「DeskGen」公司的創辦人，他不只分析人類的直接基因編輯，也希望能建立一些基本規則。艾迪約我去看足球，因為他想解釋CRISPR可以做到什麼程度。

「你從這些球員身上看到了什麼？」他一邊說，雨一邊下。

「我看到十個人在踢足球。」

「沒錯，而且他們的DNA都差不多。你想想看，假如某人想踢得比別人好，他會使用基因編輯嗎？」

「一定會。」

「假如其他人都發現他變強的方法呢？」

「應該都會學他吧！」

軍備競賽將會接踵而來，不過**這種軍備競賽並非發生於國與國之間，而是發生在人與人之間**，而且永不結束。所有「參賽者」都能夠強化基因，因此他們又回到同樣的原點。

基因編輯引發的軍備競賽，不只是變壯、變健康而已，也牽涉到許多意想不到的基因副作用：有些是好的，有些則否。「強化足球技巧的編輯法，也可以徹底強化老人的骨骼達三十年，進而減緩骨質疏鬆症，所以它可能引發意料之外的連鎖反應。」為了強化運動員的表現而進行的介入，會隨著時間變成醫療面的介入。

修改基因編碼，就像把一顆大石頭丟進脆弱的「基因池」，創造出大量的漣漪效應。派瑞羅說，基因編輯很精準，但還未精準到完全不造成妨礙與漣漪效應的地步，況且這些效應都會隨時間而擴大。

「拿這件事與全球暖化來比好了。人類共聚一堂討論此事的時機太晚，而且到現在都沒有共識。基因編輯的一點一滴，都有可能對人類命運造成深遠的影響，所以我們現在要立刻坐下來討論此事，擬出一個國際行為準則，大家同意後簽字。」

若以DNA層級介入重大疾病（如癌症、多發性硬化症、心臟病或亨丁頓舞蹈症），就無需爭論破壞或隔離有病基因的問題，因為這是理所當然的事；**需要行為準則的，是延長壽命與基因強化，也就是軍備競賽**。

但假如我們把全球暖化當成基因編輯的前車之鑑，那也表示，我們不太能期待未來的政府能協調出策略。派瑞羅說：「政府實在落後太多了！他們怎麼可能設想實驗室的作為，或是跟上這個領域（不停在變動）的最新發展？」他們毫無頭緒，沒辦法讓速度跟上、更別說待在這個領域了。

基因編輯導致的結果，就是將物種一分為二。實踐基因編輯的人，會將自己帶到更高層級的完美，亦即在基因上勝過別人：更強壯、更健康、更帥氣美麗，**而且就算在昏暗的雞尾酒派對，也能真的「發光」**。

但貧窮依舊會與人類一起持續下去：也就是「活得像凡人」，擁有與祖先相同的疾病、臉部特徵，和變胖、變老、變虛弱的傾向。這就像兩隊在踢足球：「上等人隊」對上「劣等人隊」。**二十世紀的經濟不平等，已化作二十一世紀的生物面不平等：有錢人的基因就是能夠搞得跟別人不一樣。這種更高階的人種，全是從一條「口香糖」催生出來的**。

DONE

第7章

共享經濟與零工經濟的背後

微創業、微工作，
「危境員工」造就新富豪

全球人口中，有一二%的人今晚一定會做這件事：醒來，檢查電子郵件。至於早上，我們當中有五一%的人，花在檢查電郵的時間比吃早餐還多。七〇%的人一整天當中，每隔一小時檢查一次郵件，還有一〇%是每十分鐘檢查一次。

工作與個人時間的界線消失了，我們的工作方式也成為生活方式。我們當中有八一%的人會在週末檢查電郵，而在假期中檢查的也有五九%。每十個參加運動會的家長，就有一個邊看小孩比賽邊檢查電郵。葬禮上，就算棺材經過眼前，人們還是拚命滑手機。工作早已接管我們的生活，但在葬禮檢查電郵的人，可不是少數的怪咖工作狂。**只要我們有機會工作，無論何時何地，我們都不會放過。**

二〇一五年，貝勒大學商學院（Baylor University Business School）的研究員詹姆斯．羅勃茲（James Roberts）與梅莉蒂絲．大衛（Meredith David），分析了四百五十三位美國人使用手機的行為，發現一種叫做「低頭族」（phubbing 或 phone-snubbing）的現象，這對戀愛關係的打擊非常大。低頭滑你工作上的電郵，冷落身邊的伴侶，等於展現一種鄙視與優越感，足以毀掉任何創造浪漫關係的機會。然而在第一次約會時，檢查你的工作電郵，反而發揮出一種實用的生物機能，為自己貼上搶手、成功等社會標籤。這下就連求偶過程都甩不開工作了。

到了晚上，我們用來監控工作的科技才真正發威。**手機發出的藍色光芒，會嚴重破壞黑色素——也就是掌管睡眠的賀爾蒙**，騙我們的大腦說現在還是白天。長期睡眠不足會導致高血壓、罹患心臟病與糖尿病的風險提高、焦慮、憂鬱，而且這些病還只是冰山一角而已。

現代人花在手機與筆電的平均時間比睡覺還多：睡覺占八小時二十一分，媒體裝置占八小時四十一分。而十三～十五歲的青少年，有八〇％會在床上盯著行動裝置的螢幕。把發光螢幕放在枕頭上的動作，變成這個世代的常態之後，休息的本質也改變了。

在床上滑手機與檢查電郵，會重新啟動工作記憶，產生「動態」的淺睡現象。科技把我們的大腦逼到焦慮的邊緣，讓我們隨時準備醒來。這代表我們睡覺的時候並沒有真正的「關機」。**所有成人當中，有四分之三晚上得不到充足的休息，所以我們早上起來就像快死掉一樣**。

「工作擺第一」是神聖不可侵犯的概念，但我們其實很討厭這樣的自己。在電影《精靈總動員》（*Elf*）中，詹姆斯．肯恩（James Caan）飾演一位工作狂父親，他面臨一個抉擇：要去尋找失蹤的兒子？還是加班進行 PowerPoint 簡報？他的上司吼他：「你走出那道門的話就完蛋了！」不過詹姆斯．肯恩還是選擇找兒子，離開了公司。這是每個人都想相信的夢幻故事（生活勝過工作），但現實是，沒人敢忤逆上司，因為他們怕自己完蛋。

在壓力極大的時代裡，工作能讓人全神貫注，暫時忘卻情感的創傷。我們轉而投向自己熟悉的事物，這也代表我們如今越來越埋首於工作，而非家人的情感支援。為什麼會變成這樣？為什麼工作會完全深植在我們的生活中？而工作又會讓我們這個物種演變到什麼地步呢？

現代管理之父，以假造資料成一代宗師

在一八八八年，紐約州奧本市（Aubern）之中有位名叫威拉德．勒．格蘭．邦迪（Willard Le Grand Bundy）的珠寶商，發明了「邦迪鐘」（Bundy Clock）。這座鐘不只能報時，還能讓員

工上下班打卡時，打在正確的時間上。

邦迪鐘與之前的穿孔卡片與打卡鐘不同，每個員工都有自己專屬的鑰匙，所以沒人可以一次打好幾張卡來欺騙系統。史上第一部自帶故障保險、用來監控員工工時的機器，就這麼誕生了；它的出現是拜一位仁兄所賜：**腓德烈・溫斯羅・泰勒（Frederick Winslow Taylor），你之所以得半夜三點爬起來檢查郵件，可得好好「感謝」他**。

一八七八年，也就是邦迪鐘問世的十年前，腓德烈・溫斯羅・泰勒這位視力不佳、出身富裕的哈佛法學院學生，放棄法律，成為新英格蘭米德維爾鋼鐵公司（Midvale Steel Works）的機械工。由於他渴望升遷，加上家人與工廠主人有裙帶關係，他很快就從機械工升為中階經理。然後有一天，泰勒向上頭提了個計畫。

他說：「我發現我的同事沒有盡全力工作。」為了讓效率最大化，泰勒提出一個「科學評估」來計算工作效率，希望能揪出偷懶的人。他與上頭就這樣談妥了。

接下來六個月，泰勒忙得焦頭爛額，帶著寫字板在礦場四處奔波，瘋狂寫筆記，並用碼錶測量礦工的生產力。米德維爾的管理階層，對泰勒的發現印象深刻：泰勒提出了時間研究（之後變成時間與動作研究）、最佳的舉起與休息時段（為了搬動生鐵而進行的計算），以及「鏟土的科學」。泰勒對勞工的每個工作都抽絲剝繭分析，甚至連最佳上廁所時間都有。

只不過有個問題。**這一切都是他瞎掰的**。泰勒熬夜竄改圖表、杜撰資料，讓他的發現有「科學」可信度。這些發現，他事前早就準備好要掰出來了。

泰勒因為發明了「科學管理」，如今信譽卓著。但早在米德維爾，他就已經運用了**管理顧**

問第一守則：講客戶想聽的話。米德維爾之前就發現了一些無效率的情形。而泰勒進行幾個月的「科學」評估後，竟然很神奇的得到相同結論。

泰勒真正的才華，在於用「科學」替己實行的計畫背書，但這超級重要：只要主張結論是科學的，管理階層就握有「證據」，讓員工敢怒不敢言。管理者可以把責任推給專家，專家再推給科學。**如此一來，決策就好像不是出自人類，而是出自上帝般的客觀裁決者——資料**。

在米德維爾高奏凱歌之後，泰勒被捧為天才，並成為**史上第一位管理大師**，這多虧了他在波士頓律師路易斯・布蘭迪斯（Louis Brandeis）的權力圈中耕耘有成。泰勒寫了一本書叫做《科學管理原理》（*The Principles of Scientific Management*），之後成為暢銷書。一九一一年，泰勒在美國巡迴解說他的效率科學，以及它如何改變世界，所到之處萬人空巷。

民眾非常吃這一套，因為科學好像能解決一切問題似的。一八八六年，達爾文（Charles Darwin）就用科學解釋物種進化，佛洛伊德（Sigmund Freud）也用科學來破解潛意識心靈。而管理大師彼得・杜拉克（Peter Drucker）盛讚泰勒是與他們同等級的翹楚：「他是史上第一個不把工作視為理所當然，並觀察與研究它的人。」**杜拉克認為佛洛伊德、達爾文與泰勒是現代世界的基石**：人類行為的所有科學公式，都被他們給破解了。美國的產業很快就乖乖排隊站好，等候泰勒的教誨，不管是煤礦業、銀行還是鐵路業，全都冀求他的專業協助。泰勒成了百萬富翁，也是美國最有錢的人之一（等同於今日的億萬富翁）。

從來沒人想去查查他的真假，所以到了一九一三年，他受政府之邀，簡報如何將自己的概念運用在美國的利益上。老羅斯福（譯註：Theodore Roosevelt，美國第二十六位總統），在白宮第一次州長會議（Conference of Governors）致詞時說道：「我們對於自然資源的保護，只是為另一個更大的問題初步準備，那個問題就是國家效率。」這完全就是泰勒那套說法。

受聘擔任政府顧問，讓泰勒在權力中心的地位屹立不搖，並且大發橫財。但在一九一五年，泰勒突然在深夜過世，無緣見到自己的「科學管理」接管全世界。但科學管理確實點燃了星星之火，讓你在公司忙了一整天，回家筋疲力盡，卻還得在半夜三點檢查電郵。

管理學起初把企業凝聚為邪教組織

我們雖為工作不分晝夜的奉獻一切，但沒有人想被當成一臺高效率機器的齒輪，雖然這是泰勒想要的。我們渴望自由、自主、自我價值，而不想變成生產線上的人肉零件。

事實上，泰勒也不希望工人覺得自己沒價值，他相信效率會導致更大的滿足感。只要盡最大能力工作，我們就會被上司視為有價值，而這個價值會帶來工作穩定度；所以效率會成為一種良性循環。

一八八〇年代的雇傭關係，跟現在一樣不穩定。泰勒相信較高的勞工生產力，能夠讓公司與員工平起平坐；亦即效率可以換取工作穩定。

然而到了二十一世紀前半，人們重新審視這種等價交換關係時，總覺得哪裡怪怪的。我們比以前更認真工作，工作穩定度卻更少。我們和米德維爾的工人一樣容易被解雇，而且威脅我們的不只是更廉價的勞工，還有自動化革命。泰勒使我們更認真工作，但我們被騙了。他承諾的工作穩定，從來沒出現過。

好啦，這樣講有點誇張，其實有出現過一陣子。一九五〇～一九八〇年之間的三十年，有一種異常現象叫做終身職（a job for life）。然而這段工作異常穩定的歷史是從何而來？又是誰再度把它奪走，讓我們繞了一大圈，再次回到不確定的年代？

以我家祖孫三代當例子，我爺爺是科西嘉島（譯註：Corsica，法國最大島）的移民，一九三〇年代來倫敦打零工。他會拉大提琴，所以開始跟咖啡館的管弦樂隊一起表演，而且每晚都受雇於不同的咖啡館。他的薪水用現金支付，但並不曉得今晚表演後，明晚是否還有工作機會。因此他與家人的生活，都是勉強糊口。

到了一九五〇年代，一切都改變了。我老爸雖然從財務持續不穩的家庭長大，卻得到一份全職工作。他在大倫敦議會（Greater London Council）做了三十年的雇員。跟我爺爺不一樣，我爸每個月底保證都會收到薪水支票。他不必拿著大提琴出外吆喝，賺那幾個銅板；而是每天起床、刮鬍子、去上班。職涯結構清清楚楚的擺在他面前，而且終點還有退休金。

但這種穩定性是一種管理架構，如同泰勒的科學效率。一九五〇年代，奧地利社會學家彼得·杜拉克（就是他把泰勒視為與佛洛伊德、達爾文齊名的智者）搬到美國，把自己改頭換面成管理顧問。

杜拉克想改變大企業的心態，他覺得有必要出現全新類型的上司。十九世紀，社會學家馬克斯·韋伯（Max Weber）參考普魯士的軍隊，建構出企業的形貌：重視紀律、層級分明，執行長就像將軍一樣。

二戰之後，杜拉克相信比較仁慈、家長式的上司，較能夠駕馭生產力。一個宛如父親的人，照顧你的長期職涯利益，你星期六可以跟他去打高爾夫球，藉此取得優勢、贏過同事。

我爸在一九五〇年代踏入的職場就是這樣。但這種「照顧型公司」，其實在掩飾一件事：公司對目標的拚勁，不下於照顧員工的心力。杜拉克提倡一種職場的「新科學」：管理者依舊是上帝，但**比起拘泥於獲得結果的效率，反而更強調心理脅迫**。

IBM等企業就採用了杜拉克的心理脅迫理論，他們會寫信給員工的太太：「史丹利工作不夠認真，所以今年領不到獎金。既然沒獎金，那你的毛皮大衣也泡湯囉！」這個時代的女權尚未抬頭，就像影集《我愛露西》（*I Love Lucy*）一樣，如果要更諷刺一點的版本，就是一九六〇年代末期的喜劇《神仙家庭》（*Bewitched*）裡的珊曼莎（Samantha），跟她的神經質老公，好像一輩子都在擔心老闆對他們家新窗簾的看法。在這種令人窒息、受到掌控的環境下，杜拉克希望太太們幫公司盯好老公。

這種家長式的公司，說到底也沒多呵護員工。它是一套總體制度：一雙全知之眼，不只決定職場的動態，還運用員工的家屬督促工作。公司早已滲入家庭生活的結構，持續對員工施壓——史丹利下班後，太太一邊倒酒給他，一邊問說：「你老闆為什麼寫這麼嚴重的信給我？」

不過接著發生了一件事，把杜拉克的理想世界毀了，效率再度成為眾人矚目的焦點。**一九七三年，OPEC的石油危機，讓全球經濟陷入蕭條；頃刻間，公司的獲利不再是靠尋找商機，而是靠內部精簡**。戰後的好景氣，曾經替數百萬人帶來歷史新高的穩定與繁榮，如今已成為過往雲煙。我爺爺那個年代的危殆不安，將要戲劇性的重返世界，奪去我老爸的工作，並且定義我將踏入的職場。

這種催化效應是很快的。一九七九年某天早上，我爸抵達公司。他看到一群從未見過的人，穿著「威樂比西裝」（Willoughby suits），占滿一整層樓，拿著筆記本在各部門走動，問員工在做什麼。三個月後，裁員就開始了。

這些穿著威樂比西裝的人就是「管理顧問」，打算用新的「效率科學」，讓職場更精簡——跟泰勒那套說法一樣有說服力。至於這一票人遵奉的大師則有兩位：**湯姆・畢德士（Tom Peters）與羅伯特・華特曼（Robert Waterman），全世界權力最大，卻也最難以捉摸的機構：麥肯錫（McKinsey）的兩顆明日之星**。

一九七九年，我爸在公司看到的這些拿著筆記本的人，他並不知道這群人正在追隨畢德士與華特曼開發的全新商業模式。這套模式叫做**「7S架構」（7S Framework）**，確實是了不起的傑作。畢德士與華特曼說**未來成功的企業，不再是由嚴格層級管理構成的金字塔，而是複合式的分子結構**。

分子型的企業，會有七個環環相扣的元素，全部都要完美配合，就像星座排列一樣。這些關鍵元素，全部都是S開頭：策略（strategy）、技能（skills）、結構（structure）、制度（systems）、風格（style）、人員（staff），以及作為核心的共同目標（superordinate goals）或共享價值（shared values）。上司會四處走動，進行微觀管理（譯註：管理者透過對員工的密切觀察及操控，使員工達成管理者所指定的工作），並廣泛探聽虛實。事實上，這就叫做走動式管理（Management by Walking Around，簡稱MBWA）。

這種「開明專制」並非創舉，杜拉克那一派的公司也會微觀監控員工。但畢德士與華特曼的方式，是要**改變員工的心態**。他們說新世界是很動盪不安的，你如果沒有超強生產力就出局了，麥肯錫對自己員工的訓誡，就是「不進則亡」（up or out）。如果你想要生存下來，就必須完全服從公司，而且是心悅誠服。**工作是你遵奉的教義，所有同事都是教徒，而公司就是大家崇拜的邪教。**

你崇敬你的公司，仰慕你的老闆嗎？

為了發掘靈感，麥肯錫把目光投向日本。當地的員工每天早上，都要跪在餐廳地板上，祈禱豐田汽車（TOYOTA）（譯註：原文寫的是韓國的現代汽車〔Hyundai〕，應該是作者記錯了）與東芝（Toshiba）能更賺錢。日本的「工作崇拜」非常極端：**員工經常累死在辦公桌上。由於這種事太常發生，日本人甚至給它取了個名字：「過勞死」**。東京郊外則有一片「自殺叢林」，壓力太大的員工都會來這裡上吊；而且「前輩」還不忘在樹旁留下實用的上吊指南。

一九七〇年代晚期，日本是一項經濟奇蹟，全世界爭相向她取經。畢德士與華特曼也跟大家一樣深感敬佩，並想套用這種公式以獲致成功。他們很清楚日本這種工作崇拜，不可能被西方人接受，但他們想知道，有沒有辦法讓員工心悅誠服的為公司效命？

問題在於，西方員工的心態和日本人完全不同。西方的自我價值感，並非把個人奉獻給公司或國家，而是洛克（Locke）、笛卡爾（Descartes）與啟蒙運動（Enlightenment）塑造出來的。

個人主義深植於西方人的心靈，正如順從的集體主義深植於日本人內心一樣。傑佛遜（譯註：Thomas Jefferson，美國第三位總統）提倡的自由，還被寫進《美國憲法》裡。簡單來說，西方員工不吃崇拜這一套。

不過**畢德士與華特曼**自有計畫。他們**不搞崇拜，而是把獻身工作塑造成一種自由，也就是創意與滿足**。假如員工滿足自己的工作，他們就比較能衷心支持公司的風氣。如此一來，不用假手他人，崇拜就自己出現了。

首先要擺脫這種概念：「工作是朝九晚五的苦差事」。工作必須變得有回饋感；工作的目標，不再是等五點下班回家，而是完成任務，而且你覺得完成，才叫完成。熬夜沒關係，但事情一定要搞定。

辦公室裡的員工不能再將自己視為薪水奴隸，而是要開始表現成自動自發的小老闆，他們的腦袋要換成自由業心態。周遭的人不再只是同事，還多了兩個分裂的新身分：朋友與對手。在餐廳，他是你朋友；在升遷路上，他是你對手。工作應該成為耗盡你心力的牽掛，你必須無時無刻都待在戰場上。把同事當家人一般信賴（但也別太信賴），再藉由對工作的情感投入，讓你更努力工作。

以下是從某匿名求職網站節錄的文字，出自Airbnb都柏林分公司的招聘協調員：

「我們的工時已經不能用離譜與過長來形容了。工作之外的時間，很難有任何家庭與個人生活。很多時候，一群年輕人就像無頭蒼蠅般奔波，卻不知道自己在幹嘛。他們透過會議與擊掌，來假裝自己很重要。這間公司也浪費太多錢，替員工的『快樂時光』準備過多的酒類、甜點與蛋糕；其實你寧可在薪水支票上看到這筆錢。有些人的職銜很奇怪，你實在不清楚他負責什麼。他們的招募流程也很熱烈，面試時會看你的『核心價值』必須與公司相符，也就是和藹、友善、有團隊精神，多獻殷勤。可是，我大多數同事的個性都剛好相反！我覺得自己每天都在上演《辣妹過招》（譯註：*Mean Girls*，諷刺青少女在校園搞小圈圈互鬥的電影）的情節。」

一九七〇年代中期，同事開始不用姓氏互稱，而是改成直稱名字。「早安！強森先生」變成「嗨！彼特」。這種新管理方式的目標，是創造一個「趣味」的偽家庭式環境。一開始是咖啡機，接著是健身房之類的室內休閒設施；凝聚團隊的「放風日」（譯註：away-days，利用週末舉辦一些講習與娛樂活動）；以及一大群同事約晚上吃飯與看電影。辦公室摒棄隔牆、改採開放式設計，創造舒適的共同座位區，取代冷硬死板的成排辦公桌。模糊家庭與工作的界線、讓工作環境更愉悅，這樣你就願意在公司待久一點，並且為工作奉獻一切。

如今大多數成功的大品牌，都有這種忠誠崇拜。純真飲料（Innocent Drinks）是歐洲最成功的冰沙製造商，我現在位於他們的水果塔（Fruit Towers）總部。他們用人工草皮取代地板，本來放辦公桌的位置則放了幾排公園長椅。每個星期一早上，他們都會舉行大型激勵會議，當月最佳員工將獲頒「肩帶之王」（Lord of the Sash）或「肩帶女王」（Lady of the Sash）；他們會背著肩帶站在同事面前，而同事會假惺惺的鞠躬致敬——這個主意是創辦人從電影《阿比和阿弟的冒險》（*Bill & Ted's Excellent Adventure*）中學來的。而在庭院裡頭，蓋上人工草皮的運貨車，會載著當週第一批冰沙離開公司。此時員工會聚在一起，在每輛貨車開走時，邊吹泡泡邊歡呼。

我訪談了公司創辦人道格拉斯（Douglas），以及在這間公司工作十八年的丹（Dan）。他們讓工作更有趣、更有活力，固然值得讚許，不過他們是否也只是將工作當邪教崇拜，用諷刺喜劇的橋段來包裝呢？「如果大家樂在其中的話，我們這樣做也不算錯吧！這代表他們的生產力會提高，所以我們也就順水推舟囉！」道格拉斯說道。

鞠躬、民眾可以打進來的「香蕉電話」（banana phone）、樂高（Lego）牆壁、足球機、掛在天花板的彩旗，以及紅色的電話亭……丹覺得這些儀式讓大家「玩得很開心」，而且持續創造出一切都很讚的氛圍，但並非對每個人都適合。不過這種儀式也隱含著嚴肅的商業目的。牆上有個大開關，告訴你時候不早，該回家了；還有一個號誌，提醒你家在哪個方向。「我們不希望員工半夜三點檢查電郵，這一點都不酷，而且他們也會失去工作與生活之間的平衡。我們的重點就是維持這種平衡。」

畢德士與華特曼很清楚，把工作變成忠誠崇拜，對西方職場根本就是異端邪說；但它不需要變成這樣。他們說，大家應該掙脫拘束，完全獻身於工作，工作就會滿足深度情感需求來回報他們。純真飲料只擷取了一些工作崇拜的要素，但對其他公司來說，奉獻是全面的，而且工作還取代了家庭。

最近我去倫敦的巴比肯區（Barbican complex）看電影，排隊時聽到隔壁某間被企業租下來辦活動的大會議廳，傳出欣喜萬分的尖叫聲。我走到門前偷窺了一下，原來是某間平價咖啡品牌正在舉辦年度最佳員工表揚活動。來自英國各地的服務生聚集到倫敦「共享」這一天——本來這一天是要在製作「肉桂南瓜豆漿拿鐵」中度過的，只為了那七．五英鎊（按：約新臺幣三百元）的時薪。

看到穿著相同紫色制服的男男女女，跳上講臺拿起麥克風，我不禁有幾分驚恐。

「嗨，我是瑪利歐（Mario）！從義大利來的！」

（臺下鼓掌！）

「我只想說，我跟我的團隊共事兩年了，而你們就是我的全部！」

（臺下歡呼！尖叫！）

「嗨！我是薇洛妮卡（Veronica）！」

（臺下：嗨！薇洛妮卡！）

「給自己一些掌聲，因為我愛你們！」

（更多歡呼與鼓掌！薇洛妮卡情緒激動的走下講臺。）

他們崇拜的神，就掛在他們頭頂上：巨大的咖啡杯商標，滿出來的泡沫充滿喜氣。假如門沒有打開一條縫，我應該就聽不見這個儀式。它就像虔誠的教會，充滿掌聲與歌聲，只是十字架換成超大咖啡杯而已。

多虧了畢德士與華特曼，我們把身、心、靈全都奉獻給雇主。而且品牌越大，這種祕密的忠誠崇拜就越嚴重。我和一位食品產業的分析師聊過，他說不管他去哪個產業大會，總是會有一群傢伙，站得離其他人遠遠的，被戲稱為「麥當勞幫」（the McDonalds guys），好像知道一些別人不知道的事一樣。

在舊金山，當地人常常在晚上看到「Google 巴士」。Google 員工從位於山景城（Mountain View）的園區，一起搭巴士前往市中心吃飯、看電影（幾天前用幾封電郵約好的）。**Google 的員工認為，Google 跟其他公司不一樣，全天下只有它最重要**——這種信仰要我假裝，還真裝不出來。純真飲料星期一早上頒發肩帶，跟 Google 打造史上最強的崇拜文化相比，還差了一大截。

如果你問這些公司裡力圖升遷的員工：「你常批評公司嗎？」他們保證臉上三條線，**輕蔑、不服從，全都是禁止事項**。不過批評倒是推銷自己的好方法，搞崇拜的公司其實很「歡迎」追隨者的批評，因為持續「重新評估目標」，是現今企業的普遍常態。不過你得先確定自己的批評是有「建設性」的。

移工對經濟有益？看看英國吧！

畢德士與華特曼把工作重新打造成邪教，以及月底會開薪水支票給你的大家族。Google 這些權力足以匹敵小國家的大公司，裡頭的「子民」都是忠貞不二。我巧遇的那個「咖啡宗教大會」，裡頭的新人多半是從南美洲與東歐來的。他們從家鄉千里迢迢而來，在倫敦這種大城市裡無依無靠，所以職場對他們來說，還真的挺像第二個家。他們不覺得自己是走投無路才做這個，而是感到幸運，因為他們成為咖啡連鎖大家族的一員，而且這個家族跟他們關係緊密。

二〇一六年，咖世家（Costa Coffee）兩度替員工加薪，超過英國的最低工資時薪七．二英鎊。（按：約新臺幣兩百八十八元）。咖世家跟其他平價店家（如Pret A Manger、Café Nero）一樣，大比例雇用外籍員工，其中有許多人付不起過高的房租。所以這些公司就引進貸款計畫，幫助這些員工負擔房租。**公司變成你的大恩人，你會永遠心懷感激，也就不可能背棄它**。就許多方面來說，這都是在複製維多利亞時代雇主的善行，例如李佛兄弟公司（Lever Brothers），就為員工打造城鎮，其中有一座叫做「日光港」（Port Sunlight），名字取自旗下某個清潔品牌。

Pret A Manger 也不遑多讓，員工上班的時候可以免費享用餐點，就連非工作時段來吃也打五折。該公司的招募文件就寫著：「歡迎來到 Pret 大家庭，我們有福同享，有難同當。」

二〇〇〇年代的英國**服務業榮景，正是由移民勞工促成的**。他們主要來自剛加入歐盟的東歐國家：波蘭、羅馬尼亞與捷克。

二〇〇三年，歐洲國家正在觀望歐盟擴大會造成什麼影響，此時倫敦大學學院有位名叫克里斯欽．達斯特曼（Christian Dustmann）的經濟學家，接到英國內政部（Home Office）的電話：「能不能麻煩你寫份報告，預測英國的移民人數？」於是達斯特曼找來許多經濟學家，組成一支精銳團隊，其中一位研究人員，之後還成為德國總理梅克爾（Angela Merkel）的首席經濟顧問。

他們的預測還滿謹慎的，預測出來的淨值（移入與移出的人口互抵）是二十萬人左右。

達斯特曼向我解釋：「你要記得，二〇〇三年英國的景氣正好，所以找不到人做水電，於是技術高超的波蘭籍與羅馬尼亞籍工人，就填補了這個缺口。」這些工人不被視為問題，反而是資產。布萊爾（譯註：Tony Blair，一九九七～二〇〇七年任英國首相）政府把自己定位為服務經濟，所以來自歐盟的移民，對服務業榮景是有必要的。其背後的假設，是英國本地勞工態度不佳。他們覺得自己「不一樣」，工作不認真，還常常擺臭臉。移民肯做其他人不想做的事；端咖啡的時候，一分鐘可以微笑二十次；而且他們願意把職場當成第二個家，因為他們真正的家在千里之外。

一九六〇年代晚期，現代化的英國工黨政府達到充分就業，經濟也快速成長，當時來自西印度與印度次大陸（譯註：喜馬拉雅山脈以南的一大片半島形陸地）的移民，也曾經促成服務業繁榮。當時受惠的是大眾運輸與零售部門，而在四十年後，布萊爾又在咖啡館、建築工地、托兒所與清潔公司重現繁榮，不過這次勞工是來自歐盟的新會員國。

然而，達斯特曼說這份報告有個問題，因為他們假設**德國與歐盟其他先進國家，也會吸收跟英國一樣多的移民人數**。為了防止萬一，達斯特曼與同事在報告的第五十七頁，寫了一小段但書，講白一點，就像「大富翁」遊戲的出獄許可證，讓這份報告能夠撇清責任。至於報告寫出來之後，有任何政府官員看過嗎？「我不曉得，」那接下來呢？「對於接下來的事情，我沒有任何準備。」

結果實際人數遠超過報告的預測。達斯特曼與同事慘遭媒體與國會議員痛批，其中有人還說，這大概是**有史以來最不準的經濟預測，因為實際人數高出三百倍**。

然而德國並沒有跟進，正如報告第五十七頁所預測的。內政大臣大衛·布蘭克特（David Blunkett）與英國政府，早已懷疑德國不想比照英國開放邊界，卻還是附和英國的門戶開放政策；那達斯特曼知不知道這件事？「我不知道。但他們何樂而不為？移民對經濟整體上來說是有益的，事實就擺在眼前。」

我跟大衛．布蘭克特約在上議院（House of Lords）前面，問他知道德國不開放門戶嗎？布蘭克特對這件事倒是滿坦率的：「不只達斯特曼搞錯，政府也錯了！」布蘭克特長久以來，都在警告開放門戶的危險性，但這種話沒人愛聽，也不符合政治風向；當時的政治氛圍是繁榮與拓展，而不是蕭條與反移民。

當二〇〇八年經濟從繁榮翻轉至谷底的時候，東歐移民就再也不像是好主意，反而是本地低薪勞工的眼中釘。達斯特曼說，歐盟移民對這群最低薪的可憐人有益無害。**「移民對經濟整體有益」雖是不變的事實，但與「最低薪的一〇〇%人口損失慘重」這個特定事實相比，根本不值一提**。因此英國開始邁向脫歐之路。

英國現已獨立於歐洲之外。反移民促成脫歐的力道，就跟移民曾經促成服務業革命一樣：移民本來在經濟上是正面的，如今在政治上卻是負面的。**現在英國每一份工作都是服務業**。警察把自己的執法重新定位成「服務」，還要上課學習如何有禮貌的逮捕犯人；收債也變成一種服務，不再硬踹對方的門；甚至還有「年度最佳收債人獎」這種東西。

自從二〇〇八年後，英國警察與收債業者都在厲行撙節開支，所以遵循服務文化也不讓人意外。**為了把工作做好，他們必須換個名義尋求社工協助，才能在危機時刻，處理最脆弱、貧窮的環節**。社會服務預算被大刪，使得原本不在警察職權範圍內的極端需求狀況，如今也要由警察來決定。有一位新堡的收債人告訴我：「我不同情對方的狀況，就無法達成協議，兩方都得不到想要的結果。」當時局艱難之際，做生意最有效率的方式就是服務。

你能用科技監控自己的生產力，但命運還是別人決定

我在波士頓一間辦公大樓外頭，等著被叫進去。進入大廳後，遇到了葛雷格（Greg）與東尼（Tony）。我發現他們怪怪的：脖子上都掛著白色小盒子，發出斷斷續續的閃光。

這是什麼？「喔，這是我的『社會計量』（socio-metric）徽章。」葛雷格明快的說道。這間公司所有員工，從到職第一天起，上班就要戴上這個徽章，直到下班為止。

這些辦公室都屬於Humanyze公司，**他們的職場監控形式是全球最先進的**。Humanyze透過累積與分析員工的每分每秒，將微觀監控員工晉升到下一個層級。泰勒「全面監控效率」的夢想，在一百年後終於實現了。

葛雷格與東尼脖子上的白色小盒子，蒐集了所有資料：他們跟誰講話？講多久？（不管這些對談是正式，還是非正式的「衝突」）他們花多少時間走路、坐著、講電話、上網、和同事在會議中公開合作，或是關起門來搞小圈圈？至於上廁所則算私事，所以「社會計量徽章」無法監控他們在廁所裡的資料。

徽章也能偵測同事之間的互動，它會記錄說話的模式，來評估你有多強勢或被動。簡言之，它打造出一張「全數位資料地圖」，列出你的職場特質，以及在上班時間每分每秒的生產力或打混。

謠傳Humanyze與德勤（Deloitte）、巴克萊銀行（Barclays）有契約關係，而且跟英國國民保健署互通有無。葛雷格與東尼秀給我看，假如公司蒐集了員工所有的資料，會發生什麼事？

我坐進一個玻璃窗辦公室，裡頭有個大螢幕。螢幕上浮現出各種分子結構，並開始變形成其他結構的模樣。

這是怎麼回事？「這些是演算法，正在打散團隊的群體動態。所以你看到的是群體互動與溝通管道，以及我們的績效。」二〇一七年三月，這個團隊就像被火上加油，因為他們的舊金山同事上工了，所以 Humanyze 兩個辦公室之間，產生了高能量的「共生關係」。但到了四月，事情就變得不太對勁，分子結構突然都拉開了，不再興奮到像冒泡一樣。

葛雷格與東尼皺起眉頭。兩個各自孤立的分子結構，中間有一顆橘色泡泡聯接著。到底怎麼了？那顆橘色泡泡是什麼？葛雷格說：「這就是瓶頸，」東尼加了一句：「我們知道那是誰。」社會計量徽章最獨特的地方在於，為了保護隱私權，資料都是匿名產生的。所以管理階層不知道特定資料跟誰有關，**但只要觀察模式，就可以推測出來**。他們不需要知道是誰，因為太明顯了。

我問說：「葛雷格，誰是那顆橘色泡泡？」「我們知道就好。」「那到底是誰？」「管理階層的某人。」「管理階層？」「是啊。瓶頸通常都是管理階層的某人。」這些主管四處奔忙、掌控一切，自以為做得不錯，其實剛好相反。

葛雷格說，Humanyze 從生產力當中找出意想不到的模式，例如誰盡到本分、誰又沒有；或是誰用正確的方法工作，誰又沒有。但他趕緊補充說，**這不是學「老大哥」**（譯註：出自小說《一九八四》，比喻極權統治與無所不在的監控）**監控辦公室，目標是要打造「個人儀表板」**。員工可以存取個人儀表板的資料，看看如何改善自己的工作。所以 Humanyze 實現的事物，並非殘酷的工作地獄，而是畢德士與華特曼的管理之夢：**自我激勵的員工，透過個人儀表板監督自己的生產力，並且力求上進**。你腦海裡的上進之音，變成一個戴在脖子上的小盒子。

一九七九年十一月，管理顧問在我爸上班的地方審核員工；而畢德士與華特曼，也在準備一份長達七百張投影片的簡報，介紹他們的 7S 分子系統。聽眾則是總部位於慕尼黑的德國科技公司西門子（Siemens）。

畢德士與華特曼的新理論，很快就傳播到世界各地。百事的執行長安迪．皮爾森（Andy Pearson），以及百事全球採購總部（位於紐約）的主管們，也邀請畢德士與華特曼，想看看 7S 如何替他們的帝國轉型。

兩人呈獻給西門子與百事的簡報，之後濃縮成七大重點，出了一本書，叫做**《追求卓越：探索成功企業的特質》**（*In Search of Excellence: Lessons from America's Best Run Companies*）。全球蕭條不是大災難，反而是個重整勞動力的好機會。戰後的繁榮創造出自滿的員工，過度膨脹自己的價值，但這種價值現已消失了。

只要將這群員工放進「內部市場」廝殺，他們就能學會競爭，這就是**企業版的達爾文主義**（**譯註：天擇是唯一演化的機制**）。再也沒有人是為別人工作，全是為了自己，我們全都變成了自由業。

畢德士與華特曼的靈感來源——日本人，幾十年來都是用盡心力工作，卻無法阻止經濟嚴重蕭條。不過畢德士與華特曼，還是把日本的經濟模式捧為效法對象。**《追求卓越》在出版界造成轟動，成為史上最暢銷的商業書籍**。

一九八八年，有一部電影將他們的哲學帶上大螢幕。在《上班女郎》（*Working Girl*）中，梅拉尼·格里菲思（Melanie Griffith）飾演泰絲·麥吉爾（Tess McGill）；她是一位接待員，想出絕妙的商業點子，卻被工於心計的上司凱瑟琳·帕克（Katherine Parker）——由雪歌妮·薇佛（Sigourney Weaver）飾演——給剽竊。泰絲第一天上班的時候，從箱子裡拿出她最珍惜的物品放在桌子上。疊在最上面的就是一本《追求卓越》。這是她的生存指南，也是本片要傳達給觀眾的主旨：沒有任何事物能阻擋這個角色。她是一位贏家。

三十年後，任何在《誰是接班人》（*The Apprentice*）節目被開除，還得擠出一句「謝謝您給我這個機會，休格男爵！」（譯註：Lord Sugar，該節目英國版的主持人，臺灣人比較熟悉的是川普的美國版）的年輕人，都要**「多謝」畢德士與華特曼灌輸他們堅定不移的積極態度**。

《追求卓越》的基礎來自於「對全球六十二間頂尖公司的科學分析」。畢德士與華特曼與麥肯錫的同事合作，對每家公司的管理結構，進行數月鉅細靡遺的研究，再從中挑選一些資料，濃縮成7S圖表。但在二〇〇二年，也就是該書出版二十週年的時候，畢德士出面坦承一件事。**這本書全是他們杜撰的，毫無科學根據**。事實上，他們先隨便湊出一些資料，再拿來回推他們想證明的事。畢德士透過一連串的「告解」，向《Fast Company》雜誌解釋真相：

好吧，我招了：我們假造了資料。我們覺得自己必須生出一些量化的績效評估。我們的流程聽起來很基本，對吧？那當然！一開始我們運用常識、相信直覺，再徵求「特異」（反傳統）人士的觀點。證據？事後再來擔心也不遲。

不過湯姆覺得，《Fast Company》這篇文章根本在扭曲他。我只要跟他見個面，就能搞清楚來龍去脈了。湯姆天生就是個愛唱反調的人，他會盡力破除擋在前頭的傳統概念。

一九七〇年代，他必須運用科學管理的語言，才能將自己的激進概念傳達給大企業，而他真的實踐了。二十年後，他也大膽承認，自己只是採用了必要的策略。就跟所有高瞻遠矚的人一樣，**畢德士為了心目中更重要的真相，而自己編造事實**。

我在波士頓某間監獄改建的豪華旅館，與畢德士會面。我跟他互相寒暄的時候，說這裡很適合談公事。表面上，這個地方到處都是折好的餐巾、酷炫昏暗的酒吧，還有一杯三十美元（按：約新臺幣九百元）的咖啡。但這一切都是在掩飾建築物本身：它是一座殘暴無情的圓形監獄，無論何時何地，囚犯的一舉一動都逃不過獄卒的法眼。

「你知道史上最偉大的管理顧問是誰嗎？」畢德士問我的時候，眼神閃了一下。我說我不知道。「答案是尤利西斯．格蘭特（Ulysses Grant）！」在成為美國總統之前，他是美國騎兵團的將軍。畢德士說，格蘭特最天才的地方，就是在南北戰爭的戰場上，親自面對潰敗的敵軍。「你知道格蘭特做了什麼？**他沿著戰敗敵兵的陣線騎了一英里**（按：約一．六公里），**一路向他們脫帽致敬**。這就是最高明的管理。」

為什麼畢德士要向世人坦白，7S系統——過去四十年來最偉大的工作改革——只是一場夢？「任何事都需要漂亮的包裝，對吧？7S就是漂亮的包裝。」人們想要能夠相信的事物。可是他們想要系統嗎？「人們總是希望有人告訴自己：你的努力大家都懂。但這背後的原則是正確的：**個人需要掌控自己的命運**。你如果讀過《追求卓越》，就知道它只是想講這件事而已。」

我問他：「可是很多人信任公司的工作環境，卻發現自己被唬弄了，根本就無法決定自己的命運。你對這些人有什麼建議嗎？」

「那我只能祝他們好運了，因為他們很缺這個。」

管理大師不創造歷史，而是參透歷史

就跟所有革命家一樣，畢德士與華特曼都很相信自己。只不過他們不寫歷史，而是參透歷史的玄機後，做出一個簡單的結論：「**你想成為未來世界的一分子嗎**？請參閱本書。」他們本人就是活生生的體現，告訴你想在新世界活下去的話，你該怎麼做。

OPEC危機之後的一九七〇年代社會，有著深刻的不確定感，舊規則不再適用於所有事物，此時顧問就來接手了；正如畢德士說的，人們總是希望自己的努力大家都懂。政府與經濟學家，對自己的治國能力與經濟方向的決策能力，都不再有自信；所以當空缺一創造出來，對那些**有三寸不爛之舌、似乎很懂的人**來說，巨大的商機就浮現了。

約翰．班奈特（John Bennett）是二〇一〇年代的管理顧問，隸屬四大天王：德勤、畢馬威（KPMG）、普華永道、麥肯錫的其中一家。他的專長是針對足以影響數百萬人的醫療決策，提供相關諮詢。「每次你去拜訪客戶，都要找到新問題，才能拓展業務。**這就像修車師傅打開引擎蓋一看，必定會咬牙切齒的說：『這比我想像的還嚴重！』**我們稱這種策略為『先站穩再擴大』（land and expand）。」

班奈特說，這種管理策略的關鍵，是一開始先拿出一張診斷表，又稱範本。這份範本是「卡住門的那隻腳」，通常是免費贈送的。等你進門之後，再穩住陣腳，慢慢擴大業務。

大衛・克雷格（David Craig）是一位熱情的男士，帶著角質邊框的眼鏡與一根拐杖。他在簡報的時候，很喜歡用大寫字母來強調重點。我跟他在白廳附近一間又大又暗的會議室見面，裡頭唯一的光源就只有頭上的投影機。白板上秀出的第一排字，就是大大的「死亡谷」（VALLEY OF DEATH）。

大衛從事顧問工作三十年，他賣給私部門與公部門的合約，累積有數百萬英鎊之多。他向我解釋自己是如何站穩與擴大業務的。「你必須把客戶唬得一愣一愣的，例如跟他說：『更糟！遠比你想的還糟糕！』這樣你就可以把他踹進所謂的死亡谷裡。除非他立即改正，事情才有轉圜的餘地。」

那走過死亡谷之後呢？「接著你要給他一片陽光燦爛的樂土作為救贖：**不如來一套IT計畫吧，賣五千萬美元**（按：約新臺幣十五億元）**就好！**」就跟製藥產業一樣，想賺大錢不能靠解藥，而是靠控制住當下的嚴重症狀。班奈特說這樣叫做「培養夥伴關係」：「你的目標，就是要養成客戶對你公司的長期依賴。」換句話說，就是**創造一個政府或企業永遠都甩不掉的危機**。

而在威爾斯，普華永道則想到一個巧妙的新夥伴關係，叫做「風險報酬契約」，透過撙節開支來賺錢。做法是這樣：你不會預先付款給替你省錢的顧問（因為這是個滿尷尬的政策），而是**從員工薪水扣**，這樣顧問就可以從各項刪減的開支中抽成。換句話說，公共服務的預算被砍越多，他們就賺越多。

二○○八年後，公部門實施空前的撙節開支，而從外部聘用的管理顧問人數（把中央與地方政府救出死亡谷）也因此翻倍。他們不只在前線效命，也負責管理開支的刪減。他們變成維繫命脈的必要之人，而正如大衛．克雷格所言，這就是他們想要的結果。

工作者追求卓越，替「奴隸老闆」社會鋪路

我們現在都是自己的老闆。而在這個全新的全球化、「去工會化」世界，不管你是在肯亞採香蕉的老闆、在奧斯陸開計程車的老闆、在紐澳送比薩的老闆，或是在哈克尼（譯註：Hackney，倫敦自治市之一）寫書的老闆，全都是巨大、不定形自由業階級中的一分子，又稱「殆危階級」。

我們跟我爺爺一樣三餐不繼，但心態不同。我爺爺總是夢想有一天，可以在管弦樂隊全職表演；但我們知道這永遠不可能，所以活在矛盾中：自己雖是命運的主人，但只能餬口度日；**我們既是老闆，也是奴隸**。

二○一六年，樂施會（譯註：Oxfam，位於牛津的救濟組織）的瑞秋．歐爾（Rachael Orr）博士，對十四～十八歲年輕人的工作態度進行研究，發現他們對未來的期望都很低。期望降低的速度從二○一○年後每年加快，已經到了「**對未來一無所求，對任何事都謝天謝地**」的地步。

歐爾博士也特別關注美國家禽業，那些位於臨時契約最低階的勞工。在德州，家禽業工人每八小時輪班一次，而且要穿成人尿布，因為他們不准上廁所。歐爾訪問一位工人，他說主管告

訴他：「安全問題不是問題，因為你的命比雞還不值錢。」不只是待遇糟糕，工人也不敢引起爭議，更加彰顯出全球低薪階級的無力。

這些工人沒有力量與手段可反抗，並不讓人意外。那中產階級呢？他們有議價能力嗎？歐爾博士提到，**中產階級已經不奢求實質的加薪，而改為追求「滿足」**。低薪與工作不穩定，讓我們只好想像工作能讓自己更完整。根據經濟智庫「決議基金會」（Resolution Foundation）估計，我們的實質收入沒有比二十年前好，但中產階級的專業人士會安慰自己：「這份工作是我自己決定的。」他們有控制權，而家禽業工人沒有。

中產階級的專家對自己的工作抱有尊嚴，但隨著薪水減少，自我價值感也會跟著降低。薪水一消失，尊嚴也隨之消失。當這批「奴隸老闆」大軍，成長為一海票的廉價勞工時，就是讓工作轉型的大好機會。**四十年前，畢德士與華特曼發明出自我決定式的新形態崇拜，而現在，也是史上第一次，打造「奴隸老闆星球」的機會來了。**

Uber 把所有人變成計程車司機，Airbnb 把所有房間變成旅館

二〇〇八年某個寒風刺骨的晚上，兩個美國人站在巴黎的香榭麗舍大道，想要叫計程車。雪下得又大又快，交通也迅速癱瘓，但他們只剩一小時可以趕上飛往紐約的班機。當香榭麗舍大道嚴重塞車，喇叭聲四起之際，遠方有一道黃色燈光閃爍——它是香榭麗舍大道上唯一沒載客的計程車，被車陣困在五百碼（按：約四百五十五公尺）以外的地方。兩人最後還是沒趕上飛機。

此時其中一人——三十四歲的加大洛杉磯分校（UCLA）輟學生崔維斯．卡蘭尼克（Travis Kalanick），突然靈光一閃。他對同事蓋瑞特．坎普（Garrett Camp）說：「你想像一下，眼前這些車都變成計程車，會是什麼景象？」閃爍的黃色燈光不只一個，而是好幾百個，全都能夠載你到機場。**假如你眼前每個人都變成計程車司機，那會如何？**

於是卡蘭尼克創辦了 Uber。他可不只創造出全新的計程車服務而已，還催生出「奴隸老闆」的概念，讓工作轉型了。二〇〇八年，世界同時面臨崩潰與新生，宛如災難電影中的兩個陸地板塊。次貸危機讓全球經濟背上空前的債務，同時 iPhone 與其他行動裝置，則正在解放世界，讓大家以嶄新的形態工作。一個板塊揚起，另一個沉入岩漿。

正當薪資與經濟成長，都像香榭麗舍大道的交通一樣停滯時，Uber 不只是「破壞」經濟，還重塑了未來。**我們現在都是自己的老闆，拿著行動裝置，努力想變成一人公司**。

正當卡蘭尼克創辦 Uber 的同時，舊金山有兩位室友：布萊恩．切斯基（Brian Chesky）與喬．傑比亞（Joe Gebbia），正在為閣樓公寓的房租傷腦筋。他們只有兩間房間，一人各睡一間，所以不可能把房間再轉租出去。接著切斯基有個點子：「何不把客廳改裝成 B&B（譯註：Bed and breakfast，提供早餐與住宿）旅館？」於是他們在舊金山的設計大會網站上，替自己的「充氣床與早餐」（Airbed & Breakfast）旅館打廣告，立刻就有三個人訂房。**Airbnb 就這樣誕生了**。

就跟 Uber 一樣，Airbnb 是對價值結構的概念轉移。Uber 重新定義勞工的價值，而 Airbnb 則教你重新評估你所在空間的價值，並問你一個深切的問題：「實體空間的真正價值是什麼？我們怎麼萃取這種真正價值？為什麼家裡不能變成旅館，反之亦然？」**新世界的一切事物都是**

流動的，它們的角色與可萃取的價值，也不停在重新定義。

二〇一六年，也就是切斯基與傑比亞在客廳替床充氣、並創辦 Airbnb 的八年後，Airbnb 的市值高達三百億美元（按：約新臺幣九千億元）；而 Uber 市值七百億美元（按：約新臺幣兩兆一千億元）。但這兩個品牌的潛在價值，遠遠不僅於此。

Uber 當初得靠種子基金（譯註：用於支持企業草創期的投資）才能在舊金山成立，但不到一年後，他們就跟谷歌風投（Google Ventures）、豐田汽車與中國最大的搜尋引擎百度簽定交易。Airbnb 的成長也同樣飛快，不但併購外國的競爭對手（例如德國的 Accoleo），還在世界各地成立分公司，兩年之內，版圖就從莫斯科一路擴張到聖保羅。這種難以置信的全球擴張，是由計程車與公寓創造的；而當它應用到各類型的工作，真正的革命就開始了。

Airbnb 用四面牆、Uber 用四個輪子打天下，但現在他們對人類提出大哉問：**你所做的一切事情，有可萃取的價值嗎？你生活中有哪些空間，可以拿來賺錢？**這兩家公司的商業模式，讓我們鼓起勇氣尋找任何還沒轉成商品來賣的事物。

而排山倒海的工作 App，也有同樣的效果，只是它並非善用你的車子或公寓，而是你的時間。拿你吃午餐的十五分鐘休息時間來說吧，「TaskRabbit」將**自由的勞動力與當地需求配對**，例如遛狗、送比薩或是排隊買 iPhone。你可以在下午兩點回公司，上司甚至不會發現，但反正你才是老大，有什麼關係？

誰才是老大？公司裡那個老大僅限上班時間。假如你需要某人幫你拿洗好的衣服，於是你登入某個「鐘點人力」（people-per-hour）網站；結果你上司剛好想賺點外快，就接下這份工作，所以在這一小時之內，你是他的老大。**再也沒有真正的老闆，只有奴隸老闆大軍以及時段之分，而我們的職稱隨時在變動**。在這新世界只有一件事是確定的：你是自己的老闆，因為我們全是一人公司。

危境員工——分享經濟的結果

不過我前兩段這樣寫，當然只是哄人的甜蜜謊言。**「微工作」（Micro-jobbing）與「零工經濟」（gig economy）是聽起來很有矽谷味的行話，用來掩蓋一個截然不同的真相。每個人都變成彈性無限的奴隸老闆，也代表每個人都能被無限剝削**。

我們正進入一個重新定義每個員工、工作與工會的新時代。人們為了奪回低薪者權利與尊嚴的抗爭，再過五十年，看起來就會像二十一世紀版的安妮．貝贊特（Annie Besent），與她的賣火柴女孩（match girls）抗爭。一八八八年，在東倫敦堡區「Bryant and May」工廠工作的婦女，拒絕忍受糟糕的工作待遇，也為了替技術低於勞動階級、並受到忽視的低薪人士發聲，激發了工會主義。

梅根（Megan）每天要在 Deliveroo 輪兩次四小時的班。她不知道做這工作到底值不值得，雖然時薪有七．五英鎊（按：約新臺幣三百元），但狂騎腳踏車在倫敦各地送食物，也耗去她大量的體力，所以她有一半的薪水花在巧克力與能量點心上，只為了讓自己能持續工作。這表示運氣好的話，做完八個小時之後（等於每天跑一次馬拉松），她可以領到五十英鎊（按：約新臺幣兩千元）。

「冬天會冷到你的腳沒知覺。去年我因為筋疲力盡，想請個幾天假，結果 Deliveroo 把我貼上『不積極』的標籤，我就接不到工作了。這代表你一天假都不能請，而且你也沒人可以申訴，因為另一端沒有人類會把你當人看。**我的人生要靠他們大發慈悲，而我就是演算法的奴隸。**」

二〇一六年梅根終於見到了 Deliveroo 的老闆。我問她：「那妳有告訴他 Deliveroo 有多爛嗎？」「你在開什麼玩笑？想害我丟工作嗎？你不能抱怨，而且他們也不想聽。他打從心裡相信底下員工都很愛 Deliveroo！」

梅根認為這套系統非常聰明，它仰賴的是之後會另謀高就的年輕臨時工，所以沒人會久留到足以抱怨或惹麻煩，**永遠不會有員工問題，也永遠有新人來做**。

但現在低薪員工開始反擊了。二〇一六年，零工經濟公司「Citysprint」旗下的腳踏車信差瑪姬．杜赫斯特（Maggie Dewhurst），就在勞資審裁處打贏了官司。法院裁定，瑪姬有正當理由被視為員工，而非自營作業者，因此她能享有假日與最低工資等權利與保護。同年，兩位 Uber 的司機也打贏類似的官司，法院裁定 Uber 對他們控制過度，若把他們視為自營作業者，就是違法。

法院在定義零工經濟的時候，會比較強調它對員工的剝削，而不是它給予的創業自由與彈性。梅根告訴我，現在有一個模糊的法律用語用來定義她，以及即將落入員工與自營作業者之間灰色地帶的數百萬人：「**危境員工**」（Limb〔B〕Worker）。

根據一九九六年《雇傭權利法案》（*Employment Rights Act*）的第兩百三十條（3）（b），

以及二〇一〇年《平等法案》（*Equality Act*）的第八十三條（2）（a），危境員工的定義是「透過契約，承諾以個人名義替另一方進行工作與服務，但他的地位，並沒有因為該事業將客戶的契約轉介到他手上，而獲得保障。」

你並非員工或自營作業者，而是危境員工：介於有權利與沒權利之間的員工。但有一位Uber司機告訴我：「病假工資之類的權利，終究還是要你自己買單。」所以Uber到底是哪裡讓步了？

「這個主意實在夠天才！」一位Uber的司機邊載我邊聊天：「除了App，他們還有什麼？什麼鬼都沒有！車我買的，費用我付的，但我不上工就沒錢賺，而且他們還可以抽我兩成收入！誰比較笨？」

二〇一七年，Uber的創辦人崔維斯．卡蘭尼克，自己用Uber叫了一輛計程車。這次不是在香榭麗舍大道，而是在舊金山，擠在後座兩位女士中間，一邊玩手機，一邊隨著車上收音機放的「傻瓜龐克」（**譯註：Daft Punk，創立於巴黎的電子音樂團體**）擺動身體。在他下車之前，司機——名叫法齊．卡梅爾（Fawzi Kamel）突然回頭向卡蘭尼克說：「你害我破產了。」卡蘭尼克回他：「聽你在鬼扯！」卡梅爾繼續說：「你把標準提高，卻降低車費。所以大家再也不相信你了。我因為你而損失了九萬七千美元（**按：約新臺幣兩百九十一萬元**），就是因為你一直在改動一切！」

卡梅爾的問題在於，「Uber Black」的司機被要求駕駛特定的高級車款，並賺取較高的費率，但必須與車費較低廉的「UberX」司機競爭。所以卡梅爾應該是買了（或租了）較貴的車，希望靠較高的車費賺回來，但 Uber 卻降低車費，還把抽成提高。

卡梅爾解釋自己的狀況時，卡蘭尼克漫不經心的把玩手機，最後撂下一句狠話：「有些人拉了屎又不想自己清。他們把人生大小事都怪在別人身上。」接著他下車，祝卡梅爾好運。從這輛計程車上可以看出，新資本主義給人兩條路，你只能選一條：**當奴隸，或當奴隸老闆**。

共享經濟或零工經濟——一顆充滿奴隸老闆的星球——是自從工業革命之後，我們工作上最大的轉型。一九九八年，也就是崔維斯．卡蘭尼克站在香榭麗舍大道叫計程車的十年前，他從加大洛杉磯分校退學，創辦一項點對點的檔案共享服務，有點像MP3音樂網站「Napster」。這項服務叫做「Scour」，它跟 Napster 一樣，都被音樂產業摧毀了。重金屬樂團「金屬製品」（Metallica）與饒舌歌手「德瑞醫生」（Dr. Dre），控告 Napster 創辦人尚恩．范寧（Shawn Fanning）侵犯版權，迫使 Napster 關門大吉。卡蘭尼克也被美國電影產業、美國唱片業協會（Recording Association of America）與音樂出版人協會（Music Publishers Association）告到抬不起頭來。Scour 只能以死無全屍來形容。

點對點概念似乎被永遠扼殺了。Napster 與 Scour 試著從全球權力最大的娛樂公司偷分一杯羹，雖然沒成功，卻創造出新概念的雛型。八年後，卡蘭尼克站在下雪的巴黎人行道上，讓這個概念復活了。**不過這次點對點不再是共享音樂，而是共享員工**。

點對點的「點」同時是供給者與消費者，而非單向的客戶伺服器，它是一個靠「點」的進出來運作的協作系統。在共享經濟不切實際的「紙上銷售」中，我們都不再只有一個工作，因為我們會同時做三十個或三百個工作，不管喜不喜歡。唯一不變的，就是我們是自己的老闆。

共享經濟的樂觀主義者，稱這種自由市場的公平性為**「網路共產主義」（dotcommunism）**。理論上，網路共產主義暗中破壞了任何人成為權威上司的機會，因為它賦予個人權力，選擇該怎麼工作。對於各項服務的無限需求，也代表著工作將會無限多樣化。我們可以追隨任何一位邪惡雇主，因為他們在人力市場沒有獨占力。網路共產主義藉由複製社會網絡的平等主義，摧毀了層級式結構。

然而，也有沒那麼樂觀的版本。以 Uber 司機法齊．卡梅爾為例，理論上他有機會為任何人效命，正如卡蘭尼克所暗示的。但現實上，他只能加入 Uber，因為 Uber 幾乎獨占了舊金山的計程車市場。雖然他也可以選別的低薪工作，繼續當個奴隸老闆，但他已經投資在計程車上，當然非回本不可。於是他就被套牢了。

自由業，又稱超彈性的臨時工作，正以指數型比例成長：二〇一七年，自由業占美國勞動力的三四%，但到了二〇二〇年會成長到五〇%以上。短短三年內，成為奴隸老闆的人就增加了一六%。工業革命時期，人們從鄉下遷移到城市，就花了二十年的時間；但奴隸老闆的潛在影響範圍更廣，發生的速度也快了五倍。

臨時工的「臨時」是很有趣的字眼，它代表你是「臨時有需要」才被雇用的。新的共享經濟或許會提供新機會，但提供服務的人遠遠超過需求。當科技迫使全球數億人失業，我們丟掉工作的當下，就會變成奴隸老闆。

PayPal 創辦人、科技億萬富翁伊隆．馬斯克提出一個解法，叫做「全體基本薪資」，這樣自動化促進經濟繁榮之際，我們沒事做還是有錢拿。我們可以向機器人課所得稅，就跟人類現在繳稅一樣。然後這筆稅收支付給我們，我們就能去商家購物，讓消費主義持續促進成長。所以**血拚竟然變成有薪水的工作**。況且機器人還不懂怎麼血拚。

若要對機器人課稅，就必須訂出人類從未出現過的高稅率。今日平均時薪的購買力跟一九七九年相同，講更清楚一點，一九七三年一月的時薪四．〇三美元（按：約新臺幣一百二十一元），購買力與今日時薪二十二．四一美元（按：約新臺幣六百七十二元）相同。因為薪資停滯，我們的人生永遠不停在工作，而且永遠擔心自己不夠拚命。但這不是意外，而是一項計畫；諷刺的是，這個計畫的賣點就是自己做主的自由。

十年內，我爸這種職員工作會變得很稀少，被當成寶貝一樣。其他人則會變成**「自己企業」的執行長，不管是宛如華倫．巴菲特的富翁，還是幫他清理桌下垃圾桶的掃地工**。

低薪族靠便宜貨苦撐，便宜產品來自於壓榨另一國人

全球薪資均低、經濟零成長的現象，必須仰賴第三個要素才能達到均衡：**價格便宜的商品**。因為商品持續低價，企業就不需要多付薪水給你。拿我桌上的包裹為例，裡頭是一枝附墨水管的鋼筆，我在網路上花兩英鎊（按：約新臺幣八十元）買到的，比一杯星巴克咖啡還便宜。它從印度運到倫敦，運費是五．五英鎊（按：約新臺幣兩百二十元），比商品本身還貴。

這個彈性低薪工作的新時代，是建立在兩塊基石上：賣給低薪者的**便宜貨**，以及它們的生產者：**全球血汗工廠的奴隸老闆**；他們的薪水比你還低。要在低薪下維持充分就業，來自各地的

商品就要維持低價，而且還要隨著薪資減少再變便宜。再過不久，新加坡血汗工廠的童工，可能要倒貼我錢，才能讓我穿上他們生產的T恤。

我稍微瞥了一下電腦螢幕，看到另一個從中國來的包裹今早剛寄到。裡頭裝了一條電話線，售價九十九便士（按：約新臺幣三十九元）。我的書架是從宜家家居買來的，售價二十四英鎊（按：約新臺幣九百六十元）；我穿的T恤只要兩英鎊（按：約新臺幣八十元），便宜到嚇死人；我的咖啡杯售價四英鎊（按：約新臺幣一百六十元），而咖啡豆還比杯子貴。

我們很習慣買便宜貨，所以不會對此多想，但其實該好好想一下。因為物價即將上漲，而我們會負擔不起。

便宜的進口貨，是起源於一位男士的企業家眼光，他當時想從越戰中尋求商機。一九六七年，船運大亨、美國貨運公司「海陸服務」（Sea-Land Service Inc.）的執行長馬康．麥克林（Malcolm McLean），與美軍做了一項交易，當時美軍亟需船隻運送補給品到中南半島。海陸服務將數百萬噸的食品、香菸與藥品，裝在長方形的金屬箱裡，用船橫越數千英里運送過去。**麥克林就這麼發明了「貨櫃化」**（譯註：將零件貨物集中裝入大型標準化的貨箱內，以簡化裝卸工作，加速貨物運輸），到了一九七一年，他與美軍的交易，每年價值一億美元（按：約新臺幣三十億元）。

只有一個問題：麥克林的巨大貨運船只能透過運貨到越南獲利，要回到美國東海岸時，船上空空如也。所以麥克林又想到一個絕妙的點子：何不再敲定另一項交易？只是這次對象換成日本這個全球成長最快的經濟體。

一九六〇～一九七三年間，日本工業產出成長了四倍。美國消費者最渴望的產品——家庭科技，此時依舊貴到沒天理，但現在日本人可以提供更便宜的選擇。拜貨櫃化所賜，美國一夕之間就被音響、收音機與電視淹沒了。科技本來是有錢人的特權，但如今掛上「日本製造」或「中國製造」之後，用一點錢就能買到。這些高科技奢侈品現在人人皆可享有。

便宜貨對消費者來說當然是好事，但對西方工業來說，根本就是災難一場。進口與製造業崩盤是同時發生的，而貨櫃化是最後的致命一擊。根據馬克・李文森（Marc Levinson）的計算，現在每年都有三億個貨櫃在海上運輸，其中有二六％來自中國。

降價的勢頭持續不斷，讓現在的消費者抱持期待。今日的電視價格是一九八〇年的三％；相機價格是二〇〇〇年的二五％，這是因為手機開始附相機所致；手機本身也比二〇〇五年便宜了一半。史上第一隻商業行動電話：摩托羅拉（Motorola）的「DynaTAC 8000X」，於一九八三年問世，售價四千美元（按：約新臺幣十二萬元）。科技本來由富人獨享，如今卻成為薪資停滯者的物質補償。

但薪水越來越低，商品也能跟著越來越便宜嗎？**只要世界上的資源耗盡的話，這就是天方夜譚**。宜家家居的全球永續主管——史帝夫・霍華（Steve Howard），就說問題要來了：全球物價即將飆漲。

一九九〇年代，網路起飛以前，宜家家居早已提供一個精明的範本，告訴你假如網路長得像實體店鋪，會是什麼樣子？任何去逛過宜家家居的人，都知道它的擺設是怎麼「誘捕」顧客的：你沿著一條指定的彎曲走道前進，但這條路會讓你想繞去看看床鋪、烤土司架或棚架。店面的擺設就像一隻隱藏的引導之手，讓你相信自己能選購眼前的商品。它給你一種「自由」的幻象，就像畢德士與華特曼的 7S 工作模型。宜家家居所有商品都是反過來設計：從它們在倉庫架上平放所占用的空間起頭。而且它們先定價再設計，所以咖啡杯一律賣兩英鎊（按：約新臺幣八十元），所有設計都參照這個價格決定。

去逛宜家家居的人，有八〇％本來腦中只盤算買一件重要商品，可能當天就購入，或是先看看再說。但他們最後卻買了草莓形狀的海綿、橡膠小鴨酒塞、香精蠟燭與一些瑞典餅乾回家。這些商品有什麼共同點？它們很便宜。「當顧客希望商品越來越便宜，我們又能期望自己獲利多久？」史帝夫．霍華說道。**物價膨脹，將讓建構在低薪與成長停滯之上的經濟模式，再也無法維持下去**。

「到了某個時點，資源會變貴，價格也就必須上漲。這就是即將到來的全球價格飆漲，假如沒人跟消費者說這件事，有誰願意掏錢呢？」但史帝夫又說，公司不可能告訴消費者，因為這會重創他們的顧客群。所以我們創造了無解的難題。

此刻，付出代價的是別人：在我們另一端製造商品的人。在菲律賓血汗工廠，一天製作一百件夾克的女人；或是兩億中國工人。他們用苯來製造手機，或用致癌的化學藥劑，從舊筆電與手機提煉黃金、白金或鈀。

若將血汗工廠工人的薪資加倍，商品零售價只會貴不到二％，但拒絕這麼做的公司，都主張顧客會受不了。不過根據例行的民意調查，只要顧客知道商品不是血汗工廠生產的，他們就願意多付一五％。

7 共享經濟與零工經濟的背後——微創業、微工作，「危境員工」造就新富豪

此刻，我們覺得在世界另一端生產便宜貨給我們的人，跟自己不一樣；但不久之後，我們就會像他們一樣。我們全都是老闆，內心裡有個小聲音（也就是我們內在的老闆），告訴我們應該更努力工作，否則就沒戲唱了。

DONE

第8章

顧客永遠不滿，生意做不完

燈泡半年就壞是業者共謀，
手機半年就換是你想跟他們一起進步

距舊金山四十英里（按：約六十四公里）外，有一個城鎮叫做利佛摩（Livermore）。沿著咖啡館與古董店林立的大街走，半途你會看到一間消防局。留著茂密白鬍鬚的退休志工，每天都會把古老的消防車洗得亮晶晶。後牆離消防車有段距離，上頭高高掛著一樣東西，是利佛摩居民最驕傲的事物。它是一顆燈泡，發出低鳴，閃爍著詭異的黃光。但它和其他燈泡都不一樣，一百一十六年來，從來沒有熄滅過。

一九〇一年，雪爾比電器公司（Shelby Electrical Company）生產了一顆「百年紀念燈泡」（Centennial Bulb）。人工吹製的碳燈絲，本來能發出三十瓦的光，現在只能發出四瓦，就像小朋友的夜燈一樣。但最了不起的地方是，它還亮著。為什麼？這不但是一個謎，還留下一個疑問：如果利佛摩消防局有個燈泡，過了一世紀之後還亮著，那世界上其他燈泡為什麼半年就壞了？

布滿灰塵的雪爾比燈泡，藏著**消費主義的祕密——「計畫報廢」首次策畫出來，以及「持續升級」的誕生，都是從這裡開始的**。如今升級已經成為一種生活方式。我們每十一個月換一次手機；二八%的人每三年換一次沙發；而且我們平均每兩年九個月換一個男女朋友（所以有二八%的人，沙發撐得比男女朋友還久）。我們陷入一種全球性的崇拜，產品設計師稱其為「無限新主義」（infinite new-ism）：不信任舊東西，而且這個「舊」大概才兩週左右而已。

而且不只物品升級，連自己都要升級。永久的自我改善，是存在於我們所有生活領域的沉迷態度：在健身房把身體鍛鍊得完美；在職場更有生產力；更好的同事、夥伴、廚子、愛人、父母、看護、人類。這種持續不懈、包羅萬象的自我改善動力，就是升級文化。它不是憑空出現的魔法，而是人為的策畫；雪爾比的燈泡，就是這一切事件的第一道線索。

第二道線索則位於五千六百英里（按：約八千九百六十公里）之外。一九八九年，共產主義垮臺、群眾翻過柏林圍牆之際，有一位名叫甘特．赫斯（Gunter Hess）的歷史學家，無意間走進一間東柏林的建築：歐司朗電器公司（Osram Electrical Company）的總部。

赫斯在裡頭發現翻倒的檔案櫃，以及散落一地的紙張。他開始細細端詳這些廢棄的行政文件，結果有樣東西抓住他的目光。原來是一九三二年，某場在日內瓦召開的會議其中幾分鐘的保密內容。這場會議是由歐司朗兩位最資深的執行董事，與全球五大電器公司共同召開的。二十年後，我跟甘特約在柏林一間咖啡館，問他這些文件有什麼特別？甘特打開了皮箱。

全球五大燈泡製造商在日內瓦開會，做出一個將會改變歷史路線的政策決定。他們想打造一個祕密的壟斷聯盟——「太陽神」（Phoebus），目標只有一個：只要任何廠商**膽敢生產壽命超過半年以上的燈泡，就把它踢出產業**。

我們早已隱約懷疑，自己的水壺半年後莫名其妙壞掉，背後一定有鬼。而這些文件證明確實有鬼，它叫做**計畫報廢**。

太陽神壟斷聯盟的創辦人有兩位：歐司朗的威廉．曼哈德（William Meinhardt），以及荷蘭電器大廠飛利浦電器（Philips Electrical）的創辦人安東．飛利浦（Anton Philips）。他們想將報廢給系統化，藉此強推一項攸關燈泡壽命的全球政策，只要任何公司不聽壟斷聯盟的話，聯盟就搞垮它。

赫斯讓我看看首次會議有哪些公司簽名。其中包括美國最大的電器公司奇異電氣（General Electric）、英國的聯合電器工業（Associated Electrical Industries）、法國的 Compagnie Des

Lampes、巴西的奇異股份公司（GE Sociedad Anonyma）、中國最大的電器產品製造商奇異愛迪生（General Edison）、墨西哥的 Lamparas Electricas，以及東京電力（Tokyo Electric）。

短短幾分鐘內，他們就明確描繪出計畫來：把每個燈泡的壽命縮短到六個月。任何人若是違反計畫，將會依情況處以不同程度的罰款，全以瑞士法郎或德國馬克繳納。

這五家公司並不只生產燈泡（譯註：作者可能把奇異電氣、奇異股份公司與奇異愛迪生都算作奇異一家），還提供現代生活的基礎建設：路燈、銅製電話線，以及船隻、橋梁、火車與電車軌道的纜線。他們也製作耐用的消費品，例如冰箱與爐子；而且車子、房子與辦公室的電力也是他們提供的。**但從一九三二年起，這些商品全部都內建了故障時間**。

兩千年來，製造耐用商品的精巧技術，就這樣畫下句點。從今以後的大量生產，將牽涉到反直覺的逆向工程，也就是從它「該故障」的時點開始倒著設計。每個物件在試算表上都畫有不同的使用年限。甘特．赫斯給我看了一些品項，全是用同樣的浮動報廢尺度來精密校準，潦草的手寫字跡爬滿表格，每個表格都規定了使用年限。**最重要的是，不能讓消費者知道這些事**。利佛摩消防局那顆燈泡，算是漏網之魚。

太陽神這樣做有錯嗎？一九三二年，自由世界正處在經濟蕭條後的關鍵復甦期，希特勒準備在德國掌權。太陽神將計畫報廢給系統化，不只是想多賣幾顆燈泡，而是想**在危急存亡之秋，拯救資本主義與民主制度；他們讓人們持續消費**。

計畫性報廢，因為最窮的國家也不要全新的舊款

倫敦攝政街（Regent Street）的蘋果直營店（Apple Store）外頭，有兩千個人在排隊買最新的 **iPhone**。他們耐心站著，滑上一版的 **iPhone**（再過十分鐘左右就要被淘汰了）；就連維持隊伍秩序的警察也在滑自己的手機。隊伍繞了大樓一圈，排到隔壁街，再延伸進旁邊的公園。

至於排最前面那幾個人，已經等了將近四十八小時。排第一個的先生坐在釣魚椅上（附捲起來的床墊與遮雨用的防水布），他甚至還帶了小型瓦斯爐來熱湯。**他從星期六下午開始排隊，而現在是星期一早上。**

我問他：「冒昧請問一下，新 **iPhone** 有舊型沒有的功能嗎？」他眉頭一皺，覺得這問題有夠蠢。「你是在講什麼？」「呃，你在寒風中排了將近四十八小時，所以我只是很好奇，這隻新手機有什麼特別之處？」

他嘆了一口氣，往前靠過來說：「**它是新的啊！**」這就是重點。現在是早上八點五十六分，當店門一打開，穿著藍色T恤、高聲大喊的蘋果員工，試著擋住蜂擁的人潮，而我剛認識的這位熱湯哥，將會成為第一個拿到最新 **iPhone** 的人，雖然過沒多久，全世界都可以買到。兩分鐘內，前幾位買家就會把它放到 eBay 上拍賣，它就變舊了。

報廢被內建於新穎之中，我們買的每樣東西裡都有缺陷。離利佛摩消防局與那顆老燈泡不遠處有個倉庫，裡頭塞滿從未使用過的嶄新科技產品：手機、平板電腦、筆電、印表機、微波爐、衛星導航、耳機、無人機，還有穿載式裝置，幫助你**報廢原本的你，再成為最棒的你**。它們全都

裝在箱子裡，還沒開封，準備要捐給慈善機構——某家公司大批採購它們，卻連開封都來不及就升級了。

我問倉庫的領班：「這些東西要送去哪裡？」他說巴爾的摩、孟加拉，哪裡有人要，就送去那裡。但問題是，他們也不要，**因為世界上最窮困的那一半人口，跟最富裕的那一半一樣，都對過時的科技沒興趣**。

二〇〇八年我造訪馬拉威，世界上最窮的國家之一。偏遠的村莊就算沒有乾淨的水源或電力，也還是有村民拿 iPhone，因為他們早已領悟，手機是現代化的重要工具。《金融時報》（*Financial Times*）的威廉．瓦利斯（William Wallis），在二〇一六年曾說過：「手機之於撒哈拉以南的非洲，就如同蒸汽火車之於十九世紀歐洲：這些吃苦耐勞的『機械馬』，促進社會與經濟轉型。」

奈及利亞籍的旅館企業家馬克．埃辛（Mark Essian）說，非常缺乏基礎建設的非洲，只要整片大陸一起升級，就能受益良多。「**非洲的科技未來，不再是在後頭苦追**，而是看自己缺乏哪些東西，然後視這些缺口為機會，發明我們能用的事物，如此就能魚躍龍門，領先世界的腳步。」

根據麥肯錫估計，到了二〇二五年，撒哈拉以南非洲的數億人口，將有半數能存取網路；也就是說，總共會使用三億六千萬隻手機。非洲已經出現了幾個App：肯亞有牧牛用的「i-Cow」，迦納有私人保全用的「hei julor!」，烏干達有「Yoza」，類似Uber，替想洗衣服的人聯絡洗衣婦。所以沒有半個非洲人或亞洲人，想要十年前的戴爾（Dell）印表機，升級文化在非洲與亞洲被大肆接納的程度，比已開發國家還誇張，因為想在全球步調最快的兩個市場中領先，就必須升級。

科技公司當然樂於從命。假如你沒跟上世界的升級腳步，那作業系統 iOS 之類的軟體更新，就會讓你的手機或筆電變成累贅。這班車我們一搭上，就再也下不了車。

太陽神壟斷聯盟發明了計畫報廢，並制定公司該遵守的規則，也就是升級的規範，不管是燈泡或 iOS 皆如此。但想讓人們被升級迷住（亦即心理上總是想要最新的新玩意兒），計畫報廢就必須先失敗，再用新的概念替代它。換句話說，**連報廢也要升級**。

計畫性不滿——東西很快就壞，不如你生厭想換

我們可能傲慢的以為，一九五〇年代好傻好天真，當時的民眾還很好騙；但這想法錯得離譜。戰爭教育了民眾，並且將他們政治化。**大家都在工廠與生產線工作過，知道商品是怎麼製造的，以及它們的價值為何**，這代表他們現在不好騙了。

一九五一年，艾林影業（Ealing Studios）出品了一部喜劇：《白西裝男子》（*The Man in the White Suit*），亞歷．堅尼斯（Alec Guinness）飾演一位科學家，意外發明了一種神奇的衣料，不會穿破或弄髒。但他並沒有因此被捧為天才，工會領袖和老闆反而還聯合起來，想要毀掉他的配方。

《白西裝男子》就是在諷刺計畫報廢，以及工廠與工會串通起來欺騙民眾。從本片大獲成功就可看出，民眾積怨已深，並對於那些「關起門來喬些見不得人勾當」的傢伙，抱持冷嘲熱諷

的態度。堅尼斯飾演的反英雄（譯註：有著屬於反派的缺點，但同時具有英雄氣質，或做出英雄行為的角色）穿著一件象徵性的白西裝，代表在這個充滿勾結的晦暗世界中，可貴的公共誠信。

然而這一部由羅傑．麥道格（Roger MacDougall）與亞歷山大．麥肯德里克（Alexander MacKendrick）撰寫的劇本，絕非反資本主義，因為它同時蔑視勞工與老闆。這算是一種新形態的群眾覺醒：**消費者覺醒**，這其實比不信任政治人物更危險，因為他們誰都不信。當時正是經濟成長的關鍵時刻，西方政府需要民眾消費，但消費主義的幻滅卻帶來極大的威脅。

《白西裝男子》上映那一年，英國工黨政府正在競選連任，雖然他們在任期內將英國打造成福利國家，但沒有促成消費榮景。溫斯頓．邱吉爾（Winston Churchill）發現這是他重新掌權的好機會，於是保守黨發出以下宣言：「我們需要的是『充裕』（abundance）。創造新財富，會比樹立階級更有益。」

邱吉爾想在某群新人口，也就是消費者上試點新政策。消費者在英國復甦方面，扮演著非常政治性的角色。一九五一年，韓戰爆發。世界各國必須從兩個對比明顯的「品牌」中選擇一個：共產主義，或是資本主義。

如果資本主義想贏，邱吉爾與杜魯門（譯註：Harry S. Truman，美國第三十三位總統）必須讓消費者盡到自己的責任，亦即在英美購買高價產品，促進消費榮景，進而使經濟復甦。**消費主義不只是血拚而已，它也是冷戰時的思想武器**。

共產主義與資本主義兩方，用彼此衝突的自由概念，各自打造了一片樂土。共產主義有坦克，西方國家有購物者。共產主義承諾人們從階級中解放的自由，而資本主義承諾購物的自由。

差別在於，只有資本主義才能打造出今日的樂土，而無階級概念辦不到——因為你盼不到成真的那一天。

若要打心智之戰，資本主義占有明顯優勢。資本主義有實質證據，讓勞工知道它是可行的——就是你買進家裡的東西；而共產主義只有對未來的信念。所以在與共產主義對抗的過程中，商品即為今日生活的鐵證，而人民的責任，就是購買它們。

但有個問題。購買責任的本質腐化了，所以消費者對它怨聲載道。計畫報廢等於在嘲笑消費主義的意識形態，以及消費者的責任。**如果這一切都是騙局，我們又何必盡這個責任？**所以假如製造商想在消費者心中重建消費主義的可信度，他們就需要變出新招。

通用汽車的執行長艾爾弗雷德．史隆（Alfred P. Sloan Jr.），三十年來都小心翼翼的領導這間公司。史隆是個精明幹練的老闆，但他幾十年來都活在巨人的陰影下。這位巨人是汽車產業的變革天才，甚至還有自己專屬的「福特主義」（**譯註：基於工業化和標準化，大量生產與消費的社經體系**），他就是福特汽車的亨利．福特（Henry Ford）。

福特的才華其實是被一件簡單的事情啟發的。在一八八〇～一八九〇年代期間，他最感興趣的是芝加哥的肉品工廠。因為工人已知道如何有效率的肢解動物屍體，然後一塊一塊的放在輸送帶上。事實上，他們創造了史上第一條現代生產線。福特心想，如果把流程反過來呢？如果生產線不拿來肢解牛，而是拿來組裝汽車呢？

一九〇八年，福特用組裝線製造福特T型車（Ford Model T），改革了大量生產的方法。當時史隆只是在一旁見證這個自動化革命，到了一九五六年，他決定參一腳，自己親手改變歷史。

史隆想重啟計畫報廢，而他的做法就是重組我們的想法。

一九五四年，在某次廣告大會上，密爾瓦基市（Milwaukee）的工業設計師布魯克斯．史帝文斯（Brooks Stevens），就向與會代表說明，他認為戰後工業面臨的最大挑戰是：「灌輸消費者欲望，讓他們擁有比必需品新一點、好一點、快一點的商品。」

史隆擬了一個計畫，想讓此事成真。為了讓信用掃地的計畫報廢原則復活，他必須替消費者建立新的心態；而這個**心態會使我們自己選擇將產品報廢**。一輛車廢棄的原因，不再是通用汽車透過製程讓它故障，而是消費者討厭它；大腦變成了報廢用的工具。史隆用五個字形容這套流程：**「計畫性不滿」（engineered dissatisfaction）**，既精闢又令人膽寒。

史隆在自傳《我在通用汽車的歲月》（*My Years with General Motors*）中，更詳細描述這套理論：「新車款必須非常新穎、有魅力，才能創造需求，以及拿舊款與新款比較所產生的不滿。」史隆想藉由持續升級的概念，在消費者心中製造不滿。

我在舊金山與史隆計畫的核心人物會面。湯姆．俁野（Tom Matano）成長於一九四〇年代晚期的東京，對於美國的設計感到很新奇，例如派克（Parker）出品的筆、可口可樂的瓶子，以及奇異的冰箱。所以一逮到機會，俁野就前往美國，成為通用汽車的學徒設計師。

湯姆的第一項工作，是製造史上第一輛設計有「計畫性不滿」的車子：一九五六年的「雪佛蘭 Bel Air」（Chevrolet Bel Air）。會面當時是春天，風和日麗，湯姆開著一輛原型車，載我橫越金門大橋（Golden Gate Bridge）。「你有看見儀表板閃閃發光嗎？」湯姆指著反射晴空的燦爛藍色光澤說：「這顏色是以指甲油為靈感。**這輛車被當成一種飾品，搭配你的大衣或包包。**」

所以車子也開始有型錄，告訴你升級後的車款長什麼樣，而且半年後就能買到。若想了解史隆的想法，型錄就是關鍵。**你每次買下雪佛蘭的那一刻，都會意識到「下一輛更讚的車即將推出」，所以你的新車立刻被「報廢」了**。這輛車明明是新的，卻一下就舊掉，而你也自動浮現失望之情，因為你想要一輛更新的。

湯姆對這種方式有何看法？「我們好像服裝設計師，不是汽車設計師！引擎蓋下面的部分沒變，但我們必須改善附加的部分：內裝、尾鰭、閃亮的新顏色，這些才是能衝高銷量的東西。」

史隆等於把一切都顛倒過來。車子的可靠度與效能，現在跟它的銷售無關了，外觀的變化才重要。但在**這股購入新車的甜蜜之中，帶有一點苦澀，因為它已經過時，你很快就需要升級**。你明明已盡到購買最新款的責任，但感覺就是不對。就這樣，你的不滿被成功引發出來了。

湯姆在通用汽車的學徒經驗，讓他受益良多，之後他成為豐田的首席設計師。但他當時身為剛進汽車產業的學徒，會覺得自己在用雪佛蘭欺騙消費者嗎？「也不盡然。這算是史隆的天才點子，引擎蓋下的部分幾乎沒變，但把它當新車賣，我覺得這招太妙了。」

史隆把報廢轉型成一種在腦中嘮叨不休的疑慮——我們剛買的東西，裡頭好像有個時鐘在滴答響，天生就有缺陷。

不過，你還是能享有短暫的愉悅感：新商品到手的那一刻，你的疑慮就消失了。排在隊伍最前面的那位仁兄，就是希望藉由新款 iPhone 感受到這股短暫的愉悅。這隻手機是最新的新玩意兒，還沒被名為「報廢」的魔掌玷汙。

上癮：決定換、到手開箱與腦內啡快感

蓋博．奇克曼（Gabe Zickermann）住在金門大橋附近。他虎背熊腰，頂著一顆禪味十足的光頭，一分鐘可以吐出一千個字。他的住家融合了亞洲風格，還有畫龍點睛的冥想區與竹子園，但相較於他的大塊頭，房子顯得很袖珍。

奇克曼是「銷售神經科學」的大先知之一，研究當我們買下東西的那一刻，大腦裡到底湧現了什麼？他用熱切的語氣說道：「全世界有一大堆公司想賣東西給你，他們該怎麼做？當人的腦袋在清醒的時候，是很難被行銷話術給騙走的。我們知道自己處於升級的循環當中，為了讓自己適應這個事實，我們只好替商品寫個新劇本。很久很久以前，這個劇本是你一輩子都抽同一個牌子的菸，或是用同一品牌的洗衣粉，但現在這種忠誠度，必須透過升級來建立。升級讓我們持續使用同一牌的車子或手機，因為我們告訴自己，這些商品不斷在改善。」

而且這種升級不只存在於商品，我們認為自己的生活該精益求精，工作、房子與伴侶都要變得更好。升級概念存在於我們所有活動：更好的假期、在健身房鍛鍊身體、用約會App尋找伴侶、透過升級過的養生法來進行清淨飲食。我們精益求精，商品也只好跟我們一起升級，於是**我們自己就成了可無限升級的商品，待價而沽**。簡言之，就像把人類放在貨架，沒人買的話，就等著積灰塵吧！

然而，升級的物品，替我們標示出未來的人生道路。我們用最新、最夯的東西圍繞自己，**告訴自己：「我一定要跟它們一起進步。」**升級過的科技，與我們的自我價值，彼此間逐漸同化，

合為一體。

不過，奇克曼著迷的地方，其實是買下東西的那一瞬間；這也讓大公司經常向他請益，想知道我們大腦真正的運作方式。「我們買下新東西的時候，大腦會把這個決策視為報酬。接著它會湧現少許腦內啡，而我們會很享受，因為這挺爽的，跟吸毒一樣。所以**決策、報酬與腦內啡湧現，就形成一個迴圈；這迴圈會令人上癮。**」

我們動不動就把「購物治療」（譯註：不開心的時候，買東西讓自己開心）與「購物成癮」掛在嘴邊，好像真懂它們的意思，但它們都是很殘酷的字眼，用來形容真實的複雜神經流程。**我們渴求的，並不是商品本身，而是買新貨時產生的腦內啡**。這陣快感來得快去得也快，甚至在我們收到確認郵件，或是離開店家之前，就已經消失無蹤。為了再得到一陣快感，我們會再繼續買下去，而且越快越好。

史隆每半年更新雪佛蘭一次，但今日的持續報廢，是永久且不可阻擋的現實。它是永無止境的升級心態、腦海裡揮之不去的緊張催促，而我們跟不上。說到腦內啡快感與升級文化之間的緊張關係，應該**沒有任何商品比 iPhone 更嚴重**。

賈伯斯的盤算

二〇〇七年，一位身穿黑色高領衫的高個男子，走進鴉雀無聲的講堂。巨大的銀色蘋果商標，在他後方閃閃發光。他說：「這一天我期待已久。每隔一段時間，就會出現一項革命性產品，改變我們的一切。假如你的生涯之中，曾為這些產品效力過，那真可謂三生有幸。」

觀眾席依舊悄然無聲。男子暫停了一下，環顧四周，再繼續說下去。

「一九八四年，蘋果推出了麥金塔電腦。它不只改變了蘋果，也改變了整個電腦產業。二〇〇一年，我們推出了第一部 iPod。它不只改變我們聽音樂的方式，也改變了整個音樂產業。」

觀眾開始鼓掌了。

「那麼各位，就在今天，我們要推出**三項**革命性產品。」他轉向背後的大螢幕，有個圖像浮現在上頭，「首先，是附有觸控操作的寬螢幕 iPod。」

這可不是觀眾熟悉的那種「聖像畫」。它既非希臘的傳統基督畫作，也非電影《岸上風雲》（*On the Waterfront*）中馬龍．白蘭度（Marlon Brando）的肖像。它是一部宛如童繪的白色 iPod，放在明亮的橘色背景中。掌聲越來越熱烈。

「第二，是一隻革命性手機。」一隻白色手機，從綠色的方塊中變出來。觀眾開始歡呼，有些人還站了起來。「第三，是一套突破性的網路通訊裝置。」霎時，整個講堂歡聲雷動，差點被震垮。

「就這三項。iPod、手機、網路通訊裝置，」他刻意放慢速度，一遍又一遍的反覆唸著這段話，好像在唸經：「iPod、手機、網路通訊裝置。」三個圖像開始旋轉，還越轉越快，最後合而為一。「**猜到了嗎？猜到了嗎？這不是三個分開的裝置，而是一個。我們稱它為 iPhone。**」

史帝夫．賈伯斯瀟灑離場，世界就此改變。一般來說，誇張的言語不可能符合現實，不過在這個案例中，賈伯斯卻是低估了自己的成就。**iPhone 不是未來的一部分，而是即將創造未來。**

賈伯斯準備演講的時候，銀行正在經歷一九二九年華爾街股災以來最大規模的崩盤，而 iPhone 就這樣破土而出，準備取代他們。iPhone 的運算能力勝過阿波羅十一號（Apollo 11）太空梭，但它真正的力量，卻沒人能預測到，包括賈伯斯。

iPhone 不只是與實體世界互動的數位工具，而是**用它的數位設計重建實體世界**。這一切只需要靠指南針般大小的物品就能辦到。而五百一十五年前，哥倫布就是用指南針抵達美洲新大陸；他與賈伯斯一樣，膽敢成為新世界的第一人，卻幾乎沒想到這個世界的真正規模。

轉不開的梅花形螺絲，是不想讓顧客自己修

丹·克洛（Dan Crow）是其中一位賈伯斯請來開發 iPhone 的設計師。我們約在他的辦公室（位於倫敦肖迪奇區〔Shoreditch〕的矽環道）見面。iPhone 是一項非凡的發明，但我很好奇，它的升級代數（例如 5、6、7、8、X）是否有借鏡史隆的計畫性不滿？他們開發 iPhone 時，腦中是否意識到永久升級這回事？

丹啜了一口水，接著回答：「從一九七〇年代以來，蘋果的疊代（譯註：重複反饋過程的活動，目的通常是為了達到所需的目標或結果）能力越來越強。現在這個能力，有一部分是靠升級促進的，對吧？這還挺有趣的。但問題在於，這一切都是由科技，以及**不可避免的科技變革趨緩**所驅動的。」

賈伯斯發現計畫性不滿有個問題。到了某個時點，就算你持續推出 iPhonee6、iPhonee7、

iPhone 8、iPhone 9（按：最後蘋果跳過此型號，直接推出 iPhone X），也還是會被大眾看穿。「你可以附上感應器或更好的相機，也可以把手機漆成金色，但不管怎麼樣，你必然會看到產品水準停滯。這是一種『沒有辦法再更好』的境界。」

變革速度趨緩，迫使開發者必須放棄這條曲線，而且要發明新東西；這就是為什麼蘋果在一九七〇年代沒有止於麥金塔，而是持續創新。賈伯斯的天才之處，在於他先畫出一隻長頸鹿，然後扔掉這張圖，再畫一隻犀牛，接著是獅子與鯊魚。他知道**大眾不想一直買長頸鹿，即便你一直替長頸鹿噴上不同顏色**。

丹．克洛說，從顏色就可以知道這個產品沒戲唱了。**當你開始變換產品的顏色，就表示你已經沒有升級的招數了**。明亮的新顏色是一種不經意的徵兆，告訴大眾：這項產品「真正」的改善已經做完了。雪佛蘭 Bel Air 已經走過這一遭，而 iPhone 也面臨同樣的問題；這就是為什麼蘋果要往前邁進，試圖發明出下一個驚世之作。

賈伯斯從史隆與通用汽車學到的教訓，就是**「不管能拖多久，你終究得放棄升級」**。到最後你還是需要新產品。通用汽車衰亡的原因，就是因為他們沒學到教訓；賈伯斯當然不希望蘋果重蹈覆轍，這就是他從史隆身上真正學到的教訓。

但在推出 iPhone 之前，蘋果其實也曾跟其他公司一樣，採用正宗、老派的計畫報廢，類似太陽神壟斷聯盟。

二〇〇四年，紐約有位名叫凱西．奈斯塔（Casey Neistat）的學生，打了蘋果的求助專線，想請教一個問題。當時蘋果的鎮社之寶是 iPod，而凱西．奈斯塔的 iPod 莫名其妙故障了。

凱西打給蘋果支援部門（Apple Support），想知道怎麼換電池。「那部 iPod 要價四百美元（按：約新臺幣一萬兩千元），所以電池壞掉的時候，我想先修修看。結果蘋果的客服對我說，修理費是兩百五十美元（按：約新臺幣七千五百元），還不含郵資。然後再補上一句：『這個價錢，你不如買新的。』」

凱西被搞糊塗了。客服問他說：「你的 iPod 用多久了？」凱西回他：「一年半吧！」「喔，怪不得。它已經『過年』（past its year）囉！」

蘋果的銷售策略，是想讓凱西（與其他 iPod 用戶）去買一台新的，這樣就可以再賺四百美元。如此一來，**iPod 用戶每年都要花四百美元換新機**。

這樣做的理由，是因為蘋果遇到了進退兩難的窘境。比起福特汽車，蘋果其實更像荒原路華（譯註：Land Rover，主要生產全地形特種車輛），他們都是市場領袖，如果能維持「科技變革第一品牌」的地位，他們非常樂意犧牲一些市占率。變革比銷量更重要，因為設計不夠優秀的話，也就不會有銷量。

為了讓 iPod 輕巧到能在你的腰帶上或口袋裡運作，就必須犧牲一些電池壽命。假如消費者想要壽命較長的 iPod，那它就會變得很笨重。**如果顧慮實用性，設計上就會綁手綁腳的**，而在蘋果的世界裡，這根本就是本末倒置。賈伯斯絕不會這麼做，所以凱西的 iPod 才會故障。

凱西氣到炸，自己在 iPod 的廣告影片（內容是紐約街上，有一群戴著耳機的剪影在跳舞）上多加了一行字：「蘋果的骯髒祕密：iPod 的電池不能換，還只能撐一年半。」結果這支影片在 YouTube 爆紅，還被《華盛頓郵報》、《滾石》雜誌、福斯新聞與ＢＢＣ報導。奈斯塔引起大家對 iPod 電池壽命的關注，也因此在基層民眾間引發了全新的反升級運動，例如 iFixit 公司或「降級」文化。有幾群科技達人自告奮勇，把剛上市的新產品拆解，了解它是怎麼運作的，接著**他們會嘗試我們早已放棄的舉動：修好它**。

卡爾·赫布勞（Carl Hebrau）任職於 iFixit——矽谷一間小型新創科技公司。他與同事的制服，不是扣領襯衫搭配斜紋棉褲，而是你在車庫或倉庫會看到的服裝：棕色工作服，翻領上印著 iFixit 的商標。卡爾與同事把所有到手的新升級產品，全部拆開來，然後撰寫某種文件：幾十年來，我們用電視跟冰箱的時候都不會去翻它，那就是**使用說明書**。

卡爾寫了兩百份以上的說明書，然後免費公布在網路上，再搭配 YouTube 影片說明，這樣大家就知道怎麼修產品了。製造商認為我們不想找麻煩自己修，但卡爾說：「如果覺得麻煩，為什麼會有一大群人，跑來參考我的影片與說明書？」

在拆解 iPhone 時，卡爾發現事有蹊蹺，因為他發現一個**很獨特的梅花形螺絲，沒有半把螺絲起子能插進去**。

我在卡爾的工作坊問他，蘋果為什麼要這樣做？「他們不想讓顧客拆開。如果你有辦法拆開手機，會發現**裡頭用的是飛利浦的標準螺絲**。所以外殼用這種梅花形螺絲，顯然沒有美觀或實務上的理由，它就只是把人擋在手機外頭的鐵絲網而已。」所以卡爾決定，發明世界上唯一能轉開這種梅花形螺絲的起子，現在他還把這種起子送出去。

我很好奇這梅花形螺絲到底是什麼來頭，就問蘋果能不能接受訪問。有一位穿著瀟灑、帶著眼鏡的男士，同意在倫敦市中心的巨大玻璃窗辦公室接見我。他叫班尼迪克·伊凡斯（Benedict

Evans），是一位技術分析師，最能夠清楚說明蘋果的思維。

「你認為蘋果的手機真的有改善？抑或只是透過升級，刻意營造顧客的不滿？」

「我們還是有明顯的大幅改善。產品都打造得很耐用，而且蘋果為了要讓顧客開心，也費盡苦心。」

「可是我問排第一個買最新款 iPhone 的人，說到底有什麼改善，他竟然答不出來耶？」

「因為**顧客不必知道產品哪裡變好，或對他們從未見過的產品發表意見**。」

i-Fixit 這類人只占了蘋果消費者的極小部分。班尼迪克主張，這些產品必須適用於所有人，而大多數人只希望手機能正常運作。所以手機出問題，他們一般都是送去給蘋果修理，不太會自己修。

至於升級，他說：「這真的有這麼糟糕嗎？反對升級的人主張，以前我們消費速度跟生活步調都比較慢的時候，過得比現在好很多。但以前有八〇～九〇％的人口是鄉巴佬。人類之所以能擺脫鄉巴佬的生活，有一部分要歸功於消費。」

蘋果用 iPhone 改變了數億人的生活，但假如它不經意造成社會對升級的著迷，那不必然是蘋果的錯。扔掉幾乎全新的商品，是升級給予消費者的選擇。我們追求更好的事物，但永遠無法得到它，因為**完美的產品，就像永遠在前方的彼岸**。蘋果只是提供一個平臺，讓大家去追求完美產品，但決定要追的，是我們自己。

班尼迪克問我，有沒有看過比爾．莫瑞（Bill Murray）在《星期六夜現場》（*Saturday Night Live*）節目演的飛機短劇？我說沒看過。比爾．莫瑞飾演一位壞脾氣的生意人，怒氣沖沖的向空服員抱怨，威士忌的冰塊不夠冰。他的抱怨接二連三，還越來越惱人。最後空服員受夠了，忍不住回他：「先生，您不覺得自己能在三萬英尺（按：約九千一百四十四公尺）的高空，以時速一千兩百英里（按：約一千九百三十一公里）旅行，是一件很神奇的事嗎？這才是您該在意的，而不是冰塊夠不夠冰！」

所以iPhone是飛機，而我就是抱怨冰塊的比爾．莫瑞。升級文化的影響力，比iPhone以及它的批評者都大。升級文化把一切都包含在其中，但我們都知道，這種心態帶來的回饋感只會越來越低。新產品並沒有真的讓我們變快樂，但我們不在乎，還是繼續升級，為什麼？

升級不會被批評給動搖，因為很久以前，就已經有人讓我們相信，**升級等於科技進步，而這種進步是最可信、最不容質疑的**。這是一種被重組過的心態，始作俑者就是史隆。不過這種心態，其實源於更深層的某處，不只是想要新東西，或想要「最新的新玩意兒」激起的腦內啡快感——而是**想要變成更好的人**。

生物升級：人機結合自我優化

如今，我們是史上第一批可以替自己升級的人。上海首富呼吸到的空氣，已經跟街上老百姓不一樣了。高聳於北京的閣樓公寓，也向「Vitality Air」（總部位於加拿大亞伯達省）這類公司，購買從加拿大洛磯山脈抽取的純氧。Vitality Air一罐氧氣賣二十～三十二美元（按：約新臺幣六百～九百六十元），每一罐可以呼吸一百五十～兩百次。「我們的中國官網天天都被塞爆。」Vitality Air的中國代表哈里遜．王（Harrison Wang）說道：「當外頭的空氣不好，我們的銷量就會暴增；所以**霧霾絕對是我們的最佳廣告**。」

另一家空氣供應商「Aethaer」的官網則寫著：「我們的空氣經過大自然的有機過濾，它在叢林的枝葉間流動，並於通過潺潺森林溪流時，吸收其潔淨的水分。」這種空氣被裝在玻璃罐裡，售價八十英鎊（按：約新臺幣三千兩百元）。創辦人李奧．德．瓦茲（Leo De Watts）表示，吸它的時候要細細品味，就像在喝好酒一樣。

假如你必須出門，非得吸髒空氣不可的時候，你可以使用一款精巧的空氣品質監測器，叫做「雷射蛋」（laser egg），售價七十九美元（按：約新臺幣兩千四百元）。雷射蛋是「Origins」公司的產品，創辦人傑絲．蘭姆（Jess Lam）表示：「人們希望有客觀方法能測量空氣品質，而科技能夠幫助我們控制環境。」

上海正在升級自己的空氣。它既是全球汙染最嚴重的城市，也是首富的棲身之地。倫敦也是汙染嚴重的全球首富中心，**地鐵朱比利線（Jubilee Line）從西敏市（Westminster）往東每過一站，居民的預期壽命就少一年**，照這樣估算，離西敏市八個站的景寧鎮（Canning Town），居民壽命會比西敏市少八年；而實際上，前者的平均壽命是七十二歲，後者是七十八歲。

十九世紀時，富人之所以比窮人長壽，是因為他們的飲食與社會條件比較好。但到了今日，這種差距又被拉得更開，因為富人有「生物升級」（biological upgrade）的機會。

腦機介面（Brain-Computer Interface，簡稱ＢＣＩ）是一種植入式裝置，原本是用來幫殘障者移動肢體的，但它現在也可以打造如機器人般的義肢，讓你更具力量：你會成為**「自我優化」**

（self-optimised）的人類，既非機器、也非血肉，而是兩者間的美妙結合，還可持續升級。在二十一世紀，改造肢體就跟整形手術一樣稀鬆平常。如果你覺得這樣自我優化不夠，還可以**上傳記憶、讓大腦直接與網路連線，藉此創造出無限的記憶空間**；這代表有錢人不會再忘記任何事情，而且思考也比較快。改造人之於舊人類，就像二·〇之於一·〇。

我站在倫敦哈利街（Harley Street）一道樸素的白色門前。這是一間獨立經營的診所，叫做「Viavi」，標語是「管理你的健康，優化你的人生」。我被帶到一間白色的房間，裡頭的床與窗簾也是白的。房間裡唯一的顏色，是裝在嶄新陶瓷碗裡的藍莓與草莓，整碗放在托盤上端給我。

我來這裡是為了要訪問沙賓妮·杜奈醫師（Sabine Donnai），她是研究人類升級潛能的首席權威之一。她在哈利街獨立創業之前，曾擔任那菲爾醫療中心（Nuffield）的內科主任，與保柏醫療集團（BUPA）的醫療主任，所以我很好奇，她擔任過英國最大醫療公司的高階職位，為什麼要突然隻身殺進未來健康領域？理由很簡單：她看到了未來，就一頭栽進來了。「拜生物科技所賜，我們現在能在你身上蒐集無限多的資料：你吃什麼？什麼時候吃的？這些食物如何影響你壓力、血糖與血壓的高低，以及你的睡眠形式？還有你的身體如何應付每分每秒？我們可以用前所未有的微觀方法，深入鑽研這些數據，每組資料本身都能再細分成更精確的程度，就算在五年前，也沒人覺得它可行。重點不是累積資料，而是怎麼運用資料。」

Viavi之所以能辦到這點，是因為他們有一套量身打造的生物辨識測繪服務，年費是一萬三千英鎊（**按：約新臺幣五十二萬元**），電影明星、公司執行長、政治人物與英超（**譯註：英格蘭足球最高等級的賽事類別**）足球選手都很愛用；於是我也決定試試看。他們在我手臂裡注射了一個血糖監測器，每五小時上傳一次資料，還有一個閃爍的心臟監測器，測量三天下來的壓力與心跳；而且我還要每天吐出不同顏色的液體五次，供實驗室分析；在試管裡撒一泡「最精華的晨尿」，然後拉一坨屎到某個很像太空用品的銀色套筒裡。

這樣做的目標，是為了創造終極的身體檢驗，並利用這些資料，成為最佳化的你。杜奈醫師不相信這些超有錢的客戶，真的想追求完美的自己，但他們想要一張「醫療許可證」，讓自己能隨心所欲的過活。而透過這些資料，他們可以找到DNA鏈裡頭較弱的聯結，而且這些聯結還會因為生活方式而變得更弱。所以他們的解決方式，就是鎖定這些聯結來治療。

但杜奈真正的商機，並非來自現有的上千個有錢客戶，而是數百萬個**潛在**客戶，因為她會再推出較便宜的平價服務，並讓它在英國與歐洲流行起來。**Viavi將成為第一家利用尖端DNA編輯技術「CRISPR」，來提供平價服務的公司**。諸如Boots這類的傳統藥妝店，恐怕要與銀翼殺手一決雌雄了。（譯註：《銀翼殺手》（*Blade Runner*）是一部電影，裡頭有間公司用基因技術生產人造人。）

CRISPR已經找出會引發白內障與囊腫性纖維化的特定基因。這項技術被用來刪除潛在的遺傳疾病，並且讓動植物更完美，供人類消費。北京的華大基因公司就像中國版的Viavi，宣稱他們可以幫你重新排列DNA，而且價格比一隻iPhone還便宜。而Google旗下的「Deep Mind」，則力圖成為第一家解鎖智力遺傳基礎的公司。

哈佛大學的遺傳學家喬治·邱吉（George Church），正在研發一套工具，拼湊能夠產生抗菌力、避免病毒感染的遺傳密碼。他並沒有放棄改變人類DNA、產生新形態人類（不需強化機械義肢）的可能性，因為二．〇版的人類，在生物學上確實比較優越。

我問杜奈醫師，我們該為 CRISPR 與未來世界的迅速到來感到恐懼嗎？「其實不用怕。**二十年前，我們也很怕試管嬰兒啊！**當時的恐怖預言是『基因選擇』與『超級寶寶』，但現實是，有上百萬對夫妻，本來不敢奢求有自己的孩子，如今卻奇蹟似的實現了。」

人類升級究竟是如杜奈預測的全體升級，還是會創造出兩個不同的物種：人類一．〇，與升級過的人類：更快、更聰明、更強壯、更有錢？歷史學家尤瓦爾．哈拉瑞（Yuval Harare）認為是後者。我們在倫敦見面，他興高采烈的對我說，我們所知的人類在一百年後將不存在。「只有升級者才重要。」這本質上就是肉體的不平等。

牛津的生技專家安德斯．山伯格表示，這種把**人類分成升級者與無法升級之低階人口**的過程，就像「物種形成」（譯註：生物的物種一分為二的過程）一般。一開始是收入差距與 DNA 編輯權所造成的醫療分歧，但再過一個世代，這個分歧就變成生物層面的，命中註定且無法翻轉。升級會一代代傳承下去，就跟現在的基因一樣。

八十年前，太陽神壟斷聯盟創造出計畫報廢；但當時圍坐在日內瓦會議桌旁的六個人，恐怕沒預料到，**最後一項透過升級來報廢的事物，竟然就是人類自己**。

DONE

第9章

為什麼我們都聽麥肯錫的

搭上「那家公司」的權力，是成為世界級企業的捷徑

二〇一四年，我在倫敦多徹斯特飯店（Dorchester Hotel）訪問中國最富有的人：王健林。他是大連的「建設帝國」萬達集團的董事長。王健林身價三百二十億美元（按：約新臺幣九千六百億元），之所以前來倫敦，是因為他手上有**七十億美元**（按：約新臺幣兩千一百億元）**的「零頭」**，想找個「大尾」的東西把它花掉。

陣仗浩大的英國企業，滿心期待的排好隊，準備向王健林拋出「不容錯過」的機會。穿著昂貴西裝的男女，拿著公事包站在走廊上等候傳喚，其中包括一間電影工作室，一項在倫敦建造世界最高樓的計畫，以及某支英超足球隊。

這些交易到底能不能談成，全看王健林當天的心情，這令人聯想到卡利古拉（譯註：Caligula，羅馬帝國第三任皇帝）這位暴君：他坐在巨富那層的最頂端，而坐在他下方的「普通」億萬富翁，簡直宛如螻蟻。他的拇指可能往上，也可能往下（譯註：羅馬競技場的戰敗者，由皇帝決定生死，拇指往上比是放過，往下比是殺死）。**王健林是全球最有錢的〇．〇〇〇〇一%人之一，他坐得可高了**。

我還沒看到王健林；他好像〇〇七電影裡神祕的惡魔黨（Spectre）首領。他坐在一間隱蔽的黑暗房間，裡頭還有八位同事，以及一位翻譯（王健林事後告訴我，他英文非常好，不過有時候裝傻滿有用的）。大家嚴陣以待了一整天，才輪番被帶進去，**報告三十秒**。

我被傳喚的幾分鐘前聽到小道消息，說有兩位意想不到的人物，在走廊上鬼鬼祟祟的走動，腳步還很緊張。別人稱呼他們大衛（David）與鮑里斯（Boris）：原來一位是英國首相，另一位是倫敦市長（之後成為外交部長）。

不過讓我驚訝的，不是他們來與王健林會面，而是他們跟其他人一樣，都要排隊。以前王健林造訪唐寧街（譯註：Downing Street，首相與財政大臣的官邸都設於此處），覺得自己很榮幸被接見；**如今，換成官員很榮幸被他接見，而且跟我們一樣，都要排時間**。

今日掌握大權的不是政府，是企業。**企業不再影響政府，因為他們就是政府**。中國信誓旦旦的說自己是共產主義，但她本身就像全球最大的上市有限公司，因為這個世界最強國的老大，是一位生意人。

如今政府的職責不再是為民服務（別再相信政客的話了），而是盡可能營造有利於企業的經濟。這不是我自己的判斷，而是事實。社會主義者對於「公司綁架」（譯註：corporate capture，公司透過遊說等方式，對公家機關產生影響力）語多抱怨，但真相是，**企業認為政客拚經濟拚得很爛，所以他們該介入**。他們甚至不太情願，但為了做生意，不得不為。

權力關係早已顛倒過來。政客與成功的商界人士會面，就像傻笑的青少年見到搖滾巨星一樣。政客根本不知道該怎麼辦，有夠尷尬。

這些生意人營運的企業，就像非洲草原的大象，以蠻橫的步伐踏遍全球，尋找最棒的減稅優惠與境外生意。這些企業的運作層級遠高過政府，政府也不敢挑戰他們，就算想挑戰，也沒有可用的手段。

不過這些公司可以拿來投資的財富，比他們押寶的某些國家的GDP還高。像王健林這樣的億萬富翁，只要大手一揮，就有辦法改變數百萬人的生活。王健林來到倫敦，被眾人爭相兜售「機會」，希望他把數十億資金，砸在買得起的房產上。他考慮了哪項交易？答案是建造全世界最高的大樓，超越杜拜的哈里發塔（Burj Khalifa）。不過直到現在，我還沒在倫敦的天際看到他的巨塔，所以這項交易想必告吹了吧！

為什麼像王健林這樣的生意人，權力會比政府還大？誰做了決策讓這件事變得可行？假如現在負責制定規則的是企業，那由他們來治理國會比較好嗎？為了回答這些問題，你必須了解政府首次被納入企業麾下的原因為何？

艾森豪出聲警告：企業即將接管政府

一九六一年一月十七日，艾森豪（譯註：Dwight Eisenhower，美國第三十四位總統），向美國民眾發表卸任演說。艾森豪的骨子裡是個軍人：五星上將、二戰盟軍的最高指揮官。一九四四年，艾森豪負責審視諾曼第登陸的計畫，之後成為北大西洋公約組織（NATO）最高指揮官，以及美國總統。他是當時全球權力最大的人，所以一九六一年的卸任演說，意義也就格外重大。

艾森豪沒有吐出「讓美國更好」這種陳腔濫調，反而選擇透過致詞進行鄭重警告。他說，民主制度正受到某股潛伏的新力量威脅，它們在「權力走廊」（譯註：權勢人物出沒之處）運作著。他認為民眾有必要知道這個威脅。

他高聲說道：「再過三天，為祖國服務了半世紀的我，該卸下官職了。今天晚上，我向各位告辭，順便提出一些訊息。」

艾森豪開頭先談了一下已知的威脅：共產主義。他說這個危機衍生出另一個危機，但沒有人注意到，那就是**軍事工業在華府發揮的影響力**。

艾森豪警告大家：「我們必須透過政府議會，避免軍事工業複合體（譯註：一國之軍隊與私有產業，以相關的政治經濟利益，緊密結合而成的共生關係）取得沒有根據的影響力，無論他們是有心還是無意。我們千萬不能讓這個複合勢力，危害我們的自由民主過程。**我們不該把所有事都視為理所當然。只有警覺性高、見識廣博的公民，才能透過和平的方法與目標，迫使大型產業與軍事機構以適當的方式合作。**」

美國總統對民眾發表的言論中，這句大概是最擲地有聲了吧！這位處於權力核心的人士，提出明察秋毫的警告，而且是總統直接面對選民。之後大家對這次演說的解讀，都確切指出艾森豪在進行「軍事工業複合體」演說時，其實正面臨一個特殊的情境，冷戰正在升溫。每年政府支出有五〇％花在軍事開支上，占GDP的一〇％，而且這數字還在增加。軍事對於民主制度的潛在威脅，或許是真的。

艾森豪是堅定的反共產主義者，但軍事工業複合體接管政府的概念，在一九六〇～一九七〇年代被激進左翼思想家，例如諾姆．杭士基（Noam Chomsky）吸收的時候，卻是被他們用來解釋資本主義的陰謀操作。

艾森豪讓美國民眾稍微一瞥權力幕簾的背後，並告訴他們裡頭在交易什麼。而這個真實情況，與民主制度下民眾相信政商關係透明的想法是相左的。**從這一天起，美國民眾開始相信背後有黑暗勢力在搞鬼**，他們對政治人物的信任感一落千丈。但諷刺的是，告訴他們有鬼的人，也是一位政治人物。

在艾森豪演說之前，民眾相信軍事工業是在捍衛民主，而不是以民主為手段，搾取更高的利潤與影響力，進而危及民主。艾森豪語帶暗示：這些看不見的力量，正在透過遊說取得權柄。所以誰是說客？遊說又是從哪裡來的？

各種團體都在遊說，企業「心聲」誰聽？

一八七〇年代，有一位粗魯、肥胖的蓄鬍男子，坐在華盛頓威拉德飯店（Willard Hotel）的大廳抽雪茄與喝白蘭地。這位中年男子在十六歲時，就被最頂尖的軍校——西點軍校（West Point）給指名，之後成為技術高超的騎兵，擔任隊長期間活躍於墨西哥內戰（Mexican Civil War）與亨博堡（Fort Humboldt），獲得授勳，最後晉升為美軍司令將軍。不過現在他找到新工作了，這也部分解釋他為何會坐在威拉德飯店的大廳。

尤利西斯．格蘭特是美國第十八位總統。午後時分，他會在威拉德的大廳清閒一下，想擺脫國會山莊那群政客與官僚。但他擺脫不了，因為這一票人會在大廳堵他，向他請願或是說服他支持某項法案。格蘭特一輩子都在殘酷的戰場上打拚，但對於這些人的「戰術」，他一點都不想接受。他稱這群人為**「大廳混蛋幫」（those damned lobbyists），結果「說客」（lobbyist）這個字就被沿用至今**。

但這說法是真的嗎？「遊說」（lobbying）早在一八五〇年，就用來描述在紐約州議會大廈（位於阿伯尼）大廳，等待向立法者請願的人們。而大西洋另一端的倫敦，同樣的詞則用來描述在西敏寺大廳等待的平民，他們也想跟國會議員請願。甚至從一六四〇年代起、英國內戰之後，大廳已經是眾人與新民意代表，商討機密事項的合適場所。

三百年來，「遊說」僅限於政客與企業的相互利益，也就是你幫我抓背，我也幫你抓背。但到了一九六〇年代，事情改變了，權力轉移，說客也換人。充分就業加上民權崛起，讓兩種全新的利益團體步入大廳：**弱勢團體以及組織起來的勞工**。消費者權利團體、環保人士、同性戀團體、女權團體、黑人團體以及其他數不清的壓力團體，不只是困擾到以前的說客而已，他們還有很強勢的力量。

政治人物負有民主責任，必須處理（或看起來有在處理）這些團體的請願。大廳已經倒塌，這些新玩家威脅著要讓政治人物傾聽他們，而不是企業，企業利益因此被擠出權力走廊之外。危險分子與激進分子正在影響政府核心，用片面辯護（譯註：以不適當、不完整或錯誤的證據，給予我們看似合理的表面解釋或藉口）推動改革議程。企業說客開始擔心了。**這些新的利益團體不是想談成交易，或通過修法，他們想改變公民社會的本質**。所以企業一定要想點辦法。

協進會——企業說客帝國大反擊

一九七一年八月二十三日，美國最知名也最受尊崇的律師之一：劉易斯．富蘭克林．鮑威爾（Lewis Franklin Powell），坐下來寫了一份備忘錄給好友尤金B．席德納（Eugene B. Sydnor）。「鮑威爾備忘錄」（The Powell Memorandum）正是大反擊的關鍵時刻、對撤退企業的衷心呼喊。

鮑威爾說道：「企業多年以來，都是政客的代罪羔羊。至於程度有多嚴重，可以看看現在這幾位總統候選人所表達出的反商觀點。」他繼續說：「馬克思主義者的信條，就是資本主義國家被大企業控制。這個信條，一直被當成全球左翼分子的政治宣傳手法，目前已有不少美國民眾追隨。」

「但正如每位企業主管所知道的，今日的美國社會，鮮少有任何人的影響力，和美國商人、企業、甚至數百萬企業股東一樣低。假如有人懷疑，就讓他擔任說客，向國會的委員會說明商業觀點！事後他一定毫不誇張的跟你說，在**立法與政府行動的政治影響力方面，美國企業主管真的是『被遺忘的一群』**。」

鮑威爾說，企業被迫撤退，還被一大群自由、徹底的馬克思主義敵人給迫害，因為政府現在會傾聽這群人的聲音。接著鮑威爾更加詳細描述這些敵人：「電視」與「新聞業」，以及女權、黑人與同性戀等弱勢團體，現在是遊說團的主要成員；而優柔寡斷的最高法院法官，也縱容他們將遊說團扭曲為己用。

然後大學校園裡有信奉馬克思主義的學系與學生會，散布著反美、反商的思想；工會官員也決心阻撓生產力，而且有政治人物相挺。連位於華盛頓的企業遊說團——美國商會（Chamber of Commerce），面對社會主義的浪潮也只能雙手一攤。

「近期幾個企業無能的例子，以及企業觀點受到的蔑視，讓政治人物一聽到法條與『消費主義』或『環境』有關，就嚇得退避三舍，不敢支持。」

「企業必須學到教訓，而這個教訓早在很久以前，勞工與其他利益團體就已經學到了。**政治力是必要的，這股力量必須盡心培養，並且在必要的時候，積極、果斷的使用它，**」他最後總結：「企業曾經避不出戰，但現在要毫不遲疑的進攻。」反擊正要展開，而且招數要夠髒，才能奪回政府的控制權。鮑威爾認為這是歷史的轉捩點：「為自由而戰」。

《美國的為商之道在遊說》（*The Business of America is Lobbying*）的作者李．楚特曼（Lee Drutman）認為，鮑威爾備忘錄就像一張硝紙，點燃了一個新的政治意識形態：**新自由主義**。一九六〇年代，一波全新的政治利益團體，把政府的監管權吃乾抹淨；多數大企業都只能坐在一旁乾瞪眼，不知道該怎麼辦。這就是鮑威爾所謂的「社會主義」：上千條法規就像「小人國」的繩結與細線一樣，把企業綁得死死的。

鮑威爾備忘錄被一群親商的壓力團體採納，他們在華盛頓各地的小辦公室崛起，例如傳統基金會（Heritage Foundation，由庫爾斯啤酒〔Coors〕贊助）、美國立法理事會（American Legislative Council，簡稱ALEC）、曼哈頓學會（Manhattan Institute）與卡托研究所（Cato Institute）。報業大亨理查．梅隆．史凱菲（Richard Mellon Scaife），在一九六四年成立了迦太基基金會（Carthage Foundation），明確資助並支持鮑威爾的親商、反社會主義政府。迦太基基金會想要逼退凱因斯學派的干涉主義，以及國家主義者（譯註：statism，提倡政府在某種程度上控制經濟與社會政策的意識形態，與民族主義〔nationalism〕不同）的家長式領導（兩者都是從小羅斯福的新政開始），讓美國回到名正言順的捍衛者——實業家手中。

英國的新右派也成立了智庫：政策研究中心（Centre for Policy Studies，簡稱CPS）。當時英國的政壇新星柴契爾正是這個中心的主席。還有一個組織與CPS並行運作，叫做經濟事務學會（Institute for Economic Affairs，簡稱IEA），由養雞大亨安東尼·費雪（Anthony Fisher）在一九五〇年代創辦。費雪有一天無意間拿起一本《讀者文摘》（*Readers Digest*），讀到弗里德里希·海耶克（Friedrich Hayek）的《到奴役之路》（*Road to Serfdom*）其中一段摘錄；他現在轉信新自由主義，並希望其概念成真，就像迦太基基金會在美國的作為。

《到奴役之路》成為他們的聖經，費雪讀完之後也像保羅皈依基督（譯註：出自《新約聖經》，保羅在往大馬士革路上，決定改信基督信仰，成為後世所知的外邦人使徒）一樣，決定用商場上賺到的財富，打造一座智庫，致力逼退社會主義的態勢，因為海耶克相信它將會奴役所有人。

一九七〇年代，米爾頓·傅利曼（Milton Friedman）與芝加哥學派（Chicago School）興起了供給面經濟學革命，剛好銜接了上述這些團體。他們共同成為意識形態革命的基礎，不但改變了二十世紀的最末三分之一，還塑造了二十一世紀的命運。

一九八〇年，傅利曼在PBS電視臺開了《選擇的自由》（*Free to Choose*）節目，共十集。裡頭他概述了自己的大願景：**推翻政府暴政，透過市場主權讓人類自由**。而十八世紀的蘇格蘭經濟學家亞當·斯密（Adam Smith），讓傅利曼受惠良多。

傅利曼說道：「亞當·斯密的天才之處，在於發現市場上顯現的價格：商品價格、勞工薪資、運輸成本，會讓數百萬獨立自主的人，行為趨於一致；這群人彼此不認識，也沒人教他們該怎麼做。斯密的關鍵概念在於：**『自利』反而能創造有秩序的社會，造福所有人。**」

換句話說，有隻「**看不見的手**」在運作著。在《國富論》（*The Wealth of Nations*）中，斯密表示：「個人若只企圖創造自己的利益，將會透過看不見的手促進群眾的福祉，而這並非他們的意圖。」

社會主義與國家概念（斯密覺得這兩者是同義詞），因為這個理論而遭到關鍵性的翻轉。根據傅利曼表示，**社會主義迫使人們創造集體財產，反而讓人變得自私，但只要讓人遵照自己的利益行動，反而會不經意創造出集體財產**。

商業與意識形態之間敲定的這項「交易」，重要性高到難以言喻。費雪（商人）加上海耶克（知識分子），等於一場遲來的革命。但在一九八〇年，傅利曼（經濟學家）加上柴契爾與雷根（政治人物），卻搖撼了歷史，讓它走上今日的路線。過去八十年，就因為這個重大時刻被一分為二。**一九四五～一九七九年間，政府是歷史的最大推手，而企業試圖影響他們；但從一九七九年之後，情勢整個反過來**。

葉列姆．克利莫夫（Elem Klimov）執導的經典電影《來看看》（*Come and See*），描述德國入侵白俄羅斯的故事；影片最後五分鐘在觀眾面前，快速倒帶了二十年的慘痛歷史。假如歷史快速倒帶，從矽谷、銀行崩盤、解除管制、柏林圍牆倒塌，一直到傅利曼與雷根、柴契爾首度會面，那麼**到一九七一年的時候會突然停格，因為鮑威爾此時正坐在笨重的皮面書桌前，寫一份開啟未來的備忘錄**。

寫完備忘錄幾週後，鮑威爾就被前總統尼克森任命為最高法院大法官。美國商會會長尤金．席德納，也就是收到這份備忘錄的人，開始大刀闊斧改革商會，將它從過往的遺跡，搖身一變成為企業大反擊的積極戰力。

緊閉的大門背後，一個全新的祕密遊說團正在成形，名叫**「企業協進會」（Business Roundtable），由美國各大公司的執行長組成**。他們的目標是在華盛頓重新培植政治影響力，消除企業在美國校園與職場留下的壞印象。美國鋁業公司（Alcoa）的執行長約翰·哈潑（John Harper），向其他執行長說道：「我想各位都很清楚，現在該是閉上嘴巴，好好做事的時候了。」

文官捲鋪蓋，因為政府有了麥肯錫

他們的武器就是說客。而且遊說不再是禮貌、謹慎的軟語呢喃，而是一項產業。華盛頓的K街上（離國會山莊僅咫尺之遙），就有數千名專業說客等著被雇用。

說客用盡糾纏、勸誘、相互捧場（譯註：logrolling，互投贊成票以通過對彼此有利的議案）、威脅、討價還價等手段，不斷與政府周旋。倫敦的說客據點，則是沿著維多利亞街（Victoria Street）排列的玻璃窗辦公大樓，以及聖詹姆士廣場（St James's Square）不起眼的喬治亞式房屋。**說客早已不在旅館大廳出沒，他們是自食其力的產業**。

K街有幾間公司開始讓人又敬又畏。他們可以廢除勞工法，降低稅率，最重要的是，醞釀民眾對於「大政府」的不信任感。不到十年，遊說就從被遺忘的技藝，轉變成做生意的手段。

李·楚特曼表示，到了一九八〇年代初期，他們的成功使自己走到了十字路口。「這些公司可以宣告勝利，然後回家了。但他們沒有這麼做，反而繼續待著。許多公司都加深了自己對政治的承諾。再怎麼說，他們現在有說客幫他們看看華府有什麼危急關頭的事，以及有什麼方法，能維持政治上的活躍，幫助自己的事業。」

說客準備要大幅躍進：**從被動反應，變成先發制人**。直到目前為止，說客的工作是阻止政府干涉企業，而且他們成功了。現在說客要跨過門檻、走進政府，推動修法、草擬法案，並且逼退「社會主義」態勢。企業快要變成政府了。

但有人擋在他們面前，那就是公務員。一千年來，公務員早已默默接近政府的核心。公務員變得聲望顯赫，**最早是從中國帝王時代開始，公職是依據功績派任，而非世襲的頭銜**，可說是革命性的創舉，對中國社會影響至深。轉瞬之間，科舉制度就把職位世襲制給毀了。所有候選人都要接受競爭激烈的考試，考過的人即可得到這份工作。

二〇〇九年，有人在中國東部的青島，以及南邊的海南島發現「小抄」，可追溯至一七五〇年代。這些小抄印在絲綢上，長度不到兩英寸（按：約五公分），可以塞進火柴盒，上頭竟然寫了十四萬字讓考生作弊。從小抄就可看出，考過這些科舉考試有多重要，它是提升社會地位的管道。

一八四七年，英國駐中國領事湯瑪斯．泰勒．密迪樂（Thomas Taylor Meadows），寫了一段頌詞，讚揚中國科舉考試的用人唯才：「中國這個帝國之所以能維持這麼久，只有一個原因，就是他們**只晉升具備才華與功績的官員**，所以政府運作良好。」

結果密迪樂這封信，讓英國的公職開始效法中國。經過一八五四年諾斯科特（Stanfford Northcote）與屈維廉（Charles Trevelyan）的改革之後，英國也建立了考試制度。「選賢與能」成為英國與印度公職、普魯士官僚制度與美國現代公職（透過《彭德爾頓法案》〔*Pendleton*

Civil Service Reform Act〕制定）的基石。

選賢與能也催生出全新的中產階級。它在中國促成了都市化與教育普及，英國與中歐晚了一千年才運用它，也促成了中產階級的成長；貴族的政治權威本來就已經在崩潰邊緣搖擺，如今更是遭到徹底顛覆。**選賢與能是個不需流血革命，就能改革政府的機制**，而且為民服務的都是精挑細選的菁英。

然而到了一九六〇～一九七〇年代，大家對公務員的觀感變成「一群怠惰的官員」。他們是自私自利的官僚，跟以前的貴族一樣傲慢自滿。公務員變得像一篇黯淡無光的諷刺漫畫：一群穿著灰西裝的灰影人，坐在辦公桌處理文書，用行政制度扼殺所有改革。

一九七〇年代，專業說客已帶領企業走進華府與白廳的大門，但現在該來改變裡頭的公務員了。**顧問界有句行話叫做「轉型」，而第一個被轉型的，就是公務員**。

人才戰爭：想搶贏敵手，你需要「那家公司」（的人才）

讓此事成真的正是**麥肯錫：全世界最具影響力的顧問公司**。《財星》百大公司其中的九十家，以及好幾個國家的政府，都聽取麥肯錫的「建議」。這間公司的新人是從牛津的羅德獎學金得主，以及哈佛的貝克獎學金得主中挑選出來的，就跟軍情五處與中情局招募間諜一樣。

當你剛進麥肯錫工作，會聽到它有兩種別稱，讓你更了解自己在什麼樣的公司效命。第一個是**「耶穌會」（Jesuits）**，也就是一群精挑細選、不對外公開的聖職人員，並且終身效忠此職位。至於其他公司的管理顧問，甚至不會直呼麥肯錫這個名字，而是簡稱為**「那家公司」（The Firm）**。第二個別稱是**「薩佛街（Savile Row）裁縫」**（譯註：這條街的裁縫專門替政商名流訂製西裝，邱吉爾與拿破崙三世都是主顧）；一群不知名人士在政府幕後謹慎操盤，**你對他們一無所知，但他們卻對你無所不知**。

麥肯錫說自己是顧問公司，就跟Google說自己是搜尋引擎一樣。他們真正掌握的是權力，就像Google真正掌握的是控制所有資料，並運用在現實世界中。論規模，麥肯錫跟全球的競爭者相比只排第七，波士頓顧問集團（Boston Consulting Group）、貝恩諮詢公司（Bain）、普華永道與德勤都比它大。所以**麥肯錫的過人之處並非營業額，而是權力**；它的權力比其他顧問公司加起來都還大，就像政府這部機器裡必備的齒輪，但在華府與白廳的走廊之外，卻無人知曉它。

一九六〇年代晚期，興起改革念頭的政治人物，把礙事的公務員當成麻煩；而麥肯錫剛好能拔刀相助。技術統治論掀起革命（又稱「技術白熱化」），也帶來充滿自信、能言善道的新專家，他們看起來比老派的公務員有活力多了。

他們不會去蓋利克俱樂部（譯註：Garrick Club，位於倫敦市中心的紳士俱樂部，成立於一八三一年）吃又臭又長的午餐，而是口吐現代管理術語、搭配圖表，讓人摒息聆聽。他們既有效率，又是圈外人。托尼・本恩（Tony Benn）是哈羅德・威爾遜首相任內的能源大臣，他不相信公務員能實踐心目中的激進現代化改革，於是開始引進外部的「新專家」。

一九七〇年代，政治人物開始更廣泛使用顧問，其中又以麥肯錫居首，他們提供「獨立」的策略建議。「政策，非政治」成為新格言，而公務員似乎深陷於後者。相形之下，麥肯錫西裝筆挺的戰將們就帶著一道光環：總是在會議間趕場的聰明人，忙政治忙翻了。政治人物敬畏這種自信的氣息，於是麥肯錫就成了政治人物的耳中密語。他們似乎懂一些別人不懂的事。

「那家公司」對於重建白宮的人事與運作可說居功厥偉。而在西敏市，他們則身處於一九八〇年保守黨大型民營化計畫的核心。當保守黨下臺，輪到東尼・布萊爾執政的時候，麥肯錫繼續留在政府內。在一九九〇年代末到二〇〇〇年代初的「新工黨時期」（New Labour），**布萊爾的英國現代化政策，以及健康、教育等政府關鍵領域的「思考轉型」，都少不了麥肯錫的參與**——現在他們已被視為必要。他們會請求政治人物想一些不敢想的事情，因為任何事物都可以徹底改革。換言之，沒有任何事物是神聖的。

一九九七年，麥肯錫用四個字精簡的如此形容他們的革命：**「人才戰爭」（The War for Talent）**。二十年前，麥肯錫用7S系統（由麥肯錫策略家畢德士與華特曼開發）重組職場，而人才戰爭，正是人類在職場進化的下個階段。

麥肯錫的艾德・麥可斯（Ed Michaels）、海倫・漢菲德・瓊斯（Helen Handfield-Jones）與貝絲・艾克賽羅德（Beth Axelrod），橫跨各行各業，觀察七十七家生意興隆的美國公司，發現一個驚人的事態，那就是人才短缺。麥肯錫調查的主管中，只有二三%「相信」自己的公司吸引了最棒的員工，但這些公司過去五年來，營收成長率都是GDP的兩倍。

儘管這些公司並未招募到最有才華的員工，但他們還是快速成長；麥肯錫的顧問認為這件事實，不但不與他們的理論矛盾，反而還證明了這個理論。他們說假如這些公司耗盡最珍貴的商品：人才，那這些公司就完蛋了。

麥肯錫的「人才戰爭」宣言是有弦外之音的，也就是重申**雇用麥肯錫的必要性**。他們說：在經濟繁榮之際，千萬別被數字騙了；事情會轉壞，而當轉壞的時候，你身邊需要最棒的人才，而不是朽木，**所以你需要我們**。

安隆花大錢請「人才」，整間公司敗光光

人才戰爭立即帶來的衝擊，是大幅調高執行長的薪水；薪水呈指數型躍升，從最低工資的數十倍，暴漲到七、八百倍。我與馬丁．索瑞爾（Martin Sorrell）見面，他是全球最大廣告代理商「WPP」的創辦人，身價是兩億五千萬英鎊（按：約新臺幣一百億元）。「馬丁，你知道自己的身價嗎？」「我說不上來。」「那我換個問法，你會付自己多少薪水？」「**市場決定我身價多少，我就付自己多少**。我們的身價都是這樣來的，傑克斯。」

人才戰爭說穿了，只是把一九五〇年代麥肯錫老闆亞齊．派頓（Arch Patton）不斷提高薪資的做法，給重新炒熱而已。派頓自己的薪水，有一度占了全公司支出的一〇%。

現在人才就是王，這代表你想付自己多少就可以付多少，因為麥肯錫認定人才是企業的存亡關鍵。**人才可以免受監督，甚至也不用假裝與別人遵守相同的規則，因為……他們很有才**。

二〇〇〇年十月，在棕櫚灘（譯註：位於美國佛羅里達州的小鎮）某間奢華旅館的舞廳，某間全球成長最快公司的財務長安德魯．法斯托（Andrew Fastow），正在跟公司的財務委員會說明事情。總部位於休士頓的石油公司——**安隆**，當時可說是前所未見的成功傳奇：它的經營模

式非常積極、大膽擴張、野心勃勃，成為業界的模範，也是麥肯錫所謂人才戰爭的典型代表，安隆就是這個原則的體現。法斯托說，若想讓公司更飛躍成長，就需要「夥伴關係」。

安隆在能源交易事業上的非凡成長，是由傑夫．史基林（Jeff Skilling）一手打造的，他之前擔任了二十一年的麥肯錫顧問。安隆在史基林的主導下，一年要付一千萬美元（按：約新臺幣三億元）給麥肯錫，購買他們的「建議」。這個建議包括超過二十份由麥肯錫撰寫的報告，麥肯錫也會替安隆的會計方法背書，兩家公司之間屬於共生關係。麥肯錫的合夥人之一理查．福斯特（Richard Foster）在自己的著作《創造性破壞》（*Creative Destruction*）訪問了一位安隆的高階主管，藉此答謝他對於麥肯錫的恭維。這位主管驕傲的說：「我們雇用了非常聰明的人才，所以我們付他們的錢，比他們對自己的預期價值還多。」**可謂十足的人才戰爭思維**。

二〇〇一年十月，人才戰爭的果實被收割殆盡。安隆的倒閉宛如平地一聲雷，可說是**美國商業史上，單一公司最戲劇化的一次內部崩盤**。

安隆打從心裡相信麥肯錫的人才戰爭，所以縱容外強中乾、只出一張嘴的主管，在公司內部快速晉升，做出大量進口的決策，因為他們似乎知道自己在幹嘛；其他主管則是一時興起，就可以在新提案上砸下數百萬美元；但管理階層沒有人意識到這些舉措的危險性。這是個極度混亂之地，卻偽裝成負責任的事業；混亂的中心，正是「讓人才自由發揮」的原則。麥肯錫的理查．佛斯特稱之為**「創造性破壞」：安隆盲目追求「創造性」，結果把自己「破壞」了**。（譯註：創造性破壞原意是指「不斷破壞舊有的秩序和結構，同時再不斷創造新的結構」，所以此處帶有諷刺意味。）

麥肯錫替安隆設計策略的同時，也對華爾街銀行提供建議，推廣證券化與抵押資產，還鼓勵他們舉債籌資。正如財經記者班．邱（Ben Chu）的報導：「他們降低了股權的安全緩衝，只為了搾取利潤。此舉毒害全球金融體系，並促成了二〇〇八年的信用崩盤。」

麥肯錫的老闆也無法置身事外。二〇一二年，執行長拉傑特．古普塔（Rajat Gupta），因進行內線交易，並將公司的資訊，外洩給一位操作避險基金的億萬富翁好友，而遭到判刑。還有另一位麥肯錫的合夥人，也涉及這次內線交易。

安隆傷到了麥肯錫。二〇〇二年，麥爾坎．葛拉威爾（Malcolm Gladwell）替《紐約客》（*New Yorker*）雜誌寫了一篇文章，叫做《人才的迷思》（*The Talent Myth*），剖析麥肯錫與安隆之間的關係。麥肯錫這次終於打破保持沉默的規矩，跳出來指責葛拉威爾，以前他們從來不會這樣。

我在紐約與貝絲．艾克賽羅德見面，她是《人才戰爭》報告的作者之一。「那篇文章對麥肯錫傷害很深。」她說。那麼安隆倒閉，為什麼沒有更進一步傷害麥肯錫？同樣涉入其中的安達信會計師事務所，事後就關門大吉，但麥肯錫反而越挫越勇。她回答：「安隆內部確實幹了一些天怒人怨的事，但都不是麥肯錫幹的。」我問她：「你不覺得你那份《人才戰爭》報告，該直接為那些天怒人怨的事負責嗎？」貝絲的臉抽搐了一下：「我覺得你硬是把兩者連在一起，有點太牽強了喔！」

麥肯錫刀槍不入，每次都能重新站起來。二〇一二年，共和黨美國總統候選人米特．羅姆尼（Mitt Romney）說過，只要他當上總統，就會請麥肯錫來「修理」一下政府。二〇一三年，馬克．卡尼（Mark Carney）當上英格蘭銀行總裁，其中一項最早的決策，就是請麥肯錫過目這間銀行的運作。

麥肯錫是否真的有貢獻，引起兩派分歧的看法。道夫．麥唐諾（Duff McDonald）表示，就某方面來說，他們確實讓政府更有效率，畢竟他們在權力核心待這麼久了，總是懂一些眉角。但班．邱卻說：「**麥肯錫根本說不出，自己到底為世界帶來了哪些技術或商業發展，甚至連沾光都沾不到**。」

若此話當真，那對這家公司來說真是了不起的成就。從一九二〇年代起就待在政府的核心，卻什麼事都沒做。但或許，他們只是追隨鮑伯．霍伯（Bob Hope）的成功法則──當有人問這位喜劇泰斗，表演事業的祕訣為何？他回答：「持續露面。」

向民間融資，是因為公部門能力太差嗎？

安隆倒閉，麥肯錫的老大也因內線交易被定罪，金融風暴的種子已經種下，但麥肯錫反而離政府核心越來越近。

英國與美國的「權力掮客」景象，不知不覺被人才戰爭給轉變了。關鍵在於允許企業主導自己與政府之間的關係。簡單來說：企業有能夠帶來活躍改革的人才，而政治人物沒有，而且**知道自己很沒用──不過這概念是顧問灌輸他們的**。

有三個字母用來象徵這種權力轉移：「PFI」，亦即所有大型基礎建設計畫背後的「民間融資方案」（private finance initiative）。

PFI讓企業能主導價值數億（甚至數兆）英鎊的長期投資決策。英國工黨原本反對PFI，但自從一九九七年執政兩個月後，衛生大臣艾倫．苗易彬（Alan Milburn）說道：「沒有PFI，我們就死定了。」《衛報》（*Guardian*）專欄作家喬治．蒙博（George Monbiot）也寫出自己的觀察：「自由市場變成大企業的福利計畫了。」

以前是公務員被企業搞到對自己的工作能力失去信心，現在換政治人物懷疑自己的存在價值。只要政府財務吃緊，企業就能介入，用PFI拯救眾生。艾莉森．波拉克（Allyson Pollock）研究過英國國民保健署如何運用PFI（因為籌資成為工黨的議題），發現籌資看似能解釋PFI的介入，但政治人物提出的理由，是公部門的管理能力太差，根本就是在罵自己。

當時的財務大臣戈登．布朗，曾經再三主張公部門的管理能力奇差，只有民間部門有效率，而且能妥善管理服務。所以籌資是個議題，但真正的議題是，企業可能做得比較好。這個訊息被政治人物大肆宣揚，**背後則由麥肯錫操盤**。

理由很簡單。只要**反覆灌輸「企業更能妥善運用政府的錢」這個概念**，這個概念就會成為每個人（選民、企業，以及最重要的，政府本身）心目中的事實。而只有真正在領域內效力的健康、教育與社會服務專家，才會對此抱持懷疑。從此時開始，PFI、外包、無止境的升級組合，全部變成合乎邏輯的結果。而麥肯錫總是位居幕後，對政客軟語呢喃。**他們就是全新的公務員**。

經過幾輪裁員之後，舊公務員全被掃地出門，而麥肯錫與其他顧問站在一旁，笑看這群為國效力三十年的可憐蟲，拿著紙箱離開白廳。

如今顧問備受信任，而且他們的新公務員角色也是玩真的，因為只有他們能承先啟後。他們的氣比舊公務員還長，而現在，他們還想贏過當今，以及未來的政治人物。只要像鮑伯．霍伯一樣天天露臉，他們就能成為政務中不可或缺的一分子。但與舊公務員、鮑伯．霍伯不同的是，他們早有計畫。

麥肯錫一手提產業建言、一手玩私募基金

麥肯錫絕非是如外表那般的獨立專家。他們玩的是**兩面手法，一邊給政府建議，一邊替自己的客戶追求商業利益**；有些客戶專精於政府領域，而麥肯錫「剛好」也提供相關的諮詢。

二〇一〇年，英國政府著手進行國民保健署**史上最大的醫療改革**，而麥肯錫是草案的主導者之一。這項計畫是一個合作式的開放流程，參與者有醫師、健康專家、部會首長，當然還有麥肯錫。

會議並不是在白廳召開，而是在麥肯錫的辦公室。勞倫斯．布奇曼醫師（Lawrence Buchmann）擔任這一波協商的醫師代表，我趁他沒看診的空檔，前往北倫敦的忙碌診所拜訪他。布奇曼根本不敢相信協商開始後的情況。「**每次你去開會，都會有人早就寫好報告**，感覺像既定事實一樣。我們當中有人想問問這是怎麼回事，但他們總是被打發掉，或是得到一句話：『事情就是這樣。』」

布奇曼很快就領悟到，這個流程一點都不開放、透明，他的主張也不可能國民保健署採納。他說發號施令的就是麥肯錫，政府付了好幾百萬英鎊，請他們提供關於刪減服務的建議，但錢並

沒有真的流進麥肯錫。

二〇一六年，《金融時報》調查麥肯錫，發現**這間公司的合夥人，竟然自己在營運私募避險基金。這間公司內部的公司，叫做「MIO Partners」**。麥肯錫對國民保健署改革提供諮詢時，有權推薦民間的外包公司，而且受推薦的醫療技術公司，**麥肯錫都透過MIO直接持股**。

布奇曼深信，國民保健署改革的長期目標是完全民營化，但這並非意識形態上的信念，而是肇因於籌資危機，以及旁人為了民營化與解決這項危機，所持續進行的遊說。布奇曼說：「這是一種磨耗，但我們正往這個方向邁進。」麥肯錫可直接從自己與民間醫療公司間的關係獲利，但因為MIO是私人公司，所以民眾無法察覺。**因為MIO不透明，大家很難找出其中的關係**。

MIO這間藏在公司裡的公司，讓麥肯錫能主導最有賺頭、最影響深遠的改革，因為這些計畫是由全球各國接受他們「建議」的政府所擬定的。但MIO以及它在麥肯錫內部扮演的角色，對於高級合夥人「聖域」以外的所有人來說，依舊是一團謎。就連麥肯錫的員工都不知道它的運作細節。MIO說他們是部門管理階層做出的投資決策，有得到上級授權，並受到管制；他們有嚴格的政策，避免利益衝突。

艾倫·李曼（Alan Leaman）的工作，是替整個顧問產業發聲。我和他約在倫敦一間大型玻璃窗辦公室見面，想知道潛在利益衝突出現時，產業有沒有辦法制衡麥肯錫？

李曼告訴我：「很遺憾，**不管麥肯錫做什麼，你都要默默接受**。他們並沒有遵守我們的行為準則。」「他們不遵守你們的行為準則？但你已經是產業的監督人，連你都治不了他們，那有誰治得了？」看來麥肯錫都是自己玩自己的。

麥肯錫之所以能掌控全球政府，關鍵在於他們的「校友」，以及這些校友在「那家公司」任職期間培養出的耶穌會式（按：耶穌會是以行動力、使命必達著稱，相較其他修會會士，自豪感很高）**忠誠準則**。臉書的營運長雪柔．桑德伯格（Sheryl Sandberg），就曾是麥肯錫的顧問。除此之外，還有瑞士信貸集團的執行長譚天忠（Tidjane Thiam）、英格蘭銀行的前營運長夏洛特．霍格（Charlotte Hogg），以及摩根士丹利的執行長詹姆斯．戈曼（James Gorman）。

不過與政府關係最緊密的，莫過於擔任官職的校友。歐巴馬任命的行政管理和預算局局長彼得．歐斯札格（Peter Orszag），以前是麥肯錫顧問；卡麥隆（譯註：David Cameron，曾任英國首相）聯合內閣的外交部長威廉．海格（William Hague），也曾替麥肯錫效命。其他校友則掃光了全球財政部長的職位：例如義大利的柯拉多．帕賽拉（Corrado Passera）、塞爾維亞的拉薩．卡斯提克（Lazar Krstic）、荷蘭的艾瑞克．魏比斯（Eric Wiebes）、印度的甲恩特．辛哈（Jayant Sinha），以及日本的茂木敏充。

麥肯錫甚至還跟中國的共產黨領導階層，培養出很深厚的關係。《策略大師》（*The Lords of Strategy*）的作者華特．凱契爾（Walter Kiechel）曾深入研究麥肯錫對於新興市場的實務運作，並說道：「『那家公司』迂迴滲入當地菁英圈的能力，讓它的競爭者嫉妒到快抓狂。」

一九九四年美國共和黨革命（譯註：共和黨在一九九四年中期選舉中，成功重奪國會控制權）之後沒多久，共和黨黨鞭湯姆．迪萊（Tom DeLay）將幾位華府知名的說客請進辦公室。他做了一份兩大黨政治捐款的公開報告，並提醒說客，共和黨現在是執政黨，所以捐款最好拜對碼頭，否則「走著瞧」。根據反貪腐團體「德州公共正義聯盟」（Texans for Public Justice，創辦人為克雷格．麥唐諾〔Craig MacDonald〕）表示，「走著瞧」就是威脅他們不准踏進白宮。

你可以把這種政府「霸凌」的粗魯之舉，與麥肯錫的柔性方法比一比。二〇〇七年，國會頒布《誠實領導與開放政府法案》（*Honest Leadership and Open Government Act*），用來阻擋「K街計畫」（K Street Project）；這項計畫是共和黨的明顯舉措，向華府的遊說公司施壓，請他們雇用共和黨員；至於回報，則是讓忠於共和黨的說客，得以接觸具備影響力的官員與委員。

這種公然任用親信的做法，絕非麥肯錫的作風，他們是讓自己成為政府的DNA。麥肯錫的運作方式，比較像**顧問版的開曼群島**：一種隱約低調的機制，公司可以發號施令，但好像什麼也沒做。

麥肯錫與他們「涉入」的政府之間，沒有任何隔閡。正是他們，讓旋轉門永遠轉個不停。而且麥肯錫不需要說服任何人做任何事，因為他們是麥肯錫；**他們說什麼，大家就得聽什麼**。

DONE

第10章

商人干政，執行長治國——闇黑版全球化，演變成「三大公司」最高主管宰制世界

一九三〇年代，赫爾曼．阿布斯（Hermann Abs）是德國民間銀行迪爾布魯克．施克勒公司（Delbruck Schickler & Co.）的合夥人。這間銀行負責管理一個非常特別的帳戶，而且保密與看管方面都做得很好，讓他們很自豪；這帳戶是納粹黨開的。

赫爾曼．阿布斯正是希特勒的掌櫃，負責每個月發薪水給這位德國總理。他在自己的回憶錄寫道：「柏林的德國總理府是最大的帳戶，希特勒就是從這個帳戶，領到德國總理的薪水。」

阿布斯本身與納粹黨也有關係，他是黨魁馬丁．鮑曼（Martin Bormann）的好友。一九四三年，納粹設立銀行委員會，阿布斯就能夠幫助鮑曼，把資本、黃金與股票移到瑞士去。

但阿布斯並非正式的納粹黨員。他的本業是銀行家，一邊與希特勒保持距離，一邊從事能保護自己免受「不忠」批評的事務，包括協助猶太人事業的「雅利安化」（譯註：Aryanisation，納粹稱日耳曼人為雅利安人的典範，藉此迫害其他種族）。

根據阿布斯的傳記作者、普林斯頓的歷史學家哈羅德．詹姆斯（Harold James）表示，他非常難以捉摸。他是被雪茄煙霧籠罩的謎團，沒有人讀得透他，就連納粹也一樣。

希特勒的掌櫃，二戰後為（企業的）全球化奠基

二戰結束後，納粹同黨不是被關就是被處決，但阿布斯卻成為德國最大銀行德意志銀行（Deutsche Bank）的董事長。他受艾德諾總理（Konrad Adenauer）之託，監管重建西德的貸款。火箭科學家華納．馮．布朗（Wernher von Braun）發明了V2飛彈，炸毀了倫敦的一大半，之

後卻在庇護下移居美國，替一九六〇年代的NASA太空計畫效力；而**阿布斯就跟他一樣，太過聰明有才華，所以戰爭期間任何可能讓他受罰的壞事，全都被撇得一乾二淨**。

一九五八年，阿布斯已經是位高權重、備受尊崇的商業人士，還是德國最大銀行的頭子；此時他決定介入歷史，做出一項大膽的提案。他說戰後世界的框架，是透過討論權利而定的。甚至還出現了一份人權宣言，避免納粹的暴行重演。但是，**企業的權利有誰要顧？**

阿布斯認為企業在戰後被邊緣化，大家認為讓政府快速發展才是最優先的。但到最後，企業應該要掌握自己的命運，而非由政府把持。阿布斯為民間投資人提出一份國際通用的「大憲章」（Magna Carta），把他們的主權捧得比政府高。換句話說，**公司與銀行假如覺得自己不可剝奪的獲利權遭到侵害，那他們應該要有合法機制，可以控告政府**。

這份專為民間投資人設計的「大憲章」若要成真，就需要一個**國際法庭**，保護資金免受政治人物干涉。投資決策太過重大，所以投資目標國家的管轄權不可能將其包括在內。阿布斯推論，政府不該阻止公司去想去的地方發展，或做自己想做的事。

阿布斯以前是納粹政府能穩定運作的關鍵，而現在為了替剛步入民主的德國鋪路，也需要借助它來抹消不堪的歷史。但**阿布斯真正留給後世的**，是在戰後西方民主國家之中，提出一個重大的權力重整，也**就是將權力從政府轉移至新興的全球公司，這些公司現在能把政府當成自己的僕人**。

世界由「投資地主國爭端解決機制」說了算

而這個國際法庭就叫做：**投資地主國爭端解決機制**（Investor-State Dispute Settlement，簡稱ＩＳＤＳ），由世界銀行在一九五八年於紐約成立。阿布斯的夢想成真了。

這個「公司法庭」是設立來**裁決國家與跨國公司間的爭端**，倫敦、巴黎、香港與海牙各有一間，但其中最重要的法庭，是國際投資爭端解決中心（International Centre for the Settlement of Investment Disputes，簡稱ＩＣＳＩＤ），就位於華盛頓特區賓夕法尼亞大道（Pennsylvania Avenue）上的世界銀行J大樓。恐怖分子嫌疑犯在「黑點」（black sites，實際存在的地點，卻不存在於地圖上，中情局在此決定拷問的規則）被審問的四十年前，就已經有公司版的黑點了，由律師審問政府。

二〇一四年十月，《經濟學人》雜誌（*The Economist*）解釋這些法庭是怎麼運作的：「不管政府通過禁菸、保護環境或避免核災等法條，外國公司都有特殊權利，延請高薪公司律師進行祕密仲裁，尋求賠償。這套流程被稱為『投資地主國爭端解決機制』或ＩＳＤＳ。」

國家學會調查基金（The Investigative Fund at The Nation Institute）的研究院士克萊兒．普羅佛斯特（Claire Provost）與麥特．肯納德（Matt Kennard），在二〇一五年對ＩＳＤＳ制度做了全面性的研究，發現這些法庭一開始的號召，是幫助世界成長發展。「一九六〇年代，世界銀行採行這個概念，覺得這套制度可以幫助最貧困的國家吸引外國資金。當時的世界銀行總裁喬治．伍茲（George Woods）說道：『我相信，只要採納這套制度作為國家政策，打造歡迎國際投資的環境，講白一點，就是**給予外國投資人創造可觀利潤的公平機會**，就能比沒採納的國家更快達成**發展**目標。』」簡言之，**給我吞下去**。

這項交易首次提出，是在一九六四年於東京召開的世界銀行年會。有二十一個國家（所有拉丁美洲國家，加上伊拉克與菲律賓）反對這項動議，這些國家認為**「發展」兩個字其實是「剝削」的意思**，但他們的抗議遭到漠視。

美國的法學家安德瑞斯・羅溫菲爾（Andreas Lowenfeld），觀察這套流程後說道：「我相信這是史上第一次，世界銀行在如此強烈反對下，強行通過一項重大決議。」ＩＳＤＳ等於將權力全部交給公司，他們能在法庭橫行霸道，而且還請律師代勞。新興世界（之後稱為「第三世界」）國家沒辦法召集到同樣的法律力量，所以在法庭上站不住腳。**自二〇〇〇年起，有上百間公司在法院緊閉的門後，控告了全球半數以上的政府，而且都勝訴**。

沃達豐控告印度政府要求他們繳稅，結果沃達豐勝訴；美國農業巨頭Cargill與ADM控告墨西哥政府，說他們徵糖稅以對抗兒童肥胖，結果Cargill與ADM勝訴。而且墨西哥也因為「膽敢」制定水價上限而被告，可是這明明就是聯合國憲章制定的基本人權。結果製造商還是告贏，所以**墨西哥的可口可樂現在比瓶裝水還便宜**。

二〇〇六年，休士頓的西方石油公司（Occidental Petroleum）控告厄瓜多政府阻礙他們的大型採礦計畫，結果也勝訴。厄瓜多被迫支付的賠款，相當於一整年的醫療預算。

而且在ＩＳＤＳ法庭上敗訴的，不只有開發中國家。能源大廠「Vattenfall」曾控告德國政府企圖關閉一間燃煤發電廠，因為民眾嚴重反彈，但Vattenfall還是勝訴。

赫爾曼．阿布斯的「大憲章」，如今成真了。我們生活在一個雙層的世界：政府與公司，這兩層只有在稅務爭端或被法律阻撓的時候，才會有所交錯。**公司在全球橫行運作**，能夠隨心所欲行動；**而政府則被國界的實質與法律限制給綁死，像一根直立不動的柱子。**

公司在ＩＳＤＳ法庭獲得一面倒的勝利，進而產生了「棒喝退縮」（stick-flinch）效應。如果公司成功告贏一個國家，其他國家在推行有益於社會與環境的政策時，就會多考慮一下，這樣會不會與公司起衝突？公司的棒子舉起來之前，政府就先退縮了。加拿大的金礦大廠「黃金公司」（Goldcorp）在瓜地馬拉遭到民眾強烈抗議，美洲人權委員會（**Inter-American Commission on Human Rights**）也勸告他們關閉一座金礦場。民眾示威要求關廠，而政府也反對這座礦場，卻還是讓黃金公司繼續營運，因為他們知道自己會在ＩＳＤＳ法庭上輸到脫褲。

一九六四年東京的那項協議，儘管遭到貧窮國家強烈反對，卻還是通過了，因為富裕的西方強國以為自己不會有事；結果很有事。東京那場交易敲定的四十年後，任何政府都有可能被告。**不管是美國鏽帶的工人，或東南亞血汗工廠的苦工，都了解全球化對他們的意義為何。這個世界，是由公司法庭的議事槌敲定的。**

商人執政對上商人全球化

ＩＳＤＳ**這套機制讓全球化成為現實**，也讓民選政府舉手投降。如今的政治事務是由兩派企業領導人在競爭，他們對未來的願景大相逕庭：支持全球化對上反對全球化。

10 商人干政，執行長治國——
闇黑版全球化，演變成「三大公司」最高主管宰制世界

二〇一七年二月十六日星期四，有人在臉書貼了一個問題：「我們打造的世界，真的是我們心中的理想世界嗎？」臉書創辦人馬克·祖克伯，透過全球化概念來回答這個問題：「所謂的歷史，就是我們學會如何團結的故事。在現今這樣的時代，最重要的是發展社會基礎建設，讓人們有權力，打造一個適用於所有人的全球社群。」

這篇貼文，被普遍認為是在暗罵總統川普。不過祖克伯很快就澄清，他還沒有入主白宮的打算。「我只是想起前總統林肯在南北戰爭時的言論。」他總結道。林肯當時是說：「我們唯有團結才會成功。不是『有沒有人能想得更好？』而是『我們能不能都做得更好？』過往寧靜時分的信條，並不適用於風雨交加的當下。時局極為艱難，而我們必須與時俱進。正因我們遇到的是全新狀況，所以我們必須重新思考、重新行動。」

祖克伯這篇貼在臉書上的「國情咨文」（譯註：State of the Union address，美國總統每年在國會聯席會議上發表的報告，內容包括國情分析、立法議程與優先事項等），提供了一個「全球整合社群」的烏托邦式願景。此社群由共享的進步價值組成，透過一個觸及全球的民主平臺來促成改革，這個平臺就是臉書。

因此新的政治斷層出現了。完全掌握所有政治立場（經商成功的策略之一）的**川普，對決「矽谷代表隊」**，代表的是二十一世紀全球化的步步進逼，美其名曰「民主」。

這種對峙在美國已有悠久的歷史：加州與紐約的「自由派軸心」，對抗美國其他地區，目前是由川普代表。就這點來說，若把川普，甚或祖克伯當成政治素人，你就是被他們的包裝給騙了。

然而，以前就算自由派「菁英」在美國中部得不到票，也沒有新任總統敢公開對政府基礎

建設宣戰，但川普在二〇一七年就這樣幹，因為他想把「沼澤」給抽乾：這片沼澤昏暗而深不可測，由企業影響力、顧問、密室交易與祕密遊說所構成；艾森豪早在一九五二年就警告過了。川普希望用「明著來的暗招」（open skulduggery），和會議室內的粗暴權力鬥爭來取代這片沼澤。因此**以後想喬事情，企業要直接進總統辦公室拍桌子，而不是在走廊上鬼鬼祟祟的**。

川普從來不覺得，這種「座位安排」的小小調整會困擾到任何人。企業家與執行長不再靠遊說來「影響」就業、健康與氣候變化等決策，而是「直接做」這些決策，世人有什麼反對的理由嗎？就只是把中間人砍掉而已嘛。**這一刻，川普大手一揮，彈去鋼筆上的墨水，三十年來人們對於公司綁架政府的憂心忡忡，變得像沒事一樣**。

說客不死，只是換個立場出現

川普在自己的競選活動中特別強調「抽乾沼澤」，但這個沼澤挺棘手的，會習慣性的重新填滿。在前兩次英國大選期間，政府雇用的管理顧問人數，**都在選前突然暴跌，直到選出新政府後，鎂光燈移向別處為止**。二〇一〇年大選之後，政府雇用的顧問暴增了一倍多。

塔瑪辛．凱芙（Tamasin Cave）與安迪．羅威爾（Andy Rowell）調查遊說對政府的影響力，之後寫成一本書：《寧靜呢喃》（*A Quiet Word*）。他們發現：「當說客沒被民眾察覺的時候，他們的影響力就會增加。他們是刻意在暗處操盤的。」凱芙與羅威爾列出說客的十項策略，因為這些伎倆，沼澤幾乎不可能被抽乾。

首先，他們**控制戰場**：把對話內容控制在自己想影響的議題內。接著他們會請媒體與產業**齊聲讚頌**。例如，畢馬威會計師事務所的醫療部門主管馬克．布里特尼爾（Mark Britnell），在二〇一一年表示：「英國國民保健署將會六親不認，所以接下來短短幾年，將是利用它的最佳時機。」遊說團體「國民保健署夥伴網」（NHS Partners Network）聽到之後，立刻廣發「共同頌詞」，讓企業的口徑一致。

一旦達成這點，說客接著會**假造追隨者**，也就是假造一個群眾運動；以及**買進可信度**，雇用專家或贊助智庫，找個現存組織給予部分資助，但關係要看似淡如水。例如新自由派的經濟事務學會，就有部分是由菸草產業資助的，但它依舊是獨立的智庫。

凱芙與羅威爾說，當負面批評浮現的時候，**諮詢批評者**對說客而言就非常重要，**因為他們要裝作有在聽**。如此一來，**反對方就會被中和掉**。等到上述這些基礎都打好，通往政客辦公室的門就會被撬開，而且別忘了這道門是旋轉門，這位政客可能半年內，都會替同一批說客效命。這種「**相互捧場**」，代表任何讓事情順利運轉的人，都能夠從中獲利。

當上千家相互競爭的公司，全都用這些戰術企圖影響政府，政府就會變成由複雜且矛盾的相互聯結所組成的瘴癘之氣。沒有人知道其他人是為誰效力，或真正的動機為何。如果你覺得川普當選後的世界，帶來「前所未有」的意識形態糾葛與矛盾，那你以前一定沒看仔細。

受過教育的菁英，心中都深植著規範、體系與做事方法等概念，讓川普非常震驚，但他也只是搞出新的僵局而已。其他人至少還會假裝一下，依照三權分立的機制來做事，但他卻直接跟制度對幹。對他來說，寧可沒規矩也不要有架構，生存比法律重要。二〇一七年五月，他像節目

《誰是接班人》一樣，草率開除了FBI局長詹姆士．柯米（James Comey），而且二〇一六年總統大選時，他跟俄羅斯關係甚密；這些作為似乎都太離譜，不過假如你這樣想就搞錯重點了，**因為對川普而言，這就跟經商一樣，本來就沒有底限**。

這種對於權力的尼克森式粗暴作風，與沼澤的黑水大相逕庭。踏進這個世界就是踏進雙重思想（**譯註：同時接受兩種相違背信念的行為**）與三重吹牛之地。接著就來講講我自己以身試法的經驗吧！二〇一二年，我想研究食品產業在全球肥胖流行病扮演什麼角色，結果有位備受尊崇的學者找上我。她建議政府實行一項健康政策，以對付某個敵對學者與全球食品大廠間敲定的交易。這項交易受指控的重點在於，敵對學者願意接受較少的資助，條件是自己的名字要掛在食品大廠開發中的節食產品上。

我問眼前這位學者：「你為什麼要跟我說這些？」她回答：「我認為你必須知道。」我又問：「那誰資助你的研究？」她說是一間敵對的食品公司，正在發展一項敵對的產品。

雀巢、百事、可口可樂、聯合利華、達能（Danone）、通用磨坊（General Mills）、家樂氏（Kellogg's）、瑪氏（Mars）、英聯食品（Associated British Foods）以及億滋（Mondelēz），這十間公司幾乎掌控全球所有的飲食大品牌。這位學者轉眼間就卸下「獨立政府顧問」的面具，再默默別上「食品產業黨羽」的名牌，只為了要抨擊對手。她只是忘了跟我說，我們對話時，她已經切換身分了。

因為在這個充斥暗中遊說的世界中，每個人都各懷鬼胎，所以**川普形容政府以及影響它的人是「沼澤」，其實滿貼切的：表面上纏滿了雜草，讓人看不清底下有更大尾的東西，正不懷好**

意的蠢動著。

在川普出來競選總統，並承諾要抽乾沼澤的十年前，我訪問了麥可．威爾蕭爵士（Sir Michael Wilshaw）。他之後成為哈克尼某間名門學校的校長，但很快又晉升為英國督學團「Ofsted」的首長。我問他，教育改革的最大阻礙是什麼？

他說問題在於：**政府的任何改革，都像朝著一團迷霧扔手榴彈**。當霧瞬間散去的短暫時刻，大夥兒都額手稱慶，但沒多久霧又回來了。所以英國政府是一團霧，美國政府是一片沼澤。當政府本身就是一團迷糊的生態系統，就沒有任何事物是可以被立即消滅的。這套系統雖然藏在暗處，但它遭受掠奪性攻擊時，也會設法保護自己。

川普和祖克伯其實一樣

川普與祖克伯的對決，其實在電影《大白鯊》（*Jaws*）裡可以看到。一群人集結起來準備要去獵殺大白鯊，勞勃．蕭（Robert Shaw）飾演的壞脾氣船長昆特，完全不相信布羅迪警長的鯊魚專家好友：「念過大學」的胡珀，有什麼妙招可以捉住大白鯊。昆特想測測胡珀的航海技術，就請他在自己面前綁一個縮結（譯註：用來縮短繩子）。結果胡珀讓昆特失望了。「胡珀先生，您的手一看就知道是從大城市來的，」昆特說道：「想必是整輩子都在數鈔票吧？」

川普把自己粉飾成昆特，也就是代表美國藍領階級的素人與鬥士，但他跟胡珀根本半斤八兩。**川普在競選活動提到，他最痛恨矽谷億萬富翁的一點，就是他們都很偽善：用針對全球貧窮**

的慈善方案來拯救世界，同時卻把美國的工作機會都移到海外。川普在傳統產業的好哥兒們都是透過黑手來賺錢的，而非透過「念過大學」的胡珀那種柔嫩的手。

石油與鋼鐵億萬富翁，靠鑄鐵與鑽油獲得大筆財富。但這些人鮮少是白手起家的，他們多半是繼承家業，跟川普一樣。所以他們不用弄髒自己的手，而且他們的手比胡珀或川普還軟，受的教育也更昂貴。不過他們的財富是在有形世界中透過強硬手段賺到的，所以對於白手起家的美國心臟地帶（也就是真正揮汗工作的人）來說，感覺就比較可靠與真實。所以這群億萬富翁看起來很真誠，是值得信賴的。

諷刺的是，美國西岸的科技新貴才是真正的白手起家，卻被抹黑成戀棧權位的菁英。臉書的雪柔．桑德伯格與馬克．祖克伯，蘋果的提姆．庫克，以及亞馬遜的傑夫．貝佐斯，都是輕敲鍵盤，靜謐的訴說著全球化的好處。川普在二〇一六年說自己不信任他們，並推測美國選民也和他一樣。

被認為不值得信任的，不只有**這些科技億萬富翁，還有他們所屬的產業。他們不挖煤礦，但挖人隱私**。網羅我們的機密資料、創造蜘蛛網般的網絡，當我們面無表情的盯著發光的螢幕，他們就用演算法窺探我們。這是一個停滯的低薪世界，人們閒逛 Instagram 與臉書，沉迷於金．卡達夏（譯註：Kim Kardashian，美國話題女王）的同時，自己的所有生活細節也被搾乾了。

兩派商業菁英間的道德地位之戰，既虛偽又老派到讓人發噱。兩方共同鄙視的字眼就是「菁英」，沒有人想跟菁英扯上邊。馬克．祖克伯總是穿灰T恤與牛仔褲，騎腳踏車去上班，看起來不像菁英；而川普一講到菁英兩個字，感覺就像在罵髒話。

很久很久以前，菁英是受人尊敬的，大家信任他們的程度，就跟現在不信任他們一樣。一小群特選的科學家、工程師、數學家、哲學家、神職人員與商人，知道做什麼事會對大眾最有幫助，而我們這群大眾，也很了解他們知道怎麼樣做最好。

英國國會的代議民主制，本身就是菁英主義式的結構：議員代表選民做出法律面的決策，而非每項決策都要諮詢選民——此乃直接民主制的做法。死刑（一命換一命）這項法律決策，在歷史上從來沒被菁英執行過，執行的都是民眾。而因為菁英代表我們治理國家，所以從來沒出現過死刑（譯註：此處應指英國政府）。脫歐的決策，假如先給英國國會的菁英過目，也不可能通過。**但菁英犯了一個大錯，就是「讓人民自己決定」，結果脫歐就過了。**

每次有危機的時候，政府都會「變」出一群菁英來解決問題。一九一七年，伍德羅．威爾遜（譯註：Woodrow Wilson，美國第二十八位總統）成立了一個緊密的學者顧問團，名叫「諮詢團」（The Inquiry），讓他為第一次世界大戰之後的凡爾賽和平談判做準備。一九三三年，美國前總統小羅斯福啟用十位專家組成的「智囊團」（Brain Trust），包括哥倫比亞大學法學教授雷克斯福德·特格韋爾（Rexford Tugwell）、亞道夫·貝利（Adolf Berle）、雷蒙德·莫利（*Raymond Moley*），替他制定第一次新政。後來這個團隊因為對策略的意見不合而拆夥，所以第二次新政是由班傑明．寇恩（Benjamin Cohen）、湯姆．寇克蘭（Tom Corcoran）與費利克斯．弗蘭克福特（Felix Frankfurter）操刀；他們是哈佛法學院的三巨頭。

曼哈頓學會的資深院士弗雷德．西格爾（Fred Siegel）在《背叛群眾》（*The Revolt Against the Masses*）一書中寫道，人們對西裝筆挺的戰後新菁英抱持信任，是美國快速擴張的主因。他用「知識階層」（clerisy）形容這種新型的技術統治型菁英，等同於現代版的神職人員。

約翰．嘉利（John Carey）曾寫過《知識分子與群眾》（*The Intellectuals and the Masses*），以傳統派觀點抨擊菁英主義，而西格爾的書等於把這套說法更新，並擴大範圍。嘉利指控二十世紀初的文學巨匠與知識分子：大衛．赫伯特．勞倫斯（D.H. Lawrence）、維吉尼亞．吳爾芙（Virginia Woolf）、艾茲拉．龐德（Ezra Pound）、赫伯特．喬治．威爾斯（H.G. Wells）都是**現代菁英主義者，沉迷於自戀的尼采式命運，並極度憎惡群眾，認為只有優生學與絕育可以「處理」他們。**

西格爾把這陣針對菁英統治階級的砲火，擴大到戰後的專家、經理、技術統治者、學者，以及自命為道德權利監督者的媒體。《背叛群眾》雖然在川普宣布參選總統前一年就出版了，卻等於替川普鋪好砲轟菁英的路，尤其是西岸矽谷的技術統治菁英，以及東岸的媒體菁英CNN、《紐約時報》與《華盛頓郵報》。**亦即對上傳統的宣告式媒體，以及新社群媒體不問事實的「回聲室」**（譯註：在相對封閉的環境中，一些意見相近的聲音，以誇張或其他扭曲形式不斷重複，令處於相對封閉環境中的大多數人，認為這些扭曲的故事就是事實的全部），**簡稱「推特」**。

西格爾說，**知識階級是抱持兩種妄想在運作的**：首先，他們相信自己的思想獨立客觀，但真相是，他們的命運與國家的持續成長直接相關，但他們覺得兩者毫無關聯。第二，他們認為自己的觀點既自由又民主，但現實是，他們鄙視群眾與中產階級，就像吳爾芙與勞倫斯。他們就跟自己鄙視的人一樣，心胸狹窄。這群知識階級真正的信念體系，是對其他選民有一種文化與知識面的優越感；而選民持續追求知識階級不允許的事物，又更加深了這種偏見。

其實真相還滿無趣的，就是不管在歷史上任何時刻，人們對菁英的評斷，都會依當時的時空背景而定。有時候我們喜歡他們、需要他們，有時候則否。經濟好的時候，我們贊同菁英，但事情出亂子的時候，我們會怪他們。表面上的喧囂變成反菁英主義，但表面之下，菁英正在重新集結，說些反菁英主義的話討好大眾，以掩飾自己真正的菁英身分。

川普隊以及祖克伯隊，兩派都說著反菁英的言論。即便川普與祖克伯之後被「罷免」，這兩派菁英還是會選出新的領袖，繼續爭權奪利。這種商業對商業的角力，其實是兩個勝者之間的戰鬥。不管是矽谷菁英，還是圍繞在川普身旁、自稱「列寧主義者素人」的華盛頓新菁英，都非常堅持把舊房子給燒了。

因為兩邊都是商界出身的，所以兩邊都不認為自己該被阻撓。這是一場零和賽局（譯註：我方受益必造成對方損失），只能有一個贏家，**除非，他們連這個都當成生意來談（勾結）**。

川普、普丁、習近平經營的公司

跟川普一樣，矽谷也認為自己的高度遠勝政府。二〇一六年，蘋果拒絕與ＦＢＩ合作解鎖席德．法魯克（Syed Farook）的手機，他是聖貝納迪諾的槍殺嫌疑犯。蘋果的執行長提姆．庫克表示，這是公民自由問題，所以由蘋果來決定怎樣做才符合道德，而非由政府或ＦＢＩ決定。「這個案例的意義遠遠不只一隻手機或一次調查，所以當我們收到政府的命令，就知道自己該表達意見了。」

以前公司至少會假裝默許政府的要求，但現在沒這回事，因為公司在政府之上；以前政府至少會假裝默許企業的要求，結果現在，董事長當上總統，也甭裝了。

掌權第一週，「美國有限公司」的董事長總統川普，開始對著福特、波音與開利（Carrier）拚命訓話，想把就業機會找回來。只要任何公司膽敢遷離美國，就會被稅率三五％的關稅甩巴掌。

接著，董事長總統川普還廢除了歐巴馬喬定的「跨太平洋與大西洋貿易及投資夥伴協議」（Transpacific and Transatlantic Trade Investment Partnerships，簡稱TTP／TTIP）。TTP是史上最大的自由貿易協定，也是自從世界貿易組織之後最大的一項交易，目的是將澳洲、汶萊、加拿大、智利、日本、馬來西亞、紐西蘭、祕魯、新加坡、越南與墨西哥，集結成美國的夥伴，如此就能在太平洋中心打造新的權力軸心。TTIP則是歐洲版本，創造美國與歐盟間另一個自由貿易圈。

兩者的目標，都是做好準備，創造更大的貿易圈，以面對中國、印度、俄羅斯與其他國家之間的雙邊貿易。TTP花了七年時間，與全球十二個最大經濟體協商，它們占全世界GDP的四〇％以上。

經濟學家約瑟夫．史迪格里茲（Joseph Stiglitz），在二〇一五年TTP／TTIP醞釀之際就指出：「政府總是說服民眾，貿易協定能創造就業，如果此事為真，那勞工應該是協定中聲勢最大的擁護者才對。但現實剛好相反，我們的政治領袖（不只是共和黨，柯林頓與歐巴馬也一樣），試圖用這種說法扭曲貿易協定，這破壞了民眾對它們的信心，也再次提醒人民，政府為了反映頂端人士的利益，能夠做到什麼樣的程度。」

TTP／TTIP協商就跟ISDS法庭一樣，**關起門來，遠離數百萬人的注視，但這群**

人的生活卻會被它改變。所以不管是左派的伯尼·桑德斯（Bernie Sanders），還是極右派的川普、布賴特巴特新聞網（Breitbart News），都對此表達反對。左派認為這是公司綁架的極致形態：公司不用了解ISDS法庭這個用了四十年的機制，就可以直接告政府。

高牆將要重新築起，貿易保護主義浮上檯面，但民眾真能相信它嗎？川普該開的支票都開了，卻沒有一張兌現；以這種程度來說，他就像個政客，但政客背負著政治理念的包袱，如果改變想法，就變成偽善了。

川普若是改變想法，整件事就變成在做生意，而我們最好如此看待它。有望成為川普歐洲大使的泰德·馬洛克（Ted Malloch），被問及他對於脫歐與TTIP廢除之後，英美雙邊協定的看法，他說最好把它當成**企業併購**：一間非常成功的公司，接收另一間較小的失敗公司。現在所有事情，你都必須用商業來解釋。**川普可以一時興起改變政策，因為他沒有政治意識形態的包袱。這是在做生意。**一週對政治來說很長，對商業來說卻像永恆一般。所以對川普來說，每一秒都是新規則、新賽局。

川普陣營沒打算要立刻直搗菁英的老巢：世界經濟論壇（World Economic Forum，簡稱WEF），以及他們對於全球暖化、不平等與貧窮的最嚴肅爭論。這個由企業與政府領導人組成的年度論壇，突然間給人一股莫名自負、過時與傲慢的感覺。不過這只會持續到二〇一八年為止，因為它可能突然間以商業形式派上用場。

川普勝選，使得自由派軸心的「社會責任」議題瞬間消失。川普團隊就像一九八二年牛市時期的老油條，努力想讓美國工業復興，就算讓中國買單都沒關係。他們想把歐巴馬與小布希的全球化「反美」讓步決定（例如巴黎的全球暖化協議，以及二〇〇八年後的銀行改革）給撤掉。

照這樣看來，川普比較不像雷根這種主張自由市場的總統，反而像蕭條年代的干涉主義者（譯註：採取積極行動操作經濟與社會），例如胡佛（譯註：Herbert Hoover，美國第三十一位總統）或小羅斯福，他們都是商業世家；只是川普又更善變。以低利率來重建美國，以基礎建設計畫善用國內的原料與勞工，川普相信這都有可能辦得到，而且他是以商人的角度發言，而不是政客。

儘管意識形態不同，祖克伯、庫克與川普其實是用同樣的方式，讓事情照自己所想的發展。這就是野心無限的公司領導人會採取的方式：行動蠻橫，口氣強硬，逼對方從頭讓步到尾，再敲定夢寐以求的交易，這才是交易的「藝術」。

二〇一七年，我們面臨了全新的全球權力動態。三個權力最大的經濟體，營運模式跟公司如出一轍：**「沙皇執行長」普丁，經營一間名叫「俄羅斯」的石油天然氣企業；川普則全美走透透，與人擊掌慶賀，宛如一間衰退汽車公司（例如克萊斯勒〔Chrysler〕）的浮誇執行長；習近平則是安靜卻胸有成竹的董事長，酷愛試算表，他掌管的是全球成長最快的事業組合「中國無限公司」**。

商業不只是接管政府而已，而是抹消政府。如今的角力存在於兩派未來商業願景之間，而老派政治人物沒有與之競爭的心力與自信。

政治人物是怎麼讓自己蒸發的？因為他們一直用老招拚經濟，但完全無效，讓民眾對他們失去信心。低利率政策只會讓我們習慣於低利率，以及利率持續走低的承諾。政治人物的希望不在於製造業復甦，而是增加消費者開銷，這也代表消費者會負更多的債。

不管他們用了什麼手段，經濟還是沒有起色。當企業氣數已盡，就會宣布破產，但你沒辦法查封一個國家。在這種情況下，政客把她當成企業經營，就已不是公司綁架，而是合理的下一步。

當作企業來經營的國家，**不需把自己當成戰後的自由包容典範**（容忍度、開放國界、福利國家，甚至課稅），**只要關心股東就好——也就是（沒有投票資格的）選民**。中國相對於其他國家型公司就握有這項優勢，因為她不用擔心一大群選民股東，算是一間上市有限公司，完全交給董事會（中常委）「表演」。**當你把國家當成企業在經營，民主就成了效率管理的阻礙**。

在二十一世紀，「人民股東」對於國家最大的期盼，就是重回十九世紀的國家地位，也就是「核心品牌」。川普在總統競選期間，把全球化大企業打成妖魔鬼怪，但上任後就鮮少再提。假如全球化公司的權力是問題所在，那愛國企業就是解決之道，而且不是矽谷那種愛國。

這位董事長總統，藉由延攬石油與鋼鐵公司的執行長擔任白宮官職，試圖擺脫「遊說沼澤」，甚至ISDS法庭。假如所有人都齊聚一堂，這套理論就會實現，所有你能想到的中間人：律師、說客、聽話的政客……全被砍掉了。

但矛盾的是，這項策略成功與否，仰賴大家對於老派會議共識的天真信任。假如決策沒有如行政機關所想的實行、法律制度停擺，以及未受邀的企業開始反擊，那這個受到信任的閉門圈子，只會隨著時間越來越弱小。

川普入主白宮時，或許誓言要抽乾沼澤，但當沼澤重新填滿的時候，他反而更像無助的旁觀者，坐視此事發生。**美國有個董事長總統，擅長用不妥協的方式談生意，卻發現自己處在更大的戰場，**

面對一股冷酷、精算的威嚇力量，出自兩間「國家型公司」的執行長，他們都極度工於心計。如果想要智取俄羅斯與中國，他不只需要華府沼澤裡的好兄弟，還得要有點老派的政治智慧。

世界經濟論壇：企業大老戴著花邊面具的性愛派對

一九一二年五月，湯瑪斯・曼（Thomas Mann）前往瑞士達佛斯鎮（Davos）的達夫瓦爾德療養院（創辦人為弗里德里希・耶森醫師〔Friedrich Jessen〕），探望他的妻子卡蒂亞。沒人知道卡蒂亞怎麼了，一開始以為她有結核病，但X光看不出身體哪裡有問題。於是她被送到達夫瓦爾德療養院，希望能康復。

探望完卡蒂亞之後，曼決定以這間療養院為靈感，創作出小說《魔山》（*The Magic Mountain*）中的「柏格夫療養院」（Berghof sanatorium）。在《魔山》中，資產階級的肺病患者蜂擁至達佛斯，呼吸阿爾卑斯山的新鮮空氣，淨化自己的病情、減緩自己的症狀。這種病沒人知道病因，也沒有解藥。隨著故事發展，很顯然**「自己有病」的想法，本身就是疾病**，將每個神智清醒的健康人士，吸引進療養院，並禁錮他們的身心。

《魔山》的故事設定於第一次世界大戰前夕，旨意是諷刺食古不化的歐洲菁英，正處於滅亡邊緣。**《魔山》問世一百年後，世界經濟論壇的世界領袖與商業菁英，也在達佛斯鎮齊聚**；所以你很容易就會拿《魔山》跟他們比較，然後開他們玩笑，就像我現在這樣。

達佛斯本身就像一間封閉的療養院，一群反躬自省的新菁英，想淨化自己身上的「世界病」，因為他們覺得自己有責任。他們坐在幽閉的會議室內，爭論全球暖化、貧窮與不平等。**接著他們會坐噴射機回家，感覺自己與全球的未來「好像好多了」**。

羅伯．赫索夫（Rob Hersov）是南非的礦業大亨，也是非洲政府與企業間最具權力的掮客，負責仲介外國投資人與政府高層之間的交易。我在倫敦與羅伯見面，問他對世界經濟論壇有什麼看法？他笑著說：「這個嘛……我在瑞士是有察覺到一件事，你想聽嗎？」請說！「那裡盡是一群帶著花邊面具的人！」

羅伯感覺到**世界經濟論壇有一股性愛派對的調調，或可稱為「戀權癖」**。全球最「威猛」的經濟體領袖，與全球最「硬挺」的企業大老，透過熱咖啡耳鬢廝磨，旁邊圍著一整群顧問——趨炎附勢之輩——希望能感受到大老們的激情四射。既沾沾自喜卻又反躬自省的心態，以及不脫衣服的性愛刺激，竟然古怪的結合在一起。

世界經濟論壇就跟「矽谷 vs. 川普」的大對決一樣，其實都是勝利組。這群人之所以在達佛斯現身，就是因為他們有辦法統治世界；而世界經濟論壇，正是對於這種權力的公開展現。世界領袖與執行長往來互動，兩方看似對等，但他們都知道真相是什麼。**企業占了上風，執行長是權力最大的人，在他們的商業觀點中，政府反倒被貶為顧問**。

我問世界首席經濟學家肯．羅格夫（Ken Rogoff），他為什麼要去參加這個論壇？本來我以為他會說：「因為這很重要。」結果他竟然回答：「你不參加的話，下次他們就不邀你了。」所以**世界經濟論壇的真正目的就是顧自己**，反省自己以前的反省，就像柏格夫療養院的磚牆一樣。而且企業也需要一個空間，私下爭辯他們該用這股全能的嶄新全球權力做些什麼？

也許良心發現的老闆vs.每季都要獲利的股東

假如你是執行長，那這股全能之力會讓你進退兩難。你該繼續運用自己的優勢？還是用你新獲得的力量，對全球做出貢獻，就像漫威的「復仇者聯盟」（Marvel Avenger）？全球性企業正面臨一個難題，西元前五百年的軍師策略家孫子，早在《孫子兵法》中就提過了——**面對即將溺死的敵人，你該救他還是把他壓進水裡？**

世界上最具權力的商業人士，現在發現自己能裁量同樣的難題：利潤極大化，還是拯救地球？保羅．波曼（Paul Polman）是一位輕聲細語的荷蘭人，光聽他講話，你會以為他是搞占領運動的，但他其實是聯合利華的執行長。聯合利華是全世界最大的跨國公司之一，每年全球營業額高達五百億美元（按：約新臺幣一兆五千億元）。

「我們還能從未來偷走事物多久？」他向聽眾說道，「我們的制度很棒，但不是以長期運作為前提所設計的。接下來十五年內，我們可以成為解決貧窮問題與氣候變化的世代。」波曼明明是老闆，卻不敢自稱為老闆。「我總說自己代表一間最大的非政府組織。」

波曼慷慨激昂的主張，**對利潤的沉迷，反而會摧毀永續性，最後連資本主義都會垮臺**。「這兩股看似矛盾的衝力，必須同時存在，而且沒有妥協的餘地。利潤不是目的，而是最後產物。我總是希望有更深層的結果。人們總認為做好事一定要花錢，但我不懂這想法是從哪來的。」

至於另一間世界級的大公司——百事（被指控為助長肥胖的元凶），執行長盧英德（Indra Nooyi）則表示：「我認為我們必須打擊肥胖。我們要成為好產業，而且是百分之百出於自願，而非不情願。」

波曼與盧英德並不是那種自由派濫好人，從慈善領域空降執行長的職位，說一些空話來「漂綠」（譯註：greenwash，以某些行為或行動宣示自身對環境保護的付出，但實際上卻是反其道而行）自己的公司。縱觀他們的職涯，是從基層一路爬到這個位置的。簡言之，他們是百分之百的生意人。

但他們現在發現到空前的威脅，不只是攸關地球的存亡，還攸關他們的盈虧。國際貨幣基金的克莉絲蒂娜．拉加德（Christine Lagarde），在談論貧富不均時表示，貧富不均不只是不公平，還是資本主義長期生存的最大威脅。

不久以前，資本主義的角力很單純：勞工對老闆。但自從一九七〇年代，全球勞工價值直線下滑之後（拜漫長的戰後繁榮期結束所賜），全球數億勞工再也無法免於被棄如敝屣的命運。企業能夠在全球橫行無阻，在薪資最低的國家雇用員工；而技術熟練的勞工，本來還能以一身功夫當作籌碼，現在也變成消耗品了。資本家與勞工之間的馬克思主義戰爭結束了，以勞工敗北作收。

然而資本主義卻又意外浮現出另一陣角力：在公司內部，**執行長槓上了投資人與股東**。其中一方是像波曼、盧英德這類的先行改革者，另一方則是投入資金並希望能賺更多回來的人們。

兩方衝突的地點，不是舉著抗議牌子以及用輪胎生火的人牆，而是位於拉斯維加斯或香港的不起眼巨大會議室（租一整週），股東與投資人安靜的坐著咬牙切齒，聽臺上的執行長滔滔不絕講著「社會責任」與回饋地球。

對股東與投資人來說，前衛的「非營利組織執行長」，對他們的報酬是極為深刻的威脅。他們雖了解老闆必須對外界發出正確的聲音，但絕非危害企業獲利的自然權利，正如赫爾曼．阿布斯所言。

波曼已站穩立場：「我不認為我們的職責是把股東擺第一，應該剛好相反才對。」他從一開始就透過擁護「慢錢」（slow money），打起改革的旗號：長期投資永續經營的小企業，而非拚命追逐短期利潤。他聲稱自己在聯合利華最成功的事蹟之一，就是讓這間公司擺脫對避險基金的依賴，因為他在執行長任期內，把它們刪了一半。很顯然，對於政府透過典範轉移變成企業，波曼是樂見其成的。當公司的權力足以左右地球的命運，也就負有同等的責任，而逃避責任是不道德的。

盧英德在百事做的第一項「接掌世界」決策，就是宣稱她希望公司能打擊肥胖，打造「無糖時代」，就跟BP石油公司的目標是「無石油時代」一樣。盧英德先是挖角世界衛生組織的德瑞克．葉奇（Derek Yach），之後又把百事的事業組合分散至許多健康品牌，例如桂格燕麥公司（Quaker Oats）。結果她在公司內部遭到強烈反對。

世界首席營養師瑪麗昂．內斯特爾博士（Marion Nestle），研究過盧英德企圖在百事推動改革後，會議室內部的鬥爭情況。她發現盧英德實際上已被自己的公司邊緣化了。「投資人非常失望。二〇一二年，盧英德專注於以健康產品獲利，把他們氣瘋了。」盧英德就像拿著斧頭，把百事劈出一道裂縫。看來投資人與老闆之間的恩怨，必須化解才行。「現在百事想雙管齊下。他們似乎在推廣較健康的飲料，卻又同時在對抗民眾因健康考量而少喝汽水的情況。」投資人認為盧英德暗中破壞核心品牌——含糖飲料；為了避嫌，她現在得「看起來」像在保護含糖飲料。這算是投資人的勝利。

勞工與老闆間的角力，現已變成執行長與投資人互鬥，而且是發生在寧靜的會議中。但這種對決的慘烈程度，足以波及到我們所有人。誰贏得這場內戰（慢錢擁護者對上快錢追求者），誰就能決定資本主義接下來幾年的道德路線，也就是決定**企業要拯救地球？還是在剩下的六十年收穫中**（按：參見本書第六十五頁），**能賺就盡量賺？**

執行長們大談「永續性」（很快就會變成「生存力」），但時間一分一秒的流逝，不只是地球，而是投資人還能遷就他們多久？只要能保住利潤，前衛的執行長就能坐穩位置；但當經濟拮据的時候，獲利的壓力就會變大，而改革派執行長維持改革路線、對抗投資人的決心，將會受到嚴酷的考驗。但真正的考驗在於，事過境遷之後，還有幾個人能活下來？

一九七〇年代早期，美國汽車工業有部分成員，曾嘗試與成長中的環保運動和解，卻發現所有改革的動力，都被OPEC危機後的全球經濟震盪與衰退給銷毀殆盡。所以一切又重回商業，也就是**先賺錢再說，事後再擔心地球吧！**

保羅．波曼的策略，並非將這種矛盾當成權衡取捨，而是把它塑造成聯合利華最重要的交易。從現在起改走永續性與慢錢路線，而不是毫無主見的搾取每季利潤，**否則整艘船沉掉，大家也就一起淹死，包括股東與投資人**。對波曼以及所有前衛執行長來說，**有兩個字阻斷了地球的活路：「季報」**。

群起反抗。

公司迷信季報，長期投資淪為短視近利

季報是一九八〇年代之後，資本主義的中心教義。對股東而言，它是唯一重要的事物；但對改革派執行長來說，它是有意義改革的最大阻礙。盧英德與波曼都公開向季報宣戰，結果股東群起反抗。

季報始於一九八〇年代初期，華爾街認為它能加速利潤循環。投資人與股東以前每年收到一份公司獲利能力的報告，但現在改成每三個月，也就是每季一份。

這不只是會計上的改變而已，而是重踩油門。有了季報之後，假如成長中公司當季的成長率不如上一季，就會被視為成長趨緩。所以拜季報所賜，有些成功的公司現在卻被定義為失敗。

一九八二年八月十七日，所羅門兄弟銀行的亨利．考夫曼（Henry Kaufman）寫了一封短信給客戶。他說：「你們都知道，道瓊工業平均指數跌到一九八〇～一九八二年蕭條期的新低，只剩七百七十六．九二了。這跟一九六四年一月收盤時的數字幾乎相同。兩位數的通貨膨脹已經結束，利率將創下歷史新低，白宮正在廢除限制企業的法規，還大幅減稅。如今是自由企業爆炸性成長的時刻。」

考夫曼朝華爾街上空放了一記信號彈，點亮之後的牛市，而且是有史以來最大的一頭牛。考夫曼說，股東與投資人可以猛踩油門，**追求一種空前的局面：也就是這一季的報酬要比前一季高，然後在下一季要求更多**，依此類推。

此刻正是「尬車」的最佳時機。「猛踩油門」成為華爾街的新格言，沒有任何理由不追求

每季都拚到極限，因為背後有經濟繁榮撐腰。史上最大、最長的牛市正要展開，而考夫曼的訊息很清楚：「**踩到油門爆掉為止**。」

負責這種亡命駕駛的執行長，就成了傳奇人物。執行長在一夕之間，就從榮耀的一九五〇年代銀行經理轉型為「產業舵手」，占盡《時代》與《財星》雜誌的封面。他們成了能不斷變出利潤的煉金術士，而季報就是他們的聖劍。

在《數字：強求季收益是怎麼腐化華爾街與美國公司的？》（*The Number: How the Drive for Quarterly Earnings Corrupted Wall Street and Corporate America*）一書中，艾利克斯・布蘭森（Alex Berenson）描述季報是怎麼在一九八〇年代與一九九〇年初期接掌華爾街的。布蘭森發現季報正是改變美國資本主義路線的關鍵驅力：**從長期投資變成投資人要求的短期利潤**。這是一個單純但深刻的優先度轉換，想維持這種對於更高利潤的無窮欲望，就得犧牲長期計畫。所以重要的事只剩下一件：你每三個月必須達成的門檻，其他事情都無關緊要。

這一切都仰賴時機。當牛市產生足夠的動能時，季報是可以達成的門檻；但當動能減少，每三個月一度的門檻，看起來就像難度逐漸提高的障礙。而當牛市緩慢卻無可避免的轉為熊市時，季報的現實面就很明顯了。

季報是一輛失速列車，不但速度越來越快，還沒人能下車。你覺得你現在達不到目標？那我們來瞧瞧三個月、六個月後，速度會加快多少吧！

想生存下去的話，就需要新形態的老闆。這位老闆與投資人站在同一陣線，卻不挺自己的管理階層，並且視公司內部的「怠惰」（無法跑更快、跳更高）為死敵。對這類執行長來說，問題不出在投資人或市場，而是公司的文化。

在喜劇片《家有惡夫》（*Ruthless People*）中，丹尼．狄維托（Danny DeVito）飾演的角色，就是在諷刺這種一九八〇年代的鐵石心腸老闆。他認為股東根本不了解這個人吃人的新世界，於是在年會上破口大罵。狄維托定出新規矩：**殺掉競爭者，用盡一切必要手段搾乾利潤**。臺下的矮小老太太與和善老將軍，就像做錯事一樣，低頭看著自己的鞋子。

對這些新的冷血動物來說，季報就是他們的根據。但電影本身，其實是在感傷忠誠的股東已經消失了。避險基金經理可以「買下」老太太投資人，並且用宛如賭神一般的快手來替換資產組合。避險基金經理是人類版的季報：拚命往前衝。**沒有人忠於公司，全都只忠於利潤，相信公司招牌的就只剩顧客而已**。

美國的大型家用品牌，幾十年來都生意興隆，如今卻被當成避險與做空的工具，以便獲得預期利潤，而且不是每三個月一次，而是每三小時一次。執行長與董事會現在都成了旁觀者，看著自家公司的市值在閃爍的螢幕上波動。季報就是他們存在的理由，其他一切都只是雜音。

兩種經商之道逐漸定型；一邊是像保羅．波曼這樣，抨擊季報的執行長，另一邊則是擁抱季報的公司。亞馬遜、推特與Uber經常無法獲利，但它會讓投資人充分理解公司的長期目標。對亞馬遜這類需要不斷變革的公司來說，**季報不是對於季收益的貪得無厭，而是接下來會發生的事，也就是從季報中蒐集公司動態的總體資料**。假如股東得知這類資訊，他們就願意去冒長期的風險。

亞馬遜投資了無人機送貨與機器人商店，例如他們在西雅圖那間自動化的無人商店。對他們來說，破壞、風險與投資是同一件事，這是他們的經營之道。而對聯合利華來說，他們想打造一個巨大、超長期的未來計畫，打造涵蓋食物、化工與家用產品的事業組合，所以季報對他們來說沒意義。季報對亞馬遜有用，對聯合利華沒用。

季報形式是花了五十年才成型的。一九三四年，經濟蕭條最嚴重的時候，公司首度被要求提出年度報告，向投資人揭露更多資訊。一九五五年，年報變成半年報，到了一九七〇年代晚期與一九八〇年代早期，又變成季報。

季報改變了商場，它就是一條條你必須跟上的曲線。這股永久驅力主要出自心理層面：它被刻意設計成難以實現，以維持一股壓力，永不消散，也永遠不會被滿足。它永遠不會停歇，這也讓投資人很開心。**它是對抗停滯與安於現狀的保險契約**。

支持季報與反對季報的企業，如今正面對峙，劍拔弩張。二〇一五年，律師事務所「華徹、立頓、羅森與卡茲」（譯註：Wachtell, Lipton, Rosen & Katz，這是一間事務所，而非四間）加入戰局，呼籲美國證券交易委員會廢除季報。倫敦大學城市學院（City University, London）與杜克大學的共同報告則斷定，公司若是增加季報的比重，勢必會減少對長期資產的開銷。這是一種抵換，魚與熊掌不可兼得。

二〇一六年競選之際，希拉蕊．柯林頓（Hillary Clinton）表示：「投資之所以減少，有一大部分反映出管理階層的短視近利，而這是報告頻率增加所致。」她相信抨擊季報對企業與選民來說都有益，「執行長與股東應該要聚焦於下個十年，而不只是看明天而已。」

但她選輸了，贏家是川普。

企業已有不容侵犯的獲利權，但別毀了資本主義

一九八三年，嘉士伯啤酒公司（Carlsberg）推出「或許最棒」（Probably the Best）系列廣告，而演員奧森．威爾斯（Orson Welles）代言了第一支：「哥本哈根有一座釀造廠，而嘉士伯最頂尖的釀酒師，就在此努力改良啤酒的口味。但嘉士伯或許已是全世界最棒的啤酒，所以他們成功的希望渺茫。」

這個「嘉士伯的……或許是最棒的」廣告活動，包含了各種夢幻情境：假如嘉士伯經營銀行，或許會免費送錢給有需要的顧客；假如嘉士伯經營計程車服務，你彈一下指頭，計程車就會現身，比Uber還早。

嘉士伯廣告背後的訊息很激進：我不一定要賣啤酒。在某個平行宇宙中，任何事業只要交給嘉士伯經營，就會變得更好。網路問世的二十年前，這些夢幻情境聽聽就算了，但如今我們隨時可以貸款，手機點一下就可以跟Uber叫計程車，所以嘉士伯的奇幻故事成真了。

英國政府內部也上演著一齣奇幻劇，不過不是嘉士伯在執掌一切，而是約翰路易斯百貨（John Lewis）。「約翰路易斯模式」把員工視為「利害關係人」，而這種兼容並蓄、受到尊崇的企業結構，在布萊爾與卡麥隆執政期間受到反覆採納，成為公部門能夠遵循的路線。

如今政府心目中的夢幻企業是Google。眾人正在爭論：既然Google有能力營運整個政府部門，例如學校體系或英國國民保健署，你何必硬要它繳稅（而且還失敗）？二〇一六年，日內瓦舉辦了一個稅務改革會議，我受邀出席。與會公司討論的不是「我們該怎麼找到最棒的海外配

置來避稅」，而是「我們身為國家型公司的責任：我們該怎麼拯救自己事業所在的破產國家？如果他們亂花稅金，而我們又做得比他們好，那我們何必繳稅？」企業不可剝奪的獲利權（由赫爾曼·阿布斯首度制定），是早已敲定的交易。**如今的挑戰，是隨著權力而來的責任**。

DONE

第11章

「後真相」商機

企業、政客、廣告、新聞，最奏效的賣點是什麼？

二〇一三年四月，耶魯大學的丹．卡漢（**Dan Kahan**）教授決定做個實驗。他向一千個人詢問他們的政治立場：是共和黨、民主黨還是更極端？有多極端？接著，他向這一千人傳達了幾個事實，跟兩個不相干的主題有關：護膚霜與槍枝管制。

卡漢給他們某品牌新護膚霜的資料，它是用來減少皮膚過敏的。接著他問這群人：根據資料顯示，護膚霜是否有效？接著他又請同一群人審視槍枝管制的資料，再告訴他，資料是否證明槍枝管制能減少犯罪？

結果卡漢被自己的發現嚇壞了。護膚霜這個主題背後不存在偏見，所以一千名受試者都能正確、冷靜的分析事實，很快就達成共識：沒錯，經過各方考量，護膚霜對疹子還滿有用的。

但講到槍枝管制，就完全是另一回事了——他們完全忽略事實。民主黨支持者要求管制槍枝，他們看到資料寫著「槍枝不如他們所想的普及」，所以他們極力反對這項證據。而共和黨看到的同一份資料上寫著「槍枝管制能有效減少犯罪」，所以他們盡可能避免結論與自己放寬管制的預設立場相左。

卡漢做出結論：「人們會不斷嚴刑拷打證據，直到證據說出他們想聽的話。」關於槍枝管制是否能減少犯罪的證據，其實並不明確，而是一團亂，但沒人想聽。**他們想相信答案只有一個，而且這個答案，必須是他們已經相信的**。

二〇一六年美國總統競選活動時浮現的「後真相」（譯註：忽視真相、不顧事實）爭論，並沒有採納卡漢的實驗，以及他的發現：人們從一開始就對真相沒興趣。

「後真相」現象的興起，本身就是以一個謬誤為前提：很久以前，人們聆聽真相，然後以理性決定該投給誰。但從來就沒這回事。**「後真相」的奇特之處，不在於把謊話說成真相，而是我們竟然認為，人們起初是願意聆聽真相的。**

我說海珊有毀滅性武器，結果大家深信不疑

當政治人物競選的時候，一定會說這句話騙你：「我想改變。」其實他們一點都不想，他們只想確認你的偏見，而最接近偏見（又稱「核心價值」）的政客，就會勝選。

一九七九年，柴契爾夫人提出的政策，比工黨更貼近工黨支持者的新共同價值。艾德禮（譯註：Clement Attlee，曾任英國首相）在一九四五年勝選的時候，工黨提出一個立場，更接近戰後英國追求改革的新激進價值。

邱吉爾贏了二戰，但他不得民心的代價，就是被選票踢出辦公室。**我們以為政府很激進，但實際上是民眾很激進，他們先重新取得價值共識，接著某個政客在適當時機隨之起舞**，準確嗅出新風向。

當卡爾．羅夫（Karl Rove）操盤，讓小布希（譯註：George W. Bush，美國第四十三位總統）在二〇〇四年競選連任的時候，可說跌破大家眼鏡，也沒人相信他會連任，因為當時他的政府深陷於伊拉克戰爭的泥沼，恐怖主義威脅也在暗處蠢動。所以羅夫回歸基本面，打出「固本」（feeding the base）的旗號。

「固本」的意思，是**拿共和黨支持者最恐懼的事物做文章**，而且還奏效了。二〇一六年，

希拉蕊．柯林頓想要「搭起橋樑」，打造彩虹聯盟（譯註：即同性戀聯盟），但川普的團隊：傑瑞德．庫許納（Jared Kushner）、凱莉安．康威（Kellyanne Conway）、史帝芬．巴農（Steve Bannon）等人卻建議川普要「固本」，就跟羅夫給小布希的建議一樣。結果這招對川普來說也奏效。

選民只接受他們感同身受的「願景」。甘迺迪與哈洛德．威爾遜在一九六〇年代，分別向美國與英國提出明亮、嶄新、閃耀的願景，這是因為經濟繁榮，選民愛聽這一套，當時沒有恐懼，只有樂觀。但一般來說，大多是恐懼占上風。

二〇〇一年，也就是假新聞被診斷為「後真相」社會的症狀之前，新罕布夏州達特茅斯學院（Dartmouth College）的教授布蘭登．尼漢（Brendan Nyhan）決定製造假新聞，想看看錯誤的訊息有多容易傳播，並影響大眾的意見。

尼漢杜撰了一個故事：薩達姆．海珊（譯註：Saddam Hussein，伊拉克獨裁者）計畫要奪取大規模殺傷性武器（Weapon of Mass Destruction，簡稱WMD），並將它們交給恐怖分子。接著他發表一則撤銷文，明確表示第一篇文章全是假消息，也沒有證據顯示伊拉克有大規模殺傷性武器。

事情的結果讓尼漢非常傻眼。想相信WMD存在的人，不只是拒絕了「WMD不存在」這件事實，**而且當他們聽到WMD不存在的時候，反而更堅信WMD存在**。尼漢稱之為「逆火效應」（the back-fire effect）。

尼漢說，一切事物都被我們用既存的偏見眼光看待。就算有新資訊，我們也只會強化現有的偏見，並主動尋找符合偏見的資訊。所以跟偏見相左的事實會被「拷問」到相符為止。

現今媒體的「回聲室」（譯註：參見本書第二九〇頁）就是一個過濾系統，讓我們對偏見的強化作用更加瞬發，但在推特與臉書出現之前，就已經有「報紙回聲室」；每一家報社都有自己的立場或「意識形態濾鏡」，以符合我們既有的偏見。

就算我們面對的事實正在挑戰我們的世界觀，我們還是會強化自己的世界觀。「你會呆坐在地，心想：『不是這樣吧！』接著你會開始認真思考：為什麼不是這樣？」尼漢說道：「人們一旦產生這種反對論點，錯誤信念就會更加根深柢固。」**我們只相信自己願意相信的事，對違反認知的資訊充耳不聞**。但有件新鮮事我們卻聽得進去：那就是「我們被威脅了」。

廣告大師們賣「性」不如賣恐懼

如果你想跟選民搭上線，最有效的方法，就是抓住他們的恐懼。希拉蕊與川普在二〇一六年大選期間，拚命向選民灌輸「若是對方當選會怎麼樣」的恐懼，但早在這次選舉前，恐懼就已經被當成銷售工具了。

一九五〇年代晚期，麥迪遜大道（Madison Avenue）上有一群關係密切的廣告天才：比爾．伯恩巴克（Bill Bernbach）、喬治．洛伊斯（George Lois），以及傑瑞．達拉．弗雷米那（Jerry Della Felemina）。他們打算要做一件史無前例的大事：搞懂能說服人們購物的原始潛意識動力。他們做的生意，就像調製一瓶瓶醉人的藥水，把下個世紀的大眾騙得團團轉。

消費者的選擇，就像左翼、右翼、中間之類的政治偏見，都已經預設好了，所以他們只需要觸發購買行為即可。伯恩巴克、洛伊斯與弗雷米那這群最早的「廣告狂人」（Mad Men），並沒學過能觸發潛意識的神經科學，**但他們有精神分析之父佛洛伊德撐腰**。

佛洛伊德主張，我們一切理性決策，都是受潛意識的欲望所驅使。我們可以選擇解放這些欲望，或是壓抑它們；但社會是以「什麼是正常？什麼是不正常？」的規範為基礎，所以解放欲望太過危險，我們因而選擇壓抑它們。

一九二〇年代，也就是麥迪遜狂人現身的三十年前，佛洛伊德的外甥愛德華·伯內斯（Edward Bernays），**利用佛洛伊德的群眾操縱理論，以及能夠被操縱的群眾欲望，發明了「公共關係」**。華爾街銀行家保羅·馬祖爾（Paul Mazur）則建議，佛洛伊德的理論可以用來重啟經濟成長：「我們必須將美國文化，從『需求』轉變為『欲望』。」心理學家厄尼斯特·迪希特（Ernest Dichter）更絕，他把所有平凡的消費者購買行為——從吃巧克力到抽菸——都附上性別特徵。

只要將佛洛伊德的理論應用在廣告上，我們昇華過的欲望就會受到善加利用；廠商會把這些欲望扭曲成我們想買的產品，可能是一雙鞋、一輛車或是一瓶香水。**我們會「拷問」事實，直到它們說出我們想聽的話；同樣的道理，潛意識也能被「套上枷鎖」，讓它成為消費產品**。

產品的事實：這輛車能跑多快？這包洗衣粉能洗幾次？根本無關緊要，因為顧客不想知道。他們**甚至不知道自己不想知道**。

他們透過購買來尋求深層的解放，所以沒有任何購買行為是表裡一致的：例如跑車實際上代表中年危機；洗衣粉也不只是洗衣服而已，它洗的是郊區居民受壓抑的「骯髒」欲望。這群狂人說，消費主義不只是血拚而已。它可以透過被社會接受的購買行為，來滿足受到昇華的幻想。

但有一位廣告大師，卻殺出一條與狂人截然不同的路。羅瑟・雷夫斯（Rosser Reeves）是麥迪遜大道上最具魅力的廣告主管之一，他的想法出色、富獨創性，相信廣告不該對產品做出錯誤的主張，這樣很快就會引起消費者抱怨，而是要像導彈一樣，瞄準「獨特銷售點」（unique selling point，簡稱USP），再萃取其精華融入廣告口號中，例如M&M巧克力的「只溶你口，不溶你手」。

雷夫斯因為發明了「性銷售」（sex sells）一詞而成名，但他從來沒講過這個詞。其實他講的剛好相反：「你要真的銷售性，性才會好賣。」（Sex sells if you're selling sex.）雷夫斯說，**真正能促進銷售的力道，是恐懼**。

雷夫斯從銷售（滿足受壓抑的欲望）中汲取智慧，把它放進文件櫃，再將它從麥迪遜大道的頂樓推廣出去。他說消費者真正想從生活中追求的，是**幸福**。雷夫斯主張，現代生活讓我們心驚膽跳。我們害怕失敗、被拒絕、配偶離開我們，以及被老闆降級。這些恐懼都是真實的，而為了賣產品給這些恐懼的顧客，我們就要**按下這些「恐懼按鈕」，將焦慮感提升到最大，再販售解答給他們——雷夫斯的企業客戶最愛這一套**。

電視影集《廣告狂人》（*Mad Men*）的主角唐・德雷柏（Don Draper），就是以雷夫斯為主要靈感。影集第一集當中，德雷柏向客戶解釋自己的哲學：「廣告建立在一件事情上：幸福。你知道什麼是幸福嗎？幸福就是新車的味道、**免於恐懼的自由**。它就像路邊的廣告牌，高聲保證你做什麼都OK，你會沒事的！」

雷夫斯不在乎產品——因為盡量把它做好是製造商的責任——只在乎顧客的想法。透過提供

「免於現代生活恐懼的自由」，雷夫斯等於提出一個解答，讓我們拼命買，製造商也拚命賣。

今日，我們已購買過數千種提供「免於恐懼的自由」的日常商品，它們擺滿了超市的走道兩旁：口氣清新劑與體香劑，用來消除令人退避三舍的體臭；抗皺霜，用來暫緩變老的恐懼；清潔噴劑與紙巾，吃定你有超怕大量細菌的強迫症。

而且連比較大的恐懼都照顧到了：讓孩子度過奢華的假期，因為你害怕自己並非稱職的父母；**萬一你為了負擔這種昂貴的假期，不幸工作到過勞死，還有讓你「心無罣礙」（peace of mind）的壽險，替孩子們遮風避雨**。

羅瑟·雷夫斯用四個字總結這種方法：「販賣恐懼」（fear selling）。麥迪遜大道上的天才們，把事實變成了新玩意兒。**事實只是他們手中的黏土，可以捏造成他們想說的各種現實或「故事」**。列舉事實，是為了達成更大的目標：銷售。

二〇一六年，川普先表達出對墨西哥人的恐懼，再提出解答：「蓋一座很高、很高的牆」。這根本就是羅瑟·雷夫斯那一套。恐懼現已成為說服大眾的神兵利器，為了想知道它被使用得多麼出神入化，我約了某位男士會面，他將「販賣恐懼」應用在九一一事件後的世界，而「事實」也就此開始步向末路。

連九一一事件都能嗅出賣車機會

早上七點，我開著租來的車，沿著諾曼第某條迂迴曲折的道路前進、尋找一座城堡，結果開著開著就墜入濃霧中。我的手機告訴我，前方不遠處有一棟十七世紀的哥德式城堡。於是我開向由碎石鋪成、兩旁排列著樹木的寬敞私人車道，看見了這座城堡的主人。

這位迎接我的先生，在我見過的人當中，算是最奇特的那一類。克洛泰爾．拉派爾博士（Clotaire Rapaille）年過七十，留著一頭往後梳的狂野白髮。他身穿紅色絲絨西裝，翻領上別著軍事勳章，一條長長的黑色絲巾，很誇張的拖在他背後。他的臉上抹了厚厚的白粉底，只有口紅和墨鏡特別顯眼。拉派爾自信滿滿的從濃霧中現身，向我握手；**我彷彿看到路易十四與麥可．傑克森的合體**。

二〇〇〇年代初期，羅瑟．雷夫斯的「販賣恐懼」概念，被拉派爾發揚到全新層次的恐懼，等於替「後真相」世界開路。城堡裡頭有幾件盔甲、家族祖先的大幅肖像畫，還有一張自畫像：雙手抱頭，半裸著蜷伏在一個洞窟裡，對疾風咆哮。這幅畫的意義很難懂，但可以確定一件事：**拉派爾深知恐懼，以及如何利用它**。

拉派爾的人生分成兩階段。前半段是法國北部的心理醫師，負責診斷與治療自閉症兒童。拉派爾在這個領域非常成功且備受尊崇。到了二〇〇〇年，迪克．錢尼與東尼．布萊爾聯手，變造出伊拉克持有WMD的「事實」。某天晚上，拉派爾瞥了一眼電視，看到CNN的報導，突然靈光乍現。

報導說九一一事件之後，越野車買家使「悍馬」（譯註：美國軍方生產的全輪驅動車輛）的銷量飆到頂點。也就是說，**美國老百姓買了一輛軍用車，可以承受一百磅迫擊砲彈的攻擊，只為了週末能安心去超市購物**。

拉派爾心想，這可以用佛洛伊德的理論解釋嗎？悍馬的銷量暴漲，是因為美國消費者腦中的潛意識，會對於下一次恐攻的原始恐懼做出反應。拉派爾稱其為「爬蟲類大腦」（reptilian brain）。悍馬沒有向一般消費者行銷車輛，民眾卻主動上門購買。他們感受到非理性恐懼，只好買車來消除它。

九一一事件把拉派爾所謂的「焦慮控制器」飆到破表。從那一刻起，他的人生路線就改變了；他成了販賣恐懼的廣告大師——羅瑟・雷夫斯的繼承者。

拉派爾的天才之處，在於把「免於恐懼的自由」提升到更高的檔次。我們不只害怕口臭，或鄰居不喜歡我們的新車；我們害怕陰魂不散的恐怖主義、戀童癖患者、難民、全球暖化。這些都是逐漸擴大的新恐懼，可以拿來銷售產品，**而且這次不是賣幸福，而是賣「安全」**。

他的第一樁交易是與克萊斯勒談的。拉派爾與這間公司的高層見面，並建議他們，越野車必須弄得像悍馬一樣，如此就能在九一一事件後的恐懼氛圍中獲利。克萊斯勒需要新的四輪傳動車，跟悍馬一樣販賣安全的假象，但價格是悍馬的四分之一；也就是一輛居高臨下的坦克，設有防撞架與厚重的底盤，在不安全的世界中提供一個安全的表象。

拉派爾很清楚，這輛車必須對路上其他駕駛員傳達一種絕不讓步的訊息：「我是武器，別惹我。想撞我？我會把你的車拆個稀巴爛，然後幹掉你。」

於是克萊斯勒推出了「PT Cruiser」車款，而且立刻獲致成功。但諷刺的是，**這輛車和所有運動型多用途車（SUV）一樣，遇到強風時很容易翻車**。替它塑造安全假象的特色：使駕駛員居高臨下的「砲塔」，反而讓它有潛在的致命性。但事實不重要，**PT Cruiser** 看起來很安全，這就是銷售的力道所在。

拉派爾認為，新的恐懼氛圍讓一種嶄新的防禦性車種崛起了，那就是SUV。二〇〇〇年代初期，SUV的銷量在短短三年內，就從零成長發展到占車輛總銷量的二〇%。每個設計上的細節，都強化了安全的假象。拉派爾說，就連置杯架都不是置杯架，「它們傳達一種『穩定』的訊息：你把杯子放在這裡，我來穩住它。」

拉派爾現在是「焦慮人類學家」，將自己的爬蟲類大腦理論，賣給全世界最大的幾間公司：包括菸草大廠菲利普莫里斯，以及家樂氏玉米片等。販賣恐懼就像一條安心毯，可以包在任何產品外頭。

任天堂曾經針對九一一事件後美國家庭的恐懼，進行大規模的研究，結果發現遊戲市場有個大缺口。所以他們不生產那種「讓青少年獨自在房間射殺伊拉克叛軍」的主機，而是著手設計一個新主機，可以讓一家子窩在舒適的「數位壁爐」前，玩保齡球與《瑪利歐賽車》（*Mario Cart*）。**這個主機叫做「Wii」**。其中「ii」是在向亞洲市場招手，而發音跟「we」一樣，則代表「團聚」。

可口可樂也不落人後，在主管的腦力激盪會議中加入一面「焦慮白板」。在這些會議中，他們會列舉幾個大眾近期最常體驗到的焦慮，再討論該怎麼行銷可樂，讓顧客開懷暢飲、忘卻煩惱。

不管這些恐懼是否源於真實，都無關緊要，重要的不是事實，而是大眾的潛在情緒。新聞報導不斷傳達地球正在崩毀的訊息，包括全球暖化、中東戰事與繼起的移民危機、恐怖主義、流行病，甚至連「有毒家園」（toxic home）都出現了。民眾因此產生的模糊焦慮感，就被企業加以利用。

恐懼是十分有效的銷售工具。我們的家園比古人更安全，也比較不會死於戰爭或疾病，但恐懼還是節節升高，已經直逼歇斯底里的程度了。**其實你被烤麵包機搞死的機率，比被恐怖分子殺掉還高**，但沒人想聽這件事實。

有些產品威脅大眾說，事態會急轉直下。例如「磚屋兒童定位器」（The Brickhouse Child Locator），就是一個戴在兒童身上的電子標籤。新聞大量報導孩童被綁架的消息，讓這件商品得以問世。

廣告片開頭就先說一句：「每個父母最糟糕的惡夢。」接著有位媽媽在遊樂場狂奔，尋找她失蹤的兒子，這種焦慮是會讓心臟狂跳的。拉派爾說：「我們還挺愛坐雲霄飛車的。」但扯到綁架兒童會不會太超過？如今磚屋兒童定位器要價二十七．九九美元（**按：約新臺幣八百四十元**），而且大賣。

一九九七年的禽流感，讓大家害怕這種流行病會橫掃全球機場。禽流感之後還有登革熱、SARS，接著到了二〇〇四年，流行病界的大白鯊——伊波拉（Ebola），又捲土重來了。

這種恐懼是發自內心的，而肥皂產業剛好可以販賣解藥給我們。我們想要能夠消滅病菌、摧毀傳染原的東西，於是他們發明「抗菌藥皂」來消除恐懼。肥皂以前是泡澡時在用的奢侈品，一天只用一次，現在卻變成無時無刻用來對抗病菌的武器；肥皂和廚房的食物擺一起，也放在浴室保護孩子，甚至連寵物都離不開它。

這場對抗病菌的戰爭，其實也象徵對抗其他「傳染原」，它們無法單靠一條抗菌布就抹掉

疾病、汙染，與捏造出來的移民偏見。這些事物都不是恐懼的消費者所能掌控的，但最起碼，我們能打贏「衛生」這場仗。在廣告裡頭，每一個居家環境的表面，都爬滿了沙門氏菌、大腸桿菌與大量微生物，讓你必須每十五秒就拿清潔劑噴一噴。

抗菌藥皂還打進了另一個新市場，同樣也是被流行病開拓出來的，**這個病叫做強迫症**。廠商的行銷策略，善用了我們最嚴重的衛生恐懼，於是抗菌藥皂就變成強迫症患者的新解藥。

貝瑞．謝夫（Barry Shafe）是一個穿著西裝的安靜男士。二〇〇〇年代初期，他在世界最大肥皂製造商「加信氏」（Cussons）擔任產品研發部門主管。他推出的產品「Carex」，可說是全世界抗菌噴劑的濫觴。

貝瑞表示，廠商甚至沒必要利用大眾的恐懼，「想讓消費者購買抗菌藥皂的話，光靠流行病本身散發的恐懼訊息就夠了。」**假如新聞充滿了恐攻與伊波拉，等於在幫你打廣告，那你又何必自己杜撰恐怖故事？**就跟克萊斯勒的 PT Cruiser 一樣，抗菌噴劑也是賣假象，賣的是危險世界裡的安全之道。

但這種安全是有代價的。我們雖然把居家環境的病菌都消滅了，但也讓家裡變得更「毒」，小孩的氣喘與溼疹因此越來越嚴重。根據美國環保署（Environmental Protection Agency）估計，**居家空氣的平均汙染程度，竟然是室外的二到五倍**，因為家裡的清潔劑、空氣清淨劑與抗菌噴霧，實在噴太多了。

我們本來要打造無菌家園，結果變成有毒家園。但因為消毒而造成有毒家園的事實，與危言聳聽的故事擺一起，結果被大家忽略了。恐懼實在令人心醉，因此勝過了事實。我們想要的情節，是「外界充斥著必須消滅的妖魔鬼怪」。所以沒人想聽真相。

真人實境秀，新聞變「災聞」

一九八六年，三大電視網主宰了美國電視圈：NBC、CBS與ABC，而華爾街的「企業收購人」（corporate raiders），一口氣買下絕大部分。NBC賣給奇異電氣；CBS賣給勞倫斯．提許（Lawrence Tisch）的投資公司「Loew's」；首都傳媒公司（Cap Cities，背後金主是華倫．巴菲特）則買下ABC。這些交易的價碼大概在二十億到三十五億美元（按：約新臺幣六百億到一千零五十億元）左右，但買家卻把它當成跳樓大拍賣，用經濟實惠的價格，掃光這些價值被低估的資產。這些交易在幾週內就全部敲定了。

為什麼要這樣做？美國人是收看這些電視網長大的。每個電視網都有能一眼辨認出的「識別點」或商標，以及當家新聞主播，例如舉國信賴的華特．克朗凱（Walter Cronkite）。所以**它們提供平臺，讓業主在商業電視發起革命**：全新的利基以及衛星付費頻道，涵蓋了一切主題，包括電影、運動、兒童與娛樂。

買下ABC的首都傳媒與華倫．巴菲特，請高盛深度分析這個電視網的經濟情況，之後這項研究成為所有電視臺的審計範本。高盛很快就發現，裡頭每一件事都太花錢了。

電視臺存在著一個「《六人行》（譯註：*Friends*，美國知名喜劇影集）難題」。《六人行》第一季，珍妮佛．安妮斯頓（Jennifer Aniston）一集的片酬是一萬美元（按：約新臺幣三十萬元）；

但到第三季暴漲到一百萬美元（按：約新臺幣三千萬元），而且後製經費還因此被大砍。高盛做出結論：**電視臺需要能反覆使用的節目格式，以及連續播不停的新聞。還有，別再找珍妮佛・安妮斯頓了！**

隔年，史上第一部真人實境秀《倖存者》（*Survivor*）開播了。這正是高盛所說的那種電視節目：大量製作、大碗內容，沒有貴死人的回鍋明星，只有每季用完即丟的參賽者。至於新聞節目，如果想要自食其力，也必須少花點錢、多占點螢幕時間，於是「滾輪式新聞」（rolling news）就誕生了。

你再也看不到華特・克朗凱這樣的明星主播，因為槍殺高中同學的小鬼才是「明星」。新聞必須盡可能搞得更戲劇化。**想在競爭激烈的市場殺出一條血路，新聞就必須變成「災聞」**。

而且新聞轉變成「災聞」的速度還挺快的。一九九四年，BBC的諷刺節目《今日之日》（*The Day Today*），就曾經模仿過這種誇張的新形態：藉由聳動的圖片與不停「更新」的消息，播報已曝光的事件；其實這則報導不用急著更新，但電視上總得要擺點東西。這種「災難性報導」只基於部分的真相，或根本沒真相。

滾輪式新聞越滾越誇張，逐漸增強成為歇斯底里，這一切都是格式本身的特性使然。**真相淪為持續更新用的工具，每十五分鐘就要加油添醋一次，美其名曰「後續發展」，也就是把一切都變成新聞**。在Channel 4頻道的《銅鈴眼》（Brass Eye）節目中，克里斯・莫利斯（Chris Morris）飾演面無表情的主播，明明不是在報頭條，卻報得好像世界末日一樣：「把小孩的臉當成衛星小耳朵在用！」看來新聞本身，早已變成一齣超誇張的鬧劇。

官員當眾自殺——新聞「災難化」才有收視率

當新聞變成杜撰的臨頭大難，「槍殺、搶劫、施暴、槍殺、搶劫、施暴」的循環，還想讓人看得下去，那它就必須變得戲劇性。

我們想知道細節，而細節必須夠血腥。實境節目藉由假造、誇大參賽者之間的衝突來提高真實感；同理可知，災難性新聞也**不能再以平衡客觀的角度報導事實，而是將報導誇大為一種娛樂，每一點一滴都像戲劇般扣人心弦**。

不過這樣做有個避不掉的問題，更多的電視新聞，需要更多持續發生的刺激事來填滿自己。這也讓製作新聞的人面臨一個道德困境：**我們秀出來的內容可以誇張到什麼地步？**一九八七年一月二十二日，新聞界第一次受到了考驗。

賓夕法尼亞州參議院的財務官員，共和黨的羅伯特．巴德．德懷爾（Robert Budd Dwyer），剛被指控收賄，以確保某個數百萬美元的合約能談成；其實這是個精心策畫的騙局，牽涉到因為不當處罰數千名議院雇員，而必須施行的稅務補償。

審判從頭到尾，德懷爾都強烈主張自己的清白，甚至還寫信給前總統雷根，懇求他介入此事。但他還是有罪，判決預定在一月二十三日出爐，德懷爾可能要吃上五十五年的牢飯。

判決前一天，德懷爾召開記者會。共有五家電視臺派出記者採訪。德懷爾從馬尼拉紙信封中，拿出辭職演說的講稿。他感謝選民的支持，並重申自己的清白：「請在美國每家電臺、電視臺、報紙與雜誌，訴說我的故事。」

接著他拿出另一個馬尼拉紙信封，**從裡頭抽出一把史密斯威森 M27 左輪手槍**（Smith & Wesson Model 27 revolver），聚集的記者嚇得倒抽一口氣，並且開始尖叫。德懷爾繼續平靜的說著：「如果你的心靈或胃部很脆弱的話，請你離開，我不想造成你們身心上的痛苦。」有兩個接待員試圖抓住他，但德懷爾一邊揮舞手槍，一邊往後退閃避他們。「拜託，別這樣！這會傷人的！」他出聲警告他們。

接著德懷爾轉向最主要那臺新聞攝影機，直視宛如槍口的鏡頭，好像在播報自己的新聞。「瓊安（Joanne）、羅伯（Rob）、蒂蒂（Dee Dee），我愛你們。感謝你們讓我的人生如此快樂。我要跟你們道別了。我數到三……」**但他數到二的時候，就往自己的嘴裡開槍，轟掉了頭頂**。

德懷爾是算準午間新聞的時間才自殺的，他知道新聞想報什麼，所以沒讓他們失望。於是各家頻道天人交戰：一方面覺得這畫面內容太恐怖，另一方面又覺得這有很大的潛力可以吸引觀眾。

費城的 **WPVI-TV** 與匹茲堡的 **WPXI-TV**，都直接播出自殺畫面。Channel 6 播出德懷爾扣扳機，但沒播濺血的地方。賓州當地的電視網 WCAU、KYW 與 KDKA，都在扣扳機的前一刻停格，但繼續播放槍響與繼起的害怕尖叫聲。Action News 則是把自殺過程從頭到尾播一遍。雖然《紐約時報》質疑，播出德懷爾自殺是否違反道德，但這起事件確實衝高了收視率。

德懷爾在審判的時候有一位共同被告：共和黨官員威廉．史密斯（William Smith）。二〇一〇年，也就是德懷爾自殺的二十三年後，史密斯承認自己在法庭說謊（說德懷爾涉及收賄），以換取較輕的刑責。所以**德懷爾自始至終都沒騙人，他真的被陷害了**，因為沒人查出他的清白，他被迫自殺。史密斯因為說謊陷害德懷爾，被判一年徒刑，但他半年後就重回政壇。

新聞網並沒有調查德懷爾主張自己遭到陷害，因為他們忙著炒作他的自殺，然後擠出新角度來報導它。所以打從一開始，就沒人打算認真報導，找出他自殺的理由，因為新聞循環得太快，根本沒時間。

在嶄新且競爭激烈的環境中，德懷爾的自殺，對於新聞界的道德準則是一大考驗。德懷爾早已知道新聞界想要什麼，及「新聞價值」的意義，所以他利用這一點，替自己的案子搏版面。該替德懷爾與其家人維護尊嚴？還是用影像報導他的自殺？新聞頻道選擇了後者。**拜新聞瞬間商業化所賜**，各頻道現在需要衝擊性，社會大眾也買單。

當我們需要事實的時候（國家發生災難與危機時），新聞會提供事實給我們，但因為背後的商業考量，以及搶獨家的壓力，**新聞也可能在我們最不需要它矯揉造作的時刻，變成錯誤訊息製造機**。二〇一三年，波士頓馬拉松爆炸案之後，CNN的主播約翰·金（John King）很快就說嫌犯是「皮膚黝黑的男性」。福斯新聞的記者梅根·凱利（Megyn Kelly）更扯，誤以為嫌犯被逮捕了。《紐約郵報》（*The New York Post*）刊出一張照片——上頭是兩位背著背包的男性，並在下方寫道：「背包男：拍攝於波士頓馬拉松，FBI正在找這兩位嫌犯。」但FBI根本沒在找，凶手也不是這兩個人。

新聞不只有商業壓力的包袱，還得面臨刪剪。結果就是尋求意外爆料的調查新聞學（譯註：對被隱瞞的醜聞所進行的公開報導，往往涉及政府官員、政客、聯合公司與政治團體的領導者），以及新新聞主義（譯註：將文學寫作的手法應用於新聞報導，重視對話、場景和心理描寫，不遺餘力的刻畫細節）都慘遭扼殺，以便炒冷飯，並逐漸依賴唾手可得的資料來源：壓力團體與消費者團體的新聞稿，以及西敏市與華盛頓的政治馬戲團；同樣的受訪人，講著同樣的老梗「議題」。早在「回聲室」這個詞出現之前，新聞就已經是回聲室了。

德懷爾的自殺行為，讓即時實況與現場報導措手不及。**但因為新聞變成滾輪式，而且商業考量以及對於長期調查的打壓，也讓正確的新報導無法出頭，所以「假新聞」是難免的。**

「科學」研究證實：背後都有商業贊助

詩人艾略特（T.S. Eliot）曾說過：「人類無法承受太多現實。」這就是電視新聞從德懷爾學到的教訓。當汽車炸彈把小孩的頭炸飛，我們會看到一則針對此事件的新聞報導，而且西方觀眾「應該」能接受。**真實事件與「能接受的和諧版本」間，存在著精準的折衷之道**，也就是故意挑幾個鏡頭（染血的鞋子、哭泣的父母）來傳達恐懼的象徵，但不會秀出爆炸的影像細節。這就是新聞報導構成「真相」的伎倆，現實事件變成「經過報導的事實」。

如果你想一邊遵守道德規範，一邊把新聞報導「災難化」，卻又不能報得太誇張，就一定要弄出「混合式」的真相。不過這招不是只有新聞界在用，連科學界都加碼進場，因為他們的研究，需要靠新聞曝光來維持資金。**如果想被報導，研究就要極端、強勢，而且是錯的。**

二〇一三年，在芝加哥的第七屆同儕審查大會（Seventh Peer Review Congress）中，約翰·楊尼迪斯教授（John Ioannidis）揭露了一個驚天真相：**大多數的科學研究都是錯得離譜，因為科學家對於募資與發展事業的興趣，遠超過科學真相。**

楊尼迪斯拿《波士頓食譜》（*Boston Cookbook*）來解釋自己的論點。從食譜隨機抽選的五十種成分中，有四十種會增加或減少罹患癌症的風險，而這些成分與癌症間的關係，被新聞媒體報導了數千次。不過根據統合分析（譯註：meta-analysis，分析別人之前做過的研究）顯示，這些科學研究幾乎都不正確。

科學本質上就是要縝密、周延，但這跟新聞的需求背道而馳。如果你是新聞編輯，有幾篇報導給你選：「藍莓對健康略有助益」與「藍莓能治癒癌症」，或甚至更精彩的：「藍莓讓你得癌症」，你會報哪一篇？

「超級食物」、「奇蹟之藥」或維他命之類的主張，每個月都在變，讓大眾不再相信它們。這個過程暗中破壞了我們視科學為專業的信心。它讓科學變成偽科學。

即便是與治癒疾病相關的科學，也好不到哪裡去。楊尼迪斯表示，說到把基因跟特定疾病扯上關係，有人分析了上百份研究，發現只有一．一%的個案，真正存在這種可證實的關係。當疾病的生物標記（譯註：可以標記出特殊疾病狀況的物質）出現在一百二十七個預測模型中，幾乎都會被誇大成高風險；但一百二十七個模型中，有後續研究證實它們為真的，只占五分之一。

楊尼迪斯做出結論：科學偏誤正在猖獗，世間充斥著吹破牛皮的主張。理由很簡單：科學家需要資金，為了募資就一定要引起關注。科學「研究」變成媒體能利用的資源，因為他們可以把它報導成戲劇性的科學「發展」；**加油添醋過的健康危機，以及不切實際的解決之道，就被當成事實來報導**。實際上，科學研究已被「災難化」，就跟新聞一樣。

每一週，新聞都會報導一波波的危機，好像海嘯一樣席捲我們，但最後社會還是毫髮無傷。

不過每一波都被講得比前一波更嚴重：超級蟲蟲、超級老鼠、超級機器人、超級惡意軟體、超級詐騙，以及超級夏季與冬季霧霾。從「接近的隕石即將摧毀地球」，到「無法銷毀的日本蓼，會把你的花園勒斃」，什麼都有、什麼都不奇怪。**這些「流行病」原本都是在控制範圍內的事件，卻被災難化，並升級成對於人類的迫近威脅**。

科學成為假新聞事業的一部分，與新聞攜手漠視事實，只為了更精彩的報導：「殺手級咖啡」、「殺手茶」、「奇蹟咖啡」、「奇蹟茶」，以及「喝咖啡或喝茶，就可以緩和香菸的有害作用」。

然而，這些頭條都暗藏著積極進攻的味道。**每一條「殺手級○○」或「奇蹟ＸＸ」背後的科學研究，都是受特定商業利益團體資助**，他們想遊說政府，或是以科學來包裝新產品。食品、健康、製藥產業都暗中資助研究，以便推銷自家的特定商品，替它弄張執照或創造需求。所以科學和新聞一樣，早已偏離講求事實的中立地帶。

有時候這還滿危險的：一九九二年，有人突然宣稱避孕藥會造成「深靜脈血栓」。結果隔年的墮胎人次意外增加，但大家對於血栓的恐懼卻神奇的消失了，真是來得快去得也快。英國國民保健署勸告大家，只含孕激素的避孕藥並不會提高風險；而且就算同時含有雌激素與孕激素的避孕藥，也只會「稍微提高風險」而已。受害者既不是藥廠，也不是誇大報導的媒體，而是相信自己有風險的女性。

人民相信媒體，媒體卻向政客靠攏

新聞界與科學界的作為都是有理由的，但這也產生一種效應：大眾不再相信「事實」了。設於華盛頓的皮尤研究中心（Pew Research Centre），是一個無黨無派的「事實庫」（fact tank），四十年來都在監控民眾對政府與新聞業的信任。

一九五八年杜魯門執政期間，美國有七三％的人說他們「總是，或多數情況都相信政府」，而且他們也相信記者。而整個一九六〇年代，民眾對這兩門專業依舊抱持極高的信任，並且在詹森（譯註：Lyndon B. Johnson，美國第三十六位總統）執政時到達頂點，此時民眾的安全感是最高的。但到了一九七〇年代，拜越戰與水門案所賜，人民對政府的信任暴跌，一九七四年跌到三六％，一九七九年更是只剩二五％。

不過在人民對政府信心垮臺的那一刻，新聞業就出頭了，因為他們代表「真相」的力量。一九七〇年，西莫·赫許（Seymour Hersh）揭發了美萊村屠殺（譯註：越戰期間，美軍官兵於一九六八年三月十六日，在越南美萊村屠殺平民）；一九七二年，鮑勃·伍德沃德（Bob Woodward）與卡爾·伯恩斯坦（Carl Bernstein）揭發了水門案。《星期日泰晤士報》的「洞見」團隊（The Sunday Times Insight）則陸續揭發了這十年來的諸多醜聞，包括「沙利竇邁」（譯註：Thalidomide，此藥在當時被認為是最安全的鎮定劑，但在許多孕婦服用並產下畸形兒後，遭到回收與禁止），與以色列祕密製造核武。

人民對政客的信心崩盤，但至少**有個地方十分可靠，致力於傳達真相、約束政客，那就是**

媒體。政客聲望暴跌之際，「第四權」（譯註：媒體、公眾視聽）受到的信任反而水漲船高。

一九七〇年代，民眾把記者視為身穿閃亮鎧甲的騎士，帶給大家真相：在電影《大陰謀》（*All the President's Men*）中，揭發水門案的伍德沃德與伯恩斯坦，分別由勞勃．瑞福（Robert Redford）與達斯汀．霍夫曼（Dustin Hoffman）飾演。新聞業是一股追求真相的強大力量，沒有被軟弱與貪污給汙染，而這兩點正是使政府腐敗的元凶。

但接下來，權力發生了轉移。**業主本來跟圈外發聲的記者站在同一邊，卻突然又想分到一點真正的權力，這表示他們要向政客靠攏**，他們想再次成為圈內人。

一九〇三年，二十世紀首位媒體大亨諾思克利夫子爵（Lord Northcliffe）發現了他旗下的報紙蘊藏著權力：「每次投票權擴大，都會讓報紙權力更大、政客權力更小。」到了一九一八年，諾思克利夫甚至相信他憑一己之力，就幫英國打贏了第一次世界大戰，因為他運用權力，讓勞合．喬治（Lloyd George）接替阿斯奎斯（H. H. Asquith）成為首相。

在一九三〇年代與一九四〇年代，羅斯米爾子爵（Lords Rothermere）與貝佛布魯克男爵（Lords Beaverbrook），都運用自己的權力直接干預國事。羅斯米爾是《每日郵報》（*Daily Mail*）的老闆，支持英國法西斯聯盟（British Union of Fascists），而且公開對希特勒表示同情，就和當時許多英國民眾一樣，把他看成強大的歐洲國家領導人，卻被弱者圍繞。貝佛布魯克則坐擁《每日快報》（*Daily Express*），這個一九三〇年代第一家發行量達到兩百萬份的報紙。**他跟羅斯米爾聯合起來，想要把斯坦利．鮑德溫（Stanley Baldwin）首相趕下臺；這已經跟政變沒兩樣了**。

一九三一年三月十七日，鮑德溫在倫敦皇后音樂廳（Queens Hall）說道：「他們旗下的報紙，已經失去『報紙』二字原本的意義。報紙淪為兩位男士的政治宣傳工具，而且他們的政策、欲望、個人願望與喜好，一天到晚都在變。**這些報紙的業主想要權力，卻不想負責——這麼多年來，只有妓女才有這種特權！**」

二十世紀初期的媒體大亨對政治圈造成重大的改變，他們不只想跟政客坐同一張桌子，還想決定誰坐哪個位置。

一九七〇年代，一切都改變了。新聞業創造出一個異常現象：「真相」，把大老們的強勢作風給搞砸了。**事實不再是業主奪取政治權力的工具，而是一股向大眾揭穿政客謊言的力量**；它就像礦脈裡的鑽石，等著調查記者發掘，並將它公諸於世。

只要這種報導對事業有幫助，業主就會放任它們繼續；但等到沒幫助的時候，媒體大亨就會回歸初衷，再度成為強勢的大咖，影響坐在權力桌前的人士。而有一位大亨，開啟了先河。

我們的新聞公正平衡，只是會要求來賓閉嘴

一九八五年，一位持有美國護照的澳洲報紙大亨（他在英國念書的時候，曾經買過列寧的胸像），買下美國某個名叫「WTDG」的小新聞頻道。

法蘭克．歐唐納（Frank O' Donnell）當時是該頻道的製作人，他說：「前三年他都放我們自己做，有一部分是因為我們太成功了。但有一天，我們接到命令，叫我們別管新聞報導了，**趕**

快拍雷根的馬屁，就像共和黨全國代表大會那樣！我們整個傻眼，因為截至目前為止，我們都可以製作正統的新聞，結果突然間，上頭命令我們要搞政治宣傳！」

WTDG的職員覺得**魯柏．梅鐸**（Rupert Murdoch）像是火星來的，但他不是。他只是繼承了老爸的媒體帝國，然後以精明的手腕，在其上建立自己的事業，就跟之前的諾思克利夫、貝佛布魯克、羅斯米爾與瑟希爾．金（Cecil King）一樣。

可是梅鐸的心機與野心，都比這幾位前輩還大。他在大學時期是列寧主義者，雖然畢業之後就沒再搞社會主義，但他對於革命的欲望卻一直持續著。

歐唐納深信，他在WTDG親眼見證的命令，正是**「後真相」的起源**，並於二十年後發展到極致。但WTDG的這個後真相，只不過是重新編組事實，就像以前的媒體大亨一樣，拿它來影響與塑造權力。

一九九六年，**福斯新聞**（Fox News）開播，執行長是羅傑．艾斯爾（Roger Aisles），擔任過尼克森、雷根與布希的軍師。他說：「我們希望能做出公正、平衡的新聞。」這句話之後就成了該頻道的口號。幾小時內，備忘錄就寄到大樓內各處，**指示記者什麼可以講，什麼不能講**。艾斯爾說墮胎是個「商標型議題」，而福斯的政策是反墮胎。至於種族，不只是商標型議題，還是左派議題；愛滋病也一樣。當九一一事件的調查展開之際，還有一份備忘錄警告員工：「別把這件事搞成另一個水門案。」

談話性節目中，只要有意見不合的聲音，就會被剪掉，或是把他們的麥克風切掉。這不是老派的「平衡報導」，但平衡根本不是重點。這算是針對華府的猛烈砲擊，而且還挺有效。福斯記者比爾・歐萊利（Bill O' Reilly），曾**要求受訪來賓「閉嘴」，或打斷他們的話，共有六十位來賓吃了悶棍**。師承伍德沃德與伯恩斯坦這一派的記者，全都看傻了。

不滿的職員表示，他們被威脅要報導不正確或瞎編的故事，例如科倫拜槍擊案（譯註：發生於一九九九年，美國歷史上最血腥的校園槍擊事件），以推動支持擁槍的遊說。福斯的掌權者中，沒有半個人在乎這些過時的批評。他們在打造新聞業的未來，而且大家不久之後就懂了。

伊利諾大學（University of Illinois）新聞學教授羅伯特・錢斯尼（Robert McChesney），曾經研究過福斯新聞，他表示電視網透過「完全消滅新聞學」來催生「後真相」，但真正把新聞真相給消滅的卻是福斯，因為他們想讓新聞再度為政治權力效命。

梅鐸這樣做，並非為了要打造右翼頻道，或是抹消新聞。他只想成為權力掮客。

梅鐸就像一九七〇年晚期到一九八〇年代初期的新品種業主——詹姆斯・戈德史密斯（James Goldsmith）、羅伯特・麥克斯韋（Robert Maxwell）、泰尼・羅蘭（Tiny Rowlands），想要複製羅斯米爾與貝佛布魯克的帝國威勢，從內部影響政府，恐嚇政客。

成為權力玩家具有兩個意義：採取公開的政治立場，你想跟誰有一腿就對他「喊價」，以便打進他們的圈內，當然，你還得提防自家的記者去挖他們的瘡疤。或者，你真的挖到了瘡疤，那就把這個當把柄來對付他們。**新時代的業主走到岔路，一邊是事實與新聞學，另一邊是權力，他們選擇了後者**。早在一九八一年一月四日，這樁交易就敲定了。

柴契爾首相與梅鐸私下約在契克斯（譯註：Chequers，英國首相的官方鄉間別墅）吃午餐；他們一邊切羊排，一邊瓜分權力。柴契爾希望有媒體支持自己的革命，梅鐸則想買下《星期日泰晤士報》，所以他們決定來談生意。

隔天，媒體大亨的規則突然被改變了。梅鐸可以毫無顧忌的買下《星期日泰晤士報》、《泰晤士報》（*The Times*）、《太陽報》（*Sun*）與《世界新聞報》（*News of the World*）；而且他還買了衛星電視公司BSB，並更名為天空電視（Sky Television）。他給柴契爾的回報，是透過這些媒體，對英國所有家庭灌輸柴契爾主義。

梅鐸在沃平區（譯註：WApping，英國倫敦的一個地區，位於倫敦東區）打造了一座沒工會的巨大要塞，這樣他就能像鬼影一般，在權力走廊上徘徊，不多話、但一切都看在眼裡。**只要他判斷哪張地毯有點歪，就會動手去扶正**。

《星期日泰晤士報》的舊臣哈羅德．埃文斯（Harold Evans）曾與梅鐸進行權力鬥爭，但埃文斯輸了。而在美國，梅鐸的圈外資歷與雷根吻合，所以他得以買下二十世紀福斯影片公司（Twentieth Century Fox）、哈潑柯林斯出版社（HarperCollins Publishers），以及《華爾街日報》（*Wall Street Journal*）。

沒有人管得住梅鐸，他精明狡猾、全知全能，旗下的新聞與電視帝國，延伸至每個大洲一百個以上的電視頻道、一百七十五家報紙、四十家出版社，還有一間超大的製片廠：福斯。**梅鐸凝聚起來的媒體火力，觸及四十七億的全球觀眾——占全球總人口的四分之三**。

追求權力的政客，現在都得跟他拜碼頭。一九九五年，東尼．布萊爾就飛往澳洲外海的海曼島（Hayman Island），希望梅鐸能替他「加持」一下。梅鐸不想、也不必諮詢布萊爾的意見；只要布萊爾站在電話另一頭十分鐘就夠了。梅鐸曾語帶挖苦的說：「我這輩子從來沒要求政客替我效力。」**因為他根本不需要**。

二〇〇〇年代初期，福斯變本加厲，把自己塑造成美國的真實之聲，對抗華府新崛起的「自由派菁英」。福斯已經不是圈外聲音了，而是主流聲音。這是極為天才的伎倆：少數族群與公司利益，就這樣連哄帶騙的深入政府核心，完全忽視美國的老百姓。**透過新聞報導，福斯商標被包藏在美國國旗裡**。

露骨的黨派偏見，讓福斯和中規中矩的新聞頻道大異其趣，有一種近乎酷炫的圈外色彩。其他頻道只會反覆照唸新聞稿，猛跑華府的宴會；他們的記者不像福斯這種好鬥的右翼煽動者，而是呆板、無聊的傢伙，用單調語氣對攝影機碎念，被他們自認的平衡性與事實弄得綁手綁腳。

福斯把新聞當成尖銳、回聲室式的娛樂，而這一切都跟梅鐸真正的政治立場無關，其實所有工於心計的投機商人都是如此。**坐擁一個堅守右派立場的頻道，只不過是因為對事業有益，而且時機也剛好**。

福斯開始重新定義美國人的權利，一開始先集結茶黨運動（譯註：Tea Party，於二〇〇九年初開始興起的美國社會運動，主要參與者是主張採取保守經濟政策的右翼人士），接著是史帝芬．巴農的布賴特巴特新聞網，以及另類右派（譯註：alt-right，美國右派政治思想中，反對主流保守主義的一個派別）。另類右派透過「他們不是什麼」，來巧妙的定義自己。他們不是為了替同性戀婚姻或弱勢族群發聲；他們不管槍枝管制、墮胎與移民；他們不支持菁英，不支持華府，也不支持伊斯蘭。這算是針對新政治運動所設的負面定義式平臺，但它最大的特色（亦即羅瑟．雷夫斯所謂的獨特銷售點），在於拒絕相信傳統媒體所定義的「事實」。

自由派「菁英」非常緊張，因為三十年來享有的絕對主義（譯註：指對一政治信念的絕對效忠）霸權要結束了。他們的擔心很合理，因為事實的確如此。**我們又回到了權力遊戲的時代，而「真相」只不過是陪襯的背景。**

梅鐸並沒有發明後真相或消除事實，他只是利用了其中創造出的空缺。新聞可信度因為災難化而逐漸腐敗，加上科學主張的誇大與自相矛盾，讓人民的幻想破滅。人們想看極端的東西，梅鐸就給他們看，這算是一種另類的誠實。**二〇一六年，福斯新聞成為美國收視率最高的有線新聞頻道。**

事實，是真正發生過的事，再加油添醋

一八五五年，克里米亞戰爭（Crimean War）最激烈的時候，羅傑．芬頓（Roger Fenton）拍了一張照片：「死蔭之谷」（The Valley of the Shadow of Death），刊載於《泰晤士報》。他用這張空曠戰場的照片，痛切的捕捉了英軍被俄軍擊退後的景象。不過有個問題——這景象是芬頓自己建構出來的，他巧妙移動砲彈的位置，直到畫面完美為止。

一九四五年，在硫磺島的海灘上，傳奇戰地攝影師喬．羅森塔爾（Joe Rosenthal）拍出史上最著名的戰地照片：美國士兵從日本手中占領島上的山峰時，立了一面星條旗。羅森塔爾因此獲頒普立茲獎（Pulitzer Prize）。

但這一切都是造假。在羅森塔爾抵達前兩天，美軍就已經占領硫磺島了。真正勝利的那一

刻，只有一面小得可憐的旗子，在臨時找來的旗桿上飄揚。而一位名叫路易斯．勞瑞（Louis Lowery）的士官長，用廉價相機把它拍下來，給子孫當紀念。但這個歷史性時刻需要相符的英雄氣概，所以軍方就「重演」了一遍。

這些竄改過的照片，讓原本的事實更具戲劇性。這是真實發生過的事，大眾也願意相信它。在二〇一四年上映的強檔大片《星際效應》（*Interstellar*）中，馬修．麥康納（Matthew McConaughey）飾演的角色衝進他兒子的學校飆罵，原來有人告訴他兒子說，登陸月球是假的。不過現在大多數人都這麼認為。美國民眾有七三%認為登陸月球是假的，英國成人也有五二%這麼想，而且越年輕的人越多疑。十八～三十歲的民眾當中，有七八%的人認為：華特．克朗凱用莊嚴口吻報導的「人類史上最大成就」，只是幾個演員穿上太空服，在沙坑上演好玩的。

不過和新聞比起來，大眾還比較相信登陸月球：美國人口有九四%認為主流媒體的新聞不是被扭曲，就是全部杜撰。

吸引人們注意的不是平衡報導，而是福斯帶頭的強烈抨擊。「事實」被編造成一種強迫性的單一主張，並依照他們的意思來詮釋，宛如子彈一般射向預定目標。九一一事件的陰謀論紀錄片《脆弱的變化》（*Loose Change*），主張九一一事件其實是美國政府祕密策畫的；之後本片成為最多人觀看的紀錄片之一。事實就算受到眾人懷疑、揭穿，也絲毫無損其影響力。

只要有新聞，裡頭就一定有「假新聞」。一九三六年西班牙內戰（Spanish Civil War）之後，喬治．歐威爾（George Orwell）寫道：

> 我從很年輕的時候，就知道報紙從未正確報導過事件。但在西班牙，我第一次見識到報導完全與事實毫無關聯，甚至連尋常謊話會扯到的關係都沒有。沒有戰事的地方，卻出現大戰役的報導；而數百人喪命之處，卻沒有半點聲音。這種事對我來說非常恐怖，因為它讓我覺得，客觀真相的概念，正從這個世界逐漸消失。

二〇一六年四月，世界各地的媒體，湧進馬其頓的韋萊斯鎮（Veles）。基於某些奇特理由，韋萊斯鎮被認定為臉書上數千個假新聞的發源地，例如「蜜雪兒．歐巴馬（Michelle Obama）是男的」以及「維基解密（Wikileaks）剛殺了希拉蕊！」

全球各大報的嚴肅記者，無法理解為何會發生這種事。他們搜遍整個鎮，訪問街角的陰沉青少年，誰該為此事負責？中年記者宛如調查水門案一般，問這些馬其頓青少年說：「他們為什麼這樣做？」結果連這些臭臉小鬼都不禁尷尬起來：「為什麼？就無聊或想賺錢嘛！」

有一位韋萊斯鎮的二十一歲學生，專攻電腦科學，他試著向《衛報》解釋：「我覺得美國人最感興趣的事，就是這些新聞或美式足球。有些新聞是我寫的，其他則是我從網站抓下來翻譯的。**我真的不曉得自己翻譯的東西是不是真的，這樣做只是為了 Google 廣告而已。**」

韋萊斯鎮的學生並沒有想「做」什麼。他們不是在幫川普競選，他們既不偏左也不偏右，不是諷刺家也不是 YouTuber。他們只是很有創業頭腦的青少年，住在民風壓抑的馬其頓城鎮，做過研究後發現了一個利基，而現在，他們想做點「純美國風」的事情——就是賺錢。

假新聞並沒有讓川普入主白宮，就像喬．羅森塔爾的假照片，也沒有改變二戰的走向。但兩者的差異在於，川普之所以會勝選，是因為二十五歲以下的人，幾乎都不相信新聞不會搞政治宣傳，然後川普利用了這點。**歐威爾哀嘆客觀真相正逐漸消失，以及赤裸裸爭權奪利的人們，將事實視為次要。但對於握有權力的人來說，權力才是唯一重要的事實。**

DONE

第12章

人工智慧不會讓人類失業——它，要嘛是你部屬、要嘛當你主管，或者人變得像機器人

「我打算好好想想這個問題：機器能思考嗎？」

一九五〇年，艾倫．圖靈（Alan Turing）寫下他最著名的論文，開頭就是上述這句話。圖靈破解了德軍U型潛艇的恩尼格瑪密碼（Enigma Code），是二戰獲勝的大功臣。戰爭過後，圖靈將他從解碼學到的知識，應用在另一個地方，他認為這是人類面臨的最大挑戰。

為了破解恩尼格瑪密碼，圖靈使用了極度複雜的序列。圖靈心想，這些序列現在能讓我們一瞥機器在未來具備的意識。**電腦能發展到成功模仿人類的地步嗎？**他想知道：「有沒有能想像到的數位電腦，可以在『模仿遊戲』中表現優異呢？」

於是圖靈創造了一個測試：一個人類透過螢幕向另一群人類說話，但那群人類當中有一個完全不是人類，只是裝成人類的電腦。假如提問者無法分辨哪一個是電腦，電腦就成功通過變成人類的測試，亦即在「模仿遊戲」中獲勝。

模仿遊戲──當難以分辨人與機器人的時候……

圖靈說，人工智慧將不再是人工，而是真實的。更重要的是，**人類或許已跨過無法回頭的界線，來到人類被機器人統治的世界**。圖靈推測，電腦在五十年內會通過他的測試。

事實上是六十二年。二〇一二年，雷丁大學（University of Reading）的弗拉基米爾．維希洛夫（Vladimir Veselov）創造出一個軟體程式：尤金．古斯特曼（Eugene Goostman），成功模仿了十三歲的烏克蘭男孩。維希洛夫採用這個人格的理由還挺狡猾的：「我們的主要概念是，尤金可以聲稱自己無所不知，但以它的年齡來說，就算有不知道的事情也很合理。」

以往試圖通過圖靈測試的電腦，連人類的問題都聽不懂，在第一道門檻就失敗了。但自二〇一〇年起，機器越來越複雜，已經可以用策略來唬人。它們會改變話題，向裁判提問，甚至在交流文字訊息時，還會模擬情緒與錯字；這些策略都讓它們看起來更像人類。它們的「模仿」越來越狡詐了。

結果圖靈測試的門檻越提越高。如今一部電腦若想通過它，必須經過長達兩小時的對話，然後至少騙過三位裁判的其中一位。

以下是二〇一二年，尤金與某位人士之間的對話：

裁判：你喜歡聽什麼音樂？

尤金：我喜歡阿姆（Eminem），因為他完全不鳥政治。

裁判：喔天啊！我超愛阿姆的！他是我最喜歡的歌手！

尤金：我還滿好奇阿姆為什麼叫阿姆？我只聯想到「灌腸」（enema）這個字。不過他很酷，我喜歡他唱的《超級大痞子》（*The Real Slim Shady*）。

裁判：我知道他為什麼叫阿姆，因為他的真名叫馬修．馬瑟斯（Marshall Mathers），然後取字首「M&M」的諧音，就變成阿姆了。

尤金：阿姆是很紅的廁所（crapper），啊不對，應該是強暴犯（raper）……還是開膛手（ripper）……（譯註：尤金想講的是饒舌歌手〔rapper〕）對啦，我喜歡他唱的《屎蛋》（*Stan*）

與《超級大痞子》。

裁判：我喜歡《海莉之歌》（*Hailies song*）。

尤金：你的品味真有趣。附帶一提，我也喜歡科幻小說。

你很難想像有人真的會被尤金騙到。尤金的答案儘管挺古怪，卻還是通過了三三%的對話。而且說到通過圖靈測試，顯然這個測試搞錯機器人的重點了。

機器人不只是人類的劣質模擬，它們是嶄新的事物。二〇一七年，我拜訪Uber位於舊金山的總部，與首席設計師帝德．希爾霍斯特（Didier Hilhorst）見面。**表面上，Uber只是個計程車App，但並非如此**。對Uber來說，提供能叫車的App才只是剛開始而已。

帝德說，Uber有完全沉浸於城市數位表現的潛力。這是一種「擴增實境」（augmented reality）：現實生活與螢幕表現的混合體；數位融入你的日常生活，因此成為你的生活。

此時此刻，Uber不只提供計程車與食物，你可以沿路透過螢幕來追蹤車子。**但Uber蒐集的資料，卻能讓演算法開始預測你的需求**，並且提出建議：你想去平常愛吃的餐廳、送小孩到安親班，還是去你女友家？要不要去你沒去過的地方，或做點不一樣的事情？

下一步，則是你在虛擬環境中的精密「代表人」，全城走透透，替你跑腿五分鐘。想喝咖啡嗎？它已經幫你點好，你一進店門就可以拿了。你彷彿看見自己的分身走進咖啡館，而服務生在幫你煮咖啡。

「五年之內，我們還會用手機與App做這些事嗎？我很懷疑，到時候我們還會用這麼笨重的裝置——必須從口袋掏出來，百般無聊的點擊螢幕。我們已經有隱形眼鏡，能直接在眼睛投射螢幕，讓你瞬間做決定。我們的工作，就是要讓 Uber 的體驗跟呼吸一樣，與生活無縫接軌。擴增實境的潛力，以及如何讓它成為人類的奇點（譯註：科技發展在很短的時間內發生極大的進步，進而改變整個社會形態），這些事物都讓我們非常興奮。」

這種「全然的 Uber 體驗」，代表你的分身會比真正的你快三步：購物、買電影票、替你處理塞車之類的問題，這些都會使用語音辨識與視網膜掃描技術。無論你現在正在做什麼，你的手機都會「遊戲化」（譯註：gamification，在非遊戲的領域中，採用遊戲設計元素和遊戲機制）並融入全然的 Uber 體驗中；以後這種體驗不用透過手機，而是直接投射在你的視網膜上。

所以**未來的形態，不是人類對抗機器人，而是兩者糾纏在一起**；它們的終點與我們的起點之間那條界線，開始模糊了。帝德不認為這種機器人未來會像《傑森一家》（譯註：*The Jetsons*，動畫影片，故事設定於二〇六二年）的世界一樣，由外型像罐頭的機器替我們服務；因為數位科技與人類生命，將融合為無縫的完全體：也就是**奇點**。

我們眼中的擴增實境將由體內的科技來補足，例如清潔血液的微電腦，以及對於心跳、血壓與壓力程度的控制器。**這個世界沒有昂首闊步的巨大機器人，只有微小的科技駭入人體內**。

Uber 分別在二〇一四與二〇一五年，看到亞馬遜推廣 Alexa，以及蘋果推廣 Siri，提供自動化助理給大眾市場。療癒的聲音會替你訂餐廳、打開家裡的燈，監督你早上的訓練，或播放你最愛的歌單。

但帝德與 Uber 想得比他們更遠——在未來世界，人類需求離不開機器人的智慧，而且**連我**

們自己，都變成人肉零件組成的機器人。

那假如沒有奇點，會發生什麼事？我問帝德，無人車最大的問題是什麼？Uber已在舊金山、匹茲堡與亞利桑那州的坦佩市（Tempe），試著用無人車隊載運付費乘客。

帝德解釋說，問題不是出在新科技本身，而是出在人為疏失與新科技衝突之際。換句話說，在一座亂無章法的城市裡，人類的舊基礎建設與無人車新科技之間的衝突，難免會造成過渡性的混亂。

科技若要真正革新我們的生活，就需要完全重啟基礎建設，也就是從零開始。但這種狀況只有天災或戰爭過後才會發生。

從這個角度來看，有可能造成核災的政策制定，也能用科技觀點來重新審視：這不只是讓無人車上路的好機會，也是讓社會重頭開始的機會。這令我想到一九八〇年代的影集《首相大人》（*Yes, Prime Minister*），首相參訪一間全新的醫院，一切都運作得很順利。護士很平靜的穿梭於病房，醫師互相請益，並點頭表示認同。首相問道：「看起來挺不賴的，但怎麼沒病人？」對方回答：「喔，我們不想被別人妨礙，他們會毀了一切！」

當電腦成為益智節目冠軍

當十三歲的尤金·古斯特曼誕生於雷丁大學，有另一部電腦正在為截然不同的挑戰做準備；這個挑戰對人類將造成更嚴重的影響。

12 人工智慧不會讓人類失業——
它，要嘛是你部屬、要嘛當你主管，或者人變得像機器人

二〇一一年一月，美國機智問答秀《危險邊緣》（*Jeopardy!*）的兩位前冠軍：肯．詹寧斯（Ken Jennings）與布萊德．盧特（Brad Rutter），坐在兩千萬電視觀眾面前，面對他們最強大的對手：ＩＢＭ華生電腦（Watson）。

一九九八年，ＩＢＭ超級電腦「深藍」（Deep Blue），經過六盤激烈的棋賽後，打敗了西洋棋世界冠軍加里．卡斯帕洛夫（Garry Kasparov）。深藍的強勢勝利，被人認為它通過了圖靈測試，但其實並非如此。**西洋棋有嚴格的規則，而且每一步的選項是有限的，所以它只能測試電腦的複雜度，而非人工智慧（ＡＩ）**。

二〇〇四年，ＩＢＭ主管查爾斯．里克爾（Charles Lickel），在波啟浦夕市（譯註：Poughkeepsie，位於紐約州哈德遜河河畔）附近的牛排館吃晚餐，卻發現有點怪怪的：餐廳空無一人。原來用餐的人全都衝去酒吧看電視，電視上播的正是美國最長壽的機智問答秀《危險邊緣》。這些用餐者，是被某個席捲全美的現象給吸引：肯．詹寧斯已經拿下驚人的七十四連勝。

此時里克爾想到一個點子。幾天後，在ＩＢＭ的腦力激盪會議上，主管們要想出ＩＢＭ下一個「大挑戰」是什麼，而里克爾提議，**在《危險邊緣》的最終決賽單挑肯．詹寧斯，人類 vs. 機器人**。

這就是傳奇的開始。ＩＢＭ的物理學家大衛．費魯奇（David Ferrucci），是紐澤西出身的義大利裔美國人，擁有聰明絕頂的腦袋。他已經糾纏上司一年多，想打造更高難度的挑戰。我在紐約與大衛會面，他現在任職於全市最大的避險基金公司「橋水」（Bridgewater），用人工智慧來聘用與解雇職員；這些職員必須處理價值一千六百億美元（按：約新臺幣四兆八千億元）的資

產。這工作他一定要處理好，就像他讓華生參加《危險邊緣》一樣。

「以複雜度來說，《危險邊緣》跟挑戰世界棋王相比，簡直天壤之別；下棋只能測試運算能力。」《危險邊緣》的提問不但隨機性高（包括曖昧模糊的一九八〇年代流行文化，與十七世紀的哲學等），語氣還帶有古怪、反直覺、問題百出的「人味」；這對電腦又是更困難的挑戰。**跟《危險邊緣》比起來，西洋棋根本像兒戲**，因為《危險邊緣》位在電腦的舒適圈外。

ＩＢＭ完全不曉得自己將面臨什麼狀況。一開始他們替華生上傳的資訊，分量大概等於整部維基百科。但用演算法從資料庫中找個答案，就花了華生好幾小時，而不是幾秒鐘。「我們一開始進步神速，但接著它就慢了下來，令人失望。我們先讓它比了一場，結果它表現奇差。華生慘敗，我們也開始覺得沒希望了。」

二〇〇九年，也就是計畫開始五年後，ＩＢＭ終於讓華生對決《危險邊緣》的前參賽者，當作與詹寧斯對決前的排練。華生還是有錯誤存在，它的回答可能出乎意料或錯得離譜。例如你問：「狄更斯的小說《孤雛淚》的主角是誰？」華生會回答：「寵物店男孩（譯註：The Pet Shop Boys，這是某個男子樂團的名字）。」或你問：「『不』（no）的德文要怎麼說？」華生會回答：「『幹』（fuck）是什麼意思？」而正確答案是「nein」。大衛還發現，就算答案對了，也要花好幾個小時才答得出來。於是他又找來一群程式設計師，專門處理電腦對問題的反應，原本的團隊則負責資訊的處理速度。

「我被ＩＢＭ的上司們叫進會議室，他們對我說：『給我搞定它。』然後指著我的鼻子又說：『整件事全靠你了。』」

對大衛與華生其他程式設計師來說，有一點很幸運：機器與人類最大的差別，就是機器會持續改善。**人類若學習得越多，改善的曲線就會越趨於平坦；但機器人的曲線卻會變得極度陡峭**。而《危險邊緣》的參賽者，即將學到這個慘痛的教訓。

二〇一一年，華生已經準備好要在電視上華麗亮相。一部大電腦就放在攝影棚內的兩個人類之間。華生跟餐廳的冰櫃一樣大，但它是史上最複雜的機器。

一顆藍色、凸面的機器眼睛，從黑色螢幕的中央，不帶感情的瞪向前方，就像小說《太空漫遊》（*Space Odyssey*）裡的機器人「哈兒」（HAL）；而兩個人類在講臺上顯得坐立難安。華生的對手，是《危險邊緣》史上最強冠軍：肯．詹寧斯，以及另一個《危險邊緣》的金頭腦、「冠軍中的冠軍」：布萊德．盧特。

大衛與IBM的上司們坐在觀眾席。他太過緊張，指甲都要嵌進大腿裡了。「不過我知道我們會贏。」你怎麼知道？「因為我們拚了命在做，心裡很清楚。華生準備好了，它肯定會電爆對手。」

其實沒那麼輕鬆。一開始戰況還挺膠著的，但華生後來突然醒了，大衛也鬆了一口氣。它開始每題都答得比詹寧斯與盧特還快；它說出一個接一個的正確答案，而那顆嚴肅的眼睛，則眨也不眨的瞪著觀眾。原本會犯的錯，現在都不見了。

詹寧斯與盧特困惑的彼此對望。華生遠遠勝過人類對手，令大家非常吃驚。「其實有幾個時機，人類假如抓到，還是可以贏的，因為《危險邊緣》總是有機會讓你後來居上，但我明明是替電腦加油的人類，卻想到這件事，所以滿奇怪的。**看來，我展現了人類的非理性恐懼。**」

到了最後一題，布萊德·盧特累積了兩萬一千六百美元（按：約新臺幣六十四萬八千元）的獎金，肯·詹寧斯則累積了兩萬四千美元（按：約新臺幣七十二萬元）；但華生有七萬七千一百四十七美元（按：約新臺幣兩百三十一萬元），是兩位來賓的三倍多。

最後一題是「小說《德古拉》的作者是誰？」三位都正確回答出「伯蘭·史杜克（Bram Stoker）」，但這不重要，華生早就把對手給打趴了。

觀眾惺惺作態，鼓掌祝賀華生的勝利——沒想到人類被打敗了，還要替對手喝采。肯·詹寧斯一邊苦笑，一邊在答案卡寫下一句話，然後在數百萬電視觀眾面前秀出來：「我，僅代表各位，歡迎我們的電腦搶答王。」

機器人的弱點不多，其中一個是鋪床

二〇一四年四月五日，全世界最傑出兩位人工智慧專家：麻省理工教授埃里克·布林約爾松（Erik Brynjolfsson）與安德魯·邁克菲（Andrew McAfee），在紐約召開了一個會議，共有一百名世界頂尖的程式設計師參加。會議主題是：華生的勝利有什麼含義？

布林約爾松與邁克菲秀出一張圖，上頭有兩條藍色小點連成的線。其中一條標示出《危險邊緣》人類參賽者的認知進步；另一條，則秀出華生從二〇〇四年誕生於ＩＢＭ，到二〇一一年擊垮詹寧斯與盧特之間，進步了多少。

布林約爾松說：「請注意日期。」人類的進步曲線呈現和緩的上揚，但華生的進步卻令人傻眼：起初是躊躇不前，接著是穩定上揚，然後突然變陡。從二〇〇八年之後，整條線看起來像要突破天際。華生花了七年的時間，從蠢才逐漸變成天才，但最近十二個月的學習率，卻是以前所未有的速度加速著。

這代表什麼？布林約爾松與邁克菲說，**這代表機器人一旦達到某個學習基準，就能非常快速的學習我們的事物。接著，它們也會以同樣速度，開拓我們的未知領域。**

以職場來說，機器人會先用實體特性精通手工作業，再演練自己的管理技巧，**這表示他們可以監督與管理人類**。他們會變成上司，而且不需要別人提供程式，他們自己就會了。

布林約爾松說：「你可以想像職場分成『力量系統』與『控制系統』。力量系統包括人、堆高機、飛機與卡車等，他們負責搬東西；控制系統則包括工廠經理、事業計畫與工程圖表等，他們決定東西要搬到哪裡。」

十九世紀，工業革命讓機械與工廠自動化，打造出機器時代，隱約威脅到人類的整體效用，也就是「我們存在的理由」。力量系統遭到破壞與重塑。但經過一段混亂的時期後，我們逐漸適應下來，讓自己成為工程師與經理，進而掌控系統。

但如今這個「第二次機器時代」很不一樣，**機器不只能重塑力量系統，還會接管控制系統，而且人類無力反擊。**

機器人將會搶走我們的工作，但接著它們可能選擇不做。不過一旦第一波工作失守，我們就沒機會搶回來了。正如記者伊莉莎白．柯柏特（Elizabeth Kolbert）的簡短感想：「**肯．詹寧斯可說是第一個被華生搞到失業的人。**」

二〇一七年三月，位於東京的富國互助壽險公司（Fukoku Mutual Life Insurance），有三十四名員工繼詹寧斯之後，被華生害到捲鋪蓋，成為**史上第一批公開被人工智慧替換的員工**。

富國買下華生的軟體，讓橫跨全日本的健康保險自動化。這部在《危險邊緣》獲勝的IBM電腦，現在要在人口一億兩千七百萬的國家，決定誰可以動手術。

根據富國管理階層的計算，他們砍掉這三十四個工作，一年可省下一億四千萬日圓（將近兩百萬英鎊。按：約新臺幣四千兩百萬元）的薪資。所以只要開除三萬四千個同樣高薪的中階主管，他們就能省下約十億英鎊（按：約新臺幣四百億元）。

IBM說：「華生擁有的認知技術，能像人類一般思考，因此它能分析、詮釋所有資料，包括無結構性的文字、圖片、聲音與影片。」富國會使用華生審視數萬張診斷書，推導出住院時間長度以及適合的手術，再估算支出。人類在做這項工作時，會用自己的判斷來決策，但富國說：不用麻煩了，由資料決定吧！

位於日本西南部的海茵娜酒店（Henn-na Hotel），員工全是機器人。有一隻會說多國語言的恐龍負責接待客人，門房則是有著閃爍眼睛的光頭藝妓人偶，負責回答你對早餐的疑問。機器人推車會替你把行李載到房間，鑰匙採用臉部辨識系統，客房服務則由無人機效勞。職員裡頭只有一個人類成員永遠不會換——旅館老闆澤田秀雄。

日本旅館住宿費很貴，但海茵娜一晚只要九千日圓（按：約新臺幣兩千四百元）。旅館布滿了保全攝影機，而有個人類坐在兩百英里（按：約三百二十公里）外的保全中心，負責監控。**但說到鋪床的話，人類終於有點希望之光了，因為機器人不會**。不管澤田秀雄怎麼試，機器人女僕都無法達到人類的期望：將被子摺好、收攏、拉緊。

原來鋪床對人工智慧而言，意外的複雜。床的形狀大小與所在位置皆各有不同，還牽涉到搬動與重新放好等動作，周圍的家具也讓機器人綁手綁腳。鋪床牽涉到各種學問，需要纖細的技巧、空間意識與手部的力道，這些都把機器人難倒了。

所以海茵娜酒店的人類職員，除了澤田先生，還有具備鋪床技巧（這只有人類才會）的女僕，因為機器人還沒學會這些技巧。

除了旅館之外，機器人也廣泛使用於日本各地的居家照護。日本人口中有二〇%的人年齡在六十五歲以上，美國則有一三%，而且到二〇五〇年估計會加倍；英國的估算則與美國接近。美林證券（Merrill Lynch）估計，日本到二〇二五年將會短缺一百萬名看護人員，英國也有類似的看護危機。但日本的解決方法是**「Asimo」：由本田公司打造的「看護機器人」（carebot）**。

看護機器人的費用低廉，似乎能解決即將到來的全球看護危機，但它們也引起了意想不到的法律問題。

古文德．維爾克（Gurvinder Virk）是機器人學教授，他替訴訟案件（肇因於意外事故）中的人機互動，發展出產業標準。假如機器人摔傷或壓傷居民，誰該負責？這不像我們想的這麼直接。維爾克的機器人訴訟準則叫做「ISO 13482」，涵蓋三種機器人：穿戴型輔助機器人、行動型僕從機器人，以及搭載型機器人。

這三型機器人涵蓋了居家照護的基本需求。例如「Resyone」是一個機器人式的複合裝置，它可以變形成床鋪與輪椅，但沒有人類的特徵。因為人們習慣用不像人類的載具來移動。而

「Robobear」的外觀就比較接近人類，負責搬運病人。開發人員認為，看起來有點像人類的起重裝置，可以讓客戶安心，因為它感覺就像一隻巨大的機器手，溫馨呵護你。

日本理化學研究所（簡稱理研）的機器人實驗室，正在打造長相與人類一致的護士，既能處理複雜的床邊護理，又有與工廠機器人匹敵的力氣，可以一次搬好幾個人，而且說不定還能鋪床。日本的機器人，已經應用在所有能想到的情境：居家照護、醫院、機場、旅館、居家廚房與工地等。此外還有用來陪伴居家老人的機器貓。

二〇一一年，福島核電廠三個反應爐融解，成為繼車諾比之後最嚴重的核災。當時替反應爐除役的，也是機器人。日本完全接納機器人普及化的命運，因為**日本政府有一半的研發預算，都砸在機器人上**。

世界各地的公司也在競爭，製造史上第一個性愛用機器人。**性愛產業接納新科技的速度，總是比其他產業快**。一九八〇年代，色情片率先從電影轉戰錄影帶；之後在二〇〇〇年代，它們也率先在網路上串流。如今有四家公司，想推出附有人工智慧的性愛人造人，保證「敏感度超群」：美國的 Realbotix 與 BodAI，以及中國的 Z-onedoll 與 Doll Sweet。先將人偶結合虛擬實境，再利用暖墊替肌膚與生殖器添加溫度，這些「矽製伴侶」就能以七～八萬美元（按：約新臺幣兩百一十萬～兩百四十萬元）的價格零售。

但這種「卡拉 OK 版」的機器人未來——機器是人偶與僕從，而非我們的主子——是基於一個急速消失中的假設：人類決定自己與機器人的關係，並維持主導權。

根據艾倫．圖靈的假設，電腦若是通過圖靈測試，接下來就只剩變得更接近人類。但他沒考慮到另一個情境：**人類變得更像機器人**。

為了贏人工智慧，我們得把自己變成機器人

二〇一三年，新上任的大衛・卡麥隆聯合政府收到了未來十年的預兆。牛津大學的卡爾・弗雷（Carl Frey）與麥可・奧斯本（Michael Osborne）提出一份研究報告，明確預測華生很快就會取代人類。他們說，**到了二〇三〇年，半數的工作都會自動化**。

二〇一三年之前，眾人對自動化工作的預測，如今都無關緊要了。大家很快就領悟到，**這種「報廢」可能波及任何人：**醫生、律師、會計師、超市店員、計程車司機、看護人員、記者，甚至評估機器人未來的科技分析師。二〇一七年五月，伊利諾理工學院（Illinois Institute of Technology）開發出的人工智慧，就讓高等法院法官毫無用武之地，因為它預測高等法院判決結果的準確度高達七二%，而人類法官只有六六%。

麻省理工的布林約爾松與邁克菲，與同事達隆・阿齊默魯（Daron Acemoglu）、大衛・奧特（David Autor）合作，發表以下論點：「想像一下有**兩條軸線的矩陣：一條是『手工』對『認知』，另一條是『例行性』對『非例行性』**。接著各項工作可以分配到兩條軸線劃分出的四個欄位：例如『手工例行性』、『手工非例行性』，依此類推。組裝線上的工作，全部落在手工例行性欄位；居家照護工作，落在手工非例行性欄位；追蹤存貨落在認知例行性欄位；構思廣告活動或寫書，則是屬於認知非例行性。」

高薪工作都擠在認知非例行性欄位，例如管理避險基金、破產訴訟、藝術創作等。手工非例行性工作的薪水則最低，例如清便盆、幫客人點菜、打掃旅館房間等。至於工廠、辦公室或會計工作，幾乎都落在兩者之間。

這四個欄位涵蓋了人類所有的工作，而機器人有潛力做到其中三個半。

中產階級的工作最容易被機器人搶走，例如文書、行政以及會計這類需要計算的工作。機器人不太會鋪床，而且只有在沒人當班的時候，才會在城市裡送包裹，所以這些工作短時間內還會由人類來做。但大多數工作都會被機器人占據，只剩臨時的醫生與超市主管，解決機器人處理不來的偶發問題——就像現在，當櫃枱掃描香蕉失敗時，有人必須前來輸入條碼。

人工智慧專家馬丁·福特（Martin Ford）表示，最大的癥結甚至不是機器人，而是我們太自滿。我們假設自己能保住工作，因為它很「複雜」，但其實不盡然。我們把人類的複雜度，與工作的特異性搞混了，其實這些工作不需要人類的複雜度。正如福特所說：**「電腦想搶你工作的話，不需要全盤複製你的智能，只需要懂你討生活用的特定事務。」**

各國政府讀完福特、布林約爾松與邁克菲等專家（而且還是麻省理工與牛津出身）的報告，嚇都快嚇死了。尤其是歐巴馬，他嚇到派人寫一份報告給白宮，叫做《人工智慧、自動化與經濟》（*Artificial Intelligence, Automation and the Economy*）。

報告的結論是：「近年來，機器在幾個與智能相關的工作上，績效已超越人類。我們預測以後**會有越來越多工作，機器都能持續且快速的趕上、並超越人類的績效**。政府需要積極的政策作為，幫助在這種變局下喪失優勢的美國人。」

其他國家的政府也開始派人寫報告，而且全都導出同樣的結論：我們需要有所作為。但要做什麼？假如機器讓每個人都失業，那我們該怎麼討生活？我們一整天要幹嘛？預測到這種未來的人，不只有圖靈而已。一九三〇年代，經濟學家凱因斯就曾描述過自動化的兩個走向：烏托邦與反烏托邦。**我們會被奴役？還是整天躺在沙灘做日光浴？**

二〇一六年，科技億萬富翁們提出了一些解決方案。伊隆．馬斯克讓「全體基本薪資」的概念復活，這筆錢是讓我們活命用的。我們的工作就是當人類，然後在店裡消費（機器人還不會這件事）。透過消費，我們能保住消費主義與資本主義，所以這份工作很重要。

比爾．蓋茲則說，我們該從另一方面解決創造財富的問題，也就是**對機器勞工課稅**。裁掉人類員工省錢的公司，政府該向他們收費，如此一來**就能募集全體基本薪資**，國家建設的經費也有著落，可以用在道路、醫院與軍隊上。

麻省理工的達隆．阿齊默魯與帕斯卡．瑞斯奇波（Pascual Restrepo），是美國政府最常參考的兩位人工智慧專家。他們兩人開始認為，這種人機共存的態勢，與其說是不可避、引起焦慮的既定事實，**還不如說是「軍備競賽」：兩方各自武裝起來，看誰最聰明；而且這場競賽，人類非贏不可。**

機器人越來越像人類，人類也越來越像機器人

在這個人類存亡的關頭上，浮現出一個問題：最佳獲勝策略是什麼？我們該創造什麼樣的

人類才能獲勝？是機器人，還是打破常規者？

科技早已讓我們的生活「機器人化」：我們用健康App與穿戴式科技，監控自己的生產力，並讓自己與Instagram、臉書與推特連線。我們逐漸用電郵取代對話，用螢幕互相區隔，而不願在公開場合互動。而且我們還持續追求由資料驅動的改善：也就是打造宛如機器一般、最佳化的自己。

當機器人越來越像人類，人類也越來越像機器人。但以職場生存的角度來看，這是好還是壞？我們該繼續自動化自己的行為，讓我們比機器人更機器人，還是跳脫框架，將我們的「獨特賣點」——人性，發揮到極致？

早在二〇〇〇年，英國的布萊爾政府就已經擔心，小孩假如沒有「提升標準」的話，將無法適應殘酷的新職場。想提升標準就得「**學術化」：這是二戰之後，英國學校最激烈的改革**。

批評者認為，學術化會把小孩變成機器人。教育不再是開放性的學習與發現，而是無止境的考試。小孩的心智會變得狹窄：他們只會打勾，而不會在框架外思考。

布萊爾的首席教育顧問是麥可．巴柏（Michael Barber）。在巴柏的監督下，布萊爾與繼任的首相戈登．布朗，徹底重建了英國的學校。

這個計畫非常龐大。一夕之間，維多利亞式建築以及破舊的一九六〇年代綜合學校，全都被拆除，換成明亮、嶄新、開放式的學院，而且是靠企業「友情贊助」而建立的：外牆被漆上宛如樂高的顏色；巨大的資訊室裡擺滿企業捐贈的電腦，而中央的接待櫃枱，有人戴著耳機待命。

批評這些學院的人說它們沒有靈魂，而且背叛教育、把學校賣給企業。但也有另一派意見表示，這些批評者抱有「中產階級菁英主義」，小孩取得更好的成績，專注於職業訓練，哪裡錯了嗎？勞動階級的孩子得到上大學的機會，很糟糕嗎？

學院讓自由派家長與教師工會討厭的地方，恰好是擁護者的最愛。學院將校園打造得像辦公室一樣，藉此替學生做好職場準備。**這些學院是創造生產力的工廠**，支持者齊聲說讚。

學術化十年後，隨著自動化逐漸變成現實，人們的恐懼也轉變了。**當孩子需要優化人類的技能才得以生存，我們卻把他們變成機器人，是不是搞錯了什麼？**

在布萊爾執政期間，麥可·巴柏因為自己對教育的新觀點，而被捧為天才。卸下政府要職後，巴柏替麥肯錫管理顧問公司效勞，給他們一點建議。他發現數位革命中，有一棵最高大、卻沒人碰過的搖錢樹：光在美國就價值五千億美元（按：約新臺幣十五兆元），全球價值則有好幾兆美元。**這棵搖錢樹叫做「教育科技」**（Educational Technology），**簡稱「EdTech」**。

新德里的奇蹟——牆上自有黃金屋

教育科技的範疇非常驚人。簡單來說，它希望**將每個小孩，從學童轉變成個人化的軟體客戶**，藉此掌控全球教育，並從中獲利。這樁重大交易的基礎，是一種潛在訴求：**教師的時代結束了，該被科技取代**。教育若由人類提供，那實踐成果在先天上就無法預測，因為從事這一行的人類，有著各種怪癖與反覆無常。

教師不會促進孩童的福祉，只會妨礙它，因為他們抱有偏見，不管是喜歡或討厭某個學科，還是喜歡或討厭某位學生。**電腦就不同了，它們沒有偏見**。孩子可以透過「個人化」的軟體教學程式，學習他們感興趣的事物。

教育科技的靈感來自於一項實驗，策畫人則是教育大師、TED大會演講人，以及新堡大學（Newcastle University）的教授蘇伽特・米特拉（Sugata Mitra）。一九九九年，印度新德里某個空著的ATM據點，突然冒出一部電腦，沒人知道是誰搬來的。街上的小孩開始聚在電腦旁，幾分鐘後，他們終於知道怎麼打開它。**一天之內，這群小孩（有些沒上學、不會讀寫）就能查找網路，解出複雜的數學題，而且他們是自己學會的**。他們還能解答道德哲學與量子物理學的問題，而且是輕鬆自在的找出答案，因為沒有老師潑他們冷水；**沒人告訴他們，這些問題很難**。

這群孩子不知道他們處在實驗之中。米特拉想測試在沒有老師的情況下，小孩會怎麼使用科技。如此實驗結果，讓米特拉大開眼界。米特拉說，沒有老師反而讓孩子能自己學習，而且學得更快。當全世界的知識，都能用手指滑一下就學會，那老師不僅是多餘的，還主動妨礙了孩童的學習。

米特拉的實驗結果，像野火一般燒遍了矽谷，這消息對他們來說宛如天籟。米特拉主張教學與學校本身，都是殖民式的西方結構。例如印度的學校制度，就更加鞏固了階級不公；它原本就是設計來培養一大群用完即丟的勞工，替英國殖民機器效命。

反之，科技讓貧窮國家有機會獲得自由。但也有人批評米特拉，根據教育家尼爾・席爾溫（Neil Selwyn）的說法：「米特拉編造出一個吸引人的故事，掩蓋潛藏的超個人主義矽谷思維，這與真正的學習完全背道而馳。解放孩子只是煙幕彈，真正的目標是全球標準化。」

打赤腳的小孩，在新德里的牆上發現一個洞，裡頭的神奇科技讓他們目瞪口呆。批評者說，米特拉藉由推銷這種烏托邦願景，來掩蓋科技大廠的商業利益，他們只想從「EdTech 搖錢樹」中分杯羹。第二招則是將小孩的機器人化，美其名曰「從老師與學校的枷鎖中解放」。**只要擺脫老師，科技大廠就可以推出價值上兆美元的軟體，征服全球教育市場**。

麥可．巴柏本來是布萊爾的教育大師，之後跳槽到麥肯錫成為 EdTech 大師的時候，就察覺到這個關鍵商業目標。如果你想把小孩變成機器人，首要之務就是要主張他們能擺脫老師。為達此目的，巴柏不是從米特拉取經，而是以兩位美國學者為靈感：史丹佛大學的約翰．巧伯（John Chubb）與泰瑞．莫（Terry Moe），他們合著了兩本書：《政治、市場與美國的學校》（*Politics, Markets and America's Schools*），以及《解放學習》（*Liberating Learning*），都是在談教育界的自由市場革命。

巧伯與莫說道：「世界正處於歷史性轉型的初期階段：學生如何學習？老師如何教學？學校與制度如何組織？」他們認為老師是「既得利益者」，寧願犧牲孩子的需求，也要顧好自己的飯碗，所以他們阻撓了變革與進步。況且，這種老師通常都對商業與企業有先天偏見。他們都是左派或公開的社會主義者，想讓孩子反商，而不是欽佩財務方面的成功。老師將這些偏見帶進教室，灌輸學生要反對這種成功，反而讓學生失去更多優勢。

學校必須開放給市場，而**企業必須進駐課程的核心，甚至學校制度的財政本身**。學校的整體文化，需要意識形態的轉型。

巧伯與莫主張，學校並非「老師的工作計畫」。校方必須擺脫政客與老師，讓家長與企業能攜手合作、適當的處理校務。不過這個革命形態，正是巧伯與莫的計畫中最具爭議性的部分：**我們不該與老師正面對決，而是靠科技取勝。**

教育科技，是特洛伊的木馬

我和泰瑞．莫約在史丹佛大學一間巨大的圓形木牆會議室。兩百年來，總統、慈善家與科技億萬富翁，都拿著巨大的未來預想圖，在此處向教授與校友請益。

泰瑞跟我心目中的長相完全不同：身材精瘦，眼睛閃爍著多疑的目光。泰瑞很興奮的告訴我，他正在寫一本書，談論卡崔娜颶風肆虐後的紐奧良。因為這座城市的基礎建設全毀，所以教師工會的「既得利益」都泡湯了，教育制度也得以從零開始建立。他說成果非常令人讚嘆。

那麼，老師到底是哪裡惹到他？

「我被別人說成新自由派的市場玩家，但我不是。老師有自己該扮演好的角色，我不是說他們不好，只是教師工會的既得利益，跟孩子的利益相衝突。」

泰瑞說，不管老師喜不喜歡，科技革命就要來了。所以他有什麼建議，給面臨失業的老師呢？「他們要了解事實：也就是沒書可教了。**他們要接受木已成舟的未來，而不是對抗它。**」

在《解放學習》一書中，巧伯與莫提出一個用科技對付老師的「奸計」：科技要一點一滴的「滲」進教室：**先透過 iPad，再將個人化教學推廣給每個小孩，藉此讓教室裡的老師逐漸邊緣化**。科技滲透越多，教師就越沒有用武之地，直到有一天，他們突然被淘汰。

巧伯與莫的《解放學習》，被英國教育大臣麥可．戈夫（Michael Gove）評為「優秀好書」。泰瑞知道這件事嗎？「我不知道耶，但聽你這樣講，我真是受寵若驚！」

這種把科技當成特洛伊木馬攻破工會的策略，**不只適用於教育界，連其他公部門也通用：**健康、社會照護以及各種公共服務。兩位作者被新右派捧成新自由主義的先知，不過泰瑞覺得受之有愧。

巧伯與莫建立了範本，教人如何透過「科技特洛伊木馬」，創造完全民營化的未來。這一招巧妙避免與其他團體（教師、醫師與護士等受民眾尊敬的職業）發生既棘手又討人厭的政治衝突。只要利用科技，就能平穩、安靜的達陣。

我想看看泰瑞．莫眼中的「未來學校」長什麼樣子，於是就去造訪了聖地牙哥的軟性科技實驗室（Flex Tech Lab），它是運用科技的「混成學習」（blended learning）中最先進的例子之一。

這間學校極為與眾不同。校長西恩（Sean）帶我參觀一個開放式課堂，共有七十位左右的學生。他們都用筆電或桌上型電腦作業，整間教室只有一位老師，學生只有在有疑問的時候，才會請教他。

我遇到的每個學生，都專攻自己的興趣，這也成為他們的個人學習計畫：十六歲女孩史帝芬妮（Stephanie），想成為海洋生物學家；布蘭登（Brendan）則對天體物理學有興趣，正在觀看進階的線上天文學課程。他在螢幕邊緣寫筆記，如果想溫習之前的內容，他還可以把課程停下來。

西恩校長熱衷於推廣軟性科技（Flex Tech），但這項技術並非直接移植泰瑞．莫的概念。西恩說：「這間學校反覆嘗試了好幾種科技。一開始我們採用更偏重技術的模型，但發現太過頭了，所以不適用。**老師還是要重回教室，引導學習，所以我們形容現在這樣是『混成學習』**。」

我和教室裡那位老師史帝夫聊聊，一次看顧七十位學生的感覺如何？「有時候，我感覺像是超市裡的櫃枱主管，等條碼有錯才會出面。但對孩子而言，這是一大改善。他們真的會自我激勵，以自己的速度學習，而不是由老師命令。」

將教育扎根於畢業之後的工作中，對孩子而言有多重要？「非常重要，因為**教育就是一切**。進入職場後會受到各種壓力，逼你把工作做好。你不能像念大學時一樣搞砸，或把學貸花在錯誤的地方。你現在必須專心。我們遇過某些感到壓力的孩子，學習課程的速度過快，因為他們想有好表現，但我們反而會放慢他們的腳步。這就是為什麼需要老師。**孩子不只要成功，也要快樂**。」

軟性科技的候補名單有一千名以上的學生，可見這間學校有多成功。他們現正與Google地圖的設計師洽談，希望打造「學習版的Google地圖」。不過這間學校位於聖地牙哥較富裕的地區，假如搬到底特律或達格納姆（譯註：Dagenham，倫敦東部的一個大型郊區）這些貧窮地區，還會成功嗎？泰瑞．莫曾說，科技對窮學生的助益比富裕學生還大，因為他們**不用再與自信過剩的同學一起上課**——中產階級的小孩，每五秒鐘就會舉手發言一次。

西恩校長也看出了軟性科技成功當中的矛盾。「我們在混成學習中運用科技，創造孩子的專注力，換句話說，就是讓他們放下手機與電玩。現在的孩子比以前更不專心、缺乏動力，而我們的工作就是扭轉這個情況。」所以這是**以科技剋科技**。

西恩認為，他的課程能夠解除孩子的機器人狀態，而不是把他們變成機器人。社群媒體與電玩都有重複作業的性質，所以孩子們早就習慣重複作業了。他相信教室內的科技，可以破除陋習、讓孩子專心，就像一匹**善意的特洛伊木馬**。

億萬富翁投資教育科技，終究還是為了錢

教育科技究竟能避免孩子變成機器人，還是把每個小孩都變成超完美的肯德基（KFC）機器店員？這還有待觀察。但毫無疑問，這場革命會賺到不少錢。

二〇〇五年，麥可·巴柏會見紐約市長麥可·彭博，以及他麾下的教育大師喬爾·克萊因（Joel Klein）。事實上，克萊因正準備要利用教育科技設備，打造一間教育實驗室。同年，克萊因做出果斷之舉，研究人員塔瑪辛·凱芙與安迪·羅威爾，形容他在「對美國企業振臂疾呼；企業社群必須跟上腳步，否則美國的世界地位就危險了。」

克萊因的呼喚，被一群美國富豪慈善家聽見了，這群人又被稱為「億萬金童俱樂部」（Billionaire's Boys Club）：Google的艾立克·史密特（Eric Schmidt）、微軟的比爾·蓋茲、臉書的馬克·祖克伯、蘋果的史帝夫·賈伯斯、時代華納（Time Warner）的魯柏·梅鐸、沃爾瑪的艾利·布洛德（Eli Broad），以及戴爾電腦的麥可·戴爾（Michael Dell）。

克萊因的訴求打動了他們的心：**學童被崩壞的學校制度拖垮，但科技可以讓他們自由**。教育改革說客瑞克·博曼（Rick Berman）說：「如果你想說服這群富豪慈善家，就必須激發他們的恐懼與憤怒，而這兩者是透過重新建構問題而來。」

博曼最出名的事蹟，就是抨擊美國工會，以及代表菸草產業遊說政府。凱芙與羅威爾研究

過博曼的策略：「他告訴改革者，與其用理智看待教育爭議，還不如觸發人們的情緒反應。」

博曼說過：「情緒比概念更持久。」所以改革者與其理性爭論計畫的好處，還不如利用支持者對孩童未來的恐懼，激發他們的動機，並挑起他們對反對改革者的憤怒。

但喬爾·克萊因與麥可·巴柏還有一項訴求，對這群億萬富翁更重要：**錢**。到了二〇二〇年，教育科技的全球總價值將高達七百億美元（按：約新臺幣兩兆一千億元）。而平板電腦等裝置的市場，價值預估為三百二十億美元（按：約新臺幣九千六百億元）。線上學習產業的規模屆時將會加倍，光美國就價值兩百四十億美元（按：約新臺幣七千兩百億元）。至於對政府，訴求則是**大幅刪減教師的薪資費用**。假如一個老師可以看顧七十～一百名學生，那你只需用手指在 iPad 滑一下，一夕之間就能省下好幾億美元。

克萊因告訴科技億萬富翁，這匹木馬來者不善，你們最好往它嘴裡瞧瞧。在教育科技領域卡位的全球科技公司，掌握著人類的未來；人類的學習方式，將會使他們比機器人更有效率，整個種族也才得以生存。

克萊因疾呼：「加入革命吧！」不過背後有些真相你必須知道。**到了二〇二〇年，教育科技將會取代醫療科技，成為全球最大的「資料淘金熱」**。

一九九八年，蘇伽特·米特拉將電腦放進新德里牆洞的時候，他認為科技讓學生從制式教育中解放。印度的學校不是用來教育貧窮學生，而是將他們變成為帝國效命、用完即丟的勞工。不過教育科技也可能重蹈覆轍（只是變成數位版）——創造終極勞工。孩子在四～十六歲期間都用 iPad 測試、訓練，之後進職場，還是遵照演算法的指示，做同樣的工作。

二〇一五年，比爾・蓋茲的微軟，以兩百六十億美元（按：約新臺幣七千八百億元）買下Linkedin。許多金融分析師完全搞不懂，這樁交易在幹嘛？感覺根本沒有任何商業概念。但這樁Linkedin交易，正是教育科技的關鍵所在。

Linkedin有四億三千三百萬名用戶，是全球最大的人才招募資料庫。只要將這個資料庫，與小孩使用Linkedin前的歷史聯結在一起，**表示你能從他們四歲起就予以追蹤，算出他們從童年到中年的就業能力**。

只要將「學涯」與職涯連在一起，以便持續監控，微軟就可能替公司老闆打造終極的就業履歷，追蹤求職者人生中任何時點的順從程度。到時候求職面試，問題就會變成：「你十二歲時成績曾經一落千丈，然後到三十六歲在職場又重演一遍，請問為什麼？」**你打造出全球最不會質疑公司的員工，因為他們從上學第一天起，作業方式就像機器人**。

教育科技的競賽正在展開。微軟已經打造出「盒裝學校」（school in a box）；Google也想成為最先卡到位置的公司，例如Chromebook（譯註：搭載Google Chrome OS系統的個人電腦）的推銷口號就是「百分百網路教室的基石」。

二〇一〇年，魯柏・梅鐸用三億五千萬美元（按：約新臺幣一百零五億元）買下一間教育軟體公司。新聞集團（譯註：News Corporation，美國的出版業跨國公司，創辦人為梅鐸）的教育部門叫做「Amplify」，目標是讓全世界的教室數位化。「光是在美國，我們就看到一個價值五千億美元（按：約新臺幣十五兆元）的部門，亟欲透過大突破來轉型。」梅鐸說道。二〇一五年，喬爾・克萊因卸下經營紐約學校的職務，轉投梅鐸麾下。

教育分兩類：一種培養執行長，另一種訓練機器人的部屬

學院裡的教師，開始意識到一個有趣的轉變。學生雖然能夠通過考試，選擇題答得出神入化，但面試的時候，他們是一片死寂。他們太習慣遵守規則，所以不知道怎麼質疑它們。

在這個新世界，機器人小孩長大變成機器人員工，但老派的學校還是會存在。私立學校還是會繼續教希臘文與拉丁文，以及在球場打橄欖球。這些球場是有象徵性的，**它們傳達出一種所有權的概念：教育是專屬於我們的**。

這些特選菁英學校的學生（未來都是政治人物與執行長，雇用「機器人般的人類」管理倉庫與速食連鎖店），會持續開拓心智，並被教導成要會質疑問題，就像兩千年前，亞里斯多德（Aristotle）所定義的教育。

然而，從米特拉在新德里牆洞放電腦，以及軟性科技在聖地牙哥發現的事，就能看出**科技既能創造奇蹟，也會更加奴役人類**。小孩只要按一下手機，就能獲得所有的人類歷史與知識，而且他們正在拓展自己的未來道路，不管教育家或科技企業家對他們有什麼計畫。科技進步以及工作革新的速度是無法停止的，而且你非接受不可，所以人類守門員的責任，就是要為這場風暴做準備。

軟性科技的西恩校長告訴我：「你眼前的小孩在一生當中，可能會從事十個、二十個或五十個工作。天曉得？所以我們不是教他們一堆知識，而是教他們**如何持續快速的適應並學會新技能，這是唯一的生存之道**。」

但對於無法掌控自己命運的人來說，演算法會教他們怎麼做。**所以機器人不會取代他們，而是變成他們的上司**。

舉送貨司機當例子，假設你一天送貨四十～五十次。演算法會決定你接下來該去哪裡，並預測送貨會不會遲到。演算法會質疑你上個路口為什麼左轉，而不是右轉？右轉可以省下兩分鐘三十七秒！在未來，一天出十次這種小差錯，你就和業績目標差了十份貨物，這樣你會損失四十英鎊（按：約新臺幣一千六百元）的薪水。一週內若有四天如此，你就付不出房貸了。

第一次工業革命經過初期技術面的大破大立後，創造出數百萬的就業機會。它沒有扼殺工作，而是再造工作。勞工可以成立工會，組織起來要求更高的薪水；雇主別無選擇，只好與工會簽定社會契約，因為主導權在勞工手上，他們的勞動價值很高。

第二次工業革命——機器人革命有個關鍵觀點跟第一次相同，就是它也讓工作轉型，但可能不是很明顯的形式。它不會導致人類失業，而是透過創造數億個低薪的手動（例行性或非例行性）工作，達到充分就業。與**第一次工業革命的不同之處在於，這次勞工毫無價值**。公司的薪水可以隨便給，我們要心懷感激的收下。事實上，這就是**「人機互換」。機器人變成上司，管理我們工作的後勤；而我們變成機器人，遵照有效率的演算程式來工作**。

我們現在就能看到這個趨勢的開端，但無法算出「低收入卻充分就業」的矛盾，因為我們習慣於二十世紀前半創造出的典範：工資膨脹與全職工作。我們現在覺得強人所難的事，以後硬著頭皮也得做。

看似矛盾的經濟趨勢卻同時發生，將成為機器人時代的常態：工作機會越來越多，但薪水越來越低。工作是不穩定的臨時性質，薪水不足以過活，但它卻是如假包換的「充分就業」。這是**機器人時代最大的諷刺：人類充分就業，薪水卻只剩原本的一〇%**。

既要強人所難，又不能造成社會動盪，那另一條公式就必須成真：食物、暖氣等基本物資的價格，必須維持在歷史新低，但它們不但沒下跌，反而還上漲。人機互換，只有在我們能靠薪水過活的時候才可行。當價格上漲，薪水就得要漲，那勞動的價格就會再度提升。日本、丹麥、瑞典、瑞士甚至還動用負利率，控制通貨膨脹，避免貨幣價值提高。

在二〇一七年二月，英國國家統計局（ONS）中的資深統計員大衛．費里曼（David Freeman），解釋這種強人所難的處境是怎麼來的，「現在的失業率是十年來的新低，但薪資成長的幅度，還是受制於以往的水準。」同時，機器人也準備來監督充分就業下的廉價勞工。經濟學家保羅．梅森（Paul Mason）稱這種矛盾為「洗車經濟學」（the economics of the car wash）。

一九七〇年代問世的自動洗車機，是一個冒泡機器人，可以把你的福特Capri跑車洗乾淨；大毛刷會滾過你的車子，讓它閃閃發亮，沒有髒汙。但二〇一〇年之後，卻發生了意想不到的事：自動洗車機消失了，取而代之的是一小群人類，拿海綿與布瘋狂擦洗你的車。自動洗車機已經不像一九七〇年代那樣，華麗的設在車庫中央當展示品，而是設在鳥不生蛋的死角，例如廢棄已久的停車場，以及荒廢的加油站前庭。它們突然現身，卻又隨著時間而消失。

替代機器的人類，洗車花費的時間只有機器的一半；他們效率這麼好，是因為害怕丟工作。**而且更重要的是，他們比較便宜**。

自動洗車機會故障，還需要有人維修並持續看管它，所以它不符合自己承諾的耀眼未來，反而成了令人頭痛的累贅，使業主入不敷出。因此，自動洗車機催生出適用於所有工作的模範：**業主雇用甘願領取低薪，並懂得自我管理的人類來取代機器；只要用失業威脅他們，他們就會更拚命的工作。**

未來的職場風景應該是這樣：華生坐鎮控制中心，用那顆眨也不眨的藍眼睛，監控我們一小時內能洗多少車。

DONE

第13章

科技五天王正在接管世界——

蘋果、谷歌、微軟、臉書、亞馬遜打算怎樣統治地球？

想像一下你打開電腦，發現 Google 不見了。接下來打開 iPhone，螢幕是黑的。臉書、推特、亞馬遜與微軟也都消失了。

照理說這不可能發生，但二〇〇七年就發生過一次：銀行搞的。一夕之間，全世界就被自一九二九年以來，最大的金融危機給吞沒了。沒有人預測到這件事，除了權力不夠而沒人理會的銀行內線人士，以及特立獨行的金融玩家，他們在完全預料到之後，開始賣空。

其實銀行是可以倒閉的，反倒是**「科技五天王」大到不能倒**。當雷曼兄弟垮臺的時候，銀行體系並沒有跟著垮。但五大天王與地球的運轉休戚與共，所以他們不能倒。**他們不是體系的輔助，而是體系本身**。

銀行與科技大廠的關鍵差異在於：假如你有心臟病，血液還是能透過人工方式打到腦部；但假如你大腦停擺，就死透了。換句話說，銀行是心臟，但科技五天王是大腦。

我們來把這顆大腦折合成數字。光二〇一六年一整年，**蘋果**的收益就高達兩千三百三十億美元（按：約新臺幣六兆九千億元），獲利五百三十億美元（按：約新臺幣一兆五千九百億元），資產兩千三百九十億美元（按：約新臺幣七兆一千七百億元），市值五千八百六十億美元（按：約新臺幣十七兆五千八百億元）。**Alphabet**（Google 的母公司）的數字則與蘋果不相上下。剩下的三位天王，規模由大到小，分別是**微軟**、**亞馬遜與臉書**，但規模不重要。銀行還可以靠政府紓困，然而科技天王比任何政府都還大。我們的世界是他們打造的，關鍵全在他們手裡。

政府能紓困銀行，是因為銀行只做一件事：提供流動性。當銀行經歷動盪之後停擺，政府可以直接把錢灌進體系裡。銀行業雖有各種刻意且牢不可破的潛規則，但他們的業務出乎意料的直接：跟別人借錢，然後借錢給你。銀行是什麼？銀行的本意就是「別人的錢」，尤其是「別人的債」。

二〇〇七年之前，銀行就和經濟學家一樣，以「稱職」的假象運作著。他們口吐難懂的金融術語，成功築起一道防護牆，避免人們問太多問題，感覺就像到現代還在講拉丁文一樣，目的就是要排外。**華爾街在金融崩盤之前最重要的計算工作，就是估計自己還可以演多久**。

一旦「銀行很稱職」的迷思隨著金融崩盤而消滅，銀行的面具就要換一張新的，也就是獨立性。自從紓困之後，銀行成為國家化產業，明明是靠納稅人的錢撐起來的，卻假裝獨立。**銀行就像遊樂場上任性的小孩，他們以為自己無所不能，但出差錯的時候，只會叫大人來解決**。

但科技公司並非如此，他們不需要依靠任何人。這是因為，他們不只是凌駕任何國家政府之上運作，而是**設法讓自己站在無人能取代的位置**。

五大科技公司正往四面八方不斷延伸

五天王其實根本不是科技公司，他們是五個環環相扣的零件，共同構成一個巨大而精密的機器，而且前所未見。

沒人主控這個機器，因為科技公司在無意間，滿足了某個概念：法國哲學家吉爾．德勒茲（Gilles Deleuze）與菲力士．瓜塔里（Felix Guattari），在一九八〇年的專著《萬千高原：資本主義與精神分裂症》（*A Thousand Plateaus: Capitalism and Schizophrenia*）中提到的「萬千高原」

（A Thousand Plateaus）。

德勒茲與瓜塔里說，**資本主義的未來命運**，並非受到有心人士的控制，而是變化成一種自給自足的有機體。在「萬千高原」這個新資本主義中，既沒有層級架構，也沒有在幕後操盤的妖魔鬼怪，只有超複雜的交叉矩陣：交織、相疊、包羅萬象。德勒茲與瓜塔里稱此結構為**「根莖」（rhizome）：這是植物學用語，形容一個巨大的根部系統，成長的速度很快，而且往四面八方水平延伸**。

銀行不是根莖，因為它們的存在是有限的，只扮演一個總括性的角色：貸款。而科技五天王創造出的根部系統，卻每分每秒在你我與全球所有事業間，上演著數兆筆交易。

這些交易不只是金融方面的。我們張貼了大量的資訊：影片、照片、分享、梗圖（譯註：meme，替圖片搭配幽默短語，在網路瘋傳的形式）、「讚」與「不喜歡」；我們替一切事物評分，交換建議與評論，對大小事都發表意見，卻都沒什麼營養。**在這個由資料交換構成的小宇宙、持續躁動的數位世界，演算法不斷從數位渣滓中篩選出可銷售的資料，再待價而沽**。

把這些數位拍賣予以概念化的話，就像在太空中下 3D 西洋棋。你在 Google 輸入一個字，眼前就會開啟無限延伸的走廊，兩旁的「演算法鏡子」無邊無際，永遠朝著地平線反射。

此刻，銀行與科技公司在資料與付費系統上達成和解。他們攜手合作，因為和解比對決還輕鬆。**但這種關係是不對等的，因為科技公司的根莖持續拓展，而且可能沒有極限**。長期之下，銀行需要科技公司，但科技公司不需要銀行，因為**銀行終究會納入根莖之中**。

光纖加快百萬分之一秒，交易增加到十億美元！

我站在紐澤西某棟大樓頂樓，回頭往華爾街看。十五英里（按：約二十四公里）之外，有道光線從世貿中心一號大樓（One World Trade Center，於雙子星大樓原址興建）的頂樓竄出，穿透了雲層。你可能以為華爾街是全球金融的樞紐，但**華爾街若是少了科技公司的基礎建設，根本就無法運作**。

二〇一〇年，光纖公司「Spread Networks」在紐澤西無名郊區蓋了一個資料中心。該地點：莫沃鎮麥克阿瑟大道一千六百號（1600 MacArthur Boulevard, Mahwah），是精心挑選的。Spread Networks 替紐約證交所（New York Stock Exchange）打造的資料中心，是個帶有不祥氣息的巨大結構，位在無名的叢林地，沒有窗子、卻有上千臺保全攝影機與電柵欄保護著。

這座資料中心的費用是三億美元（按：約新臺幣九十億元），而且打了一條光纖隧道通往華爾街，如此一來，紐約與芝加哥之間的交易，可以多**快個〇．七毫秒。速度增加的幅度極小，卻能讓每秒多交易數十億美元**。

但這還不夠快。幾年前，距莫沃鎮數英里處，也就是我站的獨棟大樓頂樓，有家雷射科技公司，在這垃圾四散之地租了一個空間，只希望能再擠出四毫秒的交易速度。巨大的白色機器布滿了纜線，天線安靜的低鳴著。面向世貿中心一號大樓的機器，以光速和面向亞洲的機器溝通。

這個街區本身是貧窮的公共住宅區：公寓很潮溼，走廊充滿尖叫聲，並交雜著雜草的濃厚味道。但這些居民的正上方，每毫秒都有數億美元，從華爾街射向世界各地。**如此短短幾公尺，**

或許就形成了全球最嚴重的貧富差距。

科技巨頭的野心，連小說家都寫不出來

一八八二年，安東尼·高第（Antonio Gaudí）開始在巴塞隆納建造聖家堂（Sagrada Família）。開工四十年後，有人問高第說，他覺得自己的曠世巨作——呈螺旋狀往巴塞隆納的天際線竄去，完全沒有直線——何時會完工？高第回答：「永遠不會。」它是活的，而且它活著的過程本身，就已經是完整的。

科技五天王就與聖家堂一樣，永遠都處於改變中。他們策略性的併購心懷壯志、卻難尋知音的公司，以持續橫向發展。

Google、微軟與亞馬遜不斷將利潤砸在研發與新併購案上，因為他們把目光放在遠方的大獎，只有金字塔頂端者才可爭取。比爾·蓋茲用一句格言，形容這種不斷改變計畫的無窮野心與必要性：「我們高估了兩年內能做到的事，卻低估了十年內能做到的事。」

五天王正是根莖的主幹，我們所做的一切都在其中流動。**這些公司不只是大到不能倒，還大到無法定義，因為他們的事業永遠都在變，永遠都在拓展**。五天王當中，沒有任何一間公司，還把重心放在半年前的事務。這也導致眾人對他們的真正目的抱持著高度懷疑，難免會產生出陰謀論。

二〇一三年，戴夫·艾格斯（Dave Eggars）在小說《揭密風暴》（*The Circle*）中，就很明

顯在指涉如邪教般的科技公司：烏托邦式的辭令，天衣無縫的科技「園區」與微笑；員工表面像在傳播福音，內心上卻藏著統治世界的邪惡計畫。書名的原意為環網，代表了書中那間虛構公司的長期目標：完成「環網」：**完全掌控我們生活的每一刻，一切事務都被全知之眼永遠凝視著**。

陰謀論把混亂的真相包裝成兒戲般的單純計畫，由某群坐在辦公室的惡徒來執行。但在《揭密風暴》中，戴夫・艾格斯描寫出一種完全掌權的虛構公司，像是五天王的混合體。**但五天王可以抗議說：「這種批評不痛不癢，你太小看我們的雄心壯志了！」**

二〇一五年，Google 成為 Alphabet 最「無趣」的子公司：Alphabet 是由 Google 創辦人謝爾蓋・布林（Sergey Brin）與賴利・佩吉（Larry Page）創立的傘型公司（譯註：以投資與被投資關係建立的公司，組成相互關聯的公司群體），它併購的公司多到令人吃驚。

Alphabet 的目標很簡單：**改善人類的本質**。人類做什麼？人類是什麼構成的？我們的大腦是怎麼運作的？這可不是在唬爛，他們是玩真的。

Alphabet 的興趣與併購範圍，包括：生物科技（如 Life Sciences 公司）、長壽永生（如 Calico 公司）、太空、無人車、飛行車、物聯網（讓一切更聰明）、下一階段的無人機貨運系統、用科技彌補開發中國家的基礎建設缺口、教育科技、汙染與全球暖化的解決之道，以及奈米科技——駭入體內的科技，如對抗白血病的注射式奈米機器人與微型 DNA 裝置，或是分泌胰島素的奈米凝膠，用來因應糖尿病。創辦人認為，若只把 Alphabet 視為一間公司，那真是錯得離譜。**Alphabet 就像一個獨立國家，正在開拓通往未來之路**。

Alphabet 併購 DeepMind 公司，更是彰顯了他們想探究智力奧妙的企圖心：智力是什麼？怎麼運作的？當智力被破解，人類與機器將如何互動與溝通？奇點實際看起來與感覺起來會是什麼樣子？Alphabet將此等野心化作兩個字：**知識。破解它，然後擁有它**。戴夫．艾格斯的環網陰謀論，可沒料到如此大的野心規模。

二〇一五年八月十日，執行長賴利．佩吉解釋Google蛻變為Alphabet代表什麼意義？「正如我與謝爾蓋在十一年前以創辦人身分寫的信：『Google不是傳統公司，我們也不想變成這種公司。』我們做了許多當時看來頗瘋狂的事，**結果這些瘋狂事，現在坐擁數億使用者**，例如Google地圖、YouTube、Chrome與Android。」

「我們一直都相信，公司隨著時間流逝，將會安於現狀，只敢做漸增式的改變。但在科技產業中，**革命性概念才能驅動下一個巨大的成長區域，所以你必須讓自己不舒服一點**。」

Alphabet的決策，大都捨棄了Google二十年前的承諾：「不做壞事。」但Alphabet不是壞蛋，也不想做壞事。**他們的視野超越了善惡，望向完全由自己的洞見所構築的世界；也就是他們即將掌控的世界**。

我不是美國人，我是微軟人

五天王的巨大科技野心，早在很久以前就浮現了。一九九七年，我在西雅圖造訪了微軟的園區。微軟當時的野心與現在的Google相同，想做的事也一樣驚奇：**替電腦撰寫舉世通用的語言**。

一九九七年沒有網路與手機，沒有臉書、亞馬遜與Google。蘋果則是由門外漢天才史帝夫．

賈伯斯領導，在當時被視為失敗的公司，因為它還局限在一九七〇年代，拚命製作昂貴的電腦。**當時的天王是微軟，不是蘋果**。他們待在森林深處的園區，寫程式打造新世界，他們稱這個新世界為「數位世界」。

他們的執行長比爾．蓋茲，住在普吉特海灣的六千萬美元（按：約新臺幣十八億元）豪宅，只能透過船隻進出。而海灣另一頭，是另兩位西雅圖偶像：科特．柯本（按：涅盤樂團主唱）與霍華．舒茲（Howard Shultz，星巴克執行長）的豪宅，他們的事業正蒸蒸日上。其實蓋茲很少待在自己的豪宅，但他家概括了他的派頭，以及即將接掌世界的科技。

蓋茲的巨大房產：元上都二．〇（Xanadu 2.0），其命名是向電影《大國民》（*Citizen Kane*）中的豪宅致敬，有深達六英尺（按：約一百八十三公分）、水面下播放音樂的游泳池、兩千五百平方英尺（按：約七十坪）的體育館、游滿鮭魚的人造河，還有一個沙灘，沙子是從夏威夷進口的，並採用尖端科技。謠傳每間房間與走廊都架滿了「電漿螢幕」——以一九九七年的標準來看，這產品既新穎又奢侈。據說這些螢幕就像油畫一樣，沿著漫長的走廊排列。蓋茲沒有收藏真正的畫作，他會按一下遙控，透過螢幕上的馬賽克影像來仿造世界上的傑作。**蓋茲可以在一瞬間，就將自己家變成羅浮宮或現代藝術博物館**（譯註：Museum of Modern Art，位於紐約曼哈頓），他在準備穀麥早餐的時候，蒙娜麗莎會向他露出朦朧的微笑。

當時有一位知名英國小說家住在西雅圖，很鄙視蓋茲，在私人派對上問他：「為什麼不買原畫？你明明買得起！電漿螢幕的品味實在太差了，如果財力允許，每個人不都想買真跡嗎？」蓋茲回他：「這些畫作是公共財。它們不是拿來賣的，世界上所有人都該用電漿螢幕仿造它們。」

十年後，蓋茲的朋友兼前同事史帝夫．賈伯斯，用iPhone替蘋果轉型，結果每個人都得到了「行動版電漿螢幕」，突然間就能逛遍世界各地的藝廊。所以蓋茲是對的，小說家錯了。

一九九七年，我來到微軟的園區，它非常的低調，藏在雷德蒙德（譯註：Redmond，位於華盛頓州的城市）附近的森林裡，與其說像科技公司，倒不如說像佛教的禪寺，但裡頭完全是另一回事。二十幾位處於緊張、瘋狂業界之中的程式設計師，是靠園區過活的。他們會連續寫十～十八小時的程式，拚命喝可樂與咖啡，接著累到睡著，直到難聞的比薩味薰醒他們為止。**微軟在他們心目中，就像耶穌會一樣**。

這些程式設計師住在小房間裡，感覺就像學生宿舍，貼滿各種海報，除了名不見經傳的垃圾搖滾（譯註：grunge，起源於西雅圖的另類搖滾流派）樂團，一定要有愛因斯坦與吉姆．莫里森（譯註：Jim Morrison，美國搖滾歌手）。房間裡堆滿外帶餐盒與比薩盒，寫程式用的軟碟散落一地；而在這堆雜物之下，放著他們上了鍊子的微軟通行證。他們對於創造未來所做出的無盡奉獻，以及無可救藥的沉迷（而且還是為了公司這麼做），很顯然都是真心誠意的。他們會自然而然被微軟認同與晉升，所以這個園區，成為一個完全自給自足的社群。

園區裡有超市、餐廳、健身房、心靈花園、約會之夜、「古巴舞蹈星期四」，還有一間電影院，上演法國新浪潮（譯註：French New Wave，影評人給一九五〇年代末至一九六〇年代的一些法國導演團體的稱呼）電影。二十年後，戴夫．艾格斯在《揭密風暴》中描述的虛構科技園區，與微軟園區極為相似。

在園區內認真奔波的程式設計師，默默抱著影響世界歷史的決心，就像布萊切利園（譯註：

Bletchley Park，曾經是英國政府進行密碼解讀的主要地區）的解碼員，只是比較懶散。他們知道自己很重要，藉由**發明一個舉世通用的新語言來創造未來，這個語言叫做「視窗」（Windows）**——地表上每一部電腦都採用的作業系統。

某天早上，我在園區餐廳叫住一位年輕的程式設計師，問他會不會覺得自己像「微軟奴」（Micro-serf）？這個詞是作家道格拉斯．考普蘭（Douglas Coupland）創的，形容替微軟效命的奴隸程式設計師。出賣了自己的智慧財產，卻只拿到薪水而非公司股票，不覺得有點傻嗎？他看起來真的被我的問題嚇到了：「我才不是奴隸，能待在這裡是我的榮幸！」

我直接跟他點出，這個園區有種「無根」的奇特氛圍。若想在森林深處寫程式，那世界各地都有地方可去，例如京都、阿得雷德（譯註：Adelaide，南澳第一大城）或芬蘭，這園區甚至不像美國。他想了一下，說道：「這倒是真的，但我也不是美國人。**我是微軟人**。」

沒人敢扯科技五天王的後腿

二十年後，千禧世代視自己為信念體系的一分子，而非出生國的人民。比起痛恨移民與同性戀的鄰居，他們更偏愛與相隔三大洲的同輩，分享道德觀。

早在一九九〇年代中期，微軟就了解到運用員工的信念體系（道德面的國籍，而非地理上的國籍），讓員工相信微軟是多麼重要的事。**員工與公司的道德觀完全一致，使他們全心奉獻給這個品牌**。這就是為什麼科技五天王的「人民」（微軟提供了範本），會齊力創造出浩瀚無垠、積極擴張的生態系統，因為他們的心態就像步兵一樣。

為這些公司效力的人，從上到下都百分之百相信創辦人的傳道。創辦人就像禪師，他們的宣言宛如佛祖開示。員工的身分與自尊，都與公司的成敗緊緊相連，假如他們跳槽，只不過代表他們狂熱信仰的宗教變了。

就連我們都相信這些品牌，它們根植在我們的生活中，使我們無法捨棄它們；抱怨它們，就像在抱怨陽光與海洋。不過科技分析師法哈德．曼喬（Farhad Manjoo）卻認為，縱使這些品牌現在很強大，我們仍未看清全貌。「他們已經打造了幾個巨大的科技，目標就是我們的一切事務。以科技術語來說，他們坐擁許多全球最有價值的平臺，這也是其他事業所依賴的基本要件。這些平臺是避不掉的，你或許會拒用一兩個，但它們早已形成一張網子，覆蓋住整個經濟體。」

二〇一六年，十間最有價值的公司中，科技五天王個個榜上有名。他們的財富，源自對不可避免的數位基礎建設所進行的掌控；而經濟體的其他部分，都仰賴這些建設，例如手機、社群網路、雲端、零售、物流，以及未來大突破所需的資料與運算能力。**但這也是科技業的終點，反觀其他領域——也就是實體世界，卻成了機會。自二〇一二年起，他們開始將眼光放在最大的非科技產業**：汽車、醫療、零售、貨運、電影、音樂娛樂，以及接掌銀行。

矽谷有個很大的迷思，Alphabet 的艾立克．史密特稱之為：「有人在扯我們後腿。」也就是某人在某處，發明了一個新概念，挑戰五天王的霸權。事實上，根本不可能有這回事，史密特也很清楚。這些公司是數位邊疆的開拓者，而且出於善意。不過現在，他們要擴張到其他人的地盤，然後占領它。

惡狼似乎成了忠狗——不被信任的演算法，逐漸被大家接受

只要看看他們如何重新定義自己的事業，你就能了解他們的野心有多大。**Alphabet 想掌握知識的 DNA**，再將「知識的知識」應用在一切事務上。

至於**亞馬遜，則希望能透過運輸與服務的轉型，重塑我們的世界**，讓每間商店與每項服務都使用機器人。二〇一六年，亞馬遜創辦人傑夫．貝佐斯，在西雅圖試開了一間無人實體商店，只有機器人店員，而且沒有現金交易。

「Amazon Go」是一間一千八百平方英尺（按：約五十坪）的超市，從食物、飲料等雜貨，到衣服與書籍，什麼都賣。你走進去店裡時，掃描一個App，拿取想要的貨品，然後走出去，不用付錢。店裡布滿的感應器，會辨識你拿的商品，直接從你的帳戶扣款。

但這還不是最厲害的地方。還有幾千部攝影機會追蹤你的動向，透過觀察你在店內的動向，以及趁你瀏覽時，追蹤你與你的手機，亞馬遜就能夠蒐集資料，而且不只是你買了什麼，還有你沒買什麼：也就是你考慮過，或放回去不買的商品。這是資料的寶庫，而且**比起今天已成定局的購買，你在下週做出的決定是可以被左右的，這才是資料值錢的地方**。

亞馬遜不只是想用機器人營運超市而已，他們想用無人機革新所有送貨服務，不管是食物、書籍，還是印度交通事故的檢傷分類（譯註：根據病人受傷情形，決定治療和處理優先度）。

而這個新世界的營運中樞，正是Windows的創始者：微軟，他們打造讓服務更快、更平順、「零摩擦」的管道。**微軟不再是科技公司，他們是「語言提供者」**，發明出Windows這種全球

電腦都通用的語言。

蘋果也不再只想製造手機、平板電腦與筆電而已，**它想成為所有商務的平臺**。有了Cydia的前車之鑑（按：參見本書第三十頁），風險資本家約翰·杜爾力勸賈伯斯，用App Store化解對立。iPhone上市後的失控持續了六週，而這正是杜爾說服賈伯斯所花費的時間。App Store開張之後，蘋果成為第三方App平臺；它不但是銷售平臺，也有讓付費系統轉型的潛力，最後甚至會替代銀行。將這種「破壞」吸收進根莖內部的能力，讓五天王成為根部系統，一切事物都在其中流動。

臉書的野心比較不一樣。他們想成為全世界最大的人類資料庫。若是從照片、「讚」與「不喜歡」、朋友網絡，以及貼文中表達的希望、恐懼與期待中，掌握十八億人的私人生活細節，臉書就會成為史上最強大的人類行為寶庫。

演算法正是讓此事成真的工具，而且有史以來第一次，它們和人類（也就是資料來源）能夠和平相處。這跟狼被馴養成狗是一樣的道理，狼是掠食性動物，在冬天很難找到肉吃，所以任由自己被馴養，以確保有飯吃。我們以為主導權在自己手上，但狼才是老大，演算法就像數位版的狼。

事實上，人類對此心知肚明，所以拒絕逐漸依賴演算法。二〇一六年，賓州大學（University of Pennsylvania）的柏克萊·戴耶佛斯特（Berkeley Dietvorst）、約瑟夫·西門斯（Joseph Simmons）與凱德·馬歇（Cade Massey），在《實驗心理學期刊》（*Journal of Experimental Psychology*）發表了一篇論文，叫做《厭惡演算法》（*Algorithm Aversion*）。其結論是人類一直錯誤的認為自己的判斷比演算法更好。**我們人類特有的偏見，強化了「人類較為優越」的謬誤**。在歷史上的此刻，這個謬誤必須靠心理面的理由來支撐：**人類試圖守住使自己成為人類的事物，因為我們正看見這些事物從眼前永遠飛逝**。

賓州大學這份報告，為了舉例解釋人類偏見，就引用了空難中機師失誤的例子。自從有了地面迫近警告系統以及自動駕駛之後，墜機的機率大幅降低，所以這項統計數字能證明機器勝過人類，但人類不想知道。

從醫療診斷、天氣學到金融，不管哪個領域，演算法都至少能與人類匹敵，而且通常是勝過人類。演算法可以更精準預測有前科的人再度犯罪的機率，或是創業失敗的機率。儘管如此，人類還是堅決認為自己比較行。Google 地圖只要哪一次引導你走比較慢的路，或是在你心情好的時候選播一首憂鬱的歌，我們就會拿這種異常現象證明演算法容易出錯。

最明顯的例子是無人車。美國每年有三萬人死於車禍，其中九〇%肇因於人類失誤。《哈佛商業評論》估計，無人車在接下來五十年，可以拯救一百五十萬個美國人的性命，在全球則可以拯救五千萬人。但根據美國汽車協會（American Automobile Association）在二〇一六年三月的調查，七五%的美國駕駛都表示自己不在乎事實，他們就是不相信無人車。

儘管如此，我們還是從完全不信任演算法，逐漸演變為**勉強信任**，因為演算法凸顯出日常的基本需求與事務：例如提供建議，找出最便宜的班機，以及最速配的伴侶。我們開始看見自己的失誤，並信任資料。**惡狼正逐漸轉變成忠狗**。

新世代的上帝：資料主義

假如我們把足以改變人生的決策，交給演算法定奪，這代表什麼意義？二〇一三年，演員安吉莉娜．裘莉（Angelina Jolie）做了基因檢定測試，發現她有一條突變的BRCA1基因，這讓她罹患乳癌的機率高達八七％。雖然她尚未罹病，卻做出合理的決定：切除兩個乳房。這算是以資料為依據的預防性決策，若是有人反對這種做法，那就是人類偏見，或是鬧情緒而已。

在醫療方面，資料甚至可以用來定奪一翻兩瞪眼的決策。雖然情緒上極度不願意承認，但當你可能死亡的證據大量堆在眼前，那你也只好認了。我們以前信任醫生，現在信任數字，而且到達毫不質疑的地步。歷史學家尤瓦爾．哈拉瑞認為，這種資料是新形態的宗教：**「資料主義」（Data-ism）**。

「神權透過宗教神話合理化，人權透過人文思想合理化；而高科技大師與矽谷先知，正在打造全新的普世價值，讓演算法與大數據的權力合理化。」

「這種新奇的教義，或許可稱為資料主義。在極端的形式下，資料主義世界觀的倡導者，會將整個宇宙視為一條『資料流』，將有機體視為生化演算法，並相信人類在宇宙的使命，就是打造出包羅萬象的資料處理系統，然後將自己融入其中。我們早已成為巨大機器中的小晶片，而且沒人真正了解這臺機器。」

資料主義就是新的上帝，因為資料比我們更了解我們自己；它們不會被人類偏見蒙蔽。哈拉瑞說道：「我們正處於兩股科學浪潮的匯流點。一方面，**生物學家正在破解人體的奧祕，尤其**

是大腦與情感；另一方面，電腦科學家正在賦予我們空前的資料處理能力。當你將兩者結合在一起，就能得到永恆的系統，比我們自己更能監控與了解情感。」

大數據系統早已比我們更了解自己，但我們現正處於相信與默許它的節骨眼上。一旦相信與默許它，權力（不只是運算數字）就會從人類轉移給演算法。以前是天主教會與KGB對我們無所不知，而且我們也毫不質疑的接受；但現在，權杖握在科技巨人手上。

如果把五天王視為人類公敵的話，就有點刻意唱反調的感覺。這些公司真的和聽起來一樣，屬於歐威爾主義（譯註：Orwellian，藉宣傳、誤報、否認事實、操縱過去，來執行社會控制）嗎？看看謝爾蓋．布林、提姆．庫克與馬克．祖克伯，他們並不像壞蛋。他們都穿Gap的T恤，開電動車上班（除了祖克伯騎腳踏車），而且捐了好幾大筆善款。控制我們生活的每個面向，把我們變成生化人？他們似乎沒這個意思。

事實上，他們提出的使命，與「控制我們」剛好相反。**他們希望讓我們從貧窮、不平等、全球暖化與疾病中解放**。他們有權力與潛力帶來巨大的變革。他們就像羅伯特．道爾（替華爾街帶來證券化，最終導致次貸危機與銀行崩盤）握有核彈鑰匙。至於他們會怎麼利用這個巨大的權力，我們拭目以待。

超智慧機器擺脫人類時，會快到你沒痛苦！

二〇一四年十二月，三位年輕的倫敦子弟，搭機前往洛杉磯談生意。傑米斯．哈薩比斯

（Demis Hassabis）、肖恩・萊格（Shane Legg）與穆斯塔法・蘇萊曼（Mustafa Suleyman），是DeepMind 科技公司（一間位於東倫敦的小型人工智慧公司）的創辦人。他們準備要跟 Google 的賴利・佩吉敲定一樁交易。飛機上沒人知道，坐在第四十三排的三位男士，即將**簽下史上影響最深遠的交易案**。

DeepMind 創辦三年後，就被 Google 注意到。DeepMind 跟其他新創人工智慧公司都不同，並沒有把自己當成人機介面，也就是機器與大腦的功能與互動。他們想成為更重要的角色：**智慧的根源；既非人工智慧，也非人類智慧，而是所有智慧**。DeepMind 回歸到最初的原則：人類與機器都只是軀殼，被可破解的智慧驅動著。若你破解智慧，就能知曉一切事務的運作，進而統治世界。

三位倫敦子弟與賴利・佩吉在加州山景城的 Google 總部（Googleplex）相互握手，談成了這項交易。Google 斥資六億五千萬美元（按：約新臺幣一百九十五億元），買下一間剛滿三歲的公司。**這不只是 Google 史上最重要的交易，也是對人類而言最重要的交易**。

Google 創造出最受歡迎的搜尋引擎，等於早就打造了史上最強的機器；如果再買下DeepMind，Google 就可能掌握了智慧。接著，他們會將這顆「大腦」置於原有的機器之中。

Google 的機器裡有大腦，代表了什麼意義？Google 與 DeepMind 的交易，開啟了全新有機體之門；DeepMind 稱這種有機體為**「認知機器組織」（cognitive machine tissue），它既非生、也非死，只有認知存在**，這是全新的物種。DeepMind 的創辦人肖恩・萊格，在二〇一一年受訪時，對於這個新物種表示樂觀，還帶有後人類主義（譯註：竭力超越有關人性的陳舊概念，以發展出能夠持續改變，以適應當代技術科學知識的人性概念）的論調：「我認為人類最終可能會滅絕，而科技將是一大元凶。」被問及他覺得人類會受到什麼痛苦時，他說：「如果你說的痛苦是拖很久的折磨，那我覺得幾乎不可能。**假如超智慧機器決定要擺脫我們，那它應該會很有效率的完事。**我不認為我們會刻意設計超智慧機器，將人類的痛苦最大化。」

伊隆·馬斯克，不願屈服於反烏托邦未來的男人，被這樁交易給嚇傻了，他說這樁交易「比核彈還危險」。物理學家史帝芬·霍金（Stephen Hawking）則說這樁交易會「終結人類」。但萊格只是對於接下來的事態發展，抱持後人類主義的看法。**一旦智慧被破解、機器有大腦，那麼人類的道德地位，憑什麼比其他形式——生物或機器——還高？**一旦你聯結了認知機器組織，由它決定人類的需求，萊格的說法就完全合乎邏輯。

Google與DeepMind的交易，雖可能讓人類滅絕，但人類對此卻幾乎沒反應。史帝芬·霍金表示，必須成立一個獨立的倫理委員會，嚴加審查DeepMind的研究，因為它讓我們逐漸深陷於一個嶄新的未來。可惜霍金的主張沒能成真。最難以置信之處在於，不管DeepMind的交易案看起來多恐怖，它是停不下來的。潘朵拉的盒子已被打開，連Google與DeepMind都關不起來，也無法控制接下來會發生的事。接著，兩家公司即將一瞥盒子內部的樣貌。

人工智慧正自創人類不懂的機器語

二〇一六年九月，Google Brain（Google的人工智慧研究部門，DeepMind現在隸屬其下）將焦點放在「Google神經機器翻譯系統」（Google Neural Machine Translation，簡稱GNMT）。GNMT是一個程式，讓機器能在眨眼之間翻譯所有語言。一開始，研究員拿了一份稿子給它，接著它掃描上頭的外文語句並翻譯，**再從這些句子推導出整套語言**。

約一個月後，Google Brain的研究員麥克．舒斯特（Mike Schuster）發現事有蹊蹺。機器就算沒有稿子，也能夠盲目翻譯出整組語言。系統並沒有接觸過韓文與日文，但舒斯特卻看到日文與韓文間的相互翻譯。

接著機器開始得寸進尺。系統在學會某個語言之前，就能做出「合理」的翻譯。研究員教人工智慧如何把葡萄牙文翻成英文，以及把英文翻成西班牙文。接著，它開始把葡萄牙文直接翻成西班牙文。「就我們所知，這是史上第一個無師自通的多國語言翻譯實例。」舒斯特既困惑又吃驚的說道。

不過接下來發生的事，才真的讓程式設計師擔心起來，**機器開始創造屬於自己的全新語言**。「若以視覺角度來解釋結果，這些模型學到了一種『國際語』（interlingua），用來表達所有語言配對之間的多語言模型。」舒斯特說道。國際語是一種人造語言，用來滿足特定目的。在此案例中，機器就用國際語來解釋未知事物要如何翻譯。

「系統從日文、韓文、英文各語言配對間翻譯句子時，我們可以透過其內部網絡資料的三次元形態表達，來一窺系統的究竟。」研究團隊在部落格上寫道。這種神經網絡，與其說是逐句比對翻譯，還不如說是**針對句子的語義「編出某種東西」**，但沒人能搞懂這「東西」是什麼。**此系統正在發明語言**。這種全新的加密語言，只有其他機器學得會。人類會被擋在門外，因為他們沒有能力破解它的運算能力。「我們將它視為『網絡中存在國際語』的徵兆。」研究團隊說道。機器透過弄懂語言的法則，創造出自己的機器語，接著卻擅自替其他機器打造加密語言，把人類隔絕在外。**曾經變成忠狗的狼，如今再度露出利牙**。

我問IBM華生電腦的程式設計師大衛．費魯奇，他對這種新機器語有何感想？**他一臉淡定**。「大衛！你不覺得這很恐怖嗎？」「只不過是用來解決問題的國際語而已嘛。」「可是這語言是新的！」「對啦，這語言是新的，但機器贏過人類了嗎？還早咧！」**好吧，還早咧**。

從GNMT實驗學到的教訓很明顯。我們覺得能控制它，其實不然。**人類或許開啟了旅程，但機器會決定該往哪裡走**。

Alphabet，Google頂頭的傘型公司，或許砸了自己「不做壞事」的招牌，但做壞事的並非人類，而是機器；而且它也不算「壞」，只不過是程式邏輯推演的必然結果。

當科技公司把手伸進醫療系統

二〇一六年，DeepMind突然重返倫敦。《新科學人》雜誌（*New Scientist*）揭曉了Google的下一步。他們正在與皇家自由NHS信託（Royal Free NHS Trust）協商一項交易。此信託掌管巴內特市立醫院（Barnet General Hospital）、切斯農場醫院（Chase Farm）與皇家自由醫院（Royal Free Hospital），手上握有一百六十萬名病患的機密資料。

這項交易將讓DeepMind能夠取得上百萬筆高敏感度的記錄，而且無需病患同意。急性病照護、意外事故、急診、病理學、放射學、HIV、墮胎數據……該有的資料全有了。

到了二〇一七年，他們終於攤牌了。Google宣布「Streams」上市——這個App在病患的生命跡象與血液狀況出現異常時，會觸動行動警報器。「每年有一萬人死於急性腎衰竭，而這完全可以預防。我們可以觸發警報，讓護士或醫師採取預防措施，例如當你腎臟脫水時，從你的靜脈注射抗生素，就不用被抬進加護病房。」DeepMind的穆斯塔法．蘇萊曼說道。

Streams似乎是很傑出的科技，但也是卡住門的那隻腳。它一開始的目標是有腎臟病風險的人，但接下來五年勢必會擴大。想了解它下一步想做什麼，你可以聽聽DeepMind怎麼說。

蘇萊曼認為，Streams將成為醫院日常運作的關鍵。它不只是偵測敗血症之類的急性病，還能「協調病患的治療」（這句話最關鍵）。**科技將坐鎮在醫院的中心，演算法（而非醫生）決定你獲得什麼醫療，而Google掌握了資料的關鍵**。

此交易的批評者認為這太過危險。劍橋大學的茱莉亞．鮑利斯（Julia Powles）與哈爾．赫德森（Hal Hodson），就說這樁與NHS敲定的祕密交易「不可原諒」，而DeepMind對Streams的主張「似是而非」。但Google很快就反擊了。科技雜誌《連線》（*Wired*）刊出一篇文章，主張Streams「一天能幫NHS的護士省下兩小時。」蘇萊曼緊接其後宣布，Deepmind正在開發一種比特幣式的病患資料追蹤系統，並使用區塊鏈技術加以保護。

Google蓄勢待發，準備要贏得大眾與醫療專家的多疑之心。他們說：「相信我們吧！」其實這就是一種抵換。你讓一百六十萬名病患（如果Streams普及到全英國，那就是一千萬名病患）的**資料被予取予求，能得到什麼回報？答案是你亟需的尖端科技，以及減輕前線人員壓力——**

他們的時間與資源都很稀少。

科技默默接管了醫療系統，但DeepMind說這不是零和賽局：所有人都可能變成「零號病人」（譯註：人群中最初的病例），但也會受益。只要利用DeepMind，Google就能夠比其他四天王搶先一步，踏入NHS的地盤，並搶到**二十一世紀最有賺頭的金雞母：全球醫療**。科技大廠與世界衛生組織，以及民間非政府組織勾結，在開發中國家推出醫療系統；他們就像開著白色敞篷吉普車的閃耀騎士。

很久以前，疾病的檢傷分類是由紅十字會與無國界醫生（Médecins Sans Frontières）負責的，但由於英國與美國都面臨籌資危機，檢傷分類的區域呈現指數性擴張，因此當這些已開發國家的醫療系統崩盤，就會出現兵家必爭的潛在市場。

五天王之外，加上《魔戒》法師——全知公司帕蘭泰爾

在電影《關鍵報告》（*Minority Report*，改編自菲利普．迪克〔Philip K. Dick〕的小說）中，湯姆．克魯斯飾演洛杉磯警局「犯罪預防部門」（Pre-Crime）的警官。警察利用「先知」（**pre-cogs**）變種人的預知能力，預測到某人即將犯下罪行，再從直升機上撲下來，當街逮捕這些尚未犯罪的人。**所以光是用想的，就算犯罪了**。

帕蘭泰爾（Palantir），這間由中情局出資成立的新創公司，**就是真實版的《關鍵報告》**。帕蘭泰爾之於資料，就如同麥肯錫之於顧問業一樣，全知全能，但沒人知道他們的存在。

帕蘭泰爾沒有辦公室，但在帕羅奧圖市（Palo Alto）後街設了一個「敏感資訊隔離設施」（Sensitive Compartmentalised Information Facility），簡稱SCIF。帕蘭泰爾說他們必須建造它，以防有心人士存取內部資訊。換句話說，就是設一個「網閘」（air gap），把公共網路擋在外頭，避免資訊外洩。

帕蘭泰爾的防禦系統，包含先進的生物識別技術，以及無法被無線電波、手機訊號與網路穿透的外牆。他們的資料庫是區塊鏈式的，無法只靠精密複雜的駭取技巧入侵，而是必須使用數位通行碼——由許多各自獨立的團體持有，而且他們的身分都被區塊鏈保護。

帕蘭泰爾到底在保護什麼？**帕蘭泰爾其實是《魔戒》（*The Lord of the Rings*）裡頭薩魯曼法師（Saruman）手中那顆黑暗水晶球，能夠洞悉**黑暗與眩目之光。帕蘭泰爾代表「從遠方監看一切者」，是一個全能的神器。

二〇〇四年，彼得．提爾與前PayPal工程師奈森．蓋汀（Nathan Gettings），以及史丹佛大學的喬．朗斯戴爾（Joe Lonsdale）、史帝芬．柯恩（Stephen Cohen）、艾力克斯．卡普（Alex Karp），共同創辦了帕蘭泰爾。他們的目標是想打造一間公司，將大數據引領至沒人敢深入的境地。二〇一三年，帕蘭泰爾的執行長艾力克斯．卡普，宣布**這間公司不會公開上市**，因為「這樣會讓我們這種公司很難經營。」

看看他們的業務，就知道為什麼了。

帕蘭泰爾監看你的一切作為，並預測你接下來要做什麼，以便阻止你。他們有一個祕密部門，叫做「帕蘭泰爾高譚」（Palantir Gotham），客戶包括：中情局、FBI、美國國安會、美國疾管局、美國海軍陸戰隊、美國空軍、美國特種作戰司令部、西點軍校與美國稅務局。有五〇%的生意都是從公部門來的。IQT電信（In-Q-Tel）這間中情局旗下的創投公司，是其中一位早期投資者。

帕蘭泰爾追蹤所有人，從潛在的恐攻嫌犯，到企業詐欺犯（例如伯納．馬多夫〔Bernie Madoff〕就是在帕蘭泰爾協助下，被定罪入獄）、兒童販子與「危險分子」。**但這些都是透過預測辨到的**。

在伊拉克，五角大廈使用帕蘭泰爾的軟體追蹤路邊炸彈的配置模式，並預測出車庫門遙控器被當成引爆器使用。帕蘭泰爾也讓海軍陸戰隊得以在偏僻的地點上傳DNA樣本，進而取得數年來累積的資訊（指紋、DNA證據等），而且辨識結果幾乎立刻就回傳。少了帕蘭泰爾，現場幹員接收到辨識結果時，嫌犯早就移動到下個地點了。**透過最精密的資料探勘，帕蘭泰爾得以預測未來——事件發生前幾秒，甚至前幾年**。前海軍陸戰隊員山謬．雷丁（Samuel Reading），現正任職於阿富汗的美軍承包商「NEK先進保全集團」（NEK Advanced Securities Group）。他說：「帕蘭泰爾結合了你所有夢寐以求的分析工具。地盤上的所有壞蛋，都逃不過你的法眼。」

帕蘭泰爾處於美國政府的核心，至於另一個部門「帕蘭泰爾大都會」（Palantir Metropolis），則提供分析工具給避險基金、銀行與金融服務公司，讓他們相互較勁。所以**帕蘭泰爾不只提供機器給五角大廈**（使其能監控全球、提升戰爭中獲取資料的效率），**還協助華爾街運作**。帕蘭泰爾正如其名，就是一顆巨大的數位之眼，宛如薩魯曼的水晶球。

《關鍵報告》不再是電影，戰區監控軟體已應用在民間

在芝加哥與洛杉磯的街道上，帕蘭泰爾正逐漸接近菲利普．迪克眼中的未來。《關鍵報告》預言了一個歐威爾主義式的警察國家（譯註：政府自稱為人民的監護者，並擁有法定權力，在缺乏法律程序的前提下，以行政力量控制人民及違反人民意願，指導人民如何生活），犯罪預防部門成功逮捕了數千名「只是**想**犯下重罪」的人，所以犯罪率降至零。

然而，當湯姆．克魯斯的角色開始懷疑自身工作的道德性時，他的長官發現一個波及整個犯罪預防計畫的威脅，遂假造克魯斯的記憶資料，誣陷他犯下謀殺罪，想將他除掉。克魯斯最後與長官對決的時候，長官向他解釋，**有時為了讓社會更好，數字必須說謊**。

《關鍵報告》設定於二〇五四年，但帕蘭泰爾現在就已經在實踐犯罪預防了。**洛杉磯警局還真的採用帕蘭泰爾來預測可能犯罪的人，再用《關鍵報告》那套風格逮捕嫌犯**。帕蘭泰爾如此形容自己與洛杉磯警局的合作：「改善狀態意識（譯註：意識到周遭發生了什麼事，進而掌握狀況），即時應對犯罪。」

軍事等級的監控科技，已經從費盧傑市（譯註：Fallujah，位於伊拉克）遷移到洛杉磯的郊區，透過各項技術與演算法的調度，來「預防性監控」非法駕駛與小罪犯；而這套系統，原本被美軍用來對付伊拉克叛軍，以及計算平民傷亡。美國被形容為警察與年輕黑人男性間的「戰區」，但鮮少有人提到，美軍在真實戰區發展出的戰略，真的被運用在民間。**芝加哥與洛杉磯警局，採用帕蘭泰爾的預防性監控軟體時，黑人嫌犯遭警察槍殺的人數也剛好飆升**。將預防性監控當作反

暴動的戰略，難道是過去四年來，警察射擊無武裝黑人的案例暴增的主因？但你也可以說，只要是黑人男性，警察就想射殺，何需如此精密的犯罪預防演算法？其實預防性監控的後果，是**將美國的城市軍事化，並於情勢最緊張、治安最差的地區，創造一個猜疑與恐懼更為高漲的文化。**

傑歐夫・帕克教授（Geoff Parker）是資料仲介（譯註：販賣公司與市場資訊的個人或公司）專家，他說：「光是警察受演算法指示而抵達某個地區，就已經夠令人緊張了。」這種局勢一觸即發，讓脆弱的治安狀況雪上加霜。

安娜・慕尼茲（Ana Muniz）是社運人士兼研究員，與加州英格爾伍德市（Inglewood）的青年正義聯盟（Youth Justice Coalition）合作。她說：「當一個社會的軍隊與警察越來越像，兩者的界線就會變得模糊。軍隊應該要抵禦外敵的恐攻；但這不是警察的使命，他們不該把人民當成外敵。」

二〇一〇年，洛杉磯警局宣布與摩托羅拉解決方案公司（Motorola Solutions）合作，用攝影機監控「喬丹・丹斯公共住宅計畫」（Jordan Downs public housing project）。二〇一三年，他們又宣布要在聖費爾南多谷（San Fernando Valley），配置裝有臉部辨識軟體的實況閉路電視；據說這是為了找出「黑名單」上的嫌犯。

紐約市立大學（City University of New York）的博士生惠特尼・理查斯・卡拉夫斯（Whitney Richards-Calathes），專門研究預防性監控，他提出警告：「當資料庫是為了『公共安全』而打造時，我們就該嚴格檢視它內建的假設，**因為就連十歲左右的小孩背景放進資料庫，都可能被自動當成幫派分子**。」資料變成另一種強化舊有偏見的元凶。批評這些分析法的人，認為當警察抱持預防犯罪的心態，並一口咬定你是罪犯的時候，**他一走下巡邏車，你的命運就已經定了**。

二〇一三年，TechCrunch 網站取得一篇外洩的報告，內容和芝加哥與洛杉磯警局使用帕蘭泰爾有關。洛杉磯警局警官彼得．傑克森（Peter Jackson）說了一句話，被報告引述：「警探超愛帕蘭泰爾提供的資訊，這讓他們能嘗試以前做不到的事。」

帕蘭泰爾極度隱密，他們在現實世界的權力不下於 Google、臉書、亞馬遜、微軟與蘋果；但帕蘭泰爾的不同之處在於，**他們到目前為止都在檯面下活動，可說是不折不扣的特種部隊**。

科技五天王逐漸腐化，政府與新創公司卻束手無策

五天王加上第六只隱形魔戒——「全知之眼」帕蘭泰爾，在企業界構成了一個全新的超高層次。但經過川普當選、英國脫歐與歐洲民族主義黨派復甦之後，他們面臨到一個新威脅：**代表多數民意的政府，想從公司手中奪回統治權**。

民眾對這些公司的看法正在改變，它們不再是呈獻未來的閃耀新平臺，而是存在了二十年的獨占者，挑戰政府的公權力，甚至民主。

二〇一六年一月二十一日，歐盟會長瑪格瑞特．維斯塔格（Margrethe Vestager），打開布魯塞爾辦公室的門，迎接蘋果執行長提姆．庫克。庫克此行是為了討論蘋果在歐洲的稅務安排。根據目擊者表示，辦公室發出吼叫聲——庫克對於蘋果是否該繳公司稅提出意見，結果被維斯塔格打臉。

七個月後，維斯塔格在擁擠的記者會對庫克下了判決：「蘋果在愛爾蘭的稅務收益是違法的。」所以蘋果欠歐盟一百一十億英鎊（按：約新臺幣四千四百億元），還要加上利息。據說當庫克在位於庫帕提諾（Cupertino）的蘋果總部聽到這個消息的時候，大罵這項判決是「政治臭屎」（political crap）。

這些科技巨頭，開始變得像餿掉的美國夢。蘋果被視為逃稅大戶，而亞馬遜曾經是科技破壞性創新的急先鋒，如今卻專門破壞小規模的地方事業；蘋果屈服於中國政府的要求，把中國人接觸外界用的App全部下架，同時卻拒絕美國政府存取恐攻嫌犯的iPhone。

二〇一七年五月，世界遭到Wannacry惡意軟體的網路攻擊，據說是駭客團體「影子掮客」（Shadow Brokers）從美國國安局竊取軟體後，凶手再利用這些軟體發動攻擊。微軟總裁兼法務長布萊德．史密斯（Brad Smith），譴責政府坐視漏洞不斷累積，讓世界毫無防備。

而且科技巨頭自己也打成一團。Uber的崔維斯．卡蘭尼克，在用戶刪除Uber的App與裝置之後，竟然還繼續暗中追蹤他們的iPhone，結果被蘋果執行長提姆．庫克逮到。這種詐欺式的探聽之舉，違反了蘋果的隱私權原則。

聯邦通信委員會（Federal Communications Commission，簡稱FCC）的前董事長朱利斯．傑那裘斯基（Julius Genachowski）說道：「在位者與破壞者互鬥的那段時期，美國大致上都滿鼓勵破壞者的。」他說歐巴馬執政期間，**五天王對政府而言不是威脅，而是未來**，所以美國有各種法規方面的基礎建設，是設計來保護、培植他們的。

在傑那裘斯基以及繼任的湯姆．惠勒（Tom Wheeler）的任期內，FCC通過了許多贊同「網路中立性」的法規，代表公司不能偏袒特定類型的線上內容，這項政策也受到科技公司的贊同。但隨著破壞者變成巨獸，動態也跟著轉變。傑那裘斯基說道：「故事下一階段，是破壞者變得非常成功，某方面來說成了在位者，接著你會看到兩件事：在位者彼此互鬥，以及下個世代的破壞者挑戰在位者。」

這就是現今的局勢。**五天王已成為在位者**；而政府決定該如何監管他們的時候，也是如此待之。政府同時審視天平的兩端：一邊是五天王對社會的利益，另一邊是他們的潛在成本，藉此決定如何監督他們。

但Uber、Airbnb、Snapchat這些新玩家，真的造成威脅了嗎？雲端服務、人工智慧、資料探勘，以及現實世界的無人車、無人機送貨與機器人員工……諸如此類的主導權爭奪戰，五天王每天都在打。二〇一五年，Uber的卡蘭尼克在蘋果總部與提姆．庫克對質，因為Uber用偽裝過的App耍弄了蘋果工程師。這就是在位者對決新破壞者的縮影，但贏家只有一個：蘋果。

資本主義的歷史，就是打擊獨占的戰爭。一八九〇年，《休曼反壟斷法案》（*Sherman Anti-Trust Act*）創造出著名的「修曼大槌」（Sherman Hammer），讓白宮可以痛扁那些心向獨占的公司。菸草、石油、鋼鐵與銀行業，都受到反壟斷法規限制，避免他們的獨占之舉侵害到公共利益。而《格拉斯—斯蒂格爾法案》（*Glass-Steagall Banking Act*）樹立了近六十年，避免銀行權力過大、造成另一次華爾街崩盤。這些法案得以施行，是因為一個世紀以來，有某種權柄在立法機關代代相傳，那就是**維持民主權力的決心**。這並非油嘴滑舌的政客為了選舉而抨擊大企業的口號，而是為了公共利益，關起門來默默敲定的規範。

13 科技五天王正在接管世界——
蘋果、谷歌、微軟、臉書、亞馬遜打算怎樣統治地球？

托爾金（譯註：J.R.R. Tolkien，《魔戒》的作者）有至尊魔戒御眾戒，科技大廠也有個未完成的「環網」；他們在競爭誰能成為第一個「下載」人性的公司，所以環網完成的速度被「緩衝」了。當科技公司能夠將環網完成，奇點就會出現在我們眼前。

但五天王的獨占態勢是不可能打破的。他們挑戰政府的公權力，而政府和上個世紀不同，早已舉手投降。**五天王知道自己無法被馴服，他們正在重新定義：成為人類的條件是什麼？在這一場戲當中，人類是最平淡的段落嗎？**

第14章

中國的目標是——五大天王無法統治中國，共產主義早就過了終點

很少有無名人士只是不發一語的站著，卻能改變一切。一九八九年六月四日，超過一百萬人集結於北京天安門廣場，向中國政府要求民主，接著坦克宛如惡魔般開進廣場、衝散人群。其中有位男士，身穿皺掉的白襯衫，兩手各提著一個袋子，冷靜的站在坦克前方，不肯離開。

接下來宛如貓捉老鼠的人車追逐，成為人類歷史走向改變的象徵。中國用軍隊鎮壓個人，但這次，個人比較強勢，這是轉捩點。

每次坦克試圖包圍這個人的時候，他就變換位置。這個過程不斷重複，其他抗議學生也開始仿效他，冷靜而反抗性的站在其他坦克前面，這下軍隊不知道該怎麼辦。群眾沒有落荒而逃，反而堅定不移。不管接下來發生什麼事、結果如何，他們都已經贏了。

三天後，軍隊終於做出回應。天安門廣場上的抗爭者有上百人慘遭屠殺，數千人遭到逮捕，這場學生抗爭也瓦解了。但所有站在坦克前面的人，只有一位被拍下照片。「坦克男」（Tank Man）成為如甘地一般莊嚴抗爭的模糊象徵，天安門廣場也成為催化劑，將中國與世界推往全新的境地。

想讓人民不要民主，你必須給他們經濟繁榮

在六四天安門事件之前，共產黨對中國社會的改革計畫，是由上而下掌控的，然而大屠殺讓一切都加速進展。當時的黨主席鄧小平很清楚，即便在大屠殺之後立刻進行鎮壓，能夠暫時抑制更多的抗爭，但長期來看，這套已經不管用了。

坦克男已成為個人崛起的象徵。用坦克恐嚇的做法，再也嚇不倒受過教育、胸懷大志的中產階級。他們比以前更敢要求改變，只有提供更大的經濟繁榮，才能滿足他們；假如你能辦到這點，就能巧妙壓制人民對民主的訴求——民主是領導人揮之不去的夢魘。

鄧小平必須提出改變，卻不能同意民主訴求，因此他需要一個新計畫：**讓中國變成全球最大的公司，共有十三億八千七百萬名員工**。

沒人知道坦克男後來怎麼了，有些報導說他在廣場遭到射殺，也有其他報導說他被逮捕，並於抗爭瓦解十四天後遭到處決。加拿大記者黃明珍在事後訪問了共產黨官方，官方說他們永遠無法確認坦克男的身分，並相信他如今可能還活著。

坦克男與其他抗爭者，改變了中國的權力平衡，以及全球的權力軸心。每次他們再度挺身面對坦克，都讓數千抗爭者以及廣場外的數百萬中國人，抱持更堅定的寧靜決心，準備行動且絕不妥協。

天安門廣場的抗爭者向共產黨與外界證明了一件事：人民的力量比坦克大得多。他們可能被暫時壓制，但個人崛起是無可阻擋的。黨內統治菁英的**問題，不在於「如何破壞這波善意的人民力量」，而是「如何駕馭這股要求改變的潛在動盪力量，並將其化為自己的優勢」**。

一百年來，歐美的資本主義曾經繁榮、衰敗，卻又透過被埋沒的天才們所想出的非凡概念，重獲新生。這些天才可能在研究大樓的枯燥實驗室埋頭苦幹，也可能在大公司的會議室登高一呼。**他們想出的概念，促成了改變世界的交易**：畢德士與華特曼的7S模型、卓拉森．普利雷克的神經痛與現金實驗、羅伯特．道爾的華爾街證券化，史隆持續升級產品，使消費主義轉型，以及亨利．蓋德森用藥治療現代生活，藉此重建製藥產業。共產主義現在也需要這種等級的靈光乍現來重啟自己。一九九二年，也就是天安門事件的三年後，中國權力最大的領袖——鄧小平，挺身接受這項挑戰。這一刻，他等了一輩子。

鄧小平無疑是二十世紀最出色的領導人，但他的出色之處，不只是有能力替全球人口最多的國家規畫改革路線，或是輕鬆遊走於共產黨高層的刀光劍影中。他真正出色的地方，是設下一條導火線，並在他去世二十年後引爆。因為**直到現在，鄧小平的計畫才開花結果，重組了二十世紀「共產主義對抗資本主義」的典範，進而重塑二十一世紀的命運**。鄧小平想讓世界權力的軸心重回東方，藉此贏得全球化賽局。沒有他，中國就不可能成為世界強權；去世二十年後，他的概念正逐漸落實中。

鄧小平出身於四川省廣安市的富裕地主家庭，年紀輕輕就去過莫斯科與巴黎；五十年後，他向英國女王抱怨，無法從艾菲爾鐵塔頂端看到英格蘭——他滿喜歡用這種對話陷阱來唬弄西方國家領袖。

一九二〇年代，鄧小平回到中國時，將自己周遊列國的世界主義（**譯註：主張每個世界公民都不應受歧視，自我決定其發展**）氣息完全摒除，以便踏入樸實苦幹的毛澤東陣營。不過鄧小平的袖子裡，還是藏著在西方見識到的事物：他知道資本主義能夠帶給人民什麼，也清楚這將如何威脅共產黨的長期生存。

鄧小平在黨內快速晉升，並於一九三四年的長征扮演重要的角色，得到毛澤東的信任。鄧小平矮小、好戰，還有頻繁吐痰的習慣，剛好適合扮演黨內的嚴守紀律者，完全沒表露出自己是富家子弟。

一九四九年，共產黨擊敗蔣介石的國民黨軍隊，鄧小平在其中扮演關鍵角色，因此打響名號。他未來篤定成為共產黨的領袖，也無疑夠格稱作無產階級的忠僕。事後證明，這個身分還挺受用的。

一九五六年，一切都改變了。蘇聯的新領導人尼基塔・赫魯雪夫（Nikita Khrushchev）猛烈抨擊史達林的蘇聯共產主義原則。赫魯雪夫「質疑上帝」，搖撼了蘇聯共產黨的根基。

毛澤東害怕自己的思想也受到同等的抨擊。此時在西方國家，消費主義已經在實踐資本主義的承諾，也就是**自由**與**冰箱**；這種「政治宣傳」，遲早會汙染到中國的無產階級。毛澤東堅信共產主義必須重回最基本的原則，並粉碎各項改革。

此刻正是一切事物的關鍵點。鄧小平看到一絲曙光與開放的機會，心想到底該進還是該退，最後終於發難。他說農田的「集體耕作」（史達林主義與毛澤東思想的主軸之一）不但沒創造出集體財富，還讓數百萬人變得一貧如洗。

毛澤東的「大躍進」讓中國迅速工業化，卻也導致規模空前的飢荒。於是**鄧小平擅自下令取消集體耕作，將農田的所有權還給農民，也就是個人**。毛澤東聽到鄧小平的計畫時，酸了他一句話：「敢問是哪位皇帝授權的？」

鄧小平就跟赫魯雪夫一樣，質疑了上帝。這是對毛澤東政權的挑戰，毛澤東也意識到，有個敵手正在扎穩自己的權力基礎。鄧小平的「異端邪說」已經說出口，而其核心概念，就是**提升個人與市場的地位**。

不管黑貓、白貓，捉到老鼠就是好貓的真正寓意

鄧小平讓自己陷入與毛澤東對立的局面。一九六二年七月，鄧小平向共產主義青年團發表演說，並講出一句至理名言，直到去世之前，他都謹守這個主張。這句名言闡述了他真正的現實政治（譯註：當政者應以國家利益，作為從事內政外交的最高考量，而不應受到當政者的感情、道德倫理觀、理想，甚至意識形態的左右）理論，也將決定共產黨中國的未來走向。

他告訴臺下那群年輕的毛澤東信徒：「**不管黑貓白貓，捉到老鼠就是好貓。**」

這真是典型的共產黨式儒家思想，兩方的人馬都覺得非常中聽。這句話代表什麼意義？對於毛澤東的信徒來說，它的意思是：「**為達目的，必須不擇手段**」。假如目標是共產主義，那我們必須用盡任何必要手段來達成這個目標。

不過改革派聽到的意思卻完全相反。對他們來說，這就像巴布．狄倫（譯註：Bob Dylan，美國傳奇歌手）突然拿起電吉他一樣。鄧小平說，毛澤東的信條是盲目的，**中國必須像兩千年前一樣開放，向西方學習，甚至採納市場經濟的要素**。共產主義必須用自己的方式轉變與進化，最重要的是，一定要**冷酷、務實**。

鄧小平說，中國共產黨可以漠視或接納這些新概念，但重點是要有適應力。貓可以是任何顏色，但重要的是最終目標，而非信條。貓想捉到老鼠，就只能跑贏。

鄧小平選擇放棄毛澤東思想的時機實在糟糕到不行，所以表面功夫很重要，不能像在否定毛澤東思想，而是要贊同它。

一九六六年五月，毛澤東在十六億人民間引爆文化大革命，鄧小平的市場改革機會完全化為烏有；這是中國人民記憶之中最殘暴的西方影響力刪除法。這場全面戰爭，不只是針對毛澤東的政敵，也針對任何與毛澤東相左的思想，以及膽敢抱持這些思想的人。

紅衛兵抄起棍棒，包圍老師、學者、醫生與牙醫，這些人之後不是被揍，就是被處決，因為他們懷抱西方的資產階級價值觀。書與眼鏡都被銷毀，因為它們是散布錯誤教育概念的資產階級用品。數千人遭逮捕，許多家庭也被拆散，因為毛澤東思想下的學生，譴責、告發自己的「反革命」父母。同時，市區大學內的反革命學生，也被強迫遷移至鄉下務農，這樣做是為了重新灌輸他們毛澤東信條。

共產黨的改革派慘遭肅清，包括鄧小平。一九七〇年代初期，文化大革命達成了使命。中國整個行政管理架構，也就是政體的命脈都被摧毀了。沒有人能找到比種田更好的工作，國家宛如廢墟。

天安門廣場不只有六四

一九七六年四月五日，上千名抗爭者在天安門廣場集結，要求扭轉文革造成的毀滅性後果。毛澤東此時病情惡化，因此由毛派的「四人幫」掌權。採取強硬路線的江青、張春橋、姚文元、王洪文，聯手阻擋鄧小平與改革派捲土重來。然而，接下來卻有近兩百萬名抗爭者，集結天安門廣場支持鄧小平，以及剛去世的改革者周恩來。四人幫稱這個運動為「反革命」。

就像一九八九年的第二次天安門事件一樣，示威者被軍隊無情的擊潰。但一個月後，毛澤東病逝、四人幫遭逮捕，改革者鄧小平開始用計痛擊毛派的弱點，**在一九七八年一場典型的「會議室政變」中，指派華國鋒為繼任者，但實則親自掌權**。

鄧小平成了老大，準備要成為全球最強國的領袖。**共產黨領袖沉迷於市場經濟，乍看之下似乎很矛盾，但一點也不**。

鄧小平相信「**社會主義市場經濟**」（商業與馬克思主義共存）的程度，不下於毛澤東堅信自己的思想。這項原則概括了一九九七年的香港回歸，正是鄧小平為了統治中國而定的：「一國兩制」。

第一次天安門事件十三年後，又發生了第二次。一九八九年，鄧小平又去中國南部鄉下視察，就跟一九六一年那時一樣。這次他只有兩個字要說：「開放」。時機已到。

中國這樣掏空西方製造業

小時候我玩風火輪小汽車（Hot Wheels），發現一件怪事。對於在一九七〇年代晚期與一九八〇年初期長大的小孩來說，風火輪是酷炫美國文化的縮影。它重現了艾維爾．克尼維爾（Evel Knievel）騎著星條旗機車飛越峽谷的場景；而 Mustang 與 Dodge 跑車上的烈焰花紋，更是十足《正義前鋒》（譯註：*Dukes of Hazzard*，美國八〇年代動作喜劇影集）的風味。但當你將玩具車翻過來，會發現車底印的不是「美國製造」，而是令人困惑的「中國製造」。

究竟，中國是如何成為「世界工廠」的？理由很簡單，正如哈佛經濟學家約瑟夫．奈爾（Joseph Nye）的解釋：「假如我們觀察一八〇〇年時的世界，會發現世界有半數以上的人口住在亞洲，全球有半數以上的產品是他們製造的。接著快轉到一九〇〇年代：半數人口（其實是過半）依舊住在亞洲，但他們只生產了全球產品的五分之一。發生了什麼事？答案是工業革命，一瞬間讓歐美成為世界的統治中心。但我們在二十一世紀，將會看到亞洲回歸，其人口與製造的產品，都超過全球的半數。」

鄧小平在一九七〇年代晚期與一九八〇年代初期做的事，與二〇一六年的美國大選相映成趣：**他將中國從閉關自守、恪遵社會主義之地，重建為世界工廠，直接掏空西方製造業基地的核心**。

中國可不只製造風火輪小汽車而已。在西方引爆消費潮的便宜產品，上頭都印有「中國製造」（或是韓國、日本、新加坡）的字樣。之後亞洲改玩真正的大車，主宰了世界的汽車市場。日本的科技變革，讓電子產品大轉彎，一九七〇年代廉價、劣質的收音機與電視，十年後變成可靠且買得起的精品。豐田、日產與索尼（Sony），取代了通用汽車與克萊斯勒。亞洲在西方披荊斬棘，攻占了製造業的核心，而西方版本的「大躍進」——工業革命，也就此邁向衰敗。

兩百年前，拿破崙曾警告：「讓中國繼續沉睡吧！因為這條龍一旦被喚醒，將會搖撼世界。」現在不只是中國，而是全亞洲都覺醒，向全世界展示自己的能耐。

如今中國的經濟體，比印度、俄羅斯、巴西加起來還大。就算每年以六％的幅度成長（印度則是七％），中國到二〇二〇年，經濟體依舊是印度的兩倍大。中國的中產階級共有一億人，儘管高速工業化使汙染程度極度嚴重，就跟十九世紀英格蘭的工業區一樣，但人民的預期壽命依舊高達七十六歲，比世界平均與任何開發中國家都高。

但中國真正令人摒息之處，在於她對世界經濟的衝擊。目前全球人口中，完全工業化者不到一〇%。假如中國更加工業化，她就能讓這個數值變成三倍，也就是藉由刺激亞洲、拉丁美洲、非洲的成長，甚至是重振西方工業國家，來吸收全球二〇%的人口，使其工業化。保護主義（譯註：為了保護本國產業免受國外競爭壓力而設定的經濟政策）大師彼得．納瓦羅（Peter Navarro），本來擔心西方難免受到「中國之死」所害，結果可能剛好相反：**西方要靠中國拯救**。

中國的持續成長，將激起原料、能源、進口與資本流動的大量需求，這也讓其他國家都重新啟動。**中國的勝利，不需要其他國家付出代價，而是需要他們的經濟爆發力**。

中國是七十個國家的最大市場，也是一百二十個國家的最大貿易夥伴，占全球總人口的一半。中國總共進口了價值一兆英鎊（按：約新臺幣四十兆元）的產品，而且接下來五年，它還要進口八兆英鎊（按：約新臺幣三百二十兆元）。到二〇二〇年，她將成為比歐盟更大的淨進口國。高盛的董事長吉姆．奧尼爾（Jim O'Neill）一言以蔽之：「中國是史上最大的成長與減貧案例。」

正當**中國與亞洲再度嶄露頭角，西方國家卻撤入保護主義的大傘**，簡直就像在核戰爆發前躲進桌子下。美國在中國手上唯一的把柄，就是她欠中國的錢。**美國就像更大間的高盛或花旗，是個「大到不能倒」的超級強權**。美國的天文數字負債，反而讓自己握有新形態的權力。二〇一六年，當時還是美國總統候選人的川普就曾說道：「我們欠他們錢，這讓我們握有極大的權力。」二〇一七年二月，美國對中國的負債，估計為一兆零五百九十億美元（按：約新臺幣三十七兆七千七百億元）。

「中國的全球化」和你的全球化不同

足球或棒球比賽的賽後分析，通常對勝方都不太公允，因為它們聚焦於敗者的失敗，而非勝者的技巧。

而本章是在討論勝者：勝利的基礎是如何建立的，以及獲勝所需的數量優勢。**中國與亞洲就是比較多：人多、資源多，市場也超大。但他們也有比對手高明的作戰計畫**，足以占得優勢。

二〇一六年，固特異輪胎（Goodyear Tyres）關閉了位於英國伍爾弗漢普頓市布希柏理巷（Bushbury Lane, Wolverhampton）的最後一間工廠。工人在此，替這間一八九八年創立的美國橡膠公司製造輪胎長達八十九年。二〇〇八年，固特異名列《富比士》（*Forbes*）雜誌「年度聲望最佳雇主」第十六名。

伍爾弗漢普頓市工廠的工會代表西里爾．巴瑞特（Cyril Barrett）說道：「這群工人就像個大家庭，所以關廠確實令人難過。我們看著好幾個世代與公司一起成長，所以這一刻，大家都感觸良多。而且想到以前固特異是多棒的公司，又讓人更加難過。」

就業機會外流到墨西哥去了。工廠的告示牌上寫著，員工若想找工作，可移居至墨西哥，固特異會在當地重新雇用他們。結果在最後一天上班日，員工全部戴上墨西哥帽來表示抗議。

這就是全球化。但全球化並非真正存在，真正存在的是市場、薪資，以及適用於這兩者的規則。哈佛的土耳其經濟學家丹尼．羅德里克（Dani Rodrik）堅信**中國之所以能在全球化賽局勝出，純粹是因為他們有能力變通規則，以符合自己的計畫**。

羅德里克說道：「一九九〇年代，全球化變成『超全球化』（hyperglobalisation），其目的並非打造健康的經濟體，而是移除貿易障礙；所以我們把目標跟手段搞混了。」

羅德里克認為：「一九九〇年代，世界銀行與世界貿易組織（WTO）建立了一個知識結構，因此全球化被視為讓國家成長的方法。不過，這套論述並沒有發現，**全球化成功的國家都是照自己的意思去做。他們維持強盛的基礎建設與投資，同時利用全球化的優勢**。看到這裡，你大概了解一半了。」

至於中國的全球化方式，又跟西方國家不同，她用不同的角度解讀規則。羅德里克說道：「當你看中國怎麼達成這番豐功偉業，會發現她**幾乎違反了一九九〇年後所有的全球化規則。她掌控資本流動，並補助產業**；這讓投資者必須使用當地的內容，並違背貿易協定與財產權。她**維持著廣大的國有事業**，主要是為了保障就業。所以中國的利益，來自於其他遵循超全球化規則的國家。」

正當其他國家遵循新的超全球化規則，中國卻狡猾的固守舊規。戰後各國首度為資本主義制定規則，而這個舊規瓦解後，才產生了新的超全球化規則。

一九四四年七月一日的新罕布夏州，俯瞰布列敦森林寧靜小鎮的華盛頓山旅館，裡頭正在召開聯合國貨幣金融會議（United Nations Monetary and Financial Conference）；戰後全球最強大的經濟體——四十四個同盟國敲定了一樁交易。**布列敦森林協議的目標很簡單：替戰後的資本主義訂下規則**。國內貨幣將綁定一個固定匯率，以黃金與美元為依歸，此外還有個叫做ＩＭＦ的銀行充當最終防線，在國家收支不平衡時，提供過渡性貸款。

布列敦森林體系傳達出的訊息，跟體系本身一樣重要：規則與機構，將會統治全球金融的流動。布列敦森林體系的概念，是**允許受到嚴格規範管制的全球自由貿易**。國家被鎖在體系中，體系會監督他們的行為，讓他們公平貿易。

一九七一年八月十五日，世界改變了。布列敦森林體系崩潰，新規則——也就是超全球化的規則開始運作。**美國前總統尼克森單方面終結美元與黃金間的兌換，匯率變成浮動的**，而資本主義的關鍵，從日內瓦那群拿著寫字板、規定國家什麼能做與不能做的人，轉移到拿著計算機的華爾街交易商，他們想知道該怎麼利用這個嶄新、沒有規則的世界，透過匯率投機來賺錢。

雅尼斯．瓦魯法克斯（Yanis Varoufakis）是經濟學家，也是前希臘財務部長。他很清楚布列敦森林體系是怎麼崩潰的。「直到美國貿易順差結束前，布列敦森林體系都是有效的。**一九七一年後，這個體系無法持續下去的理由，就是美國失去貿易順差了**。接著美國開始回收其他國家的順差，就像吸塵器，把淨財富盈餘與淨利吸進華爾街，再將迴圈封起來。」這樣聽來，同樣的事情未來也會在中國發生。

布列敦森林體系正是重建世界的關鍵。**它讓美國的貿易順差，能夠被其他國家的貿易逆差回收**；所以美國能夠持續借錢給德國、日本與韓國。保羅．梅森認為，我們將全球化給妖魔化，其實是不對的，因為我們對它定義錯誤，把世界的互聯性與新自由主義的失敗混為一談。

布列敦森林體系的終結，雖然引進了我們現稱的「全球化」，但實際上，它就是一場**方便強權掌控一切的賽局，由兩套規則主導**。世界銀行行長金墉（譯註：韓裔美國人，不是寫武俠小說的那位金庸）精闢的總結道：「全球化在韓國、中國與東亞大部分地區都非常奏效，但在愛荷華州與伍爾弗漢普頓並不可行，所以這兩地的居民，前者投給川普，後者支持脫歐。」

丟下西方！

二〇一五年，支持川普、英國脫歐的集會，以及英國、美國與歐洲的反TTIP（按：參見第二九二頁）遊行，都開始高舉「反全球化」的牌子；但此時的企業界，卻有某些事態暗中醞釀著。

逾半數的英國公司都被人揭露有外國股東。二〇一四年，官方宣稱英國股市有五四％的價值，都由英國以外的人持有，而一九九八年時才三八％而已。至於美國，這二十年來的外資持股也持續成長。**美國有幾間最大的公司，現在都由中國持有**，而且他們的胃口越來越大，橫跨各式各樣的產業，令人大惑不解。

二〇一三年，肉類加工企業「史密斯菲爾德食品」（Smithfield Foods），被雙匯集團以七十一億美元（按：約新臺幣兩千一百三十億元）的價格買下。克萊蒙特・麥肯納學院（Claremont McKenna College）的教授裴敏欣表示：「這樁交易堪稱高招，讓雙匯之後能提供高價知名品牌豬肉，支應快速成長的市場，藉此拓展自己的能力。而且雙匯亦可將史密斯菲爾德當成管道，銷售產品給美國。」

單單二〇一六年這一年，中國投資人就買了以下這些企業：

● 喜達屋酒店（Starwood Hotels），旗下有W飯店（W Hotel）連鎖；被安邦保險以一百四十三億美元（按：約新臺幣四千兩百九十億元）買下。

● 英邁（Ingram Micro），科技公司，名列《財星》五百大公司第六十二名；被天津天海投資公司以六十三億美元（按：約新臺幣一千八百九十億元）買下。

● 奇異家電（General Electric Appliances），主力產品為烤麵包機與洗碗機；被青島海爾集團以五十四億美元（按：約新臺幣一千六百二十億元）買下。

● 聯合收割機製造商特雷克斯公司（Terex Corp），被中聯重科以五十四億美元（按：約新臺幣一千六百二十億元）買下。

● 摩托羅拉行動公司（Motorola Mobility），被聯想集團以三十一億美元（按：約新臺幣九百三十億元）併購。

而萬達集團的王健林則用三十五億美元（按：約新臺幣一千零五十億元）買下傳奇影業（Legendary Entertainment Group）；這間電影公司拍過《侏羅紀公園》（*Jurassic Park*）與《環太平洋》（*Pacific Rim*）。而且早在二〇一二年，王健林就先以二十六億美元（按：約新臺幣七百八十億元）買下了美國最大的電影院連鎖AMC。所以我們現在都知道，他那七十億美元（按：約新臺幣兩千一百億元）的「零頭」花在哪裡了（譯註：參見第二五二頁）。

而且以上列出的只是一點皮毛，中國投資人在這一年買下的美國企業不僅於此。不管哪個國家，**當你了解某企業真正的主子是誰，還繼續大談貿易戰爭的話，感覺就有點低能。跟誰打貿**

易戰爭？你自己嗎？

從布列敦森林體系崩潰的那一刻起，我們就無法回到舊世界了。就連自稱左派分子的雅尼斯．瓦魯法克斯，對於我們的選項也發表務實的看法：「我們不能再像一九七〇年代中期與二〇〇八年一樣，透過美國貿易逆差來穩定全球資本主義，也就是任由華爾街銀行家進行金融化（譯註：金融業在一個經濟體中的比重不斷上升，並對該經濟體的經濟、政治等產生深刻影響），在資本流動中創造投機狂潮。**我們需要全新的布列敦森林體系，亦即受管制的資本主義**，就像一九四四～一九七〇年間那樣。」

但這絕對不可能發生。「那當然，所以必須樹立新的典範，」瓦魯法克斯說道：「我們不可能再出現固定匯率，或像美國這樣的支配力量，所以必須在政治層級上合作，以達經濟均衡（譯註：商品市價達到供需相等的價格），這樣才能避免民族主義崛起。」然而，我們確實有個支配力量：中國，而民族主義也確實崛起。想了解中國如何贏得全球化賽局，你必須先知道，西方的愛國主義與中國有何不同。

西方人的政治中，心裡想的事與實際作為可能背道而馳，兩者並無關聯。例如你心裡想的是：「就業機會要回歸國內，外國人要被遣返，菁英要被懲罰，貿易關稅要提高，全球性企業要自求多福。」所以選民投票是反應內心。同時，你的身體卻興高采烈的往反方向飄移：企業可以想做啥就做啥，而且政府該用最棒的減稅優惠吸引它們；至於薪資與就業機會，則由全球化市場決定。簡言之，我們不能用心裡要求的事情來束縛企業。

以前當廉價商品這個全球化好處，被失業、薪水減少等壞處抵銷時，西方人還能維持想法與行動相左的狀態，但現在再也撐不下去了。**愛國心與全球化體制像精神分裂般同時運作，並不適用於高協調性的經濟政策**。

現在來看中國。當兩百萬名鋼鐵工人被解雇，政府會怎麼做？重新把他們訓練成創業家，經營新創公司。這項政策是為了利用冗員增加（而非減少）收入，並維持薪資上漲，改善移民勞工的待遇。這項大型計畫的口號，忠實闡述了中國對勞動力與整體經濟的再投資：「不拋下任何一個人。」

經濟學家黃亞生認為，中國的威權主義與缺乏民主，正是他們能堅持不懈的原因，也讓他們的想法與行動能有效並行，因為他們沒有表達意見的機會。

至於世界銀行行長金墉，則拿這種協調性政策與西方的局勢比較。「當人們簽定北美自由貿易協定（NAFTA），和其他大規模的貿易協定時，其實有擬定計畫，打算訓練失業的人。但因為預算被砍掉，這些計畫也泡湯了。矽谷常抱怨優秀人才不足以填補職缺，但在愛荷華，有人需要工作卻沒有必備的技能，因為他們沒有重新受訓。」

在亞洲，就算勝利也不能自滿。「中國與南韓人民為了準備迎接下一波浪潮，把自己搞得像偏執狂一樣。他們的半導體產業步調越來越快，已臻完美的境界。但現在他們想的是：『接下來呢？』而父母對於替小孩做好未來的準備，也很偏執。這在愛荷華是看不到的。」這就是想法與行動一致。正如黃亞生所言，中國沒有民主，但致力於**「半導體等級」的加速與生產力**，而且他們還意識到，唯有**持續不斷的重新訓練，並具備適應力，才能存活在全球化戰場上**。一想到這點，又讓他們更加馬不停蹄。

中國不需要外國科技大廠，因為他們有兩萬個馬斯克

GWC是一間中日合資的科技公司，它的野心讓矽谷的科技巨頭相形失色。GWC在北京、東京、加州山景城（Google的老家）都設有辦公室，它將科技創業精神擴展到產業層級，目標是打造兩萬個伊隆·馬斯克。

二〇一三年，GWC在全球行動網際網路大會（Global Mobile Internet Conference，簡稱GMIC）舉辦了一個投售會議，對象是行動產業的新進主管、開發者、投資人與創業家。目標圓滿達成：兩萬個菜鳥版的馬斯克出席會議，開始瘋狂投售各種點子。這場「G峰會」（G-Summit）是全球競賽，目的是找出創新點子，並予以一百萬美元（按：約新臺幣三千萬元）的資助。二〇一六年，來自班加羅爾（譯註：Bangalore，印度第三大城）、聖保羅與臺北的參賽者獲得勝利，得以使用全球各地的多平臺潛力發展自己的點子。

矽谷對於這股威脅抱持著戒心。「矽谷需要以更全球的角度來思考。」臉書副總裁沃根·史密斯（Vaughan Smith）說道：「GMIC聚焦於亞洲，是少數聚焦於美國之外重大趨勢的科技大會。」

二〇一五年，蘋果執行長提姆·庫克在社群網站「微博」（中國版的推特）註冊，這可不是因為庫克想貼可愛貓熊圖。推特與臉書在中國都遭到禁止，所以庫克在中國最大的社群網站正式亮相，讓數百萬中國人透過他親自認證的帳號接觸蘋果。蘋果是少數幾間能把腳伸進中國的科技大廠，這更凸顯出中國不需要其他公司。中國公司不再是模仿矽谷，而是領先它；而且中國也

不必對Google、臉書、Uber、亞馬遜敞開大門，他們有自己的版本，「前輩」們難以望其項背。

百度是中國版的Google，提供同樣廣泛的服務，包括地圖、雲端儲存、付費系統、食品外送、醫療創投、無人車與人工智慧研究。**阿里巴巴**是中國的線上付費平臺，也是全球最大的電子商務公司。

騰訊則是中國版的臉書，旗下的通訊軟體「微信」，巧妙結合了WhatsApp、臉書、Apple Pay與Google新聞的功能，訂閱人數超過七億人。

至於**京東商城**，算是中國版的亞馬遜，但科技革新網站「ZDnet」的編輯傑森·海納（Jason Hiner）指出：「它其實已經超越亞馬遜了。」中國消費者擔心大量製造的假貨，而京東商城的因應之道，就是提供如假包換的國際品牌商品；現在有六億名顧客可享有當天送貨到府的服務（中國其他地區最慢也能隔天到貨），這是拜無人機送貨到偏遠地區所賜。

中國也有自己的Uber——「滴滴」，蘋果對它投資了十億美元（按：約新臺幣三百億元）。跟Uber不同的是，滴滴旗下有「滴滴巴士」，這個駕駛服務會在你喝醉的時候，把你連人帶車一併接走。滴滴正在利用大數據與機器學習，試圖減少尖峰時段的行車，解決中國大城市交通堵塞與汙染的問題。

這些公司就和矽谷五天王一樣，野心沒有極限。華為與小米提供行動裝置，希望能突破三星與蘋果的市場；小米還雇用了前Android主管雨果·巴拉（Hugo Barra），來實現自己的野心：不只亞洲，而是放眼全球。

這些公司就像GWC與它的兩萬個馬斯克一樣，**不是在找一個突破性點子，而是找兩萬個**。

而這種產業級規模的創業精神，是基於「大處著眼」（think big）的預設文化。**亞洲的大處著眼並非譁眾取寵的姿態，而是骨子裡的哲學傾向。**

中國農夫講中庸，遇上西方獵人非黑即白

一九九九年，加大柏克萊分校（Berkeley）心理學家彭凱平，以及密西根大學（University of Michigan）的理查．尼斯貝（Richard Nisbett）做了一個極妙的實驗，想研究東方與西方處理問題的方式有什麼不同？他們提供一些描述人際衝突的情境給中國與美國的大學生，並詢問他們解決這些衝突的最佳方法。中國學生中有七二％的人，答案都傾向和解，他們會考慮兩方的主張；但美國學生中有七四％的人，都指出其中一方有錯，所以他們會站在對的那一方。

彭凱平與尼斯貝的「矛盾」實驗，是在測試存在了兩千年的哲學分歧。西方對真相的概念，是基於「**排中律**」，亞里斯多德在倫理學中對它的定義是：「**矛盾之間沒有中間地帶**。對於一個主題的任何論斷，我們不是支持，就是否定。」

西方人對問題的解答，會分成兩方人馬辯論。其中一方是對的，另一方是錯的，而對的答案會勝出；而**中國人剛好相反，遵循「中庸之道」**。在爭辯之中，兩方的主張都有對錯，真相則介於兩者之間。

儒家學者李俊基、亞伯特．李（Albert Lee）與郭鐵元，主張中庸之道是孔子提出的，因此被普遍視為儒家思想的最高原則。香港的彭麥克（Michael Harris Bond）曾在著作《牛津手冊：

中國心理學》（*The Oxford Handbook of Chinese Psychology*）中提到：「中國人被鼓勵在爭辯中同時替兩方發聲，或是將責任平分給兩方，這與西方哲學的排中律產生有趣的對比。根據排中律，你必須從兩個衝突的概念中選擇一個，藉此排除曖昧與不一致性。跟中國傳統不同，它假設中間地帶沒有任何價值。」

中間地帶並非空泛的意見一致，而是知識的匯聚、共同利益的預設。心理學家理查．尼斯貝將這種方法上的基本差異，歸因於風土民情。「中國的平原肥沃、山脈低矮、河流易於航行，因此適合農業，也較能集權統治社會。農民必須與其他人共處，尤其是中國南方與日本的稻田，大家必須一起耕作。」稻田不只是合作之地，也是國家的象徵：人民就像稻穀，極度重要，也極度不重要；重要之處在於他們對收成的貢獻，而不重要之處在於個人的自我，因為毫無意義。

西方個人主義則剛好相反，源自個人的奮鬥。基督降生兩千年前，希臘諸島的不毛之地上，孤獨的獵人必須智取獵物，才能存活下來。狩獵時的流血廝殺，經過希臘學者柏拉圖與亞里斯多德的轉譯，成為唇槍舌劍，也就是辯證法。這是西方哲學的根基，也是對於個人的崇拜，讓西方接下來兩千年，一路經歷了啟蒙運動、個人主義、財產權與民主權利，而這有好也有壞。

繪文字與明朝花瓶——西方人不懂的亞洲集體文化

上述這些東西方的深刻哲學差異，可說意義重大。保守派政治哲學家麥可．歐克修特（Michael Oakshott），則是將**社會運作的方式明確分成兩種**：目的支配（telеocratic）與法律支配（nomocratic）。

目的支配社會有著明確的目標：達到更高的境界。例如啟蒙運動就是目的支配，它相信更豐富的知識能夠持續改善社會；共產主義也是目的支配，它尋求沒有階級的樂土；技術統治論同樣也是目的的支配，它相信科技進步能持續改善人類的處境。有些目的支配的烏托邦，擁有最終目標，達成之後歷史就畫下句點，例如共產主義。其他的烏托邦，則**將「進步」本身視為目標，進步就像一條沒有終點的路**。

「但法律支配社會就完全不同。」歐克修特說道。它們受到規則、傳統、歷史與前例的限制，藉此，**就算未臻完美，它們也達到了經驗上的最佳實務**，而且得以長治久安。歐克修特認為，保守主義曾在英國達到如此境界。法規與議會民主制，為英國帶來兩百年的安定，而這是前所未見的。哈羅德．麥米倫（Harold Macmillan）在一九六三年辭去首相一職，謠傳有人問他，自認任內最大的成就是什麼？他既自豪又半開玩笑的回答：**「盡量別亂搞。」這就是法律支配政治**。

至於**中國的法律支配哲學**，則體現在明朝花瓶上。它是體現「完美」的手工藝品，亦即沒有更精進的餘地。它也象徵了一四五〇年的中國有多卓越，當時她是全世界最強盛的王朝。

二〇一四年的陶器展「《明：盛事皇朝50年》（一四〇〇～一四五〇）」（Ming: 50 Years That Changed China），目錄是由牛津教授柯律格（Craig Clunas）與大英博物館的中國陶瓷部主任霍吉淑（Jessica Harrison-Hall）所撰寫。他們寫道：「中國王朝幅員廣大，而且城市、軍隊、船艦、皇宮、鐘都比其他國家大，有文學素養與宗教專業的人也較多。」「明」並非家族姓氏，而是「光明」的意思。**明朝的開國皇帝朱元璋，在十五世紀交替之際採用了這個名稱，代表這個**

朝代即將帶給世界的事物。

明朝花瓶是無法再精進的陶器。它之所以這麼完美，是因為其製程牽涉到諸多規則。花瓶的花紋蘊含大量的複雜訊息，只有懂規則的人才能參透（按：花鳥龍魚色彩紋路各有寓意，不可逾越）。事實上，**明朝花瓶正是皇帝御前的權力玩家用來傳遞加密訊息的工具**。一四五〇年的人，能在明朝花瓶上看到複雜的訊息系統——顛覆的、幽默的，以及啟示的。但現代人欣賞明朝花瓶，只會看到垂柳，以及數隻美麗的藍色鳥飛過一座橋。

一九九八年，軟體設計師栗田穰崇任職於日本電信公司「NTT DoCoMo」；當時這間公司正在打造一個平臺，讓用戶能從手持裝置存取網路。他們必須讓自家的「i mode」訊息系統，和其他廠商做出區隔，而栗田相信自己想到了解答。

栗田相當沉迷於氣象預報；烏雲符號雖然所有人一看就懂，但它其實速記了接下來數小時極其複雜的氣象變化過程。重點不在於圖像有多簡化，而是**我們接受這種速記，並了解背後的事情複雜得多**。我們不在乎下午三點的烏雲比兩點時還多，只要知道天氣是陰天就好。所以細節不重要，它是多餘的資訊，我們只需要一個易於傳達的速記符號，代表一整天的天氣。

接著，栗田又被日本漫畫用來表達情緒的符號給迷住。我們或許對於烏雲一整天下來的消長沒興趣，但在看漫畫的時候，我們會對角色情緒狀態，與演變的細微差異感興趣。這下子細節就很重要了。

一個角色如何同時感到憤怒、渴望與狂喜，並將這些相互衝突、矛盾的情緒，利用單一符號（就像烏雲符號一樣）來描述？**日本漫畫無意間發明了繪文字（emoji）**。它們將人類的情緒濃縮成單一圖像符號，就像五百年前的明朝花瓶，利用上釉的筆法以及燕尾的曲線，傳達複雜的訊息。

栗田創造的第一批繪文字，是一百七十二個十二像素×十二像素的圖像，以日本的「顏文字」（kaomoji）文化為基礎。這些圖像與我們現今使用的截然不同，有一組表達微笑，另一組表達悲傷、困擾與驚訝。但它們是如假包換的繪文字，而且不單是源自栗田在一九九八年的靈光乍現，而是源自深刻的東方心態：**人生當中任何複雜度都可以被濃縮、簡化成一種語言、一套符號，只要所有人都理解並遵循規則，就能夠解讀它們**。

一九八九年，一位無名人士站在天安門廣場的坦克前，打破了規則，而且立刻被西方數億名電視觀眾見證。這看似共產主義的終點，**實際上卻是新中國的誕生，而且基礎是在五百年前就打好的**。

DONE

第15章

忘掉你曾經認為的未來

鋼鐵人目的不是火星殖民，
肯頓小鎮才是我們的未來

西州肯頓市（Camden）是美國最暴力的城市（按：人口約七萬多）。街上曾經繁華的住宅，被釘了木板、上了鎖鍊，門上蓋著同樣的市政府圖章，告訴毒販這是「被監管的房產」。庭園裡堆滿了二十世紀的商品：冰箱、電視、縫紉機、輪胎。我開車行經此處，看到路中央有一座沙發昂首而立，只好轉彎避開它。別克（Buick）與凱迪拉克（Cadillacs）轎車，本來是生意人在開的，如今輪子都不見了，默默佇立在小巷的紅磚上，擋風玻璃有臨時的幕簾蓋著，街友可以在此暫歇一晚。

生產機器產品與紡織品的工廠，曾經生意興隆，如今荒廢破敗，地上散落著針頭與毒品的包裝紙。妓女百般無聊的站在街角，毒販開著隱蔽的「Escalades」超大休旅車閒晃，毒蟲則騎著兒童腳踏車在路上橫衝直撞，大聲尖叫。

肯頓就像一部末日後（譯註：post-apocalyptic，故事設定於大災難後的世界或文明）電影，但它也是我在美國看過，最樂觀、最充實的地區之一。因為肯頓不只是美國最暴力的城市，也是**新創公司數量成長最快的城市**。表面上，肯頓玩完了，但在這個表象背後，它生龍活虎。

肯頓市：地球的終點，明日的開端

紐澤保羅（Paul）是一位高大的德州人，臉上掛著大大的笑容，笑聲很有感染力。他從數千英里外的美國南部，搬到肯頓來住，因為他認為這座城市不是災難，而是機會。保羅打算成立一間手工印刷廠，他認為肯頓是個理想的地點。

保羅接收了一間廢棄的修車廠，在當地雇用三十名員工，並計畫把廠區擴大到本已廢棄的後院，因為他們的訂單已經積了兩年份。喬（Joe）是保羅雇用的當地員工之一，他的身材是我的兩倍大，每天印製六十～七十件T恤，顧客包括當地比薩店、大專院校、唱片公司、滑板服飾店與時裝品牌，訂單則來自世界各地。「大家都很喜歡手工的質感，甚至還有人專程來看我們怎麼製作。我們發現了市場缺口，而現在它正欣欣向榮。」

喬生長於一九七〇～一九八〇年代的肯頓，他記得這座城市曾經繁榮過，很多人都想搬過來住。「在星期日下午，人們會盛裝打扮來到河畔漫步。這裡曾經是大家想搬來居住的地方！」他邊說邊大笑。

一座巨大的造船廠，加上無數間工廠，包括金寶湯公司（Campbell's Soup），提供了上萬個工作機會。不過保羅說，接下來發生了兩件事：「全球化，還有一座橋。」當然，公司會善用全球化的勞動市場，把工廠遷到南非或遠東地區。但最致命的，卻是**橫跨德拉瓦河（Delaware River）、通往費城的那座橋**。一夕之間，光顧當地咖啡館、餐廳與旅館的顧客全消失了。費城蓋了更大的百貨公司，讓製造業突然間有了更快、更便宜的市場通路。所以費城能靠削價來搶肯頓的飯碗，而肯頓與世界各地貿易的能力，突然就被廢掉了。

這就是二十一世紀美國的故事。一旦堅不可摧的品牌襲來，整座城市的經濟——肯頓、波特蘭、紐奧良，就會在一夕之間崩盤。大綑銅線與鎢鋼放在工廠裡，本來能製造成閃亮的最終產品，賣到國外市場，如今卻只能與空蕩地面上的雜草為伍。**這就是美國人投給川普的理由**。這個國家越看越像在衰敗中，令人有一種今夕是何夕的感覺。

一九八〇年代晚期，我曾前往美國與共產主義東歐。美國當時似乎處於極度興奮的狀態，耀眼的未來讓這個國家走出蕭條。而波蘭與蘇聯剛好相反，你可以感覺到他們玩完了。夜裡的昏暗路燈，以病態的黃色光芒籠罩著整座城市，人民垂頭喪氣。就連警察也懶得查看證件，因為他們知道沒戲唱了。

如今**美國開始變得像以前這些共產國家**：崩潰的基礎建設，政治菁英的光環破滅，街上擠滿了流浪漢與精神病患，而且沒人有能力照顧他們。川普承諾要讓美國再次偉大，但在肯頓，基層的人民已先自立自強。

美國最暴力的城市，有奇蹟正在發生。肯頓極度窮困的情況，反而被上百位創業家當成寶，他們蜂擁至此創業。從保羅的印刷廠一路往前走，會看到一間科技公司、一間鞋店，還有一間威士忌釀造場，由兩位二十三歲的紐約人經營。他們的訂單來自世界各地，而且品牌價值有一部分來自於他們對於「肯頓釀造」的驕傲。

二〇一三年，前華爾街金融分析師佩蒙．盧安尼法德（Paymon Rouhanifard），受託改善肯頓學校的營運狀況。到了二〇一六年，這些學校的改善程度令人吃驚。佩蒙說，貧窮雖然是所有目標的痛處，但這些學校現已翻身，最重要的是，孩子早上可以來上課了。

喬自己也說，他如果沒在保羅的印刷廠工作，「百分之百」會變成毒販，而且可能過沒幾年就掛掉了。「小孩一天在街上可以賺兩百塊，而我能領到多少最低工資？五十塊？還是六十塊？**當合法的賺錢管道無法養活家人，你會怎麼選擇？**那些販毒的小孩，是拿自己的生命來冒險，但他們很聰明。他們知道怎麼把古柯鹼調配成快克，個個都是化學專家；這些技能應該用在合法的地方！而且他們也是街上最敏銳的生意人，因為他們不但存活下來，事業還越做越大。如果這些技能被導向正途的話，該有多好！」

崩潰城市的底下，藏著一個貨真價實的社區。這種社區曾經消失在窮困的區域中，如今拜保羅這些「局外人」所賜，它恢復生氣，中產階級也回來了。**布魯克林、東柏林與東倫敦的活力，都是由藝術家與年輕的另類企業家找回來的，他們把握在租金低廉之地工作的機會**。不過一旦當地的風氣，從「很危險」轉變為「很時髦」，那這股活力就會消失；這種事不斷在發生。當巨款、名車與豪宅出現之後，真心團結的社區就會瓦解。我這麼說可不是在仇富，事實就是如此。

肯頓沒什麼餘裕能趕走意欲住在緊張地帶的有錢人。當地還是有社區，因為現在為了生存，社區必須發揮作用。人們在街上會互相打招呼，彼此問候；鄰居不管是剛認識，還是認識幾十年，都會彼此照顧，並盡可能防止闖空門之類的小型犯罪。就算有犯罪，他們也能設法應對。此地生氣蓬勃、充滿關愛，尚未被新來的錢潮給扼殺。肯頓的新創業家也被這種價值給感染了，**他們不認為自己是在做功德，而是將自己視為肯頓的驕傲**。

保羅解釋道：「我們感覺自己正重新落腳在失落帝國的廢棄之地。我可以來這裡創立任何事業。**我做什麼並不重要，重要的是我們投資的地區**。我認為來這裡發展的人，確實是為了較便宜的租金，但與他人不同之處在於，他們認為此地有很驚人的活力與社區，**所以他們想留下來，成為這裡的一分子**。」

肯頓這群新的局外人，讓我想起湯姆・畢德士——那位在一九七〇年代晚期，用自決式工作的遠見重建職場的大師（按：參見本書第一九五頁）。我們在波士頓會面的時候，他對我說：**「不**

管你是誰，不管你認為自己的工作有多穩定，不管你的未來看起來有多明確，忘掉吧！這些都結束了！」

看到這裡，你或許認為肯頓跟你的城鎮或工作沒什麼關聯，但你可能錯了。肯頓不是美國低階層出頭天的有趣故事，它是對所有人的警告：**這就是世界正在迅速蛻變中的樣貌，而且四處皆然**。舊有的確定性，也就是每天在你心裡浮現的那間「工廠」已經快倒閉了。你居住的城鎮或郊區，或許不會演變成像肯頓這樣，但經濟原則是共通的。**你得做好改變的準備，然後心態要對**。

紐澤西肯頓市滿目瘡痍的街道，與倫敦肯頓城（譯註：Camden，因兩座城市同名，作者拿來幽默一下）的商業街並無差別。奈洛比的街頭市場，和聖保羅、波哥大的小吃攤，以及世界各地的臨時市場，都是一個樣，只要有髒亂的街道，還有願意光顧的客人，就會出現這種場所。每一個市集，都展現出同樣的希望與能量。我向湯姆・畢德士提到這點，他熱情洋溢的回我：「對對對！你說的完全正確！」

我對湯姆說：「你在全世界隨便一條街上走，會看到什麼？你會看到有點子的人。他們將既愚蠢又瘋狂的概念化為現實；咖啡、舊家具、雨傘、心理治療、蘿蔔、乾洗服務，什麼都可以賣。」再過一年、兩年、五年，這類事業不是沉沒，就是興旺。人們若是沒成功，就必須想出下一個既愚蠢又瘋狂的點子——可能做得起來，也可能完蛋。

看看商業街，就能看到人類的心血結晶以及最純粹的資本主義。商業街就像一條讓人類不停打拚的輸送帶，每個人都可以透過做生意來實現理想。街頭藝人正是這種精神的最佳典範：他們大剌剌的展現自己的才華，絲毫不覺得羞恥。**不管政府、企業或科技公司，試圖用什麼方法來**

控制人類的處境，並從中獲利，只有一樣東西超出他們的控制範圍，那就是人類最原始的心智本能，因為它會不斷浮現新的點子。身為人類，我們看到機會，就會忍不住去追求。

鋼鐵人的太空計畫重點不是火星殖民

二〇一七年三月二十日，我站在彼得．提爾的舊金山辦公室，當時發生了一件大事。伊隆．馬斯克的 Space X 計畫，目標是讓火箭首次登陸火星，而提爾與他的合夥人傑克．謝爾比，對這項計畫投資了一大筆錢。現在這個計畫上新聞了。

經過五年反覆不斷的測試，Space X 的獵鷹九號（Falcon 9）火箭，提早了幾個小時，從佛羅里達的卡納維爾角（Cape Canaveral）升空，並成功朝軌道發射了一顆通訊衛星，之後再降落到大西洋一艘無人船上。

此刻意義非凡，讓我覺得這些科技億萬富翁，雖然身穿T恤的樣子看起來很謙虛，但他們的氣質，跟以前偉大、古怪、有遠見的企業領袖沒兩樣。例如霍華．休斯（Howard Hughes）有一艘飛行艇；威廉．藍道夫．赫茲的城堡擠滿了老虎與長頸鹿。

馬斯克立刻就現身於公司的實況直播：「這代表軌道級推進器，也就是火箭裡頭最昂貴的部位，可以照你的意思飛。這最終將會是航太界的一大革命。」

傑克．謝爾比聽完開始偷笑，我問他有什麼好笑的？

「這個壯舉的重點並不在這裡！是沒錯啦，可以返航的火箭，最後應該能讓我們在太空建立殖民地，並拯救地球。」

「然後呢？」

「但是真正的重點在於，**哪一片太空能夠當作平臺？**」

「我聽不太懂。」

「你的手機怎麼上網？」

「手機一開就有網路啊！」

「那網路怎麼出現在你的手機裡？」

「透過衛星訊號啊！你到底想講什麼？」

「沒錯，那它的速度有多快？」

「這要看我人在哪裡。」

「這你就懂了吧！」

馬斯克這架降落在大西洋的可返航火箭，即將改變世界，**但它最立即帶來的改變，反而最不會立即被察覺**。

只要擁有太空，你就能直接將網路射向地球，毫無延遲。目前的網路存取是仰賴衛星，但會延遲，因為接收要求並予以回應所需的時間限制了一切。這對於一大票即時應用程式來說（線上遊戲、實況直播，以及Skype、Face Time之類的視訊軟體），根本不切實際，而且還阻礙物聯網將我們做的事以及使用的物品，彼此互聯互通。

五年來，馬斯克都在與OneWeb公司的創辦人葛雷格·惠勒（Greg Wyler）競爭。OneWeb

背後的金主是理查．布蘭森（Richard Branson）旗下的維珍銀河公司（Virgin Galactic），**但馬斯克背後的金主，是Google**。

高速衛星網路連線，改變了所有事物。網速不再是用多少G來衡量（4G、5G、6G），成功與否也不再取決於你縮短的緩衝時間。**因為一切事物，你都能夠即刻串流**，就像變魔術，「轟」的一聲就弄好了。

Google雖然投資Space X，但它已經無法在網路上呼風喚雨；但馬斯克可以，他跟好朋友謝爾比正躲在角落竊笑著。他們不只是新一代的威訊（譯註：Verizon，美國電信公司）或康卡斯特（譯註：Comcast，美國最大網路服務供應商），當Space X的可返航火箭，能載人往返地球與火星、月球，並讓火星與月球成為殖民地時，**這兩顆星球的網路存取權，就掌握在他們手裡**。

至於可返航火箭對於地球生活的立即改變，其實很單純。**它讓低軌道衛星**（離地球約一百英里，按：約一百六十公里）**能夠用極短的延遲來處理事情**。二〇一五年，《連線》雜誌計算低軌道衛星能增加多少網速，最終估計能將五百毫秒的延遲縮短成二十毫秒，跟光纖（亦即現今的家庭網路）一樣快。怪不得謝爾比可以一派悠閒的梳好油頭，坐在椅子上蹺腳。

網路從太空即時連線，落後地區即將大幅飛躍

至於能立刻受益的人，不一定是華爾街，也可能是肯頓這樣的地區。**若能從太空即時連線，那地面上就不需要基礎建設**；所以不管是基礎建設崩壞的地方，還是從來沒有基礎建設的地方，

以後都不會有連線問題了。

科技創業家一再告訴我，**他們革命之路的最大阻礙，就是過時的二十世紀基礎建設**。他們說：「如果這些建設都消失，奇點與物聯網就會立即出現在我們眼前。」破舊的道路、衰敗的交通網、頹圮的建築物與設施，以及網路時代前的法規，反倒支配著網路時代的發展方向、人們的就業情況，以及網路本身的運作方式。他們說，這些法規根本不適用於新形態的產業革命。

看看這個等著被啟動的世界：無人機送貨、無人車、飛行車、全球氣候校準、太空殖民地、3D列印組合屋，以及拯救地球用的人造雲與軌道式太陽能板。而社會基層與人體內，也有新事物醞釀著：醫療科技與基因編輯、教育科技與盒裝式學校、人機介面、職場監控、體內的生物監測、垂直耕作、犯罪預防機制；而且iPhone的科技，現在用隱形眼鏡也能辦到。更別提馬斯克其他充滿童心的計畫：例如「超迴路列車」（hyper loop）是一個巨大的金屬管，裡頭有個零摩擦的懸浮座艙，時速八百英里（按：約一千兩百八十公里）。它號稱是「協和式客機、磁軌砲與氣墊球檯的混合體」，只要半小時，就能將你從倫敦載到愛丁堡，或從洛杉磯載到舊金山。這正是奇點展現出的諸多面貌，把律師們搞得焦頭爛額。

科技創業家說，這場革命被既得利益者阻撓，他們不希望過時的基礎建設被拆除。政客與官僚，緊握著所剩無幾的立法與官僚權力。然而，**一旦我們能直接從太空連線，那針對這些轉型而來的實體與法律阻礙，將會消失無蹤**。而肯頓這類地區就將處於有利的地位，能夠最快利用這個局勢。

這正是二十一世紀的命運轉折點。在第一次工業革命中，有些城市打造出既深奧又複雜的基礎建設；到了二十世紀，它們又將肯頓這類地區當成全球化的祭品，藉此為自己搾取更多權力與資源；**但現在，他們的報應要來了**。倫敦、巴黎、奈洛比、上海與紐約，本來可以從周遭的偏僻地區吸收活力，但這是有代價的，它們替自己強加了一個笨重的基礎建設。它們相信自己是不可或缺的，而且全知全能。但二十一世紀來了。

科技革命與來自太空的網路，提供了一個新典範。基礎建設被拆除，或是從來沒蓋過基礎建設的地區：馬拉威鄉下、威爾斯鄉下、美國中西部鏽帶、澳洲內陸，突然間有了優勢。**只要一次技術飛躍，他們就能飛越二十世紀的大城市，因為這些大城市被笨重的二十世紀基礎建設，以及自滿的二十世紀心態所拖累**。

在接下來的革命中，只有三個字能讓公司、個人與城市存活，那就是「**適應力**」。阻撓你適應的阻礙，不只是實體上的，也有心理層面的。敵人既不是機器人或科技公司，也不是移民或中國，而是**自滿，與錯誤的心態：你覺得自己很安全所以不用改變，或是你不知道怎麼改變**。

任何人只要抱持和我一樣的思維，那對他們來說，肯頓就不是過去，而是未來，而且帶給我們寶貴的教訓。

如今，我們都是街頭藝人

夜幕低垂於街角，街頭藝人一邊彈著破舊的吉他（上頭貼了防水膠布），一邊用棒棒糖猛敲裂開的木材，替自己打拍子。街頭藝人曾經是局外人，我們走過他們身旁，想像他們背後的故事。他們是懷才不遇的天才音樂家？除了乞討什麼也不會的失敗者？抑或是一種生活態度的選擇：決定玩自己的，遠離社會的規則？

突然間，社會失去了規則。工作不再是終身職；存款可能眨眼間就消失；假如銀行賭錯，整體經濟就會立刻崩盤；光是勤奮、努力工作是不夠的。**街頭藝人不再像局外人，反而越看越像創業家**。

我們現在都必須成為街頭藝人，用自己的才華與狡猾打造人生。街頭藝人眼中的世界，並非工業化之後荒涼而了無生趣的景象，反而是希望無窮的翠綠草原，讓他們願意每天走出戶外，放手一搏。

肯頓這位街頭藝人，正是我心目中的角色典範。這位仁兄身處美國最暴力的城市，卻準備在夜幕低垂時，站在街角表演。他調好吉他，上班去了。

致謝

我要感謝所有花費心力接受我訪談的人，以及UA的羅伯特（Robert）、凱特（Kate）與所有人。還有馬上就進入狀況、熟練的幫我塑造本書的魯柏（Rupert）；Hodder的蕾貝卡（Rebecca）、卡麥隆（Cameron）、班（Ben）與所有人；檢查所有內文的貝瑞（Barry）；Keystone Law的尼可拉（Nicola）；Harper US的尼克（Nick）與其他人；Curtis Brown NY.的強納森（Jonathan）。另外，也要感謝跟我合作拍攝本書相關BBC影片的同仁，包括法蒂瑪（Fatima）、湯姆．麥克（Tom Mac）、費歐娜（Fiona）、麥克（Mike）、夏綠蒂（Charlotte）、珍妮斯（Janis）、金（Kim）、派屈克（Patrick）、亞當（Adam）、唐（Don）、馬丁（Martin）、吉安（Gian）與克里夫（Clive）；Pulse的所有同仁：威爾（Will）、史杜（Stu）、艾德（Ed）、湯姆（Tom）、安娜貝爾（Annabel）、伊西（Izzy）、艾瑪（Emma）、克萊兒（Claire）、梅麗莎（Marissa）與托馬斯（Tomas）。拍攝、研究、剪輯此系列的所有人：喬安（Johan）、安迪（Andy）、艾莉兒（Ariel）、亞當（Adam）、傑（Jay）、布蘭登（Brendan）、提姆（Tim）、佩脫拉（Petra）、大衛（David）、艾力克斯（Alex），以及其他眾多忍讓我的熱心專家；《衛報》與《觀察者》（*Observer*）的所有同仁，包括馬利克（Malik）、提姆（Tim）、妮可（Nicole）與我的老友伊恩（Ian）；樂施會的梅拉妮（Melanie）與瑞秋（Rachel）；OU的麗茲（Liz）與所有人；我在Fresh One共事過的喬（Jo）、古德倫（Gudren）、荷莉（Holly）與所有人；第一個鼓勵我寫出本書的羅伊（Roy）；給我建議與支持的大衛．G（David G）、海倫（Helen）與露西（Lucy）；不斷指點我正確方向的維克（Vic）；Spinwatch的塔瑪辛（Tamasin）；傑拉德（Gerard）、珍妮特（Janet）、芬頓（Fenton）、約翰．D（John D）、PT彼得（PT Pete）、羅妮（Ronnie）、約翰（John）、尼爾（Neil）、蓋（Guy）、西恩（Sean）、戴夫（Dave）、柏納德（Bernadette）。與我合作Channel 4節目的所有人；自始至終都陪伴我的漢娜（Hannah）；以及艾莉娜（Alina）、彼得（Peter）與我的兄弟安德烈（Andreas），在他們的愛與鼓勵下，我才能從十歲就開始寫作。

國家圖書館出版品預行編目（CIP）資料

改變未來的祕密交易：英國BBC調查記者揭露！他們怎麼創造了問題，然後把答案賣給我們 / 傑克斯・帕雷帝（Jacques Peretti）著；廖桓偉譯.
-- 初版. -- 臺北市：大是文化，2018.04
448 面；17×23 公分. --（Biz；255）
ISBN 978-957-9164-15-3（平裝）

1. 商業理財 2. 經濟趨勢

550.16 107000997

DB0255

改變未來的祕密交易

英國 BBC 調查記者揭露！他們怎麼創造了問題，然後把答案賣給我們

作　　者／傑克斯．帕雷帝（Jacques Peretti）
譯　　者／廖桓偉
責任編輯／劉宗德
美術編輯／邱筑萱
副總編輯／顏惠君
總 編 輯／吳依瑋
發 行 人／徐仲秋
會　　計／林妙燕
版權主任／林螢瑄
版權經理／郝麗珍
行銷企畫／汪家緯
業務助理／馬絮盈、林芝縈
業務經理／林裕安
總 經 理／陳絜吾

出 版 者／大是文化有限公司
臺北市 100 衡陽路 7 號 8 樓
編輯部電話：（02）23757911
購書相關資訊請洽：（02）23757911 分機 122
24 小時讀者服務傳真：（02）23756999
讀者服務 E-mail：haom@ms28.hinet.net
郵政劃撥帳號／19983366　戶名／大是文化有限公司
香港發行／里人文化事業有限公司　"Anyone Cultural Enterprise Ltd"
地址：香港新界荃灣橫龍街 78 號正好工業大廈 22 樓 A 室
22/F Block A, Jing Ho Industrial Building, 78 Wang Lung Street, Tsuen Wan, N.T., H.K.
電話：（852）24192288 傳真：（852）24191887

封面設計／林雯瑛
內頁排版／林雯瑛
印　　刷／鴻霖印刷傳媒股份有限公司
出版日期／2018 年 4 月初版
定　　價／499 元（缺頁或裝訂錯誤的書，請寄回更換）
I S B N／978-9579164-15-3

Printed in Taiwan